"互联网+"丛书　　清华五道口《清华金融评论》、中国金融认证中心联合策划

互联网+普惠金融理论与实践

焦瑾璞　廖　理　季小杰 / 顾问　张　伟 / 主编

电子工业出版社
Publishing House of Electronics Industry
北京·BEIJING

内容简介

本书从互联网金融、互联网保险、互联网融资、互联网证券、互联网理财及互联网金融未来的角度，全面阐述了互联网金融在全球范围内的突破性进展。通过技术精解、更多银行和企业的优秀案例分析，详细探讨互联网金融细分领域的典型特征及趋势，深入分析了极具价值的商业模式。从余额宝到微信，从大数据、云计算到移动时代的来临，阅读本书既可以全面了解互联网金融如何应用在融资、理财、交易、支付、营销等多个细分金融领域，又可以对互联网金融的未来图景有一个清晰的认识。

本书适合对互联网+普惠金融感兴趣的金融行业从业人员和相关专业师生阅读使用。

未经许可，不得以任何方式复制或抄袭本书之部分或全部内容。
版权所有，侵权必究。

图书在版编目（CIP）数据

互联网+普惠金融：理论与实践 / 张伟主编. —北京：电子工业出版社，2016.6
（"互联网+"丛书）
ISBN 978-7-121-28488-5

Ⅰ. ①互… Ⅱ. ①张… Ⅲ. ①互联网络－应用－金融－研究 Ⅳ. ①F830.49

中国版本图书馆CIP数据核字（2016）第061151号

策划编辑：董亚峰
责任编辑：董亚峰
特约编辑：赵海军　彭　瑛
印　　刷：三河市华成印务有限公司
装　　订：北京捷迅佳彩印刷有限公司
出版发行：电子工业出版社
　　　　　北京市海淀区万寿路173信箱　　邮编：100036
开　　本：720×1000　1/16　印张：21.5　字数：447.2千字
版　　次：2016年6月第1版
印　　次：2016年6月第1次印刷
定　　价：68.00元

凡所购买电子工业出版社图书有缺损问题，请向购买书店调换。若书店售缺，请与本社发行部联系，联系及邮购电话：(010) 88254888，88258888。
质量投诉请发邮件至zlts@phei.com.cn，盗版侵权举报请发邮件至dbqq@phei.com.cn。
本书咨询联系方式：QQ3502629。

编委会

顾　　问：焦瑾璞：上海黄金交易所理事长，原中国人民银行金融消费权益保护局局长

　　　　　廖　理：清华大学五道口金融学院常务副院长、教授，《清华金融评论》主编

　　　　　季小杰：中国金融认证中心总经理，中国电子银行网总经理

主　　编：张　伟：清华大学副研究员，《清华金融评论》副主编

成　　员（按姓名笔画排序）：

　　　　　丁东华：国美金控高级副总裁
　　　　　王　波：安徽省农村信用社联合社电子银行部总经理
　　　　　王　嵩：中国工商银行电子银行部副总经理
　　　　　王　豪：夸客金融创始人兼总裁
　　　　　王　蕾：《清华金融评论》新媒体编辑
　　　　　王玉娇：北京互融云软件营销总监
　　　　　王志峰：杭州挖财互联网金融服务有限公司副总裁
　　　　　王浩远：华夏银行电子银行部市场营销室
　　　　　乌永波：安徽省农村信用社联合社电子银行部经理
　　　　　卢　蓓：中国工商银行电子银行部
　　　　　刘　伟：中国民生银行网络金融部市场营销中心
　　　　　刘　刚：先锋支付首席执行官
　　　　　刘　强：华夏银行电子银行部市场营销室处长
　　　　　刘大伟：宜信公司高级副总裁

刘志强：网信理财首席法务官
刘宝哲：先锋支付产业链金融部总监
刘建忠：中国建设银行网络金融部副总经理
刘琇臣：华夏银行电子银行部总经理
刘蒙丹：开鑫贷公关经理
孙　斌：安徽省农村信用社联合社副主任
孙宏生：众筹网CEO
孙雪强：《清华金融评论》编辑
朱成蹊：国美金控供应链金融业务运营部经理
许小青：中国金融认证中心品牌部总经理，中国电子银行网总编辑
许长智：中国光大银行电子银行部副总经理
李庆治：中国建设银行网络金融部业务经理
杨　宇：金贝塔网络金融科技（深圳）有限公司CEO
杨再山：包商银行网络银行部部门负责人
杨兵兵：中国光大银行电子银行部总经理
汪　蒙：深圳农村商业银行网络金融部产品经理
汪天都：中国人民银行金融消费权益保护局助理研究员
陈　旸：《清华金融评论》资深编辑
陈　卓：浦发银行电子银行部产品经理
陈志雄：网信理财执行总裁
陈法善：开鑫贷公关经理
周凤亮：包商银行行长
周治翰：开鑫贷总经理
林诚威：中信银行电子银行部电子商务处职员
胡安子：宜信研究院副总监

胡程慧：江苏银行总行小企业金融部产品经理
贺　滔：包商银行网络银行部研发中心负责人
赵博睿：清华大学五道口金融学院硕士研究生
徐　丹：中国光大银行电子银行部高级品牌经理
徐　丹：阿里金融云市场运营专家
徐　敏：北京阿里巴巴云计算技术有限公司，阿里金融云总经理
耿心伟：江苏银行总行小企业金融部总经理
郭震洲：夸客金融创始人兼CEO
钱宗宝：浦发银行电子银行部产品经理
高　寒：中国工商银行城市金融研究所
曹晓辉：众筹网公益众筹负责人
黄　欣：中信银行电子银行部电子商务处处长助理
黄方平：中国农业银行电子银行部市场营销处负责人
蒋润东：中国人民银行金融消费权益保护局干部
解宇舟：北京互融云软件总经理
管延友：爱布谷金融联合创始人、CEO
翟　冀：中国农业银行电子银行部副总经理
黎映桃：中国民生银行网络金融部市场营销中心

前　言

国务院总理李克强在 2016 年政府工作报告中指出，要规范发展互联网金融，大力发展普惠金融和绿色金融。这是继 2013 年 11 月中国共产党第十八届三中全会正式提出"发展普惠金融，鼓励金融创新，丰富金融市场层次和产品"之后，普惠金融再度被写入政府工作报告，凸显国家对这一领域的高度重视。

根据国务院印发的《推进普惠金融发展规划（2016—2020 年）》，到 2020 年，中国要建立与全面建成小康社会相适应的普惠金融服务和保障体系，使我国普惠金融发展水平居于国际中上游水平。大力发展普惠金融，有利于促进金融业可持续均衡发展，推动大众创业、万众创新，助推经济发展方式转型升级，增进社会公平和社会和谐。

实际上，早在改革开放之前，我国普惠金融就出现了农村信用社等形式的初级萌芽，但自 20 世纪 90 年代初才正式开启其发展进程，期间经历了公益性小额信贷、发展性微型金融、综合性普惠金融等发展阶段。近年来，互联网与移动互联网在我国迅速发展，使我国在互联网金融领域能够与发达国家站在同一起跑线，成为推进普惠金融发展的最佳路径选择。

2015 年 7 月 1 日，《国务院关于积极推进"互联网 +"行动的指导意见》（以下简称《"互联网 +"行动指导意见》）正式发布，首次提出"互联网 + 普惠金融"的概念，并作为互联网 + 行动中的重点行动之一。《"互联网 +"行动指导意见》指出，促进互联网金融健康发展，全面提升互联网金融服务能力和普惠水平，鼓励互联网与银行、证券、保险、基金的融合创新，为大众提供丰富、安全、便捷的金融产品和服务，更好地满足不同层次实体经济的投融资需求，培育一批具有行业影响力的互联网金融创新型企业。

2015 年 7 月 18 日，中国人民银行等十部委联合发布《关于促进互联网金融健康发展的指导意见》（以下简称《互联网金融发展指导意见》），进一步明确了促进互联网金融健康发展的总体要求、监管分工、业态模式、配套措施等。《互联网金融发展指导意见》指出，互联网金融对促进小微企业发展和扩大就业发挥了现有金融机构难以替代的积极作用，为大众创业、万众创新打开了大门。促进互联网金融健康发展，有利于提升金融服务质量和效率，深化金融改革，促进金融创新发展，扩大金融业对内对外开放，构建多层次金融体系。

为实现普惠金融的发展规划目标，我们认为，一方面，传统金融机构利用互联网相关的技术手段，加快金融产品和服务创新，可以在更广泛地区提供便利的存贷款、支付结算、信用中介平台等金融服务，拓宽普惠金融服务范围，为实体经济发展提供有效支撑；另一方面，互联网企业依法合规提供创新金融产品和服务，可以更好地满足中小微企业、创新型企业和个人的投融资需求，有效地实现普惠金融。

本书在介绍普惠金融提出的时代背景、重要意义、发展方向与目标的基础上，着重探讨了以下几个方面的问题：

第一，传统金融机构如何利用互联网等技术手段拓宽金融服务面，提升普惠金融业务能力？传统金融机构如何发展、发展哪些互联网金融业务？在开展互联网金融业务时，如何提升金融普惠水平？

第二，互联网企业如何提供创新金融产品与服务，使金融可以惠及更多的人、企业和地域？

第三，普惠金融业务的开展离不开云计算、互联网、移动互联网、大数据等技术手段，这些技术是开展普惠金融的技术基石。普惠金融中应用的关键技术有哪些？IT服务提供商能提供什么样的解决方案来推进普惠金融的发展？

基于上述问题，本书前半部分详细论述了普惠金融提出的时代背景、重要意义、发展历史、现状与前景、互联网在促进普惠金融发展中的作用、普惠金融的商业模式创新等，后半部分以案例形式介绍了商业银行、互联网机构和IT服务提供商在发展普惠金融业务时的切身体会和经验分享。

互联网+普惠金融横跨互联网和金融两大领域，因此，本书涉及的读者群也非常广泛，包括互联网金融从业机构（包括传统金融机构从事互联网金融业务和开展金融业务的互联网企业等）的中高层管理人员、具体业务负责人，为互联网+普惠金融提供解决方案的技术公司工作人员，对互联网+普惠金融感兴趣的金融监管部门、教学科研部门的专家学者及研究人员。

随着互联网金融的发展演进，我们将持续进行互联网+普惠金融领域的相关研究。欢迎广大读者对我们的研究提出宝贵意见和建议，与我们共同见证中国互联网+普惠金融事业的成长和发展。

目录 Contents

理论篇

第1章 普惠金融：金融困惑的解决之道 / 2

1.1 大道普惠 / 3

1.2 金融实践中的困惑与普惠金融解决之道 / 6

1.3 "经济新常态"下的普惠金融 / 8

第2章 普惠金融的基石：互联网的力量 / 11

2.1 "互联网+"引领金融变革 / 12

 2.1.1 互联网思维——互联网时代的商业哲学 / 12

 2.1.2 "互联网+"——互联网时代的行动指南 / 15

 2.1.3 "互联网+"时代的金融变革 / 15

2.2 互联网+普惠金融的核心技术 / 17

 2.2.1 大数据与云计算 / 17

 2.2.2 移动互联网 / 21

 2.2.3 生物识别技术 / 23

第3章 互联网+普惠金融：当前社会投融资问题的解决方案 / 28

3.1 "新常态"下的社会金融难题 / 29

 3.1.1 三农融资难题 / 29

 3.1.2 小微企业融资难题 / 30

 3.1.3 资金供给方受限 / 30

 3.1.4 信用体系不完善 / 31

3.2 大象起舞：传统金融业何去何从 / 32
    3.2.1 传统金融业面临的四大变革 / 33
    3.2.2 传统金融业在互联网时代的转型升级 / 34
3.3 小试牛刀：互联网企业如何创造新的金融产品与服务 / 35
    3.3.1 互联网企业的创新性金融产品 / 36
    3.3.2 互联网企业的创新性金融实践 / 38
3.4 多层次金融服务：互联网金融云平台建设 / 43
    3.4.1 云计算和云服务 / 44
    3.4.2 金融云 / 44
    3.4.3 金融云的应用 / 45
    3.4.4 金融云的困境 / 46
3.5 方与圆：互联网金融时代的挑战与监管之道 / 47
    3.5.1 互联网金融存在的问题 / 47
    3.5.2 互联网金融的监管 / 48

第4章 互联网+金融的四大业态 / 51

4.1 互联网+银行 / 52
    4.1.1 "互联网+银行"的发展历程 / 52
    4.1.2 "互联网+银行"对普惠金融的促进作用 / 54
4.2 互联网+保险 / 66
    4.2.1 "互联网+保险"的发展历程 / 66
    4.2.2 互联网保险险种分析 / 67
    4.2.3 "互联网+保险"带来的变革和普惠效应 / 68
    4.2.4 未来进一步促进"互联网+保险"发挥普惠金融的功效 / 71
4.3 互联网+证券 / 72
    4.3.1 "互联网+证券"的发展历程 / 72
    4.3.2 "互联网+证券"带来的变革 / 72
    4.3.3 体现金融公平、普惠金融演进的必经之路 / 75

4.4 互联网＋基金 / 75

    4.4.1 "互联网＋基金"的发展历程 / 75

    4.4.2 普惠金融目标人群对基金产品的需求 / 76

    4.4.3 "互联网＋基金"对普惠金融的促进作用 / 77

    4.4.4 未来进一步促进"互联网＋基金"发挥普惠金融的功效 / 78

第5章 金融可以这样玩：互联网企业的创新金融 / 80

5.1 移动支付 / 81

    5.1.1 什么是移动支付 / 81

    5.1.2 手机银行与第三方支付机构移动支付 / 82

    5.1.3 移动互联时代的移动支付 / 83

    5.1.4 典型移动支付应用介绍 / 84

5.2 P2P的功与过 / 87

    5.2.1 什么是P2P / 87

    5.2.2 P2P网络贷款为什么会兴起 / 87

    5.2.3 我国P2P网络贷款如何控制信用风险 / 88

    5.2.4 P2P粗放式初期发展中存在哪些不规范的问题 / 89

    5.2.5 P2P网络借贷的未来图景 / 91

5.3 众筹 / 92

    5.3.1 什么是众筹融资 / 92

    5.3.2 众筹融资的典型案例 / 93

    5.3.3 投资者参与众筹融资的风险 / 94

    5.3.4 众筹融资的监管挑战 / 95

5.4 互联网征信 / 97

    5.4.1 传统征信的基本框架 / 97

    5.4.2 大数据与互联网征信的兴起 / 99

    5.4.3 芝麻信用的实践 / 101

实 践 篇

第 6 章 商业银行在"互联网+普惠金融"中的实践 / 104

6.1 中国工商银行：e-ICBC 助力普惠金融 / 105
    6.1.1 互联网的三大规律性特征 / 105
    6.1.2 e-ICBC——"互联网+"时代的变革之力 / 106

6.2 中国建设银行：善融商务开启"互联网+商业+金融"模式 / 114
    6.2.1 商业银行的互联网金融战略 / 114
    6.2.2 建行善融商务，为服务实体经济而生 / 115
    6.2.3 以商促融，助推传统金融业务大发展 / 118

6.3 中国农业银行：利用互联网基因助力普惠金融 / 121
    6.3.1 利用互联网基因推进金融创新 / 121
    6.3.2 金穗惠农通：打通农村金融服务最后"一公里" / 122
    6.3.3 e 商管家：综合性电子商务服务平台 / 124

6.4 中信银行："信 e 付"助推普惠金融 / 126
    6.4.1 打通进出金融服务的"最后一公里" / 126
    6.4.2 "信 e 付"提供的金融服务 / 131

6.5 浦发银行："微信银行"的项目创新及实施 / 136
    6.5.1 "微信银行"的运营情况 / 137
    6.5.2 "微信银行"的主要创新点 / 140
    6.5.3 "微信银行"的技术系统特点 / 143
    6.5.4 "微信银行"的经济社会效益 / 145
    6.5.5 "微信银行"的示范推广价值 / 148
    6.5.6 "微信银行"的风险防范水平 / 148

6.6 中国民生银行：现代普惠金融发展路径——网络金融 / 149
    6.6.1 围绕不同客户群体，构建差异化的网络金融平台体系 / 150
    6.6.2 不断优化创新产品，倾力满足客户需求 / 150
    6.6.3 高度尊重和重视客户感受，坚持不懈谋求极致客户体验 / 152

6.6.4 以安全为第一要务，加强交易风险预防和管控，全力保障客户账户和资金安全 / 154

6.6.5 以金融"惠民"为重点，采取差异化定价策略，大力让利客户 / 155

6.6.6 加大宣传推广力度，普教网络金融，提高市场认知度 / 158

6.7 中国光大银行：云缴费践行"互联网＋普惠金融"模式 / 159

6.7.1 云缴费践行普惠金融 / 159

6.7.2 云缴费的业务模式 / 162

6.8 华夏银行：大力推进互联网上的"第二银行" / 167

6.8.1 传统 ETC 业务介绍 / 168

6.8.2 互联网＋ETC 的业务模式 / 169

6.8.3 未来发展规划 / 176

6.9 江苏银行：以大数据为引领，打造传统银行的核心技术——"税e融"小微网贷业务 / 177

6.9.1 网贷产品情况分析 / 177

6.9.2 商业银行开展网贷业务的意义 / 181

6.9.3 商业银行如何打造优质网贷产品 / 182

6.9.4 江苏银行"税e融"业务的实践创新 / 184

6.9.5 江苏银行网贷业务的实践体会 / 187

6.10 包商银行：立足百姓民生，创新互联网金融业务模式 / 187

6.10.1 移动互联网金融业务的总体发展情况 / 188

6.10.2 移动互联网金融业务实践典型案例 / 193

6.11 深圳农村商业银行："信通小时贷"探索普惠金融新模式 / 194

6.11.1 "信通小时贷"提出的行业背景 / 194

6.11.2 "信通小时贷"的设计理念 / 195

6.11.3 "信通小时贷"的产品案例介绍 / 196

6.11.4 "信通小时贷"的产品特点与创新 / 204

6.11.5 "信通小时贷"的产品意义 / 205

6.12　安徽农信：社区 e 银行践行普惠金融新模式 / 206
　　6.12.1　平台建设思路 / 206
　　6.12.2　平台主要功能 / 208
　　6.12.3　平台建设初步成效 / 209
　　6.12.4　平台发展前景 / 211

第 7 章　互联网企业在"互联网＋普惠金融"中的实践 / 213

7.1　网信集团：全方位开展普惠金融 / 214
　　7.1.1　网信理财：利用互联网技术服务资产与资金两端 / 214
　　7.1.2　众筹网：创新创业孵化生态系统 / 216
　　7.1.3　先锋支付：移动融资为小微企业提供信贷服务 / 218

7.2　国美金控：账云贷助力小微企业融资 / 219
　　7.2.1　账云贷开发的背景 / 219
　　7.2.2　账云贷的市场前景 / 219
　　7.2.3　账云贷的特点 / 220
　　7.2.4　账云贷的风险管理 / 221

7.3　夸客金融：金融老兵的新金融实验 / 221
　　7.3.1　金融老兵的二次创业 / 221
　　7.3.2　正规军的新金融实验 / 223
　　7.3.3　大数据护航风控 / 228

7.4　宜信公司：互联网＋普惠金融创新实践 / 231
　　7.4.1　宜农贷互联网金融扶贫项目 / 231
　　7.4.2　宜信金融云服务平台 / 234
　　7.4.3　宜信利用互联网技术开展普惠金融的经验总结 / 236

7.5　开鑫贷：共享金融实践 / 238
　　7.5.1　开鑫贷简介 / 238
　　7.5.2　业务情况 / 238
　　7.5.3　平台特色 / 240
　　7.5.4　共享金融的案例 / 241

7.6 挖财：老百姓的资产管家 / 242

    7.6.1 挖财的普惠金融服务生态圈 / 242

    7.6.2 挖财践行普惠金融的路径 / 243

    7.6.3 挖财践行普惠金融的驱动力 / 247

7.7 金贝塔："互联网+聪明的贝塔"创新普惠亿万投资者 / 249

    7.7.1 创新背景：普通投资者亟待专业金融服务 / 250

    7.7.2 "聪明的贝塔"融合移动互联网 / 250

    7.7.3 金贝塔创新的核心价值 / 255

第8章 "互联网+普惠金融"的技术设施 / 261

8.1 阿里金融云 / 262

    8.1.1 普惠金融创新从IT赋能开始 / 262

    8.1.2 普惠金融的典型实践：从金融上云到云上金融 / 271

    8.1.3 金融云创新公式 / 277

8.2 互融云 / 278

    8.2.1 产品优势 / 278

    8.2.2 特色产品——P2P网贷系统 / 281

    8.2.3 技术路线 / 289

    8.2.4 总结 / 294

附 录 / 295

理 论 篇

第1章
Chapter One

普惠金融：金融困惑的解决之道

1.1 大道普惠

联合国把普惠金融（Financial Inclusion，也可译为"包容性金融"）定义为能有效、全方位地为社会所有阶层和群体提供服务的金融体系。这一概念最早被联合国用于 2005 年"国际小额信贷年"的宣传中，后被联合国和世界银行大力推行。其主要包括 4 个方面的内容：一是家庭和企业以合理的成本获取较广泛的金融服务；二是金融机构稳健，要求内控严密、接受市场监督以及健全的审慎监管；三是金融业实现可持续发展，确保长期提供金融服务；四是增强金融服务的竞争性，为消费者提供多样化的选择。

普惠金融最初的基本形态是小额信贷和微型金融，经过多年发展，现已基本涵盖了储蓄、支付、保险、理财、信贷等金融产品和服务。其中有的侧重于交易的便利性，有的侧重于居民生活的改善，有的则侧重于对创业投资的支持。无论采取哪种方式，普惠金融最终都将致力于提高资源配置效率和增进社会福利。从理论到实践，全世界对发展普惠金融已达成共识并列出路线图和时间表。世界银行敦促各国政策制定者推动普惠金融建设，关注有益于贫困人口、妇女及其他弱势人群的产品，到 2020 年实现为所有工作年龄的人群普及金融服务的目标；目前已有 50 多个国家和地区设立了促进普惠金融发展的明确目标。

普惠金融的核心任务是立足机会平等和商业可持续原则，通过加大政策引导扶持、加强金融体系建设、健全金融基础设施，以可负担的成本为有金融服务需求的社会各阶层和群体提供适当、便利、有效的金融服务。普惠金融的服务对象为农民、小微企业（特别是新设创立小微企业）、城镇低收入人群和其他特殊群体。普惠金融并不等于政策性金融、扶贫金融或慈善金融，而是要通过"利率覆盖风险"等方式，在政府政策支持的基础上进行市场化操作，走保本微利的可持续发展制度，实现商业上的可持续性。

普惠金融为弱势群体提供平等，享受了现代金融服务的机会和权利，这与人的生存权、发展权、受教育权一样，都是人的基本权利。因此，普惠金融是金融消费权益保护的一大目标，金融消费权益保护则是实现普惠金融的重要保障。发展普惠金融应重视消费者需求的多元性与差异性，积极支持欠发达地区、低收入群体等获得及时、必要的基本金融服务。

普惠金融与金融排斥（Financial Exclusion）是一个问题的两个方面。金融排斥特指银行关闭分支机构而影响了民众对银行服务的可获性，从反面揭示了普惠金融问题的缘起。受各种因素影响，大量人口被排斥在正规金融服务门槛之外，现实中的金融排斥现象以美国历史上发生的"划红线"拒贷为典型代表。从20世纪90年代开始，越来越多的研究开始关注某些特定社会阶层无法获取现代支付服务及其他金融服务的情况。根据世界银行2012年的估计，全球大约有27亿成年人得不到任何正规的金融服务。金融排斥是一个复杂的、动态化的过程，不能以单一原因解释，可能是暂时的，也可能是长期的。从宏观层面来说，经济发达程度是影响一国普惠金融的重要原因；而从微观层面来说，地理、基础设施、金融意识、交易成本等因素均有可能产生显著影响。

可以说，正是由于要克服金融排斥，才出现了普惠金融的概念——在金融机构成本可负担的前提下，通过不断竞争和创新，以保证金融服务排斥对象逐步获得其需求的相关服务。普惠金融体系的提出是现代金融理论的一大突破，在一定程度上颠覆了金融主要为富人服务的传统理念，使人们转变了对传统金融体系的认识，即：庞大的弱势群体应该与富人一样享有共同的、公平的金融服务的权利。因此，构建普惠金融体系，对于完善现代金融体系，有效运用金融手段促进经济可持续发展，帮助农村和城市地区低收入群体提高生活水平、降低贫困程度具有重要的意义。

普惠金融的发展经历了一个逐步深化的过程。国际上最初重点关注的是银行信贷的可获得性，有时将保险业纳入范畴，但较少涉及证券业。近年来，国际组织开始着眼于"宽内涵"、"多维度"的普惠金融，广泛涵盖支付、存款、贷款、保险、养老金和证券市场领域，实现金融服务主体多元化，发展手机银行、银行代理，发展小额存款、小额贷款、小额保险，降低国际汇款成本，完善征信和支付体系，加强金融诚信体系建设，推进数字化金融创新，探索发展风险创投和创业板市场，以及加强金融消费者保护和金融消费者教育等，视角越来越广泛。

普惠金融的概念被引入我国后，一直受到高度的重视。2013年11月，中国共产党第十八届三中全会通过《中共中央关于全面深化改革若干重大问题的决定》，正式提出"发展普惠金融，鼓励金融创新，丰富金融市场层次和产品"。2015年，《政府工作报告》又进一步提出："要大力发展普惠金融，让所有市场主体都能分享金融服务的雨露甘霖。"

推动我国普惠金融的发展，首先要解决发展的出发点和落脚点，即准确把握我国普惠金融服务的对象以及发展处于什么阶段的问题。目前，我国有4类群体的金融服务需要得到加强，最大的困难群体是农户，特别是贫困地区农户的基础金融服务不足（存取款难、汇款难、贷款难等）问题突出；第二类群体是低薪工人，特别是农民工；

第三类群体是小微企业;第四类群体是失业人员。后三类群体普遍存在"贷款难"的问题。

早在改革开放之前,我国普惠金融就出现了农村信用社等形式的初级萌芽,但自20世纪90年代初才正式开启了其发展进程。参照国际经验、有关研究成果以及我国经济发展的特点,我国普惠金融实践历程迄今为止大致可以划分为公益性小额信贷、发展性微型金融、综合性普惠金融和创新性互联网金融4个阶段(详见表1-1)。

表1-1 我国普惠金融的主要发展阶段

发展阶段	标志性事件	主要特征
公益性小额信贷 (20世纪90年代)	1993年,中国社科院农村发展研究所在河北易县建立了我国首家小额信贷机构——扶贫经济合作社,以改善贫困农户的经济状况和社会地位	小额信贷的主要资金来源是个人或国际机构的捐助以及软贷款,致力于改善农村地区的贫困状况,体现了普惠金融的基本理念
发展性微型金融 (2000—2005年)	中国人民银行提出采取"一次核定、随用随贷、余额控制、周转使用"的管理办法,开展基于农户信誉、无须抵押或担保的贷款,并建立农户贷款档案,农户小额信贷业务得以全面开展	随着该时期再就业和创业过程产生的大量资金需求,正规的金融机构开始全面介入小额信贷业务,形成了较有规模的微型金融体系,为促进就业和改善民生做出了贡献
综合性普惠金融 (2006—2010年)	2005年中央"一号文件"明确提出:"有条件的地方,可以探索建立更加贴近农民和农村需要、由自然人或企业发起的小额信贷组织"	小额信贷组织和村镇银行迅速兴起;银行金融服务体系逐步将小微企业纳入服务范围;普惠金融服务体系提供包括支付、汇款、借贷、典当等综合金融服务,并出现网络化、移动化的发展趋势
创新性互联网金融 (2011年至今)	余额宝等新型互联网金融产品为广大群众提供了互联网支付、互联网借贷以及互联网理财等丰富多样的金融服务	互联网金融得到迅速发展,形成了所谓"以第三方支付、移动支付代替传统支付,以P2P信贷代替传统存贷款业务,以众筹融资代替传统证券业务"的三大趋势

互联网金融继承了互联网"平等、开放、协作、透明、共享"的精神,体现了互联网"普惠大众"的宗旨,是丰富金融服务产品、优化金融服务方式、推动金融改革和创新的重要内容。随着互联网企业介入金融业以及传统金融机构不断涉足网络金融,

我国的金融体系也进入了互联网金融时代，为普惠金融体系提供了新的发展机遇。

1.2 金融实践中的困惑与普惠金融解决之道

近年来，我国在互联网金融技术、产业、应用以及跨界融合等方面取得了积极进展，已具备加快推进"互联网 + 普惠金融"发展的坚实基础，但也存在传统金融机构运用互联网的意识和能力不足、互联网企业对金融产业理解不够深入、新业态发展面临体制机制障碍、跨界融合型人才严重匮乏等问题，亟待加以解决。

"互联网 + 普惠金融"战略的核心是紧紧围绕"坚持开放共享、坚持融合创新、坚持变革转型、坚持引领跨越、坚持安全有序"五大基本原则，实现"经济发展进一步提质增效、社会服务进一步便捷普惠、基础支撑进一步夯实提升、发展环境进一步开放包容"四大发展目标。

互联网金融虽然借助互联网技术，但绝不是简单地把金融产品平移到互联网平台。其最大意义在于运用先进的网络技术手段降低金融服务成本，改进服务效率，提高金融服务的覆盖面和可获得性，使边远贫困地区、小微企业和社会低收入人群能够获得价格合理、方便快捷的金融服务，实现金融服务上的平等权益。互联网金融可以充分利用互联网的特性，减少与投资者之间的信息不对称性，扩大金融服务受众的范围，提升服务质量，进而促进普惠金融的发展。具体的促进作用包括以下 6 个方面：

一是降低交易成本。互联网金融的低成本、可持续特征使其成为普惠金融的最佳选择。低成本可能是互联网金融最显著的特征，其交易成本大约只有传统银行的 20%。在互联网金融模式下，整个交易过程都在网络上完成，边际交易成本极低，从而创新了成本低廉的融资模式。早在 2000 年，欧洲银行业测算其单笔业务的成本，营业网点为 1.07 美元，电话银行为 0.54 美元，ATM 为 0.27 美元，而通过互联网则只需 0.1 美元。阿里金融小额贷款的申贷、支用、还贷等都在网络上进行，单笔操作成本仅有 2.3 元，远远低于传统银行的操作成本。由于交易成本的降低，互联网金融获得了较快的发展。

二是扩大覆盖范围。互联网金融依托全天候覆盖全球的虚拟网点网络，可突破时空局限，覆盖到因偏远分散、信息太少而很难获得金融服务的弱势群体，不仅能满足各类人群的金融需求，还直接缩小了城乡差别。根据中国互联网信息中心的数据显示，截至 2015 年 6 月底，我国网民数量为 6.68 亿，互联网普及率为 48.8%，其中手机网民为 5.94 亿。特别需要指出的是，互联网在农村地区普及速度较快，这为扩大金融服务覆盖面提供了可能。以中国农业银行为例，截至 2013 年 3 月底，该行通过"惠农通"方式在农村地区投放电子器具113.7万台,极大地满足了村民转账、消费、小额取款等基础金融服务的需要。此外,互联网金融的发展也为普惠金融提供了更加丰富的理财产品,理财产品的门槛也大大降低,可以方便低收入阶层参与投资,这对中低收入者的财富增值有一定的积极意义。

三是创新信贷技术,降低信息不对称程度。传统的信贷技术包括财务报表类信贷技术、抵押担保类信贷技术、信用评分技术和关系类信贷技术等。小微企业、农民等社会弱势群体大多缺乏央行征信系统的信用记录,缺乏房地产等有效抵质押物,难以通过传统的信贷技术获取服务。而互联网企业的优势是"大数据",即通过技术手段分析客户交易的历史数据,了解客户的需求和交易行为,从而降低信息的不对称程度。通过大数据、云计算等技术,互联网金融可以对客户的资信状况做到可记录、可追溯、可验证,能够卓有成效地帮助传统金融改善信息不对称现象,利用大数据来加快征信体系建设,进而提升金融风险防范和控制能力。例如阿里金融的小微信贷技术,通过在自己平台上所掌握的贷款客户过去的商品和货物的交易记录、账户数量、还款情况以及行为习惯等,进行内部的信用评级和风险计算,这样就解决了传统银行很难解决的小微企业的信用评估问题。又比如P2P网络借贷平台,帮助资金供需双方在该平台上通过数据筛选实现直接交易,供需双方信息几乎完全对称,从而提高了交易成功的概率。

四是拓展金融服务边界。互联网金融的平台经济、规模经济特征有利于发展普惠金融。互联网金融机构通过信息技术进行金融产品创新,将网民的"碎片化资金"以某种方式整合起来,降低了服务门槛,为更多的人提供金融服务。这种规模经济、平台经济的特点决定了互联网金融这种商业模式可以吸引更多的投资者,进一步助推普惠金融的发展。根据世界银行2012年的统计数据,全球有27亿成年人得不到任何正规的金融服务。受到各方面因素的影响,有超过一半的成年人被排斥在正规金融服务门槛之外。普惠金融的发展能帮助更多的人享受到金融服务,而在我国,互联网金融的飞速发展也为普惠金融的发展提供了解决方案。

五是提升金融服务的质量。互联网金融能够促进金融业的竞争,提升资金配置效率和金融服务质量,满足用户的个性化金融需求。必须承认,以互联网金融为代表的新金融业态与传统商业性和政策性金融是一种有效互补的关系,不仅可以增强金融市场活力,拓展和完善金融产业链,还可以进一步提高金融业整体附加值,支持并服务于经济发展转型。以大数据和云计算技术为主要特征的互联网金融,能够迅速地动态了解客户的多样化需求,这就有助于互联网金融机构推出个性化金融产品。互联网金融还可激励民间力量,引导民间金融向阳光化和规范化方向发展。我国民间借贷资本数额庞大，长期缺乏高效合理的投资渠道，游离于正规金融监管体系之外。通过规范发展包括 P2P 网贷、众筹融资等形式在内的互联网金融，可以有效引导民间资本投资于国家鼓励的领域，甚至是普惠金融项目，遏制高利贷，盘活民间资金存量，使民间资本更好地服务于实体经济。

六是扩大消费需求。互联网金融可以有效地满足消费需求，扩大内需，促进普惠金融的发展。2013 年，国务院发布《关于促进信息消费扩大内需的若干意见》，提出到 2015 年，电子商务交易额超过 18 万亿元，网络零售交易额突破 3 万亿元。包括第三方支付、移动支付在内的互联网金融，可以满足电子商务对支付方便、快捷、安全性的要求；反过来，电商所需的创业融资、周转融资和消费融资需求，也促进了网络小贷、众筹融资、P2P 网贷等互联网金融业态的发展。

1.3 "经济新常态"下的普惠金融

"互联网+"是把互联网的创新成果与经济社会各领域深度融合，推动技术进步、效率提升和组织变革，提升实体经济创新力和生产力，形成更广泛的以互联网为基础设施和创新要素的经济社会发展新形态。在全球新一轮科技革命和产业变革中，互联网与各领域的融合发展具有广阔前景和无限潜力，已成为不可阻挡的时代潮流，正对各国经济社会发展产生着战略性和全局性的影响。积极发挥我国互联网已经形成的比较优势，把握机遇，增强信心，加快推进"互联网+"发展，有利于重塑创新体系、激发创新活力、培育新兴业态和创新公共服务模式，对打造大众创业、万众创新和增加公共产品、公共服务"双引擎"，主动适应和引领经济发展新常态，形成经济发展新动能，实现中国经济提质增效升级具有重要意义。

"十三五"期间，转型创新发展将成为我国应对经济新常态的核心和关键。在这期间，金融行业将呈现"百花齐放"的新业态竞争的局面。互联网金融作为一种依托于移动支付、云计算、社交网络以及搜索引擎、APP 等互联网工具，实现资金融通、支付和信息中介等业务的新兴金融模式，正以极快的速度在多个金融领域实现普及。

展望新业态下互联网金融的发展，有以下三点可以肯定（事实上也成为互联网金融的基本界定）：第一，互联网金融与传统金融之间不是简单的替代关系，而是各有侧重、相互促进；第二，互联网金融应该在现有法律的框架下包容化鼓励发展，在创新发展的同时更要确保风险的防范；第三，互联网金融不仅要从降低融资成本上做文章，还要从便捷性、安全性等多个方面谋求创新，真正助力小微企业的发展和民众创业、生活的基本需求。

互联网金融与普惠金融的发展目标有很强的重叠性。互联网金融并不只是简单地把金融产品平移到互联网平台，而是旨在使用先进的网络技术手段降低金融服务成本，改进服务效率，提高金融服务的覆盖面和可获得性。而普惠金融的宗旨是通过金融创新，使边远贫穷地区、小微企业和社会低收入人群能够获得价格合理、方便快捷的金融服务，不断提高金融服务的可获得性，使广大人民群众都能分享到金融改革和发展的成果。因此，二者的根本目的在很大程度上可谓"不谋而合"。

互联网金融的发展为普惠金融的实现提供了一条可行的路径。普惠金融的发展不是一味地"做慈善、搞平均"，而是需要借助市场化的路径，走可持续发展的道路。以互联网金融为代表的数字化金融已呈现出货币形态数字化、金融业务信息化、金融服务移动化的显著特点，借助先进的互联网技术，已逐步在多个领域实现了正常运转，同时产生了巨大的社会效益和经济效益。特别是在移动支付等领域的尝试创新，已证明互联网金融可以成为金融新业态局面下的一支重要力量。因此，借助互联网金融的发展，加快推进普惠金融事业的前景十分光明。

普惠金融的提出为互联网金融发展提供了良好的契机。中国共产党第十八届三中全会以后，"普惠金融"已被提升到国家战略层面，在今后很长一段时间，该项事业的成效将直接关系到全面深化改革的成功与否，势必成为全社会共同关注的重点话题。互联网金融的健康发展，核心是创新。以往对于创新，从政府到市场给予的包容度还不是足够高，但借助普惠金融发展等深化改革的倒逼机制，创新的力量将被更深一步地激发出来，互联网金融也必将迎来新的提速阶段。

2015年7月1日，《国务院关于积极推进"互联网+"行动的指导意见》（以下简称《"互联网+"指导意见》）正式发布，将"互联网+普惠金融"列为重点行动之一。《"互联网+"指导意见》提出：促进互联网金融健康发展，全面提升互联网金融服务能力和普惠水平，鼓励互联网与银行、证券、保险、基金的融合创新，为大众提供丰富、安全、便捷的金融产品和服务，更好地满足不同层次实体经济的投融资需求，培育一批具有行业影响力的互联网金融创新型企业。

2015年7月18日，中国人民银行等十部委联合发布《关于促进互联网金融健康发展的指导意见》（以下简称《互联网金融指导意见》），进一步明确了促进互联网金融健康发展的总体要求、监管分工、业态模式、配套措施等。《互联网金融指导意见》指出，互联网金融对促进小微企业发展和扩大就业发挥了现有金融机构难以替代的积极作用，为大众创业、万众创新打开了大门。促进互联网金融健康发展，有利于提升金融服务质量和效率，深化金融改革，促进金融创新发展，扩大金融业对内对外开放，构建多层次金融体系。

2016年1月15日，国务院发布《推进普惠金融发展规划（2016—2020年）》（以下简称《规划》），力在推进普惠金融发展，提高金融服务的覆盖率、可得性和满意度，增强所有市场主体和广大人民群众对金融服务的获得感。《规划》提出：积极引导各类普惠金融服务主体借助互联网等现代信息技术手段，降低金融交易成本，延伸服务半径，拓展普惠金融服务的广度和深度。

根据《"互联网＋"指导意见》、《互联网金融指导意见》和《推进普惠金融发展规划（2016—2020年）》，我们可以发现，一方面，金融机构利用互联网相关的技术手段，加快金融产品和服务创新，可以在更广泛的地区提供便利的存贷款、支付结算、信用中介平台等金融服务，拓宽普惠金融服务范围，为实体经济发展提供有效支撑；另一方面，互联网企业依法合规提供创新金融产品和服务，可以更好地满足中小微企业、创新型企业和个人的投融资需求，有效地实现普惠金融。

第 2 章
Chapter Two

普惠金融的基石：互联网的力量

2.1 "互联网+"引领金融变革

2.1.1 互联网思维——互联网时代的商业哲学

说起互联网思维,最为著名的案例是 2012 年央视经济年度人物颁奖晚会上,代表新兴互联网产业的马云与代表传统商业产业的王健林豪赌 1 个亿。王健林说:"2020 年,10 年后,如果电商在中国零售市场份额占到 50%,我给马云 1 个亿;如果没到,他还我 1 个亿。"这一度被认为是新兴互联网企业对传统企业的挑战宣言书。虽然后来王健林直言,这个赌局只是一个玩笑。但是在网络上各种各样的互联网思维风起云涌,并且大都冠以马云说、李彦宏说等。那么,究竟什么是互联网思维?

互联网思维一词最早可以追溯到百度掌门人李彦宏的论述:"我们这些企业家今后要有互联网思维,可能你做的事情不是'互联网',但你要用互联网思维去想问题。"随着互联网产业的兴起,互联网思维引起了各方的不断探讨,一些著名的论述如表 2-1 所示。

表 2-1 关于互联网思维的几个论述

提出者	内　容	出　处
雷　军	雷七诀: 专注、极致、口碑、快	雷军在 2013 广东(国际)电子商务大会上《关于互联网思维如何改造传统行业》的演讲
曾　鸣	四大精神: 平等、开放、互动、迭代	曾鸣在长江商学院关于《互联网本质》的演讲
周鸿祎	四点: 1. 用户至上;2. 体验为王; 3. 免费的商业模式;4. 颠覆式创新	《周鸿祎自述:我的互联网方法论》(中信出版社)
张瑞敏	三点: 零距离、网络化、生态圈	海尔集团 2014 互联网创新大会关于《互联网思维的海尔不需要怎样的人》的演讲
赵大伟	九思维: 用户思维;简约思维;极致思维; 迭代思维;流量思维;社会化思维; 大数据思维;平台思维;跨界思维	《互联网思维——独孤九剑》(机械工业出版社)

总结以上观点，互联网思维带给当代企业，特别是金融企业的核心启示其实可以归纳为一点，那就是：极致的用户体验。

1. 互联网时代的用户至上

自从有了现代商业，企业家就不断地提出要以消费者需求为导向，以用户为上帝。那么互联网时代的用户至上论又有什么不同呢？笔者认为其区别主要体现在两个方面：广度与深度。

教科书告诉我们，商业企业应遵循"二八定律"，即 1897 年由意大利数学家帕累托所提出的帕累托分布——20% 的客户往往为企业贡献 80% 的利润，也就是规模经济法则。根据这个定律，由于企业产品的边际成本随着规模增加而不断下降，企业借此可以扩大利润。直到克里斯·安德森（Chris Anderson）在 2004 年首次提出了长尾（Long Tail）的概念，他认为："当商品储存流通展示的场地和渠道足够宽广，几乎任何以前看似需求极低的产品，只要有卖，都会有人买。这些需求和销量不高的产品所占据的共同市场份额，可以和主流产品的市场份额相当，甚至更大。"互联网让这种概念变成了现实，大数据、云计算等技术的实现，让我们有能力开发长尾市场。以著名的余额宝为例，截至 2015 年年底，余额宝的累计用户规模达 2.6 亿，成为全球市场客户数量最大的基金，不过其人均持有量不过 2387 元，不到 2014 年年底全国居民人均储蓄的 1/10。但是，正是每个用户一点一滴的贡献，与余额宝对接的天弘基金，从一个名不见经传的小基金公司一跃成为全球最大的货币基金，同时也是全球拥有客户数量最多的基金公司。互联网时代，即使不被看好的"屌丝"群体，也有可能逆袭成为市场的中坚力量，这就是余额宝带给我们的启示。

同时，借助技术支持，互联网时代可以为用户提供更加个性化、细分化、差异化的服务。借助信息的互联互通，我们可以在传统业务的基础上开发更深层次的服务，典型的代表是阿里金融。一般对于小商户，银行不会为了他们去取几万元的贷款就配备大量的人力、物力；同时由于小商户轻资产的特点，又无法向银行申请抵押贷款。而阿里金融正是看中了这一特点，借助互联网收集商户的经营实时数据，针对不同类型的商户建立起相应的定价模型，进行评级并发放信用贷款。这样，一方面为自己的电商平台积攒了大量商户资源，增强了商户黏性；另一方面也为市场的良性发展提供了支持。

2. 极致体验

极致体验是什么？就是把产品服务做到极致，做到超越用户预期。

首先，传统的商业竞争由于无法让产品直接呈现给消费者，所以更多的竞争是渠道之争。然而在互联网时代，由于电商平台的兴起，可以让企业直接面对消费者，同时好的产品会通过网络迅速传播吸引客户，因此产品服务本身就成为企业赢得消费者的最重要的竞争力。这一趋势对当前我国银行业的影响尤为深远。银行（Bank）一词脱胎于板凳（Bench），所谓板凳就是银行发源时，所在的办公地点。直到现在，我们的银行业还是主要以客户到银行办理业务为主，同时要签很多字、走很多流程才能办理好业务。但是在互联网时代这一切都被改变，互联网为人们略去了繁文缛节，让交易双方直接互联。比如支付宝最初解决的其实是外贸时差问题。由于中国和美国的银行营业时间差距很大，为外贸转款带来了很大的障碍。而通过第三方的形式，支付宝帮助外贸商户实现了无障碍转款，这正是支付宝最初的商业模式。

后来支付宝将这项业务模式运用于解决电商发展中的关键障碍——商户与用户之间的信息不对称问题，使得电商平台有了突飞猛进的发展。回望过去，这其实是由于商业银行服务不到位，为支付宝的崛起提供了重要条件。同样受到互联网冲击的是传统商业银行的物理网点。根据中国银行业协会的统计数据，2014年，中国工商银行的物理网点数量减少了128个，网点的员工数量缩减了10%。这种渠道优势的消失使得传统金融企业需要更加专注于自身的产品服务质量，同时要努力改变重资产的现状，否则将会在互联网时代付出惨痛的代价。

其次，做到超越用户预期，关键是要抓住客户的敏感点。借助大数据的力量，今天我们可以做到为客户提供精准细致的服务，特别是在金融领域。比如以往面对学生的消费贷款项目由于风险太大而且不可控制，中国银监会在2009年叫停了学生信用卡业务，但是淘宝旗下的"花呗"和京东旗下的"京东白条"却能够通过大数据的力量，准确分析用户的偿还能力，特别是在年轻群体中广受欢迎，用户数量均已破千万。

另一种既能为客户打造极致体验，又能为企业带来效益的互联网哲学是免费经济学，这一概念同样由克里斯·安德森提出。传统商业也有所谓的免费哲学，但是这种免费哲学通常是建立在交叉补贴之上的，即通过一项免费服务吸引消费者，取得市场的绝对优势地位，然后利用其后续的配套服务获取利润。安德森认为，在互联网时代，我们将迎来真正的免费时代。由于互联网使得产品的边际成本趋向于零，因此商品和服务走向免费是大势所趋。比如诸多第三方支付公司开展的"存贷汇"的类似业务，这些公司通过各种各样的"宝宝"类产品实现"存"的业务，通过大数据金融和信用P2P实现"贷"的业务，通过平台用户之间的免费转账实现"汇"的业务。由于互联网企业的轻资产特性，以至于这些业务的边际成本均趋向于零，不仅十分方便，而且均不收取服务费。同时，借助巨大的协同效应，互联网平台通过收取通道费用，将客户导流到其他增值业务等方式赚取利润。

2.1.2 "互联网+"——互联网时代的行动指南

如何将互联网思维运用到实践中去呢？李克强总理在《政府工作报告》中所作的有关"互联网+"行动计划，正是将互联网思维与各行各业相结合的重要方法论指引。形式上，"互联网+"是将传统行业与互联网相互结合，实现现实信息的数据化。实质上，则是互联网与传统行业的深度融合，通过大数据、云计算等技术手段，释放数据在信息社会的巨大生产力，激发经济活力，推动经济进一步提质增效发展。

实现"互联网+"中的"+"关键在于创新，而这一创新过程包括技术、理念、思维、模式等诸多方面。其表现形式主要有两种。首先是跨界融合。互联网的核心在于平等、开放，因而传统的行业界限、组织界限在互联网时代变得更加模糊。促进行业间的融合，从而在不同的传统行业之间爆发出新的活力，是"互联网+"带给社会的最初的，也是最自然的变革。其次是重塑结构。随着变革不断深入，社会形态、商业结构都将因"互联网+"而发生深刻的改变，新的社会生态圈不断涌现，这将是互联网带给社会的更高级的、深远的改变。

在"互联网+"时代，一切变革的本源是尊重人性。因为一方面，人是推动社会进步、科技进步、文化进步的最根本力量；另一方面，"互联网+"引发社会变革的出发点与最终落脚点是发挥人性的创造力与对于人性体验的满足。正如600余年前，欧洲的大艺术家发起了一项伟大的运动，让人类摆脱了封建宗教的束缚，让人性的光辉重新照耀大地。今天，我们在创造性地运用"互联网+"重塑社会生态的同时，也满足了人们丰富多彩的体验需求。互联网让商业回归人性，"互联网+"下的人类社会或许正在迎来第二次"文艺复兴"。

2.1.3 "互联网+"时代的金融变革

如果说"互联网+"重构了整个实体经济的发展方向，其在金融领域引发的变革同样不亚于一场地震。2013年，余额宝横空出世，不到一年时间，余额宝基金规模突破1000亿元，成为国内资本市场历史上首只规模超千亿元的基金产品；同时，其用户数量接近3000万户，让天弘基金快速成长为稳坐国内基金规模前三的业内巨头。一支基于互联网的基金产品，仅凭一己之力搅动了中国的整个金融市场。要想解析这一现象背后的原因，就需要分析互联网在金融领域中的作用。抛开各式各样的互联网金融模式，互联网本身在金融领域的作用主要有三类。

1. 渠道功能

互联网最为本质的特征是让人与人、人与物、人与信息之间的互动更加高效，对于金融也不例外。互联网在企业与人、人与人、企业与企业、企业内部之间搭起了便捷的桥梁。以网上银行为例,原来许多业务都需要客户亲临柜台办理,现在商业银行把自己的网点搬到网上,借助互联网实现客户与银行之间的沟通。

2. 信息来源

互联网作为信息来源,一方面为客户提供了不同服务产品之间的横向比较信息,另一方面也为金融企业提供了原本不易获得的信息。比如阿里金融,借助淘宝平台获得了许多小微企业的经营数据,从而为借贷行为提供了依据。如果按照原有贷款标准逐个调查,对于金融企业来说,成本将会变得无法承受。

3. 中介功能

金融的本质是资金融通和借贷交易,通过互联网可以方便地撮合资金的供需双方。比如当下火热的P2P与众筹,就是典型的以互联网为中介的金融业务。

根据互联网在金融中的作用,我们可以断言,在未来,互联网金融必然呈现两大特征:金融大融合与金融服务普惠化。

1. 金融大融合

由于互联网的飞速发展,特别是移动互联网技术的不断进步,使得个人与网络之间的界限越来越模糊。伴随着现实世界与虚拟世界不断模糊,掌握着海量入口资源与客户资源的互联网企业在资金支持下开始具备开展金融服务的条件。同时,随着改革不断深入,牌照限制不断放开,以第三方支付、金融电商等业务起家的企业开始慢慢发展出一套完整的金融服务框架。互联网也催生了一站式金融服务与金融混业的发展。对客户而言,通过一个金融综合账户,实现资金管理、消费支付、投资理财、资金借贷等所有金融服务,将会成为互联网时代最主要的需求。对企业而言,在满足监管要求的前提下,实现基于互联网的混业经营,可以实现内部资源的高效共享,节约成本,同时也为客户提供周到全面的服务。因此,在互联网时代,金融大融合无疑是金融服务发展的主流趋势,而国内包括平安集团、工商银行、中信集团、国泰君安等大型综合金融集团也不断地在这一方向探索实践,"全能平台"、"综合金融"的美好愿景或许正在向我们一步步走来。

2. 金融服务普惠化

金融的本质是资金融通和借贷交易,核心是对风险进行精确定价。在传统的金融活动中,通常采取的是比较粗放的定价方式。比如在贷款业务中,通常由商业银行对企业的历史财务状况进行评判,信息不对称与道德风险使得银行不得不对贷款业务极度审慎。同时,限于人力、物力,银行只能为非常有限的对象(通常是那些经营状况良好的企业）提供资金融通服务。而在互联网时代，借助低成本的信息获取与处理技术，使得信息不对称与道德风险问题得到了有效控制，借助大量的量化模型，我们可以对风险实现更加精确的定价。比如可以根据企业的实时运营信息判断企业的资金需求以及偿债能力，结合这些指标发放贷款；可以根据个人状况的实时变化，例如年龄、偏好等，为其提供相应的投资理财服务。因此，开发传统金融业无法顾及的市场，实践服务于更为广大的人群的普惠金融，将会是"互联网+"带给金融业的又一大蓝海。

可以说金融业与互联网相互交融，引领金融服务融合化，实现普惠金融，已经是不可违的大势。拥抱互联网，寻找自身行业的"互联网+"，是所有金融企业发展必须思考的内容。否则就会如万科董事长王石所言："淘汰你的不是互联网，而是你不接受互联网，是你不把互联网当成工具跟你的行业结合起来。最终淘汰你的还是你的同行，他们接受了互联网，把互联网跟自己做的事情结合起来，淘汰了你。"

2.2 互联网+普惠金融的核心技术

2.2.1 大数据与云计算

1. 站在数据之巅

关于大数据（Big Data）的研究可以追溯到2001年来自美国META咨询集团（如今的Gartner集团）的分析师道格莱尼（Doug Laney）的研究报告。他在这篇报告中提出了3V模型，即认为数据容量大、数据传递速度高，以及数据种类和数据源多是新世纪数据管理的特点。究其原因，笔者认为，这主要是由于互联网对于我们生活方式的改变而造成的。其实，我们的生活中一直都充满着数据，但是在以前，这些数据是零散的、随机的、没有任何规律的，对于我们的实践毫无用处。随着互联网的不断发展，越来越多的人把现实中的生活方式带入了网络世界；而在虚拟世界中，原本杂乱无章的数据变得有序、具备分析价值并且能指引我们的实践。但是，在0和1的世界中，要描述出一个多彩的人类社会需要海量的数据，其规模远远超出我们的处理能力。荷兰教授Chris Snijders为大数据下了一个定义，即无法在可承受的时间范围内用常规软件工具进行捕捉、管理和处理的数据集合。因此，大数据的特点决定了利用其进行分析决策要求我们采用全新的模式、更加优化的流程对数据进行挖掘处理。而我们手中的工具，就是云计算。

云计算是分布式计算技术的一种，其最初旨在通过网络将庞大的计算处理过程分拆成一个一个小的子过程，利用多服务器组搜索，执行之后将结果反馈给用户。通过这一分布式计算过程，就能将原来几乎无法处理的大数据处理过程零碎化后进行处理。

随着相应技术的发展，当前的云计算技术主要基于一个服务资源共享池，包括服务器空间、网络接口、安全等服务。云计算服务的使用者可以以非常廉价的成本使用这些资源。云计算的服务模式主要有三种：

（1）IaaS（基础设施即服务），服务商将硬件，比如存储空间、I/O接口等出租给客户使用。

（2）PaaS（平台即服务），服务商建立一个提供多种资源的开发环境平台，然后将这一平台租用给客户，客户可以基于平台开发自己的产品。

（3）SaaS（软件即服务），服务商为客户提供定制软件功能服务。

云计算技术的应用对于现代金融业的意义有三点：

（1）提升企业内部资源互通效率。金融企业的特点是信息数据量庞大，但是内部共享效率低下。云计算技术可以帮助企业建立资源平台，在不违反相关监管法律法规的前提下，大幅提升企业运营效率，提高企业服务水平。

（2）实现电子化服务，降低成本。通过将现有的服务搬到"云"上，实现由重资产向轻资产的转变，金融企业可以大幅降低自身的运营成本。

（3）推动金融创新。云计算强大的数据处理能力，大大拓宽了金融业的能力边界。随着云技术兴起的一系列金融创新，既满足了人们的金融需求，也为优化社会资源配置、激发经济发展提供了重要动力。

2. 大数据与普惠金融

金融业就其行业天然特点而言，实际上是非常适合于开展基于大数据的业务的。以银行为例，由于银行是金融系统的中坚力量，个人、企业几乎都需要与银行打交道。在业务往来中，银行系统积累了海量的信息数据和财务数据。通过分析这些数据，对于个人，我们可以对人口信息、消费水平、风险偏好水平等进行量化分析；对于企业，我们可以对企业的生产、经营、销售、上下游供应链等各个方面进行研究。而对于这些信息的挖掘、分析、处理，为实现惠及更多群体的普惠金融发展奠定了基础。基于信息化的决策服务过程相比于传统模式有着显著的优势，主要集中在三个方面：

（1）边际成本低，客户体验好。只要建立起了大数据模型，就可以完全依靠机器产生决策，其边际成本趋向于零，一方面由于人力成本减少，降低了整体服务成本；另一方面，原本繁复的审批流程被缩短到分钟级别，大大提升了客户体验。比如美国企业Kabbage的信用评价模型，号称在7分钟之内就能生成一份客户的信用评价报告，这在传统信用调查中是不可想象的。

（2）决策科学，减少人为干预带来的负面影响。首先，利用大数据进行风险定价，其数据来源非常广泛，包括传统定价中许多不易获取的数据，其定价会相对更加精确；其次，风险防范方面，借助沉淀在网络上海量的闭环信息，大数据分析可以提前发现异常，有效控制风险；最后，由于大数据决策的客观性，避免了人为因素对于决策的影响，有效解决了传统金融中的内部控制问题。

（3）服务精准灵活。传统金融业的服务往往是标准化的，这主要是由于非标准化业务会大幅增加企业的人力成本。如今，借助大数据的力量，金融企业完全有能力为客户设计更加个性化、高效化的金融服务方案。一方面，企业可以更加灵活地制订自己的财务规划；另一方面，整个金融体系的效率也会因此大大提升。

目前在我国，制约普惠金融发展的核心问题是"成本高、风险高"。其主要原因在于，目前的决策评价体系人为因素较多，导致决策流程冗长、惠及面窄。同时，由于目前金融服务都是基于过去的信息，比如已经披露的财务报表等，导致信息传递时滞长、决策效率低，在普惠金融的实践中，极易引发道德风险。而大数据金融的三大优势，一方面通过开发高效灵活的授信量化模型，大幅降低普惠金融的事前决策成本；另一方面则可以通过实时在线监测，提前预知风险，降低普惠金融的事后风险。因此，大数据、云计算必将成为普惠金融发展的最重要的技术支撑。

诚然，借助大数据、云计算技术开展普惠金融服务也面临着模型准确度不高、初期研发投入大、可借鉴经验少等风险，但是，在一些领域，大数据金融已经显现出相当的威力。目前，大数据普惠金融比较热门的模式是借助大数据对个人或者企业进行信用量化，将传统的抵押贷款转化为信用贷款。这种模式利用大数据信用评价模型，建立起融资平台，为企业提供信用贷款。该模式的典型代表是阿里金融。基于淘宝电商平台所获得的海量数据，借助于自行开发的信用模型，阿里可以对中小企业的经营能力、偿还水平实现精准的风险定价。同时对于淘宝用户，阿里也可以根据其消费数据，评价其信用消费能力，向其发放消费贷款，使金融服务惠及传统金融业覆盖不到的人群。

有人会问，阿里金融的基础是其较为成熟的电商平台，那么如果没有电商平台，是不是就不可以开展相应的业务呢？答案当然是否定的，比如美国互联网金融企业Kabbage就借助社交＋物流＋商业预付款模式，实现了惠及广大电商群体的金融服务。

Kabbage是一家专门为电商提供运营资金支持的企业，它创立于2008年年底。其创始人发现，美国电商平台上的很多小规模网店在发展过程中常常遇到资金周转方面的问题，而由于这些网店并没有太多固定资产，所以无法申请到抵押贷款。正是看中了这样一个潜力巨大的市场，Kabbage在2009年上线，利用从Google

Analytics 得到的网店信息、从 QuickBooks 得到的账目信息，以及从 UPS 得到的物流货运信息，构建起自己独特的信用风险量化模型，采取一种类似贷款的商业预付款模式实现收入。

这种商业预付款与传统贷款有两点不同。首先，商业预付款是一种商业行为。Kabbage 向商户预付一部分款项来购买其在未来一段时间内的部分销售收入。由于商业预付款的成本远远高于贷款利率，采用这样一种预付款模式一方面增加了 Kabbage 的收入，另一方面规避了有关高利贷的监管约束。其次，预付款协议双方通常会约定，商户会按照营业收入的实际发生额的一定比例支付预付款费用，特别当商户出现短期经营困难时，费用相应降低，这也为商户提供了更大的生存空间。

后来，Kabbage 又推出了 Social Klimbling 服务，这项服务鼓励客户将自己的账户和社交账号如 Facebook 和 Twitter 关联起来，创造性地把社交网络数据接入自己的征信系统，颠覆了传统的信用评价体系。其具体做法是：某网店先将自己的 Kabbage 账户与已有的 Facebook 或者 Twitter 账户进行链接，然后 Kabbage 在后台迅速通过抓取社交网站数据，生成该商户的信用评价结果。比如当申请人的粉丝数增加时，其发布内容获得的转发和评论越多；或者点赞数越多时，申请人的贷款额度会随之上升。

这样一来，首先，Kabbage 帮助商户将潜在的客流量转化为实实在在的资金支持，使得商户不会因为没有现金流收入，而使得原本很受欢迎的产品营销因资金缺乏而受阻，这在现有的信用评价体系中是完全不可想象的；其次，这种模式使得商户更加愿意与其客户建立良好的关系，提升用户体验的同时降低了坏账风险，同时惠及贷款方、商户以及客户；最后，当越来越多的商户关联了他们的社交网络账户后，Kabbage 可以获得更多的数据，进行进一步的深层次处理，对风险进行更加精确的量化，以提升自己的风险控制能力。

正是这样一种革命性地引入多种信用评级指标，高效利用大数据重构信用体系，结合商业预付款模式，Kabbage 准确地找到了市场需求，实现了云计算与金融的完美结合，开辟了互联网金融的新时代。

党的第十八届三中全会提出，要发展普惠金融，鼓励金融创新，丰富金融市场层次和产品。周小川行长指出，切实推动包容性金融发展，让金融改革发展的成果惠及广大人民群众。而为了实现这一目标，就必须实现对风险进行精确定价。互联网则为普惠金融的实践提供了条件，借助大数据技术与云计算技术，我们可以利用原本散乱零碎的信息，实现对金融活动风险的精确量化。随着这些技术的飞速发展，我们正在迅速进入"一切数据皆有价值"的时代。

2.2.2 移动互联网

所谓移动互联网，就是指人们利用移动终端，比如智能手机或者平板电脑，通过移动通信网络，或者 Wi-Fi 等其他形式的无线网络，访问互联网的技术。早在 2010 年，国际电信联盟就有报告指出，按照当时的增长速度，在 2015 年之前人们通过移动终端访问网络的规模将会超过传统的 PC 终端。结果在 2014 年 1 月，统计表明，美国移动终端的网络访问量就已经超过了 PC 终端。我国移动互联网用户规模的爆炸性增长起始于 2009 年 1 月。工业和信息化部数据显示，截至 2015 年 8 月底，我国移动互联网用户达到 9.46 亿户，手机上网总数超过 9 亿户，对移动电话用户的渗透率达 69.5%。

传统互联网模式主要可以分为四大类，它们奠定了移动互联网发展的基础：

（1）连接人与信息。这是互联网兴起时最早的商业模式，以谷歌、百度等搜索引擎以及新浪、网易等门户网站为代表，它们为用户在网络上迅速寻找所需信息、获取最新消息提供了便利，同时借助广告投放、搜索推广等获取收入。

（2）连接人与人。以 Facebook、腾讯 QQ、Twitter 为代表，互联网不再单纯提供信息服务，而是将人类社会中的活动开始网络化。2004 年，Facebook 上线，宣告着互联网社交的兴起，将人与人随时随地相互连接起来。

（3）连接人与物。以亚马逊、淘宝网为代表的电商，将传统的货物贸易搬到了互联网上，从而实现了人与商品之间的直接对接。

（4）提供娱乐服务。比如 YouTube、优酷等视频网站。

移动互联网除了具备传统互联网的功能，还具备一项独特的功能，就是连接人与其周围所有信息，实现人与周边的互动。这是由移动互联网本身的要素决定的。移动互联网有三大要素：人、地点、周围。人即终端，人们通过各种各样的智能设备以及入口访问互联网，正如前文提到的互联网思维的核心是用户，因此入口成为移动互联网中最宝贵的资源。地点，即通过定位功能确定人的位置，然后将虚拟世界中的地点与现实世界中的地点通过移动互联网相互连接。周围，即人的周围，当虚拟世界中的人与现实世界中的人在移动互联网的帮助下重合的时候，互联网上积累的关于现实中的海量的信息便可以通过移动终端传递给人，从而实现人与周围世界的数字化互动。

当前在我国，以银行"划红线"拒贷为代表的金融排斥是阻碍普惠金融发展的一个重要障碍，其核心原因在于资金融入和融出方之间的信息不对称。金融机构由于信息采集渠道闭塞、信息采集成本高的原因，导致其在提供金融服务时往往采取一刀切的方法，即只为有信誉、有实力的大机构提供金融资源。移动互联网的出现，则为金融企业收集必要的信息提供了一条宽广的渠道。借助移动互联网，人们可以选择将自己的一部分信息向金融机构披露，同时金融机构也可以高效地获取自己所需的定价数据，从而可以以此为据，向更为广大的人群提供金融服务。英国的保险公司Ingenie就是成功运用移动互联网实现普惠金融服务的代表。

英国的Ingenie保险公司就是一家应用移动互联网实现对汽车保险进行定价，并且通过社交鼓励安全驾车的互联网金融公司。Ingenie成立于2011年，其创始人观察到年轻人驾车的事故率比较高，同时传统车险对于保险费率的定价通常是基于对整个年轻群体的统计结果制定的，导致年轻司机驾车的负担比较重。因此，Ingenie通过互联网技术与保险定价相结合，研发出专门针对年轻人的一款基于行车参数的保险产品。其产品包括一个黑盒子和手机APP（见图2-1），其中黑盒子内部布置了数个传感器。客户将黑盒子安装在车上以后，通过这些传感器可以采集行车中的车速、刹车频率、转弯时的行车参数等。安装于手机上的APP将会定时采集黑盒子的数据，并通过移动互联网将这些数据传到云服务器上。Ingenie通过量化模型对驾驶者的驾车习惯、行车安全性做出量化考核，而这一考核将会作为保险费用的制定依据。

图2-1　Ingenie的APP与黑盒子

用户也会收到驾驶报告，里面包含了许多改善驾驶的建议。同时，用户也可以将自己的评分分享到社交网络里，与其他同龄人互动。Ingenie的这一极富创意的产品通过对个人的驾驶进行保险的差异化定价，一方面，良好驾驶习惯带来的保费折扣奖励激励年轻驾驶员不断提高自己的驾驶水平；另一方面，通过帮助年轻人改掉不良的驾驶习惯，也降低了交通事故率，改善了整个社会的交通环境。而 Ingenie 自己则收获了巨额的保险收入。截至 2014 年年底，短短 3 年时间，Ingenie 的营业收入超过 1 亿美元，并且把业务从英国本土发展到了加拿大等国家和地区。通过移动互联网与金融相结合，Ingenie 实现了用户、社会、自身三方共赢，是利用互联网实现普惠金融的生动案例。

2.2.3 生物识别技术

2015 年 5 月，中国人民银行下发了《关于银行业金融机构远程开立人民币银行账户的指导意见》，其中最为引人注目的是关于客户身份识别机制的自证的细则。具体要求银行在实施远程开户时，要能够提供权威评审机构的报告，证明其技术手段能够实现三个目标，即：识别存款人的真实性；身份证件的真实性；存款人意愿的真实表达。同样，由于普惠金融的服务对象是最广大的人群，因此在普惠金融的实践中，如何验证用户身份、保障金融安全是影响其发展的重要因素。这方面的风险主要来自于两个方面，一个是通信中发生的安全风险，另一个则是来自远程用户身份验证的安全风险。通信方面的安全保障技术较为成熟，制约当前互联网+普惠金融发展的硬件方面的障碍主要来自于第二个方面。

衡量一项生物识别技术能否应用于互联网金融，需要满足以下 4 个条件。

（1）准确度高。这里包含两层标准：一方面，用于识别的生物特征必须唯一并且其特征不会随时间变化；另一方面，该特征不容易被伪装，在机器识别过程中可以保持一定的准确度。比如声音识别技术，虽然每个人的声音从频谱的角度是具有唯一性的，但是由于可以被轻易伪装，因此并不能广泛应用于互联网金融。

（2）具备数字化条件。只有可数字化的识别技术，才能与互联网相互兼容，同时满足普惠金融的高效率要求。比如 DNA 识别技术，其精度是目前所有生物识别技术中最高的。但是由于 DNA 检测目前主要还是基于化学方法，其效率比较低下，因此很难广泛应用于互联网金融。

（3）设备可小型化，成本比较低廉。这是实现大规模推广的先决条件，同时由于移动互联网是时代潮流，因此，如何实现小型化也是生物识别技术发展过程中必须考虑的问题。

结合前面的三大要素，目前比较热门的，并且具备应用价值的身份验证技术包括：指纹、掌纹识别，面部识别，虹膜识别，手血管识别。

1. 指纹、掌纹识别技术

指纹和掌纹识别技术是利用手指与手掌表面的脊和沟形成的随机纹理进行身份验证，而这一生物特征形成于胚胎时期，有较强的随机性、持久性、独特性，是目前应用最为广泛、技术也较为成熟的生物识别技术。但是由于指纹和掌纹比较容易被捕获，因而该种验证方案比较容易被攻破。目前其单独应用场景较少，与密码等安全验证手段联合使用比较多。其在普惠金融领域主要应用于小额支付、个人终端解锁等安全要求较低的领域。

2. 面部识别技术

2015年3月，在德国汉诺威举办的 IT 展览会（CeBIT）上，马云在围绕数据经济发表演讲后，向德国总理默克尔和中国副总理马凯展示了支付宝的人脸识别支付技术 Smile to Pay，利用手机的刷脸支付功能，在淘宝网上购买了一枚1948年的汉诺威纪念邮票（见图2-2）。人脸识别技术是最古老，也是最自然的生物识别技术，它是根据人的面部特征的唯一性特点而进行的生物身份判定技术。

图2-2 马云在德国 CeBIT 大会上展示 Smile to Pay 技术

面部识别技术是当前应用于普惠金融领域最为前沿、最为热门的生物识别技术。这主要是因为面部识别技术具备以下三大优势：

（1）与现有的身份验证方式兼容。目前，银行等重要金融机构对于客户身份验证的最高标准就是要求客户亲临柜台，而这种验证方式就是柜员通过肉眼进行面部识别身份验证。这主要是因为面部特征比较复杂，相比于目前应用最为广泛的指纹识别，更加不易被仿冒。随着面部识别技术的飞速发展，相比于肉眼识别，机器识别的效率更高、成本更低。正是基于这一特点，使得面部识别技术成为推动传统金融向普惠金融发展的重要技术助力。

（2）利用现有机具，无须专门配置特殊器材。相比于其他生物识别方案，面部识别技术完全依靠现有的摄像头技术。随着目前智能终端的覆盖率不断提高，智能终端搭载的摄像头精度不断提升，使得该技术的应用成本大大降低，覆盖面相应提升，为普惠金融的大规模推广奠定了基础。

（3）识别流程数字化程度高，识别速度、精度均有较大潜力。由于面部识别过程全部电子化，因此其识别精度与速度主要取决于识别的算法效率。虽然当前其精确度达不到100%，但是这项技术的经济附加值高、研究成本低廉、市场需求迫切，相应的提升空间会非常广阔，也是目前大量研究者不断涌入的重要原因。

面部识别技术的缺陷主要集中在两个方面。一是准确度受限。面对相似度很高的脸庞，比如双胞胎，人脸识别技术很难做到100%识别。但是，这一点对于其在金融领域的应用并不构成障碍，因为即使亲临办理业务，银行员工也有可能分不清双胞胎。二是隐私问题，即人脸识别技术公司需要建立起人脸库从而实现算法的优化。但是建立人脸信息库是否需要公众授权呢？许多公司与机构对于这个问题争论不休，比如Facebook默认只要用户不表示反对，就会将其纳入人脸信息库，而微软则在采集用户人脸信息时会争取用户授权。这个看似很超前的问题，其实是面部识别技术进行商业化应用的最大潜在障碍。

目前，搜索引擎显示，许多算法公司都号称其人脸识别技术实现了99%以上的准确率，但是就目前公认的人脸信息库比较全面的技术服务商中，精确度最高的是Facebook。2014年年初，Facebook宣布其人脸识别产品Deep Face的精确度达到97.25%，而用人眼进行相同测试的准确度水平为97.53%，并且这项测试是在比较复杂的环境中进行的。可见，其技术水平已经与肉眼相差无几。虽然，目前单独的人脸识别技术并不能保证万无一失，但是与密码、指纹等身份验证技术相结合，其安全程度将会大大提高，在可以预见的未来，人脸识别技术必然会成为互联网+普惠金融发展中不可或缺的重要环节。

3. 虹膜识别技术

虹膜是人眼瞳孔与眼白（学名巩膜）之间的部分，其表面有很多纹理、色素斑等非常复杂的结构，是人体最为独特的结构之一，主要由人的遗传基因决定。虹膜识别技术，就是利用光学成像的方法，提取虹膜的特征，从而进行识别的技术。由于虹膜的独特性，在目前的主流生物识别技术中，其精度仅次于 DNA 识别，是可数字化的身份验证技术中识别精度最高的，因而被广泛应用于国防、安保、金融等领域。

虹膜识别技术的优势是精度非常高，并且由于虹膜的不可复制性，目前是最可靠的电子化身份验证系统。但是目前制约虹膜技术广泛应用的障碍主要有两个：一是虹膜特征提取设备成本较高，并且无法小型化，这是制约其发展的最主要障碍；二是由于目前光学设备普遍存在畸变等误差，而虹膜由于其唯一性，在验证级别上必将处于比较高的级别，如果由于硬件设备误差而导致用户身份无法识别，势必会影响其应用。

总体上，虹膜识别技术是一项非常有潜力的生物识别技术。如果能克服其主要缺点，实现大面积推广应用，鉴于虹膜识别技术的超高可靠性，必将会推动普惠金融实现跨越式发展。

4. 手血管识别技术

手血管识别技术是近几年发展起来的一项新兴生物识别技术。其原理是人体手背部的血管是由基因决定的，其形状分布已被证明具有唯一性，并且其结构具备长期稳定的特征。而其中富集的血红蛋白对于近红外光谱有比较强的吸收能力，所以通过红外光投射、反射等实现对于人手部血管的成像、采集和识别过程非常简单（见图 2-3）。

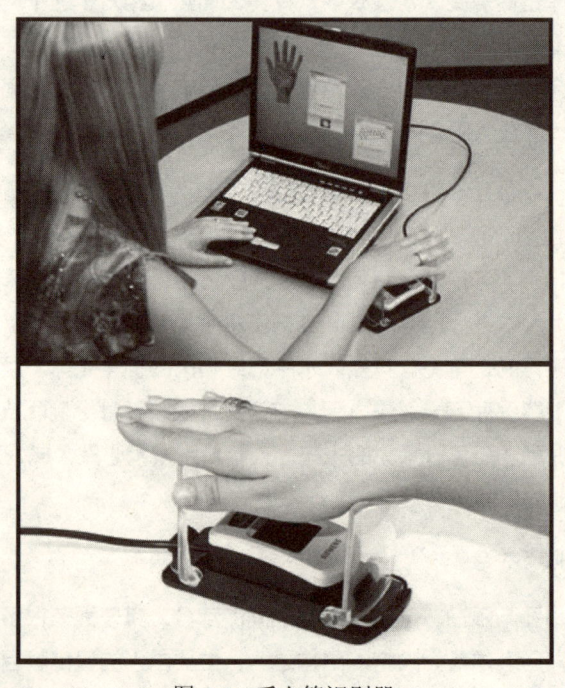

图 2-3　手血管识别器

手血管识别技术的主要优势有三点：

（1）基础技术成熟，准确度高。红外成像技术与图像识别技术是手血管识别的两大基础技术，而由于其应用极其广泛，所以技术成熟度和数字化程度高、成本低廉，便于手血管识别在实际应用中大面积推广。

（2）难于造假。由于手血管隐藏在人体皮下，因此不同于指纹信息和面部特征，其几乎不可被复制。同时医学证明，手血管特征具备唯一性，其结构的长期稳定性好，因此安全性极高。

（3）对环境要求比较低，并且对于手部损伤不敏感。相比于目前广泛应用的指纹、掌纹识别系统，由于其对手掌和指纹的损伤非常敏感，而手部由于容易发生损伤导致指纹、掌纹识别在实际应用中受到了种种限制。而手血管识别则可以很好地避免这一负面影响，只要不发生手部的严重损伤，手血管识别均可正常进行。

当然，手血管识别技术也有相应的局限性，主要集中在两方面：一是需要研制专门的仪器，同时相应的匹配算法在国内研究较少，而国外有关这一方面的许多技术算法是对我国保密的，因此初期研发的投入会比较大；二是仪器不易小型化，由于手血管成像需要比较大的成像模块，因此整个仪器尺寸相对于移动终端是比较大的。

诚然，这项技术目前在国内处于起步阶段，但是其相关领域的研究均比较成熟，发展前景广阔。或许在不久的将来，手血管识别将会与指纹、掌纹识别及面部识别，一起为普惠金融实践的发展做出贡献。

第 3 章

Chapter Three

互联网+普惠金融：当前社会投融资问题的解决方案

3.1 "新常态"下的社会金融难题

在新常态下,我国经济处于增长速度换挡期、结构调整阵痛期和前期刺激政策消化期的"三期叠加"时期,社会融资也面临着很多难题,在这个过程中,使金融能便捷、高效和低成本惠及更广泛的人群和企业,是实现我国经济顺利转型和社会公平正义的必然要求。

焦瑾璞在《建设中国普惠金融体系》一书中将当前金融市场客户分为三类:一是通过正规金融途径获得服务的客户;二是被正规金融排斥但通过目前的微型金融途径获得服务的客户;三是同时被正规金融和目前微型金融排斥的客户。后两类人群以三农(农村、农业和农民)、中小微企业为主,也是普惠金融的重点目标。本章将主要讨论普惠金融目标人群在"新常态"下的社会金融难题。

3.1.1 三农融资难题

由于三农存在的特点,传统银行对三农的服务能力远远不足,主要原因体现在以下几点:(1)农业生产具有不稳定性,容易受到气候、灾害、疫情等风险因素的影响,这些风险因素一般难以衡量和控制;(2)可用于贷款抵押的抵押物缺乏,农民生产资料容易和生活资料混用,用于担保的不确定性大;(3)在农村地区进行信用征集难度大,农民配合程度不高,再加上农民流动性大,信用记录更新难,适用性有限;(4)不同农作物品种、水产养殖品种等生产经营规律差异性大,银行对农产品经营规律掌握不够深入,贷款调查、服务成本高;(5)农村地区人群文化程度和金融意识不高,银行等金融机构营业网点覆盖范围有限,部分边远地区的农民对于现代金融服务还很陌生,有多余资金时选择存放在家里,有资金需求时也从不知道可以找银行,银行等金融服务在提高生产生活便利性、帮助农民脱贫致富等方面的功效没有得到有效发挥。

此外,农业问题还存在一个固有难题,即农业生产和农业需求的信息不对称。我国农村地区幅员辽阔、地形多样、交通不便、信息闭塞,农业生产和销售往往局限于所在地周围的小范围内,"谷贱伤农"这一历史性的难题仍然困扰着农民。当农产品供过于求的时候,农民缺乏突破地域限制寻找买家的渠道,农产品在不同地域可能同时存在"供过于求"和"供不应求"的现象,农产品很难在更大范围建立新的供需平衡,这就给农民资金回笼带来了很大的不确定性。在新常态下,这一问题愈发凸显,以农产品为原材料的工农业企业需求放缓,企业投资收益率降低、资金回笼速度放缓,从而带来农产品收购价格下降,农民回款时间拉长,给农民的生产和生活带来了较大压力。对于农民来说,他们需要寻找新的需求方,期望有一种便捷的途径来减低生产需求的不对称性。尤其是在我国大力推动消费经济的背景下，与城市饭店、居民的农产品需求直接对接起来将是未来的重点发展方向。在这个过程中，不可避免地会产生融资需求，例如现代生产基地的建设、销售渠道的打通以及物流支出等领域都需要资金投入。此外，在新常态下，"融资急"的问题也会更加突出，农民对于融资的速度和效率也会有更高的要求。

3.1.2 小微企业融资难题

小微企业的融资问题一直是困扰我国经济发展的难题。由于小微企业发展不成熟、经营不规范、信用不完善以及担保欠缺等特点，商业银行等金融机构要么将小微企业排斥在融资对象外，要么收取较高的融资溢价，"融资难"、"融资贵"一直是小微企业面临的难题。此外，经济学中"劣币驱逐良币"的现象也存在于小微企业融资领域，即"劣质小微企业驱逐优质小微企业"，劣质小微企业在申请银行贷款时出现的不诚信还款现象等贷款风险会影响银行类金融机构对整个小微企业的风险判断，无形中使得部分优质小微企业承担了高于自身信用风险的贷款成本，这在一定程度上可能造成对优质小微企业的贷款抑制现象，影响其进一步发展。

在新常态下，小微企业面临着更为严峻的发展环境，存在着增速放缓、需求减少、投资回报率下降、投资回报期拉长的风险，出口导向型的小微企业还面临着出口放缓和汇率波动等风险。在这种情况下，银行等金融机构可能会对原有的贷款额度、期限、利率以及担保等条款做出一定程度的调整，小微企业本身就存在的"融资难"可能会变得更难，同时"融资急"又会加剧"融资难"的问题，从而使得小微企业面临着相对更大的融资压力。在新常态下，小微企业的经营环境和经营特点都会出现新的变化，从而带来现金流规律和投融资需求的变化。商业银行等金融机构应该积极研究新常态下小微企业的现金流特点，从而为小微企业提供更有针对性和综合性的金融服务，帮助小微企业更合理地安排投融资、降低融资成本，从而为转型期的发展做出积极的贡献。

处于发展期的小微企业犹如在一片荆棘中前行，融资问题给它们带来累累伤痕，有的企业能成功穿越，从而成长为大企业，有的企业则由于荆棘力量太强止步不前或者倒下，如何在互联网时代下探索金融服务小微企业的新渠道是促使经济顺利转型的内在要求。

3.1.3 资金供给方受限

从资金供给的角度来看，包括间接融资供给和直接融资供给两个层面，间接融资以商业银行为主，直接融资形式多样，包括P2P、众筹、债券以及股权融资等形式，直接融资发展速度明显加快，但我国目前仍然以间接融资为主。

从商业银行的角度来看，存在的问题主要有以下几点：

（1）商业银行网点难以全面覆盖到边远农村地区，部分农村地区居民较难获得银行服务。此外，在遇到银行工作人员态度不好或者权益被侵害的事件时，这部分普惠金融目标人群较容易对银行产生抵触心理或是丧失信心。

（2）在新常态下，实体经济增速放缓，部分企业贷款质量下滑，银行不良资产率有所上升，对发放新的贷款有一定的抑制作用。此外，在前期刺激政策下，商业银行有不少资金沉淀在产能过剩行业，这些行业经过盲目扩张和融资后呈现出高负债、投资收益率降低、资产周转速度下降以及贷款无法按时足额偿还等特征，使得商业银行难以按时回收这部分贷款资金，影响了对三农和小微企业的贷款供给。

（3）商业银行往往更偏好给大型优质企业发放贷款，但部分这些以较低利率发放给大型企业的贷款又被以二次或者多次贷款的方式投向小微企业，使得小微企业往往需要承担较为高额的贷款成本。

（4）互联网理财的兴起以及证券、基金等行业的发展在一定程度上造成了商业银行存款的流失，进一步使得可供发放的贷款资金减少。

直接融资形式在小微企业融资过程中正发挥着日渐积极的作用，这也与国际上普惠金融内涵的不断发展相一致，逐渐从以银行业普惠为主向保险、证券等多种形式的普惠金融发展。但是在直接融资中，P2P平台、众筹等新型金融业态还存在着发展良莠不齐、经营不规范、风险管控不到位甚至变相圈钱和经营者跑路等问题，在一定程度上影响了个人资金盈余者对这些平台的信任和参与度。在未来的发展过程中，监管部门需要积极规范行业发展，平衡好创新和风险的关系，推动直接融资蓬勃健康发展。

3.1.4 信用体系不完善

一个完善的信用体系应该具备三个要素：一是平台，即信用信息数据库，这也是征信体系建设的基础；二是信用评价，即利用信用数据通过科学的信用评级方法和指标体系对企业和个人的信用做出评价；三是应用，即将信用评价结果应用于银行贷款发放等信用领域，例如银行等金融机构可以在此基础上发放与借款人信用等级相匹配的一定额度、期限和利率的贷款。这也可以在一定程度上缓解小微企业融资领域出现的"劣质小微企业驱逐优质小微企业"的现象，促使小微企业获得的资金成本更加接近自身的风险程度。

从信用体系的三个要素来看，我国的信用体系建设还很不完善，在促进普惠金融中的作用尚未得到充分发挥，这在一定程度上也是目前我国普惠金融目标人群存在"融资难"和"融资贵"现象的重要原因。具体来说，体现在以下几点：一是信用数据库不完善，部分农村居民和小微企业征信配合度不高，信用征集难，不同地区和平台间的信用信息共享程度较低。以中国人民银行为主的征信体系主要以经济金融信用信息为主，多维度、多层次的信用信息主要存在于互联网公司，社会范围内的信用整合尚未形成；此外，信用信息更新难度大，部分信息由于年代久远难以起到评定信用的目的。二是信用评价方法有待进一步优化，但这个要素相较而言严峻程度弱于其他两个要素，我国有能力较快实现评价模型和指标体系的完善和优化。三是信用评价结果应用不到位，信用在贷款定价中的作用没有得到充分发挥。诚然，这也与我国信用数据库不完善、更新不及时有很大关系。

信用体系建设是我国金融发展过程中重要的基础设施，对于利用互联网促进普惠金融的发展也起着不可或缺的作用。在互联网时代下，便捷性是互联网的内在要求，而快速完成线上贷款的申请、审批和发放则离不开完善的个人和企业信用信息。此外，商业银行等机构也可以在此基础上探索优质客户的线上小额信用贷款，来进一步提高融资的便利性。

3.2 大象起舞：传统金融业何去何从

对中国而言，经济下行压力依然较大。由于传统比较优势的逐渐丧失，产业结构转向中高端化刻不容缓，中国传统行业去产能、去库存的过程将伴随着产业升级与转型，必须凤凰涅槃，淘汰过剩、污染和落后的产能。同时随着经济增长速度从高速增长转向中高速增长，必须腾笼换鸟，让被传统产业和过剩产能占据的资源转移给服务业和高科技产业，中国必须提高战略性信息产业的地位，让高科技产品进入全球价值链的中高端。这也是中国在十三五规划建议中提出引领性发展的背景与初衷。

在这样的背景下，中国顶层设计提出供给侧结构性改革的路径，需要各行各业采用新技术特别是互联网技术完成其蜕变，做到产业结构的中高端化。在大众创业、万众创新的时代背景下，给传统金融业提出了不小的挑战。以往银行的盈利稳定、风险较低的传统行业大客户，尤其是房地产、钢铁、贸易等行业多数面临着产能过剩、库存高企的压力，导致银行信贷业务近年来不良双升，而新兴产业又因其盈利的不确定性而风险较大。在以风险管控为核心的体系下，银行传统业务利润增速持续下滑。伴随着利率市场化时代的到来，传统银行业净息差不断缩窄。

是依靠中间业务实现轻资产运作？还是利用新的技术让传统金融业重振旗鼓？在混业经营已经到来的时代，传统金融业和互联网金融二者既竞争又互补。传统金融如果不能和互联网结合，就可能被互联网金融"蛇吞象"；如果能做到和互联网有机结合，那么就能做到"大象起舞"。

3.2.1 传统金融业面临的四大变革

据中国银监会数据显示，截至 2015 年 12 月，我国银行业金融机构总资产为 194.17 万亿元，比上年增长 15.5%。其中，商业银行总资产为 150.94 万亿元，比上年增长 15.4%，占银行业金融机构比例为 77.7%。

商业银行作为银行业的主体，其所处的环境正发生着四大变化：

第一，以经济减速为标志的经济"新常态"开始到来。中国的经济增速已从过去几十年来的两位数以上的高速增长转向 7% 左右的中高速增长。在经济高速增长时期，银行可以依靠规模扩张来实现迅速发展，而随着"新常态"的到来，商业银行必须放慢前进的脚步，向集约化发展转型。

第二，利率市场化提速以及随之带来的息差不断缩小，压缩了银行业的利润空间，银行净利润增速急剧下滑已成为不争的事实。利率市场化改革是我国经济发展和转型的必由之路，将使商业银行面临来自盈利模式、市场竞争和风险管理等全方位的挑战。中国银监会数据显示，2015 年三季度商业银行平均资产利润率为 1.20%，同比下降 0.15 个百分点。为适应改革的要求，商业银行必须开启综合化经营之路，从单纯地依赖存款、贷款模式转向构建存款、贷款模式、交易投资模式、价值管理模式并重的经营体系。

第三，互联网深刻改变了人们的金融消费习惯，迫使商业银行必须重新审视、重视、提升客户体验。自 2013 年以来，以阿里巴巴、腾讯、百度为代表的互联网巨头，借助自身网络平台所积累的客户及数据资源，从余额理财切入，并拓展消费金融，乃至发起设立民营银行，在实现快速发展的同时，对商业银行的冲击也日益显现。在互联网金融面前，传统银行业继续守旧只能失去更多客户和市场份额，唯有对自身经营模式重新思考，不断地加大创新和变革的力度，积极介入互联网金融领域，才能在竞争中立于不败之地。

第四，中国经济双向开放度进一步加大，"走出去"渐成主流，商业银行必须跟随顾客，加快国际化布局。国际银行的发展经验证明，银行通过实施国际化经营，可以减少对国内经济的依赖程度，分散周期性风险。中国提出的"一带一路倡议"等战略将拉动贸易、企业并购及投融资需求，成为商业银行发展的新机遇。

随着中国企业走出去和人民币国际化的快速发展，未来银行国际化经营的空间十分广阔。

3.2.2 传统金融业在互联网时代的转型升级

变化之下，商业银行唯有主动求变，才能适应新环境，开启新未来。一些商业银行充分利用"互联网+"的思维和技术，对客户进行细分，提供有成本竞争力的个性化金融服务。

1. 互联网技术拓宽传统金融覆盖面

目前，我国的金融资源主要集中于城市等经济相对发达的地区，而在广大农村地区和偏远地区等经济相对落后的区域，金融资源供给不足的现象十分显著。在这些经济相对落后的区域，广大群众往往未被很好地纳入金融体系的服务范围，甚至难以获得最基本的金融服务。

这些经济欠发达地区往往地域广袤、人口密度较小，物理网点的覆盖成本极高。合理的盈利性是普惠金融得以持续发展的基础，对盈利性的合理追求并不违背普惠金融的初衷，反倒是对盈利性的刻意忽视会不利于普惠金融的发展。因此，通过盲目增设物理网点等手段增加金融服务在该类地区的可得性，不仅违背了普惠金融盈利性的原则，也很难达到预期效果。

但是，这类地区往往具有手机普及率较高、上网认知度较高的特点。对此，国内的商业银行纷纷推出互联网银行、手机银行等服务，摆脱网点数量不足的限制，扩大服务的地域覆盖范围。具体表现在：积极打造应用场景，增强电子银行的获客能力；简化电子银行的操作流程，提高客户满意度；开发专门针对性产品，打造多层次产品线。

2. 互联网技术提升金融服务便捷性

中国互联网络信息中心（CNNIC）发布的第 36 次《中国互联网络发展状况统计报告》显示，截至 2015 年 6 月，我国网民规模达 6.68 亿，其中手机网民占比提升至 88.9%。人们的上网习惯正在快速发生变化，由 PC 端向移动端倾斜。一些商业银行顺应这一趋势，积极发展移动金融，提升金融服务的便捷性。

在具体做法上，大致分为以下几类：一是推出手机银行客户端，将传统网上银行移动化，打造"手机银行"、"移动银行"；二是与互联网企业合作，推出定制 APP，融合各类娱乐、消费、金融等服务，积极构建一个完整的生态圈；三是以移动社交平台为基础推出微信银行，实现网点查询、转账支付、交易提醒、无卡取现等功能。

3. 互联网技术拓展银行业务领域

一些商业银行还借助互联网技术拓展业务领域，以降低对传统业务的依赖，实现综合性经营发展的目标。其中，迅速崛起的电商业务是多家商业银行的布局重点所在。

工商银行推出了"融e购"电商平台，以期实现商品交易融资、支付金融功能的无缝结合，提升客户黏性与活跃度。"融e购"融合了天猫平台的开放式经营模式和京东等自营电商优良的质量控制体系，通过差异化经营战略拓展市场，尝试了一条独特的创新发展道路。截至2015年3月公布的数据显示，"融e购"对外营业14个月，注册用户1600万，累计交易金额突破1000亿元。

此外，建设银行推出了"善融商务"电商平台，力求为客户提供个性化的创新网络金融服务。2014年，善融商务全年累计交易额近500亿元；农业银行也已搭建电子商务平台"e商管家"，在2014年的电子商务全年交易金额达到1.3万亿元，较上年增长57.0%；中国银行则在上海推出首家网络金融产品O2O体验店，实现线上线下的打通与互通，探索银行O2O服务新模式。

3.3　小试牛刀：互联网企业如何创造新的金融产品与服务

与传统企业的船大不好调头相比，互联网金融创新前沿更多存在于有着互联网基因的公司中。P2P网络借贷行业的兴起，为解决小微企业融资难问题开启了一扇门。股权众筹网站的出现，为种子期企业获得前期融资提供了可能性。在红包服务引发互联网支付行业混战之后，结合O2O的第三方支付更是成为BAT（百度、阿里巴巴、腾讯）等互联网公司争相抢夺的市场。正在走向传统的电子商务公司也纷纷驻足金融领域，成立金融事业部，用以打通产业链上下游金融供应链。有些实力雄厚的企业甚至在互联网金融的各种业态上均进行布局。

比如网信集团旗下的互联网金融业务囊括了P2P、众筹、征信、基金销售、第三方支付等全线业务，建立了网信理财、金融工场、众筹网、先锋支付等多个专业服务板块。

另外，根据京北金融与IT桔子发布的《2015年中国互联网金融投融资分析报告》统计，以百度、阿里巴巴、腾讯、京东等为代表的互联网科技公司结合自身优势，逐步将金融深度植入各类生活场景之中，如百度的流量延伸、腾讯的社交金融、阿里巴巴的长尾用户，这些产品在提升用户体验的同时，也在不断构筑各家的闭环生态系统。京东、小米、360也连续发力众筹、支付、贷款等金融板块，展现出进军互联网金融领域的强大决心。

在跑马圈地的过程中,各家不仅迅速地抢占牌照资源、流量资源,也注重在相关领域与传统金融机构和相互之间展开战略合作,如百度与中信银行成立百信银行,腾讯与阿里巴巴、平安联合成立首家互联网保险公司——众安在线,这在巩固各自竞争优势的同时,也让互联网金融投资领域精彩纷呈(见表 3-1)。

表 3-1 互联网金融巨头行业布局汇总

	百度	阿里巴巴	腾讯	京东	小米	360	平安	万达
支付	Y	Y	Y	Y	Y	Y	Y	Y
贷款	Y	Y	Y	Y	Y	Y	Y	Y
理财	Y	Y	Y	Y	Y	Y	Y	Y
保险	Y	Y	Y	Y			Y	Y
证券	Y	Y	Y	Y		Y	Y	
银行	Y	Y	Y	Y			Y	
征信	Y	Y	Y	Y			Y	
基金	Y	Y	Y	Y		Y	Y	
众筹	Y	Y	Y	Y		Y	Y	Y

注:符号"Y"表示企业开展此项业务。(图表来自于北京金融与 IT 桔子发布的《2015 年中国互联网金融投融资分析报告》)

3.3.1 互联网企业的创新性金融产品

互联网公司利用其在大数据、云计算、移动支付等技术方面的优势,开发出了一系列创新性的普惠金融产品。其大体分为以下几种模式。

1. P2P 网络借贷

P2P 网络借贷是"peer to peer lending"的缩写,即由具有资质的网站(第三方公司)作为中介平台,借款人在平台发放借款标,投资者进行竞标向借款人放贷的行为。它是随着互联网的发展和民间借贷的兴起而发展起来的一种新的金融模式。

P2P 网贷的创新之处在于通过互联网技术扩大了借贷范围,提高了审贷效率,并降低了违约风险,其服务对象是传统金融体系难以覆盖的人群。因此,它被视为最有可能实现普惠金融理念的一种金融形式,既能有效解决个人和中小企业融资难的问题,又能满足普通大众的理财需求。

据网贷之家的数据显示,截至 2015 年 12 月底,我国的 P2P 网贷行业运营平台达到 2595 家,相比 2014 年年底增长了 1020 家。另据京北投资统计,2014—2016 年 P2P 网贷成交量呈现每年逾 200% 的增长速度。2015 年,P2P 网贷成交量达 9823.04

亿元人民币，同比增长 288.57%。截至 2015 年 12 月底，P2P 网贷历史累计成交量为 13 652 亿元人民币，预计 2016 年全年 P2P 网贷成交量将超过 3 万亿元人民币。

2. 众筹

众筹翻译自 crowdfunding 一词，指利用互联网和社交网络传播的特性，让小企业和个人向公众展示他们的创意，争取大家的关注和支持，进而获得所需的资金援助。

众筹作为互联网金融模式的创新之处表现在它不需要企业具备一定的实体和经济基础，只需要一个被网友接受的可行的创意即可实现融资。

相关数据显示，2015 年是众筹行业高速发展的一年，全国共有众筹平台 283 家，相比 2014 年平台数量增长 99.30%，是 2013 年正常运营平台数量的近 10 倍。2015 年全年众筹行业共成功筹资 114.24 亿元，同比 2014 年众筹行业成功融资 21.58 亿元，增长超 5 倍。

与互联网理财产品和 P2P 网贷相比，尽管众筹领域的融资规模还比较小，但其意义在于作为一种补缺性互联网普惠金融产品，对于扶持小微项目和创业者有着极其重要的作用。

3. 第三方支付

根据中国人民银行 2010 年《非金融机构支付服务管理办法》的定义，第三方支付是指非金融机构作为收、付款人的支付中介所提供的网络支付、预付卡、银行收单卡以及中国人民银行确定的其他支付服务。该定义囊括了线上和线下综合支付工具。

互联网企业基于互联网技术创新，运用电子化货币甚至虚拟货币，面向中小微客户以及个人，服务于 C2C、B2C、B2B 交易或电子社交媒体、电子娱乐等支付需求，其代表有支付宝、财付通、快钱等。

第三方支付平台提供的金融服务在一定程度上弥补了银行的不足，成为普惠金融的重要推动力量。2015 年 3 月 24 日，中国人民银行公布的互联网金融监管五大原则中也提到，互联网金融中的网络支付应始终坚持为电子商务发展服务和为社会提供小额、快捷、便民的小微支付服务的宗旨。

2015 年互联网支付市场交易规模达到 140 064.3 亿元人民币，同比增长 55.4%。移动支付规模持续爆发，2015 年移动支付市场交易规模达 163 626 亿元人民币，同比增长 104.2%。

4. 互联网理财

互联网理财产品是互联网普惠金融的主打产品，它降低了理财产品的门槛，使理财产品不再是只属于富人的专利，其代表有余额宝、理财通、京东小金库等。

2013年6月，余额宝横空出世，凭借其一度高达6.76%的年化收益率，在短时间内吸引了大量用户，成为国内最大的货币基金。余额宝年度数据显示，截至2015年年底，余额宝的累计用户规模达2.6亿，规模增至6207亿元。

余额宝的备受追捧带来了"宝宝类"互联网理财产品的一拥而上。随着市场流动性转暖和日益激烈的竞争，宝宝类的基金收益率不断下滑，互联网理财市场产品也由初期货币基金包打天下转变为货币基金为主，债券型、指数型基金和P2P模式的借款产品快速成长的新格局。

根据中国互联网络信息中心（CNNIC）发布的《第36次中国互联网络发展状况统计报告》，截至2015年6月，购买过互联网理财产品的网民规模为7849万，网民使用率为11.8%。

随着投资楼市等固定资产的高收益形势趋缓，以及"互联网+"战略的推进，中国居民财富已经掀起向金融资产迁移的浪潮，可以预计，智能投顾、财商教育、海外资产配置将是互联网理财炙手可热的领域。

3.3.2 互联网企业的创新性金融实践

1. 百度在互联网金融布局

根据《2015年中国互联网金融投融资分析报告》，随着"互联网+金融"模式的快速兴起，百度利用自身的资源优势，不断布局互联网金融领域，并在支付、理财、消费金融等领域快速崛起。以资产端、运营端、资金端、基础服务为一体的百度金融生态圈，从支持、指引、服务、供给多个角度构建起百度金融发展的大环境。各类金融机构、类金融机构及服务机构参与到百度金融的发展建设中来，集中于资产服务、增信服务的机构占据了生态体系的绝大比例。在资产端，百度旗下有百度有钱和百度小贷；在资金端，百度旗下有百度财富、百度金融、百信银行、百度钱包；在金融布局方面，百度分别与国金证券和安联保险成立了大数据基金和百安保险（见图3-1）。

图 3-1 百度在互联网金融领域九大板块业务布局

2. 阿里巴巴在互联网金融领域布局

阿里巴巴集团致力于为全球所有人创造便捷的网上交易渠道，提供多元化的互联网业务，涵盖 B2B 贸易、个人零售、支付、企业管理软件和生活分类信息等服务范畴。其业务和关联公司的业务包括淘宝网、天猫、聚划算、全球速卖通、阿里巴巴国际交易市场、1688、阿里妈妈、阿里云、蚂蚁金服、菜鸟网络等。2014 年 9 月 19 日，阿里巴巴集团在纽约证券交易所正式挂牌上市。

蚂蚁金融服务集团于 2014 年 10 月 16 日正式成立，专注于服务小微企业与普通消费者，是阿里巴巴集团多项业务中的重要一环。蚂蚁金服旗下业务包括支付宝、芝麻信用、蚂蚁聚宝、网商银行、蚂蚁小贷、蚂蚁金融云、余额宝、招财宝、蚂蚁花呗等。蚂蚁金服自成立起便明确走平台化道路，将开放云计算、大数据和信用体系等底层平台，推动移动金融服务在三四线城市和农村的普及（见图 3-2）。

图 3-2 蚂蚁金服在互联网金融领域九大板块业务布局

3. 腾讯在互联网金融领域布局

腾讯金融业务布局在 2015 年发生重大改变，取消了此前以财付通为主体构建的金融业务架构，全部划入新的"支付基础平台与金融应用"线下。腾讯以"连接一切"为终极战略目标，业务定位倾向于打造开放平台，发挥"连接器"作用，故其金融业务多为渠道、流量入口、平台等模式，强调合作共生。

以 2005 年 9 月财付通成立为标志，腾讯进军金融领域已有十年之久。以往腾讯对金融业务的战略定位是抢占渠道、流量入口，以合作的方式做大渠道和入口。这种打法有利于发挥腾讯的传统资源优势，但是缺乏一以贯之的产品开发和真正的市场占有率。随着时间推移，腾讯金融"全牌照"布局逐步完成，在完成金融生态闭环建设后，腾讯金融未来的关键在于自身数据资源的挖掘以及应用场景的搭建（见图 3-3）。

图 3-3　腾讯在互联网金融领域九大板块业务布局

4. 京东在互联网金融领域布局

成立于 2013 年 10 月的京东金融，在不到两年时间内以极其迅猛的速度完成布局，俨然已有互联网金融大鳄之势。京东金融现已建立七大业务板块，陆续推出服务 B 端的投融资（网商贷、京保贝、京小贷）、众筹等；在 C 端，则推出白条（京东白条、京东钢镚）、众筹（产品众筹、股权众筹、轻众筹）、理财等。在牌照方面，京东已拿下支付、小贷、保理、基金销售支付结算等多张金融牌照，其余的如征信等各种牌照，"京东金融亦在积极申请之中"（见图 3-4）。

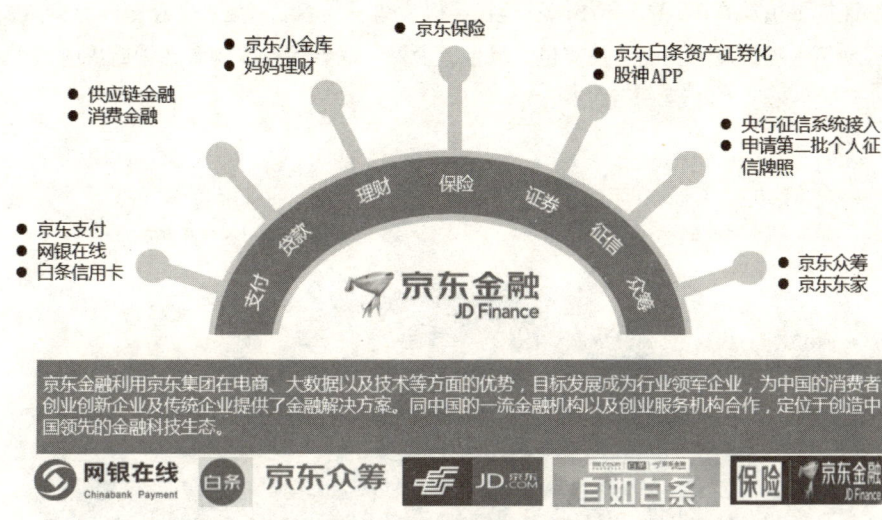

第3章 互联网+普惠金融：当前社会投融资问题的解决方案

图 3-4 京东在互联网金融领域七大板块业务布局

值得一提的是京东金融的供应链金融、京东白条业务。在贷款方面，基于京东原有业务，决定了京东金融在路径上也颇具特色。京东商城 B2C 的模式实际是线上零售商模式，而零售商业务模型的最大要素是供应商和账期，而供应商的天然需求是更快的资金周转。基于这个业务模式，京东优先发展起来的金融业务就是针对供应商的供应链金融。目前京东已经形成了一系列面向不同用户的产品，有面向电商的动产融资、面向合作商家的京小贷、面向京东自营供应商的京保贝、面向商家法人代表的网商贷等。除了供应链金融，京东金融在产品设计上也充分挖掘了京东用户的消费场景。在京东这个消费场景，自然嫁接进消费金融的产品——京东白条。"京东白条"是一项面向个人消费者的消费金融业务，以消费者信用为依据，用户在京东消费时，享受"先消费、后付款"的信用赊购服务。根据京东金融建立的信用评价体系，给予信用良好的用户一定的"白条"消费额度，允许用户享受 30 天内免服务费、最长 24 个月分期付款等增值服务。

此外，京东还积极与其他企业协作，推出了诸如自如白条、中邮云仓京融等产品。

5. 小米在互联网金融领域布局

小米科技创办于 2010 年 4 月，被大家熟知的是小米手机、小米电视、小米盒子。实际上，这只是小米科技的一部分，而小米科技又只是小米公司旗下的众多子公司之一。小米公司旗下包括多家公司，除小米科技外，还有小米通讯、小米电子软件、小米支付、小米移动软件、小米软件技术、小米数码科技等至少 7 家公司。继 2014 年的快速扩张和发展，2015年小米不但在手机、数码、智能家居、医疗健康等实体领域实现了跨越式发展，而且在支付、基金、众筹、证券等互联网金融领域快速布局，不断完善小米生态体系（见图3-5）。

图3-5　小米在互联网金融领域六大板块业务布局

小米科技已于2013年12月26日正式成立小米支付技术有限公司。但是，小米并未获得支付行业牌照。2016年1月，小米科技以6亿元从捷付睿通股份有限公司手中收购并获得支付牌照。获得支付牌照的小米公司会快速进军支付领域，其中移动支付领域将是小米支付未来发展的重点领域，包括移动远程支付和移动近场支付两种模式。小米有意将支付环节纳入自己的互联网生态圈中，并使其成为重要的一环，小米的互联网生态圈将日趋成熟与完善。

2015年5月11日，小米金融上线，标志着小米正式开始布局互联网金融领域。小米金融首期推出的互联网金融产品是"小米活期宝"理财产品，由合作伙伴易方达基金旗下天天理财货币基金提供管理。小米小贷公司，由小米旗下全资境外子公司出资5000万美元设立，标志着小米开始布局互联网消费金融领域。不远的将来，小米会利用自身的技术、数据、应用等资源优势，快速切入征信行业。

6．奇虎360在互联网金融领域布局

与其他巨头相比，奇虎360在互联网金融领域进行布局的主要优势是其各板块平台的安全性。360推出的支付、理财、众筹产品都是主打安全。此外，360掌握的流量和大数据是其第二大优势，而金融是一个很好的变现渠道。360目前拥有5亿

PC 用户和 7 亿手机用户，平均导航 1.33 亿，搜索占有 33% 的市场。凭借这些资源优势，360 足以在互联网金融领域有一番作为。目前，360 集团已经提交了第三方支付牌照申请，360 你财富已经通过中国基金业协会的私募基金备案，并正在申请基金销售牌照。此外，奇虎 360 对消费金融牌照和互联网保险经纪牌照等领域也会进行布局（见图 3-6）。

图 3-6　奇虎 360 在互联网金融领域四大板块业务布局

根据 360 绿皮书数据显示，只有近 4 成用户绑定了快捷支付，而在未绑定快捷支付的用户中，担心安全问题的高达 81%，移动支付安全问题成为制约 O2O 发展的绊脚石。360 安全支付的出现预示着奇虎 360 正式进军互联网金融和安全支付领域，并首次提出"安全支付"概念。"安全"成了握在 360 手中的一张王牌。

同时，360 金融服务平台还推出"你财富"独立品牌，延续 360 的安全基因，为用户提供安全的理财服务，用户可通过一个账户实现多种形式的理财。同时，奇虎 360 还与大成基金、中证指数公司联合推出"中证 360 互联网 + 大数据 100 指数"，标志着国内首只互联网金融行业大数据指数诞生。

3.4　多层次金融服务：互联网金融云平台建设

《国务院关于积极推进"互联网 +"行动的指导意见》中给出了"互联网 + 普惠金融"的三个重点方向：一是探索推进互联网金融云服务平台建设；二是鼓励金融机构利用互联网拓宽服务覆盖面；三是积极拓展互联网金融服务创新的深度和广度。

近年来，金融服务行业云计算的部署率持续增加，"金融云"迅速崛起，多家有技术优势的企业开始布局金融云。随着金融云服务供应商的增加以及供应商之间的良性竞争，市场已经出现一种动态的、具有丰富应用程序和服务的环境，保证最终用户能够按需选择技术和服务来管理他们的业务。

3.4.1 云计算和云服务

云计算应互联网而生，其概念的诞生可以追溯到十年前。2006年8月9日，Google首席执行官埃里克·施密特（Eric Schmidt）在搜索引擎大会（SES San Jose 2006）上首次提出云计算（Cloud Computing）的概念。

目前对云计算的定义有多种说法，其中被广泛接受的是美国国家标准与技术研究院（NIST）采用的定义：云计算是一种按使用量付费的模式，这种模式提供可用的、便捷的、按需的网络访问，进入可配置的计算资源共享池（资源包括网络、服务器、存储、应用软件、服务），这些资源能够被快速提供，只需投入很少的管理工作，或与服务供应商进行很少的交互。

由此可见，云计算是公共服务，它向人类提供高科技、低门槛、简单易用的云计算服务和能力，也是一种普惠服务。

据Gartner数据统计，2015年全球云服务实现收益突破1800亿美元，预计2017年将达到2442亿美元，未来几年将保持15%以上的增长率。而《中国公有云平台白皮书》数据显示，中国云服务市场增速连续几年在65%左右。

3.4.2 金融云

金融云是云计算在技术上和概念上的专业化延伸，是指利用云计算的一些运算和服务优势，将金融业的数据、客户、流程、服务及价值通过数据中心、客户端等技术手段分散放到"云"上，再通过大数据提取和运算的方式进行整合与运用，以改善系统体验、提升运算能力、重组数据价值，为客户提供更高水平的金融服务，并同时达到降低运行成本的目的。

金融云的运用模式可分为公有云、私有云、混合云三种。公有云，即为外部客户提供服务的云，其服务全部供别人使用；私有云，即企业自己使用的云，其服务仅供企业内部使用；混合云，即供企业自己和客户共同使用的云，其服务既可以供客户使用，也可以供企业自己使用。

发展金融云的优势主要体现在以下几个方面：

第一，增强银行数据的存储能力和可靠性。云中的众多服务器不仅可以提供强大的存储能力，满足银行业务不断增长带来的庞大数据存储的需要；还能提高银行数据的可靠性，使金融业的灾备问题得到更好的解决。

第二，有效降低银行的运营成本。在中国，中小金融机构运营成本高企的问题尤为突出。其中，IT成本居高不下是重要原因，这也制约了金融支持实体经济的能力。金融机构可以借助云平台弹性计算的能力，节省服务器等硬件资源的一次性投入成本和IT运维人员的投入费用。邢台银行作为国内首家将关键业务放到公共云计算平台上的银行，据其评估，在传统架构下，手机银行项目的上线需要1000多万元的IT预算，而该行在采用某互联网公司提供的云服务后节约了70%的成本。

第三，提高银行服务质量。云计算使银行能够从业务需求出发，快速按需配置所需要的资源，并能够提供24小时的不间断银行服务，帮助银行了解客户的喜好，从而留住客户和吸引新的消费者。

第四，帮助银行实现业务变革。上云后的业务系统不再是封闭的体系，而是把自己置身于一个开放的生态环境里，使得互联网上的各种云服务资源可以更加方便地加以整合和利用。金融机构也可以很容易地将高成本、非核心的外围系统或者同质化的基础金融服务，借助互联网实现业务外包，使自己专注于核心金融业务持续创新及运营管理。

目前的金融云市场主要出现了两个发展方向：一个是以往从事金融服务的企业开始利用云的手段改造传统业务，实现自身的"互联网化"转型；另一个是互联网或曾经的IT企业借助自身在云计算方面的技术优势，在其上叠加相关但不曾涉及的金融业务，积极地向金融行业拓展，或欲分得一杯羹。

3.4.3 金融云的应用

金融机构信息技术（IT）系统建设早已成为一座金矿。根据公开统计数据显示，银行、证券、保险几大金融机构每年的IT设备、软件及服务采购订单超过上千亿元，单是银行业IT解决方案市场规模2015年突破千亿元。近年来，一些银行、基金、保险、券商等金融机构纷纷涉足云计算，给云计算各大供应商提供了广阔的平台。

2008年爆发的全球金融危机，成为云计算在金融服务行业得以广泛应用的催化剂。同时，为应对经济环境和市场的不断变化，尤其是互联网和电信运营商通过IT模式的创新对传统的金融IT和业务造成的冲击，金融机构也在寻找合适的解决方案来帮助企业迅速创新、开拓新业务、提升服务水平等。许多金融机构已经开始对云计算技术、业务及战略进行多方面的探索。银行、基金、保险、券商等金融机构也纷纷涉足云计算，拉开了金融信息和数据管理创新的帷幕，给云计算各大供应商提供了广阔的平台。

早在2009年2月，中国银联就启动了云计算前瞻性研究。2011年10月，中国银联《基于云计算的电子支付和电子商务综合服务平台》获得国家发改委等部委批复，成为"国家云计算示范工程"项目。2015年9月，中国银联牵手上海派拉软件股份有限公司，共建中国银联云计算平台，提升企业数据处理能力，优化客户服务体验。银联云平台的建设内容包括核心的服务能力、基础服务能力、扩展服务能力三个层次。三者有机结合，通过专有的扩展云通道与合作机构云互联互通、互相补充、相互呼应，形成一个由内到外开放的综合计算服务体系。

2013年11月27日，阿里云宣布将整合阿里巴巴集团旗下各方面资源推出阿里金融云服务，旨在为银行、基金、保险等金融机构提供IT资源和互联网运维服务。2015年10月16日，阿里巴巴集团旗下的蚂蚁金服公司宣布对外开放其面向金融行业深度定制的云服务"蚂蚁金融云"。该服务可以广泛应用于银行、证券、基金、保险、信托、企业金融等领域，提供完整中间件、监控、运维管理、大数据、移动和安全的解决方案，使缺乏财力和技术能力的中小金融机构可以用较低的成本搭建起一套适应互联网金融需要的系统，应对用户的爆发式增长。

信息与通信解决方案供应商华为也在2010年年底启动"云帆计划"，正式宣布进军云计算，并推出面向银行、证券、保险、基金和互联网金融公司的金融云服务。华为金融云解决方案包含八大基础服务和六大增值服务，帮助金融客户实现业务快速部署、灵活弹性、双活容灾、海量极速备份、大数据计算和分析、统一监控管理等能力。目前，华为金融云解决方案已经在农业银行、中国银行、招商银行、兴业银行、浙江农商行、中信信托等数十家金融机构被广泛采用。

3.4.4　金融云的困境

然而，我国的金融云服务尚处在探索起步阶段，不少金融机构有金融云服务发展设想，而应用仅限于企业内部，且主要集中在虚拟化、测试、内部管理、数据归结和灾备数据，以及外部的便民小额支付、网上供应链融资等方面，距离广范围、大规模、深层次应用还有很大距离。目前，金融业界在金融云服务的推广和应用上，存在以下问题：

第一，缺乏统一的行业技术标准。云计算技术目前仍处于不断发展和完善的过程中，针对金融机构的金融云服务更是刚刚起步，没有一套相对成熟的金融云服务解决方案。同时，国内应用金融云服务也没有统一的行业应用规划和技术标准。

第二，缺乏相关的监管政策支持。金融监管机构对于金融云服务没有明确的监管法规，对于金融机构运用云技术的监管要求、监管数据的安全和安全责任划分，都没有明确的监管规范。

第三，配套服务不足。金融云服务的基础设施建设需要整个行业及 IT 技术服务提供商的大量集聚和投入，而目前一些基础设施较为落后的省份和地区缺乏能够提供全套银行 IT 系统外包服务的能力。

第四，安全性存在隐患。云计算平台由于其用户、信息资源的高度集中，极易成为网络攻击的目标。而云技术的应用不能确保金融数据的安全性和隐私性，对于金融机构来说，关键信息的丢失或被窃取，是不能接受的。同时也无法对接监管单位对金融机构数据安全的要求。

第五，专业人才缺乏。云计算作为一门新兴技术，金融机构普遍缺乏相应的高科技 IT 人才，直接影响到金融机构云服务的发展。

3.5 方与圆：互联网金融时代的挑战与监管之道

3.5.1 互联网金融存在的问题

互联网金融的出现，覆盖了传统金融服务盲区，使得发展普惠金融成为可能。同时，又冲击了传统金融机构的商业模式，推动了金融创新。但另一方面，互联网金融的发展及自身的特点也带来了一系列新的问题，具体体现在以下几方面。

1. 网络金融安全问题

互联网金融的发展在给人们带来便利的同时，也带来了交易安全的问题。用户一旦遭遇手机丢失、移动支付账号被盗，就有可能遭受财产损失。此外，一些金融机构网站因出现漏洞而造成用户的敏感信息泄露，最直接的影响是导致推销电话骚扰乃至财产损失。据国内最大的漏洞报告平台乌云统计，仅 2015 年上半年，已被金融机构确认、修复的自身网站安全漏洞的数量已超过去年同期，其中金融机构网站高危和中危漏洞数量的总和，已占总体探知漏洞总数的 97.2%。

2. 投资者教育与保护问题

目前互联网金融平台良莠不齐，收益和风险相差很大。而一些普通投资者由于缺乏相应的金融知识和辨识能力，往往容易因获利驱动而忽视风险。近年来，P2P 理财因其远超传统理财方式数倍的高收益显得尤为抢眼，在很短时间内吸引了大量的普通投资者。据浙江大学 P2P 网贷行业报告显示，截至 2015 年 12 月底，全国共有 P2P 网贷平台 3330 多家，这些网贷平台中，正常运营的有 1880 家，问题平台有 1450 家，问题率高达 43.5%。而 2015 年年末 e 租宝事件的发酵，涉及投资人约 90 万名，给 P2P 行业敲响了警钟，也充分暴露了投资者教育与保护的不足。

3. 金融监管模式亟待创新

随着互联网金融的蓬勃发展，如何对其进行有效监管，成为一个富有挑战性的现实课题。互联网金融使用的是混业经营模式，但是我国采取的体制是"分业经营，分业监管"。针对这种情况，应该对金融监管体制进行有效的调整，以便满足当前我国互联网金融发展的需要。

3.5.2 互联网金融的监管

1. 互联网金融监管的基本原则

我国互联网金融监管需要把握以下五大原则：

第一，必须坚持金融服务实体经济的本质要求，合理把握互联网金融创新的界限和力度。包括互联网金融在内的金融创新必须以市场为导向，以提高金融服务能力和效率、更好地服务实体经济为根本目的，不能脱离金融监管、脱离服务实体经济抽象地谈金融创新。互联网金融中的网络支付应始终坚持为电子商务发展服务和为社会提供小额、快捷、便民的小微支付服务的宗旨；P2P 和众筹融资要坚持平台功能，不得变相搞资金池，不得以互联网金融名义进行非法吸收存款、非法集资、非法从事证券业务等非法金融活动。

第二，互联网金融的发展应该服从宏观调控和金融稳定的总体要求。包括互联网金融在内的一切金融创新，均应有利于提高资源配置效率，有利于维护金融稳定，有利于稳步推进利率市场化改革，有利于央行对流动性的调控，避免因某种金融业务创新导致金融市场价格剧烈波动，增加实体经济融资成本，也不能因此影响银行体系流动性转化，进而降低银行体系对实体经济的信贷支持能力。

第三，要切实维护投资者的合法权益。互联网金融企业开办各项业务，应有充分的信息披露和风险揭示，任何机构不得以直接或间接的方式承诺收益，误导消费者。开办任何业务，均应对消费者权益保护做出详细的制度安排。

第四，要维护公平竞争的市场秩序。在市场经济条件下，公平竞争是保证市场对资源配置起决定性作用的必然要求。在线上开展线下的金融业务，必须遵守线下现有的法律法规，必须遵守资本约束。不允许存在提前支取存款或提前终止服务而仍按原约定期限利率计息或收费标准收费等不合理的合同条款。任何竞争者均应遵守反不正当竞争法的要求，不得利用任何方式诋毁其他竞争方。

第五，要处理好政府监管和自律管理的关系，充分发挥行业自律的作用。充分发挥中国互联网金融协会的自律管理作用，推动形成统一的行业服务标准和规则，引导互联网金融企业履行社会责任。互联网金融行业的大型机构在建立行业标准、服务实体经济、服务社会公众等方面，应起到排头兵和模范引领作用。

2．互联网金融监管的发展历程

为推动互联网金融行业的规范有序发展，我国正逐步建立、完善针对互联网金融的监管体系。

2013年8月2日，中国人民银行发布《2013年第二季度货币政策执行报告》，首提互联网金融业。报告指出："作为一种新的金融模式，互联网金融业也给金融监管、金融消费者保护和宏观调控提出了新的要求。与传统金融业相比，互联网金融业的风险主要集中在消费者信息安全和风险管控等方面。宜积极适应趋势性变化，开展相关研究和立法工作，充分认识和合理评估互联网金融业发展的特点及潜在影响；明确监管部门，提高监管的针对性和有效性，引导互联网金融业健康发展；推进社会信用体系建设，加强对金融消费者的教育和保护，为金融体系创新以及金融支持实体经济发展创造良好的市场环境。"这是互联网金融第一次进入金融方面的权威文件。

2014年4月21日，处置非法集资部际联席会议办公室主任刘张君在防范打击非法集资新闻发布会上表示，对于P2P网贷平台，在鼓励其创新发展的同时，也应该合理设定业务边界。中国银监会要求其必须把握四个边界：一是要明确平台的中介性；二是明确平台本身不得提供担保；三是不得搞资金池；四是不得非法吸收公众存款。这是中国银监会首次明确P2P监管的四条红线。

2014年9月27日，时任中国银监会创新监管部主任的王岩岫在"2014中国互联网金融创新与发展论坛"上进一步提出了P2P的十大监管原则：（1）P2P监管要遵循P2P业务的本质，即项目要一一对应，中国的P2P不是经营资金的金融机构；（2）要落实实名制原则，投资人与融资人都要实名登记，避免违反反洗钱法规；（3）P2P机构不是信用中介，也不是交易平台，而是信息中介；（4）P2P应具备一定的行业门槛，从业机构应该有一定的注册资本，对高管人员的专业背景和从业年限、组织架构也应该有一定的要求；（5）投资人的资金应该进行第三方托管，同时尽可能引进正规的审计机制；（6）P2P平台不得以自身为投资人提供担保，不承担系统风险和流动性风险；（7）P2P机构应走可持续发展道路，不要盲目追求高利率融资项目；（8）P2P行业应该充分地进行信息披露，揭示行业的可预见性风险；（9）P2P投资者平台应该推进行业规则的制定和落实，加强行业自律的作用；（10）P2P必须坚持小额化，支持个人和小微企业的发展。

2015年7月18日，中国人民银行等十部委联合印发了《关于促进互联网金融健康发展的指导意见》（以下简称《意见》），被业界视为互联网金融行业的"基本法"。《意见》提出监管要遵循"依法监管、适度监管、分类监管、协同监管、创新监管"的原则，科学合理地界定各业态的业务边界及准入条件，落实监管责任，明确风险底线，保护合法经营，坚决打击违法和违规行为。

在"一行三会"的监管职责方面，《意见》进行了明确的划分。中国人民银行负责互联网支付业务的监督管理；中国银监会负责包括个体网络借贷和网络小额贷款在内的网络借贷以及互联网信托和互联网消费金融的监督管理；中国证监会负责股权众筹融资和互联网基金销售的监督管理；中国保监会负责互联网保险的监督管理。

2015年12月28日，中国银监会会同工业和信息化部、公安部、国家互联网信息办公室等部门研究起草了《网络借贷信息中介机构业务活动管理暂行办法（征求意见稿）》，（以下简称《意见稿》），并向社会公开征求意见。业内期盼已久的P2P细则终于落地。《意见稿》采取负面清单的方式划定了P2P行业的边界红线，一共分为12条，被业内人士称为"十二禁"，这其中包括禁止自融、禁止平台归集用户资金、禁止提供担保、禁止对项目进行期限拆分、禁止向非实名制用户宣传或推介融资项目、禁止发放贷款、禁止发售银行财产、券商资管、基金、保险或者信托产品、禁止为投资股票市场的融资、禁止从事股权和实物众筹。

随后，2016年1月22~23日召开的中央政法工作会议上提出，按照中央有关部署，政法部门将配合有关部门开展互联网金融领域专项整治，推动对民间融资借贷活动的规范和监管，最大限度地减少对社会稳定的影响。

第 4 章
Chapter Four

互联网+金融的四大业态

4.1 互联网+银行

4.1.1 "互联网+银行"的发展历程

互联网对银行业的渗透可以分为三个阶段。

1. 第一阶段：银行渠道的互联网化

早在 2000 年，部分银行就推出了网上个人银行、B2C 网上支付系统、企业银行等一系列基于互联网的银行业务。但由于互联网普及程度较低，互联网银行业务的发展仅仅停留在初级阶段，用户数量和资金规模较少。

2. 第二阶段：互联网银行加速发展，银行、第三方公司竞争激烈

这一阶段互联网技术、电子商务得到了迅速发展，一方面，技术创新为互联网银行奠定了良好的发展基础，推动银行和互联网不断融合；另一方面，公众的互联网使用和消费习惯也在逐渐养成，对于更便捷、高效的互联网银行也有着强烈的需求。互联网银行进入高速发展的关键转折点在于第三方公司的出现，支付和理财是互联网公司切入金融的起点。2013 年 6 月阿里巴巴推出了余额宝，并迅速积累了大量的用户和资金，对商业银行的存款和支付中介地位带了极大的冲击。随后，越来越多的第三方公司相继涉足互联网银行业务，通过互联网将资金盈余者和资金需求者联系起来，出现了 P2P、众筹等新业务形态，对银行的部分职能形成替代效应，金融去中心化和金融脱媒的特征逐渐显现。第三方公司的快速发展对传统银行业带来了极大的冲击，促使银行转变经营理念和运营模式，银行拥抱互联网的心态和步伐也更加积极。目前银行大多建立了完善的网上银行、手机银行、Pad 银行和微信银行，为客户提供支付、消费、理财等综合性服务，并通过网页、移动端 APP、微信、微博等提供咨询、查询、预约等交互性业务。

3. 第三阶段：纯互联网银行开始出现

这一阶段微众银行、网商银行等纯互联网银行开始出现。纯互联网银行的特点主要体现在以下几点。

1）背靠实力雄厚的互联网公司，具有深耕互联网的技术优势和流量优势

目前我国两家纯互联网银行微众银行、网商银行均具有互联网股东背景，微众银行由腾讯等公司发起设立，其中腾讯占股 30%；网商银行由阿里巴巴旗下的蚂蚁小微金融服务集团等发起设立并占股 30%。腾讯、阿里巴巴均深耕互联网领域多年，

具有领先的互联网技术优势和流量优势。腾讯在社交领域优势明显，截至 2014 年年末，腾讯 QQ 用户数量达到 8 亿，微信活跃用户数达 5 亿，客户可以使用 QQ 号或微信账号登录微众银行，由社交用户向微众银行客户转化的潜力巨大。阿里巴巴在淘宝、天猫、支付宝等平台也积累了大量的客户资源，也有望将部分客户转化为网商银行客户。

2）低成本、轻资产、快速的产品开发

传统银行展业需要开设营业部，具有较大的固定资产投入、人员投入以及随之带来的房租支出、人员差旅费等费用；相比之下，互联网银行不开设营业部的轻资产模式具有明显的成本优势，让互联网银行在提供更便宜的融资和更优质的服务方面有更大余地。此外，互联网银行也一脉相承了互联网公司的基因，在产品开发方面，采用经理负责制，节奏迅速，微众银行推出一款新的金融服务或者产品类似于腾讯开发一款新的游戏产品。

3）善于把握和挖掘客户需求，提高客户体验

在互联网时代，客户选择和转换银行的成本很低，能否把握客户需求、提高客户黏性和忠诚度，对于巩固经营基础、提升竞争力有着重要作用。互联网银行脱胎于互联网公司，在把握和挖掘客户需求上有着先天的优势，在交互界面的设计、转账的实时性、理财产品的丰富性等方面都取得了良好的效果。

4）拥有多维度客户信息，为征信和风控奠定良好基础

依托互联网公司股东背景，互联网银行能较容易地获得客户多维度的信息，微众银行能较易获得客户以社交行为为主的相关信息；随着微信红包、转账支付的逐渐流行，微信在获取客户支付行为数据方面的优势也在逐渐建立；网商银行能获得客户以消费行为、支出习惯为主的信息。这些信息能够帮助互联网银行以较低的成本进行客户信用评价和风险控制，对于在更广泛层面开展线上小额贷款等业务具有重要意义。

5）积极加强与传统银行合作，实现资源优势互补

互联网银行也积极加强与传统银行的合作。以微众银行为例，2015 年 2 月与华夏银行签署合作协议，将在同业业务、信用卡、小微贷款、理财等领域开展合作；2015 年 4 月与东亚银行签署协议，在客户共享、信用卡、小微及个人贷款、理财和互联网金融领域进行合作；2015 年 5 月与平安银行合作，除了将在上述领域进行合作，还将进一步提供多场景的生活增值服务，满足客户综合化的需求。

4.1.2 "互联网+银行"对普惠金融的促进作用

(一)互联网银行能覆盖更广泛的人群

焦瑾璞在《建设中国普惠金融体系》一书中将当前金融市场客户分为三类:一是通过正规金融途径获得服务的客户;二是被正规金融排斥但通过目前的微型金融途径获得服务的客户;三是同时被正规金融和目前微型金融排斥的客户。后两类人群以三农、中小微企业为主,也是普惠金融的重点目标。

相比于传统银行,互联网银行在覆盖更广泛的人群方面有着独到的优势:

一是我国网民普及率不断提升,特别是后两类人群在互联网和手机的使用上增长迅速,互联网使用和消费习惯也逐渐从城市向县域、乡村等扩散,互联网对这些地区的影响越发深刻。

二是互联网可以突破物理地域限制,能将触角伸向传统银行难以覆盖到的地域,使得人们足不出户就能办理部分银行业务。未来随着人脸识别技术的不断发展和政策法规的支持,网上开户有望大规模实施,能进一步提高后两类人群使用互联网银行业务的便利性。

三是在提供服务时,互联网银行的边际成本远低于传统银行的边际成本。在覆盖更广泛人群时,互联网银行积极性更大,也更容易实现商业可持续性。

四是互联网可以极大地降低金融参与门槛。例如阿里巴巴推出的余额宝,真正做到了理财的零门槛,吸引了大量的客户和资金规模,能形成良好的规模经济效益,在互联网金融提供者和参与者之间实现共赢,也进一步为这种金融低门槛的可持续性提供支撑。

(二)互联网银行对三农的促进作用

由于三农固有的特点,传统银行对三农的服务能力远远不足,主要体现在以下几点:(1)农业生产具有不稳定性,容易受到气候、灾害、疫情等风险因素的影响,这些风险因素一般难以衡量和控制;(2)可用于贷款抵押的抵押物缺乏,农民生产资料容易和生活资料混用,用于担保的不确定性大;(3)在农村地区做信用征集难度大,农民配合程度不高,再加上农民流动性大,信用记录更新难,适用性有限;(4)不同农作物品种、水产养殖品种等生产经营规律差异性大,银行服务成本高;(5)农村地区人群金融意识不高。

随着农村经济的不断发展,三农对银行服务的需求已经包括了储蓄、贷款、交易、转账支付、理财、生活服务等方方面面；而随着互联网技术的进步和农村地区互联网渗透率的不断提高，农民对互联网银行的需求也更加强烈。他们对互联网银行的期待主要有以下几个方面：

（1）安全性。这是农村地区居民使用互联网银行最首要的考虑因素，这主要体现在对储蓄、理财资金安全性的需求。虽然农村居民金融意识不高，但有关机构在从事互联网金融业务的时候也应该确保个人金融信息的安全。

（2）便捷性。农村居民在使用互联网银行时希望PC端、移动端的操作简单易懂，提供的金融服务种类较为丰富，贷款审批、转账支付等速度较快，服务费用较低。

（3）附加性。农村居民对于互联网提供金融服务以外的业务也有所期待，例如多场景的生活便利服务，提供市场价格、供求信息服务，突破地域限制的交易撮合服务，以及金融知识普及等综合性服务。

1. 商业银行最适宜布局线上线下相结合的O2O服务模式

线上线下相结合的O2O模式是指将线下的助农金融服务点与线上的网上银行、手机银行、Pad银行以及微信银行等结合起来的金融服务模式。线下的助农金融服务点具有现金存取、转账汇款等部分银行职能，也能引导客户流量从线下向线上转化，线上的互联网银行在提供便捷的银行职能基础上，也能提供线下业务的查询、预约等功能，例如使得人们能更便捷地在线下办理业务。

这种模式是商业银行现阶段在农村地区推广互联网银行业务最适宜的模式，这主要是因为：（1）农村地区有相当一部分比例的人文化水平不高、金融知识欠缺，需要有一定的引导和教育来帮助他们使用互联网和移动端银行功能，助农金融服务点恰能起到这样一种知识普及、业务咨询等功能，是提高居民互联网使用率并将流量从线下引至线上的重要的推动力量；（2）助农金融服务点是服务农村地区年老居民的重要力量，这部分居民往往互联网使用意愿不强、使用能力欠缺，线下的助农金融服务点能弥补纯线上业务在服务这部分人群方面的不足；（3）助农金融服务点具备纯线上互联网银行所不具备的功能，是线上功能的有利补充（以现金存取为例，农村地区的居民出于历史和文化的原因，相对城市居民，有更高比例的现金需求，助农金融服务点通过提供现金存取、转账汇款等功能能很好地满足农村居民的这部分需求）；（4）助农金融服务点能准确地掌握农村客户的客户特征、交易习惯、社交行为等信息数据，能为农村支付环境的改善和信用搜集打下良好基础，进一步为互联网线上业务，特别是更方便、迅速的小额贷款等业务的发展提供数据支撑。

1）助农金融服务点的功能和创新分析

在中国人民银行的大力倡导下，商业银行积极布局助农金融服务点，服务点的功能也从最初的取款、转账等基本功能逐渐完善，目前具有存取款、转账汇款、现金汇款、批量开户、贷款申请、贷款还款、水电费和新农保缴纳等综合性的功能，很好地发挥了普惠金融的功能，受到了农村居民的欢迎和认可。但是助农金融服务点在发展过程中也存在一些问题，例如部分合作商户存在挪用款项的现象，威胁了农村居民的款项安全，损害了他们对助农金融服务的信任；部分助农金融服务点布局不科学、不合理，使用率低，给商业银行带来较重的成本负担；合作商家普遍存在文化程度较低、金融知识欠缺的问题，不能很好地发挥助农金融服务点的金融教育、业务咨询指导等功能。

未来进一步促进助农金融服务点发挥普惠功能可以从以下几方面入手：

（1）合理布局助农金融服务点，提高服务点的效益。在布局助农金融服务点的时候，要充分考虑所在地域的经济状况、地理环境、交通情况、周边已有金融机构数量、村内流动人口数量等多方面的因素，做出合理选址和布局，从而使助农金融服务点在使用过程中能切实发挥普惠功能，避免出现资源不足和资源浪费的现象。对于现有使用率不高的助农金融服务点，要积极查找服务点本身存在的问题，对于由于布局不当造成的服务点使用效率低下，可以考虑撤销部分服务点。

（2）加强对助农金融服务点的管控。商业银行应该将其布局的助农金融服务点纳入统一的管理框架，加强内部控制和流程管理，避免出现人员挪用、系统故障等操作风险给居民存款带来损失。

（3）增加助农金融服务点低门槛的理财功能。未来随着利率市场化的推进和农村地区经济收入水平的逐渐提高，在存款之外，农村居民希望有更多样化的理财方式来实现财富的保值、增值。商业银行可以考虑在发展成熟的助农金融服务点增加理财功能，向农村地区居民推出特色的低门槛理财产品，一方面可以在线下提供理财产品的直接购买，另一方面也可以在线下进行宣传推介并将客户从线下引至线上。

（4）加强助农金融服务点的征信功能。助农金融服务点在运营过程中可以获得客户的身份特征、支付行为等个人信息，商业银行可以在此基础上探索建立初步的信用数据库。商业银行也可以发展一批特约农户，充分发挥特约农户生在当地、了解情况的功能，帮助商业银行进一步完善个人信用数据。此外，为了帮助农村居民提高信用意识、积极加强自我信用建设，助农金融服务点可以探索信用激励机制，例如可以对一定信用评分的居民提供优先办理业务、降低手续费等福利。

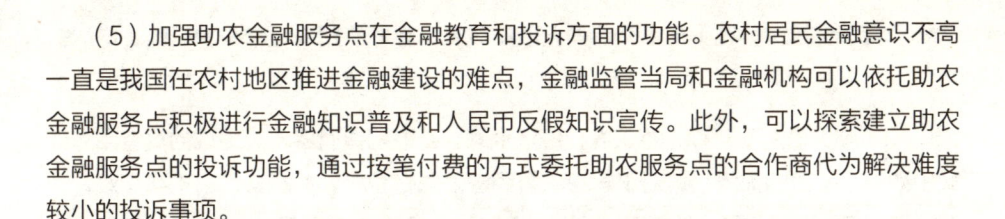

（5）加强助农金融服务点在金融教育和投诉方面的功能。农村居民金融意识不高一直是我国在农村地区推进金融建设的难点，金融监管当局和金融机构可以依托助农金融服务点积极进行金融知识普及和人民币反假知识宣传。此外，可以探索建立助农金融服务点的投诉功能，通过按笔付费的方式委托助农服务点的合作商代为解决难度较小的投诉事项。

2）互联网线上业务的功能和创新分析

除了面向大众的互联网线上业务功能，为了提高农村业务的针对性和直观性，商业银行大多专门研发了针对三农的线上板块，这里面又以手机端和移动端的 APP 独具特色，为农村居民提供网上汇款、缴费、贷款申请、免费还贷、随贷随还及时时查询还款记录等功能。此外，商业银行也积极加强与线下助农金融服务点的互动，提供"线上申请开卡，线下取卡"、"手机预约取款，线下取款"等服务，极大地便利了人们的生产和生活。

农业银行推出的"四融"平台具有良好的示范效应。"四融"是指"融通"、"融资"、"融智"和"融商"平台。"融通"平台提供转账汇款、业务查询、水电费和新农保缴纳等银行金融服务；"融资"平台提供双联惠农贷款在线借款、还款、还款查询等业务，便利"三农"小额融资；"融智"平台通过视频、声音、图片、文字等多媒体形式，给农民提供农业知识和政策、生产技术及金融法律等知识，同时还设置交互性平台方便居民在线提问和咨询；"融商"平台独具特色，具有一定的先行性和启发性。该平台主要有三大特色：一是提供农产品买卖信息发布平台，并可以在线撮合成交；二是提供电子商务平台，允许农资公司在线推介和销售农业生产资料；三是提供劳务信息发布平台，解决劳务市场供需双方的信息不对称问题。

互联网线上业务在促进普惠金融中的作用有以下几个方面：

（1）降低成本，释放金融抑制，增加安全性。互联网银行能极大地降低农村居民办理业务的时间成本和交易成本，线上银行功能使得居民足不出户就能办理大部分银行业务；对于技术较为复杂的贷款业务，农村居民也能通过互联网特别是手机提交贷款申请和在线还款，线上提交申请和预约、线下办理的线上线下互动模式也能极大地缩短线下等待和办理时间。这对于农村居民来说意义重大，因为农村地区人口密度较低，商业银行网点布局较少，尤其对于部分村民来说，去营业网点办事意味着要搭乘次数很少的村际班车，有时候甚至需要花费一整天的时间，这不仅费时，甚至可能对农村居民的金融需求带来抑制作用，成本的降低将有利于居民解除金融抑制，享受金融带来的效率和便利。此外，互联网银行业务也能促使农村居民将更多的储蓄和交易从线下转移至线上，减少现金交易的金额和数量，降低使用现金带来的风险，增加安全性。

（2）减少信息不对称，解决农村经济难题。互联网具有将不同地域的买者和卖者集中到一个平台的优势，这对于解决农村经济难题有着重要的意义。由于买卖双方地域分散、信息不畅，同一种农产品很容易在某一地区供过于求而在另一地区供不应求，商业银行通过在互联网和手机银行叠加农产品、劳务等信息发布与撮合成交功能，可以很低的成本来极大地减少供需双方的信息不对称，使供求规律能在更广泛的地域发生作用，减少局部供需失衡给农村居民带来的损失。

未来进一步促进互联网银行发挥普惠功能可以从以下几方面入手：

（1）在互联网银行叠加电子商务功能。叠加电子商务功能符合普惠金融目标人群的需求，也是互联网银行未来进一步的发展方向。农村电子商务在解决信息不对称、降低交易成本、提高交易效率和安全性等方面发挥了重要作用，也有望成为农村青年创业就业新平台和农民增收的新途径，吸引优秀的人才回家乡创业，进一步成为农村经济发展的重要推动力量。此外，针对普惠金融目标人群存在的工作不稳定、劳动力流动性强的特点，银行可以开设专门的线上板块允许劳务需求者和供给者发布供需信息，并根据各自需要实现在线匹配，从而降低劳动力匹配成本，增加就业率。在此基础上，线上板块可以进一步完善评价机制，以此来增强服务的透明性和可比性，也能激励劳务提供者保质保量地完成劳务承诺，减少劳务纠纷，形成良性循环。

（2）提高贷款便利性，充分发挥信用在贷款定价中的作用。目前线上贷款已经具有很高程度的便利性，未来可以进一步增加贷款界面的交互性，向贷款人群解答贷款政策、及时反馈贷款结果以及进行贷款还款的计算等，帮助客户更清晰地理解银行要求，从而更顺利地获得贷款。此外，我国目前信用体系建设尚不完善，信用在普惠金融目标人群的贷款定价中没有充分发挥作用。在中国人民银行信用数据库的基础上，未来可进一步探索派驻农村征信员、建立由农村有威望人士组成的信用打分小组等多种征信方式来获得个人信用信息。在此基础上，商业银行可推出信用积分激励政策，鼓励客户在线填报信用信息、诚实守信地参与金融活动，并给予积分奖励用于兑换线上线下等一系列福利。

（3）增加更多生活场景类服务。商业银行可以考虑增加更多的生活场景类服务，充分挖掘"衣食住行玩"的各个环节，将能通过互联网带来便利的生活场景整合到线上。针对普惠金融目标人群容易出现的信息盲区现象，商业银行可以在官方网站、手机等移动端开设专门的信息平台，发布县、村政府和有关部门最新通知、集市折扣等信息，帮助客户及时获取所需信息。此外，由于城市经济和消费比较发达，在城市中较为成熟的"团购"、"上门服务"、"叫车"等模式在农村地区应用较少；但随着农村地区经济的发展和互联网的深化，农村居民也会逐渐产生对这些服务的需求，商业银行应该未雨绸缪，取得先发优势。生活场景类服务既能帮助客户节约时间成本、交易成本，给客户生活带来极大便利；也能在很大程度上提高用户的使用率和黏性，在客户和商业银行间实现双赢。

2. 互联网公司积极探索农村互联网综合服务，承担部分银行职能

互联网公司也在农村地区积极布局互联网+，充分发挥自身互联网优势为"三农"发展提供综合性服务。互联网公司农村战略的特点主要有以下几点。

1）以双向电子商务为核心

互联网巨头进军农村大多以双向电子商务为核心：一方面，互联网公司通过电子商务平台向农村地区居民销售生产资料和生活产品，帮助农民足不出户就能购买到所需的产品，让农村居民也能享受与城市居民一样丰富的消费选择，尤其是在生产资料领域，互联网公司也积极推出农户和厂家直接对接的销售模式，可以帮助农户极大地降低成本；另一方面，互联网公司也提供电子商务平台帮助农户销售农产品，并积极实现农户和终端需求者的对接，极大地降低了信息不对称、减少了中间成本、加快了产品销售，有利于农户尽快回笼资金归还银行贷款和安排下一次农业生产。

2）提供"高效"和"以客户为中心、强调客户体验"的线上金融服务

在提供双向电子商务的过程中，互联网公司利用互联网和移动平台给农户提供一定额度的小额贷款，帮助农户解决生产中的融资问题，在互联网公司农村金融生态圈建设中起着关键的资金血液的作用。"高效"和"以客户为中心、强调客户体验"是互联网公司线上金融服务的两大特色，相对传统银行信贷，极大地提高了贷款获得率和便利性。

3）从支持农村经济发展到提供金融服务等方面都体现了较好的普惠功效

互联网公司的农村"互联网+"战略从支持农村经济发展到提供金融服务等方面都体现了较好的普惠功效，有利于促进农村地区释放活力、提高效率、加速发展，使农村居民能更快、更有效地分享农村经济和整个社会的经济发展成果（见表4-1）。

表 4-1　互联网公司的农村"互联网+"战略

互联网公司	战　　略	详　　情
阿里巴巴	"千县万村"战略	• 基础建设：在县村建立运营体系，加强物流 • 激活生态：帮助培养更多的买家、卖家和服务商，做好人才培养 • 农村服务：创新农村代购服务、农村金融、农资电商O2O等 • 3～5年内投资100亿元，建立1000个县级运营中心和10万个村级服务站
京东	3F战略	• 工业品进农村战略：改造升级农村的物流体系，让农民能通过互联网电子商务平台更方便地购买到生产资料、家用百货等工业品 • 农村金融战略：计划推出面向"三农"的小额信贷、京东白条等金融产品 • 生鲜电商战略：将农村地区的农产品生产与城市消费者的农产品需求对接，将农产品从农村直接送到城市消费者手中

3. 农业企业依托专业优势助力三农，提供部分金融服务

农业企业也充分利用自身专业技术和互联网技术在农村地区展开积极布局。农业企业的农村战略特点主要有以下几点。

1）以农业专业知识和技术为依托，提供专业的电子商务平台

相比于商业银行和其他互联网公司，农业企业具有农业生产领域的专业知识和技术，对农村情况、农业生产和农民需求有着深入的了解，在与农民打交道的过程中也取得了农民一定程度的信任，建立了较好的品牌认知度。在农业专业知识和技术的基础上，农业企业一方面在互联网平台通过文字、图片、视频等方式向农民提供专业知识、常见问题解答，另一方面积极搭建电子商务平台，提供宣传推介和在线销售专业化的农资产品。

2）与小额贷款公司、银行等合作，提供一定程度的金融服务

农业企业一般采取自建小额贷款公司、与已有的小额贷款公司或银行合作向经自身互联网平台认证的农民提供一定程度的小额贷款融资，贷款申请、发放都通过互联网进行，便利程度较高。

4. 新型金融组织也积极布局农村互联网金融

新型金融组织如小额贷款公司、P2P 等也在积极布局农村互联网金融，目前实力雄厚的小额贷款公司能提供快速、便捷的线上贷款申请和发放；新生的小额贷款公司大多以线下业务为主，互联网化率不高。P2P 模式通过互联网可以实现资金需求者和资金供给者的直接对接，但 P2P 平台没有产业链资源可以依托，也缺少电商平台、社交平台等渠道获取用户信息，在获取优质资源、避免逆向选择等方面需要付出更多。目前典型的 P2P 公司大多采用线上线下相结合的模式，"线下"是指 P2P 公司派驻农村业务员进行宣传推荐、帮助农户制定借贷方案、理解农业生产规律；"线上"是指通过 P2P 平台实现资金交易和后续还款安排。未来可考虑促进 P2P 平台接入中国人民银行征信系统，再加上 P2P 平台逐渐进行农业数据库的积累，未来 P2P 有望进一步降低交易成本，提高贷款发放的效率和便利性。虽然小额贷款公司和 P2P 的农村金融服务业务仍然处于发展初期，但作为银行体系的有力补充，未来将进一步发挥对普惠金融的促进作用。

（三）互联网银行对小微企业的促进作用

小微企业融资难、融资贵一直是我国经济发展中的一个难题。为了更好地解决这个问题，我们首先应该了解小微企业的金融需求。

1. 小微企业的特点和金融需求

（1）小微企业希望能更透明地了解银行的贷款政策和规则。在传统银行体系下，银行对发放小微企业贷款的政策披露不到位，有的小微企业为了申请到银行贷款需要反复跑银行递交贷款申请材料。此外，贷款发放随意性较大，容易出现贷款寻租现象，有的材料准备齐全、资质优良的小微企业不一定最终能获得银行贷款。所以，不透明的贷款规则不利于提高小微企业贷款获得率和获得效率。

（2）小微企业希望以较低的时间成本获得融资，希望能缩短贷款审核和发放的时间，这就对银行中后台的运营效率提出了很大挑战。传统银行体系下依靠信贷员一单一单地进行人工审核的方式显然难以满足小微企业的需求，未来需要进一步依靠大数据、信贷模型等进行快速的贷款审核。

（3）小微企业希望以与自身风险程度相匹配的资金价格获得融资。相对大企业来说，小微企业风险程度较高，银行理应收取较高贷款利率来反映信用风险溢价，但实际情况是，银行收取的利率高于小微企业风险程度，信用在贷款定价中的作用没有得到充分发挥。

（4）小微企业希望能获得一定的附加服务。附加服务主要体现在两点：一是理财、资金管理人员工资发放、水电煤房租缴纳等综合性服务需求；二是提供信息与交易平台，帮助小微企业解决信息不对称问题，撮合买卖双方，加快交易进展，提升交易效率。

2. 互联网公司提供小微企业融资的特点

在银行和互联网融合之前，银行发放小微企业贷款存在不透明、效率低的问题。互联网金融的兴起给小微企业融资带来了新的希望，给传统商业银行带来了一定的刺激效应和示范效用，倒逼传统商业银行加快互联网步伐。互联网公司提供小微企业融资的特点主要有以下几点。

1）基于主营业务提供小微企业融资，不依赖分支机构和信贷员，放款速度快

互联网公司一般在基于主营业务的基础上提供小微企业融资，例如阿里巴巴为电子商务平台的卖家和供应商提供小微贷款，京东向在京东商城有销售交易记录的商户提供"京保贝"、"京小贷"等小微贷款，腾讯也在社交基础上推出了基于微信的"微粒贷"。这些小微企业贷款均通过互联网完成，不依赖分支机构和信贷员，甚至是无抵押的信用放款，贷款发放速度快。

2）还款灵活性强，借款人可以根据自己的需要灵活选择还款方式

互联网企业大多提供灵活的还款安排，允许借款人根据自己的需要选择灵活的还款方式，便于借款人根据生产生活的现金流特征灵活还款，节约利息支出，提高资金利用效率。此外，部分互联网企业还推出了免息期，在这期间的贷款无须借款人支付利息。

3）依赖大数据进行信用分析，不良资产率低

互联网通过主营业务可以获得借款人多维度的海量信息，这里面既包括对借款人的客户特征和信用状况进行分析，也包括对借款人所在行业的发展趋势、价格走势以及借款人预期能实现的收入和利润进行科学的前瞻性分析，从而对借款人的信用状况、贷款发放的可回收性做出较为准确的判断，从而精准地判断是否发放贷款，以及贷款发放的额度、利率和期限，极大地简化了传统商业银行烦琐费时的尽职调查。互联网企业在此基础上发放的小额贷款回收率高，不良资产率低于传统商业银行同类贷款的不良资产率，在小微企业和互联网企业间实现了双赢。

3. 商业银行提供小微企业融资的特点

1）提供多渠道融资服务，融资速度逐渐提升

商业银行能提供多渠道的线上融资服务，主要体现在三个方面。一是便捷的线上

贷款功能，允许客户通过网上银行、移动端 APP 提交贷款申请、使用贷款和在线还款。二是信用证融资业务，给买卖双方提供便利的融资服务。例如给买方提供买方押汇、买方付息代理议付等融资便利，给卖方提供办理信用证打包放款、议付、福费廷等融资业务，变远期收入为当期现金收入，加快资金回笼，提高资金使用效率。三是票据融资业务。例如招商银行推出了"网上票据保管箱"业务，给客户提供网上保管、自动托收，还可便捷地办理贴现业务；浙商银行推出了"涌金票据池"业务，给客户提供票据托管、贴现、质押入池、短贷、超短贷等融资业务。相比传统商业银行业务，线上融资业务融资速度明显提升，极大地降低了小微企业的时间成本，提高了资金使用效率。

2）贷款授信额度循环使用，还款方式灵活

针对小微企业经营现金流具有不稳定性的特点，商业银行推出了授信额度的循环使用，允许客户在授信额度内多次使用贷款。互联网的出现进一步凸显了这种模式的优势，使得客户可以时时查询授信额度、在线申请并无须再审核就可以迅速获得贷款，可很好地应对小微企业"融资急"的问题，保证了企业经营的流动性。在还款方面同样具有很大的灵活性，小微企业可以在线还款、有钱就还，与自身现金流规律很好地匹配起来，极大地降低了融资成本。

3）由提供小微贷款向提供综合性金融服务转型

商业银行的互联网功能也逐渐由提供小微贷款向提供综合性金融服务转型，在实现网上自助借款、还款的基础上提供投资管理、支付结算、移动收款、跨行资金归集、日常开支等金融增值服务，为小微企业搭建了一个全面、便捷的金融服务平台，帮助小微企业一站式解决金融所需，提高金融效率。

4. 新型金融组织提供小微企业融资的特点

新型金融组织通过互联网探索小微企业融资的最典型的模式是 P2P 模式，该模式在本质上实现了借款人和贷款人之间的直接融资，互联网链接的本质使得这一融资模式可以很好地突破地域限制，覆盖更广泛的地域和投资人群，激活人们的投融资热情。此外，P2P 模式也在逐渐发展成熟，放款速度稳步提升。以宜信为例，其提供的线上贷款最快可在一天内发放贷款。在业务模式上，鹏金所创新性地推出了"国有担保+P2P"的线上贷款模式，并与全国 27 个省份的 70 多家国有担保公司达成合作协议。国有担保机构具有熟悉当地小微企业的优势，不仅能很好地提供担保作用，还能起到优质项目的推介作用。

P2P 作为银行体系的有力补充，发挥了良好的普惠金融功效。但 P2P 行业的公司发展良莠不齐，部分公司存在发展过于激进、风险管控不到位、创始人跑路的现象，损害了 P2P 行业的形象和人们对 P2P 的信任。未来应进一步加强 P2P 行业的监管，促使 P2P 行业稳健经营，更好地发挥普惠金融功效。

5. "互联网＋银行"对于小微企业融资的促进作用

"互联网＋银行"对于小微企业融资的促进作用主要体现在以下几点。

1）有利于贷款透明化，降低贷款寻租现象

贷款流程的互联网化降低了对线下信贷员的依赖，促使贷款提供者全面地披露贷款要求、流程和发放规则，有利于提高贷款的透明程度；中、后台集中审核特别是依靠大数据和贷款模型的审核方法能在很大程度上提高贷款审核的科学性，降低贷款寻租现象，提高贷款发放效率，避免资源浪费。

2）降低小微企业融资成本，提高金融效率

降低小微企业融资成本主要体现在：（1）互联网使得小微企业在线就能便捷地提交贷款申请，无须去银行网点排队等候，极大地降低了时间成本；（2）在"互联网＋"时代下，小微企业多维度的数据有利于准确地评估小微企业的信用状况，使得贷款提供者能够更准确地发放与小微企业信用状况相匹配的贷款，从而在一定程度上改善小微企业融资成本偏离信用状况而带来的融资贵的问题；（3）互联网银行贷款发放速度快的特点能够使小微企业在需要的时点及时获得贷款资金，以便小微企业能更好地安排生产和对供应商的付款，减少资金到位不及时带来的额外成本。

3）线上综合金融服务功能帮助小微企业更好地管理投融资

互联网银行还能给小微企业提供线上综合金融服务功能，帮助小微企业在有闲置资金时选择灵活的理财产品或是安排提前还款来提高资金利用率，从而更好地管理投融资。

未来进一步促进互联网银行在小微企业融资中发挥普惠功效，可以从以下几个方面入手。

1）推出"标准化＋定制化"相结合的小微企业贷款产品

互联网银行可以考虑推出"标准化＋定制化"相结合的小微企业贷款产品，来更好地满足不同小微企业的贷款需求。"标准化"是指对于部分典型的、小额的小微企业金融需求可以开发标准化的贷款产品，量化具体的贷款要求，利用"人工智能软件"对小微企业提供的材料进行快速分析并做出是否发放贷款的决策，如若决定发放贷款再决定贷款的额度、期限及利率等要素。标准化的贷款产品有利于进一步提高贷款发放速度、提升金融效率。"定制化"是指根据小微企业的具体需求设计有针对性的贷款产品。定制化功能的实现要求互联网或移动端平台增加更多交互性功能，安排专人在线接受客户需求、解答客户问题并设计贷款产品。定制化的贷款产品能更好地满足小微企业的特殊需求，提升贷款产品的效用。

2）进一步推进线上产业链融资，提供产业链增值服务

产业链融资是指金融机构以产业链的核心企业为依托，借此获得产业链上小微企业的信息，并根据核心企业与小微企业在物流链、资金链上的关系，为产业链上的小微企业在各个环节设计所需的金融产品，进而为整个产业链提供支付结算、融资理财等综合性金融服务。目前已有部分商业银行推出了产业链融资，例如民生银行推出的"乳业产业链金融"模式和平安银行的"橙e网"模式。但线上申请、审核和放贷的便捷产业链贷款仍然较少，商业银行未来应考虑进一步推进线上产业链融资，可以开发专门服务小微企业产业链融资的APP来提高产业链融资的影响力、直观性和便捷性。此外，在产业链融资的核心功能上，可以为小微企业提供水电煤管理、工资管理、房租管理等线上管理平台，使小微企业能更便捷地进行企业管理。

3）把握"降低交易成本、提高金融效率"的核心

互联网银行在未来进一步促进普惠金融的过程中，无论是产品设计还是流程改造都应该把握"降低交易成本、提高金融效率"的核心，给普惠金融目标人群提供高性价比的互联网银行服务，这也是互联网银行可持续发展的要求。

4）进一步完善线上和移动端APP设计，提升客户体验

虽然几乎所有的商业银行都推出了互联网银行功能，但商业银行在官方网页和移动端APP的设计上良莠不齐，有的产品界面不够清晰易懂，有的操作系统不够流畅。在互联网时代下，尤其是在互联网巨头提供良好的互联网体验下，客户对于产品体验也提出了越来越高的要求，甚至可以成为客户选择和转换一家商业银行的理由。所以商业银行需要充分意识到客户体验的重要性，并将其纳入关键成功要素中，进一步完善线上和移动端APP设计，并反复进行人工测试，将客户体验做到最好。

（四）正确处理不同金融组织在促进普惠金融中的作用

不同金融组织在促进农村地区普惠金融的过程中发挥了各自的作用，未来这些金融组织可以积极加强合作，发挥在促进普惠金融中的协同作用。

1. 建立统一的负债管理体系，避免出现过度负债的现象

在互联网时代，不同金融组织都在积极简化贷款流程，提高贷款发放的速度，公众也能更便利地获得贷款。在这种情况下，很容易出现同一个借款人在不同金融组织进行多头借款并且超过其实际可负担能力的现象，这会给金融稳定性带来极大的隐患。为了避免出现过度负债的现象，应由监管部门牵头建立统一的负债管理体系，不予发放超过借款人可负担范围内的贷款。

2. 加强合作，资源共享

金融组织在促进普惠金融的过程中各有优势，应该积极加强合作，实现资源共享。例如，商业银行具有雄厚的资金、客户资源以及专业知识等优势，互联网公司具有流量、互联网技术、大数据以及快速研发和应对能力，未来商业银行和互联网公司可以在资金拆借、客户推荐、多维度信用数据共享、产品研发等方面展开合作，充分实现优势互补。从目前国内两家纯互联网银行来看，微众银行和网商银行从成立起，就积极加强与传统银行的合作，证明商业银行和互联网公司不存在互相替代的问题；反之，应该在合作中更好地促进金融创新、提高金融效率，更好地服务更广泛的人群。

3. 促进不同金融组织平衡、和谐地发展

监管机构应该积极引导不同金融组织平衡、和谐地发展，避免在某些地区出现过度竞争而导致资源浪费的现象；同时也要引导金融组织在服务能力不足的区域积极布局，将普惠功效落到实处。

4.2 互联网+保险

4.2.1 "互联网+保险"的发展历程

"互联网+保险"的发展历程可以分为四个阶段。

第一阶段，互联网保险诞生和萌芽（1997—2005年）：1997年年底，国内第一家保险第三方网站互联网保险公司信息网诞生，通过互联网销售了我国第一张保险单，开启了我国保险业拥抱互联网时代的大门。随后一些大型的互联网公司逐渐通过建立官方网站来提供互联网保险业务，但由于当时互联网普及率不高，电子商务和人们的互联网消费习惯还不成熟，公众对互联网保险的认知和接受程度不高，通过互联网实现的保险交易很少。

第二阶段，互联网保险的星星之火（2005—2011年）：2005年国务院颁布了《中华人民共和国电子签名法》，规定电子签名与手写签名或印章具有同等法律效力，为互联网保险的发展奠定了良好的基础，随后人保财险完成了第一单全流程电子保单。政府也开始重视互联网保险，并加大政策扶持和规范力度。2009年中国保监会出台《保险公司信息化工作管理指引（试行）》，要求提高保险业信息化工作水平和运营效率；2011年将大力发展保险电子商务、推动电子保单以及移动互联网、云计算等新技术的创新应用纳入中国保险业发展"十二五"规划，并于同年出台了《保险代理、经纪公司互联网保险业务监管办法（试行）》，要求促进保险代理、经纪公司互联网保险业务的规范、健康、有序发展，切实保护投保人、被保险人和受益人的合法权益，为我国互联网保险的规范化、专业化发展打下了良好的制度基础。在这一阶段，一批互联网保险相关的网站也开始涌现，以保险中介、保险咨询为主要业务，虽然发展规模仍然较小，但星星之火已经逐渐点亮。

第三阶段，互联网保险初具燎原之势（2012—2013年）：各保险企业开始发力互联网保险业务，争相成立了新的子公司或事业部；同时保险企业加快与第三方互联网平台合作，利用第三方平台在流量、电子商务等方面的优势积极创新产品营销渠道和销售模式，极大地促进了保险产品的互联网销售，提高了公众对互联网保险的认知度和接受度。2013年，经中国保监会批复，阿里巴巴、腾讯、平安发起设立了我国第一家互联网保险公司"众安保险"，一方面继续推进保险产品的互联网化，另一方面加快了对商业模式变革的探索和创新。

第四阶段，互联网保险开始爆发式增长（2014年至今）：得益于电子商务、大数据、云计算等的快速发展，公众互联网消费习惯的形成，以及网络支付等基础设施的日益完善，互联网保险呈现爆发式增长的态势。根据中国保监会发布的《2014年互联网保险行业发展形势分析》报告，2014年互联网保险累计实现保费收入858.9亿元，较2013年增长了195%，在总保费收入中的占比由2013年的1.7%增至4.2%。2014年8月，国务院发布了《关于加快发展现代保险服务业的若干意见》，提出到2020年，基本建成与我国经济社会发展需求相适应的现代保险服务业，努力由保险大国向保险强国转变；2015年7月出台的《互联网保险监管暂行办法》有利于进一步促进互联网保险行业的规范化发展。在以"放开前端，管住后端"为主的开放式监管思路下，互联网保险行业的机遇与挑战共存。

4.2.2 互联网保险险种分析

1. 互联网保险以条款较为简单、费用较为低额的险种为主

客户在进行互联网保险购买决策时，倾向于选择条款较为简单、费用较为低额的险种。当客户面临复杂的保险品种时，由于这些产品一般条款复杂、计算规则不易于理解、涉及时间较长、金额较大，客户对产品的需求较为被动，且往往需要与保险销售人员面对面地反复沟通后再做出购买决策，这在一定程度上限制了这些险种的互联网渗透率。根据中国保监会发布的《2014年互联网保险行业发展形势分析》报告，2014年通过互联网实现的财产保险总保费为505亿元，人身保险总保费为351亿元。

2. 互联网财产保险

财产险相对于人身险更容易标准化，在互联网发展初期占比较大。2011年、2012年财产险保费收入在互联网总保费中的比重均在90%以上；随着近几年人身险的爆发式增长，财产险在互联网保险中的占比下降至60%左右。财产保险以互联网车险为主，占比在96%左右，非车险仅占4%。近年来我国汽车消费市场快速增长，且车险作为强制保险，需求存在较强刚性，再加上车险人群对于便利、高效的服务有着强烈需求，互联网车险增长非常迅速；非车险则呈现出保单数量多、单笔保额小的特征。随着电子商务的迅猛发展，退货运费险等与之相关的互联网财险产品将逐渐兴起并发展迅速。

3. 互联网人身保险

人身保险以人寿保险、意外险和健康险为三大主要险种，2014年占人身保险保费收入的比重分别为94%、5%和1%。在人寿保险中，万能险是最主要的险种，占人身保险保费收入的62%左右。由于互联网网民主要集中在15~40岁，呈现出对保障型产品的主动需求相对较低、理财型产品的主动需求相对旺盛的特点，在全民积极参与互联网理财的浪潮中，万能险凭借相对稳定的收益和一定的保险保障功能获得了迅速发展。其他传统类的寿险产品由于条款复杂、涉及时间长、金额大，往往需要与客户面对面地沟通，未来可以采用线上线下相结合的O2O方式提高互联网渗透率。意外险通常与具体的生活、旅行等场景关联，细分险种多、应用人群广泛，消费者对其有着较高的接受程度和需求，呈现出保单数量多、单笔保额小的特征，2014年实现保单数量8450万件，占人身保险承保总数量的80%以上。互联网健康险以1年期及1年期以内的产品为主，渗透率低，但增长迅速。随着人们健康意识的提升，对互联网健康险的关注程度也会逐渐增加，未来具有较大的发展空间。

4.2.3 "互联网+保险"带来的变革和普惠效应

1. 销售渠道的变革

销售渠道是保险行业最先产生变革的领域。在互联网时代下，保险公司的销售渠道主要有以下几种：

一是保险公司官方销售平台。该平台具有业务咨询、产品购买等综合性功能，但由于只销售自家产品，网站流量相对较少。

二是第三方代理平台，又可以进一步细分为专注从事保险业务的代理平台、具有场景优势的代理平台和具有流量优势的代理平台。专注从事保险业务的代理平台集合了各大保险公司的保险产品，内容丰富，方便消费者进行一站式购买。最初代理平台主要提供车险、意外险等较为简单和标准化的保险产品，随着互联网的不断发展，O2O模式也在不断兴起，部分代理平台也成立了线下经纪人团队提供咨询服务来更好地实现线上和线下的互动。具有场景优势的代理平台包括携程、去哪儿、航空公司等，这些平台将保险需求嵌入具体的场景中，将保险销售变得更加精准，极大地推动了场景类保险产品的互联网化率。具有流量优势的代理平台以淘宝、京东等电子商务平台为主，这些平台的流量优势对帮助保险产品迅速推广、获得大量用户和流量起到了巨大的作用。

三是第三方比价平台。该平台为消费者提供便捷的保险产品比价信息，帮助消费者寻找性价比最高的保险品种，以车险为主，中小保险公司参与程度高。未来部分平台准备发力整合线上线下资源，打造保险业O2O平台，构建保险业的新生态。

四是移动端销售平台。随着手机网民规模的不断增加以及移动端消费理财观念的逐渐形成，保险公司销售平台也开始向移动端延伸，通过移动端专业软件以及微信公众平台等方式向公众宣传推介保险产品。

相比于传统的保险销售渠道，互联网渠道能更好地突破时间和空间的限制，给消费者提供了更便捷的保险购买方式，降低了消费者的时间成本，提高了购买效率。此外，场景类平台、电商类平台对于向普惠金融目标人群宣传推介保险产品起到了重要的作用，有利于帮助他们更进一步地了解保险产品和释放保险需求。

2. 保险产品的变革

互联网保险产品的创新既基于传统的保险产品，又受互联网浪潮下新的行为模式、消费习惯的影响衍生出很多新的险种；同时，互联网广覆盖的特征能较容易地集中大量同质风险，能将传统不可保的风险变为可保风险。具体来说，互联网保险产品的变革主要有以下几种：

一是基于传统保险产品的创新。从用户需求出发，互联网保险可以把传统保险产品所承保的各种风险拆解出来，形成种类多样的单一风险的产品，在保险期限上也更具有灵活性，它可以是一年期以上的产品，也可以短至三五天，甚至可以是几个小时的快消保险产品。期限灵活的单一保险产品虽然看似只是传统保险产品的拆解，但是这种保险产品能使消费者做出更精准的保险产品购买决策，互联网的特性也使消费者能更便捷、灵活和更有时效性地选择贴合实际的保险产品来应对当下面临的某种特定风险。同时，拆解的保险产品具有"小而美"的优势，具有较高的性价比，能更精准地瞄准消费者的需求，有利于促使消费者特别是普惠金融目标人群释放保险需求。这也有利于我国进一步提高保险渗透率，实现成为保险强国的战略目标。

二是新的行为模式、消费习惯的影响衍生出很多新的险种。例如随着电子商务的发展衍生出的退运险等保险产品，人们对影视娱乐产业的关注和兴趣衍生出的"娱乐宝"类产品，世界杯的流行出现的"喝麻险"、"世界杯足球流氓险"等保险产品。这些新型的保险产品既推动了互联网保险以用户为需求的创新性发展，也进一步培育了公众互联网保险的购买习惯。

三是传统保险难以承保的险种。这部分险种要么个性化太强，要么如地震险等属于巨灾保险，通过传统保险的方式难以集中大量的同质风险发挥大数法则的作用。但对于互联网保险而言，由于能够突破时间和空间的限制，面对更广泛的消费者，从而能较容易地实现同质风险的集中，使得保险公司能更好地解决风险池规模的问题，从而能更好地承保这些传统保险难以承保的险种。

3. 保险定价的变革

保险定价依赖大量数据的积累和保险精算模型，互联网在获取多维度的大数据方面有着得天独厚的优势，此外，由互联网延伸出现的物联网通过物物通信和信息交换也能为保险产品定价提供海量数据。这些数据不仅能降低保险公司的数据搜集成本，更重要的是能帮助保险公司更好地识别保险风险，减少与投保人之间的信息不对称，从而做出更加精准的保险定价，一方面在一定程度上帮助保险公司降低逆向选择和道德风险带来的不利影响，另一方面使得普惠金融目标人群真正能为自己的风险买单，而不是为某些世俗的偏见支付额外的溢价。

在财产保险领域的典型应用是基于车联网的 UBI 车险（Usage Based Insurance），这种模式通过搜集汽车在使用过程中的里程、时间、速度等使用数据、驾驶员的用车习惯和驾驶行为数据，以及基于车载诊断系统的汽车软硬件数据来进行车险产品的差异化定价，这不仅有利于保险公司提高盈利性水平，也能激励人们改善驾驶行为，具有良好的社会溢出效益。在人身保险领域的典型应用是基于可穿戴设备、移动医疗的保险产品定价，该模式通过搜集人们的身体指标、行为习惯等数据来提供定价依据。

从长远来看，随着利率市场化和费率改革的推进，互联网和物联网将为定价的精准性、灵活性提供越来越重要的数据支撑。

4. 市场竞争格局的变革

由于互联网保险相对传统保险企业在初期固定资本投入、人员投入方面较少，中小保险企业有望利用其在挖掘用户需求、产品创新、精算模型等方面的差异化竞争优势开发出贴近消费者实际需求的"小而美"的保险产品，从而提高市场占有率。互联网企业也有望积极参与互联网保险行业，并成为推动行业革新的重要力量。可以预见，传统大型的保险公司市场集中度会有所下降，优质中小保险企业和互联网保险企业会逐渐崛起，互联网保险行业将呈现更加多样化的竞争格局，既有综合性的保险企业，又有专注于某一细分领域的保险企业，激烈的竞争将推动整个行业向着更优质便捷的服务和更低的成本发展。

4.2.4 未来进一步促进"互联网＋保险"发挥普惠金融的功效

虽然互联网保险发展得如火如荼，但也存在一些不容忽视的问题。未来进一步促进"互联网＋保险"发挥普惠金融的功效需要处理好以下两方面的问题。

1. 规范互联网保险产品开发，健全信息披露机制

虽然互联网的出现催生了很多创新型的保险产品，满足了客户不同层次的需求，但在产品开发上存在良莠不齐的现象，有的创新险种由于缺乏历史数据和经验的积累，存在设计和定价风险，也有极少数保险产品违背保险基本原理和大数法则，带有赌博的性质和博噱头之嫌。在信息披露方面，和传统保险相比，互联网保险缺少面对面的交流，部分保险公司抓住消费者追求便捷的心理，弱化或者模糊信息披露，有的保险公司甚至进行虚假夸张宣传，片面夸大产品收益率诱导消费者购买，极大地损害了消费者的权益。未来需要进一步规范互联网保险产品的开发，既促使其满足消费者日益增长的保险需求，又要避免其背离保险的基本原理。此外，需要进一步健全保险产品信息披露机制，监督惩处在保险销售过程中信息披露不当的行为。

2．提升公司整体互联网思维，加快中后台运营管理的互联网速度

目前互联网保险销售前端的网络化、移动化发展最为成熟，对保险产品的线上宣传、搜索和咨询服务等都体现出了良好的交互性和便捷性，但部分保险公司缺乏整体的互联网思维，公司中后台的运营管理仍保持传统的思维，互联网保险产品后续的服务及索赔等环节普遍处于起步阶段，从而出现互联网保险"容易买、不易退、投诉难"

的现象。尤其对于部分普惠金融目标人群来讲，由于文化和金融知识缺乏，遇到理赔难的现象时往往选择吃哑巴亏，极大地损害了他们的权益和对互联网保险的信任。这种现象导致消费者的购买体验自购买时点起逐渐下降，也在一定程度上降低了消费者二次购买的积极性。所以保险公司需要积极提升公司整体的互联网思维，尤其是要加快中后台运营管理的互联网速度，使客户在整个投保、核保、理赔的过程中都能享受到良好的互联网体验。

4.3 互联网+证券

4.3.1 "互联网+证券"的发展历程

互联网证券的兴起始于互联网经纪业务。2000 年，中国证监会颁布出台了《网上证券委托暂行管理办法》，证券公司开始利用互联网接受客户下达的交易指令并向客户反馈成交结果。

但互联网证券在近年来随着互联网消费模式的兴起以及政策的积极支持才开始真正地蓬勃发展起来。2013 年 3 月，中国证券登记结算公司出台了《证券账户非现场开户实施暂行办法》，为网上开户奠定了政策基础，随后证券公司开始积极启动非现场开户业务。2014 年 4 月，中信证券、国泰君安等六家证券公司作为国内第一批证券公司获准进行互联网证券业务试点，互联网证券行业开始迅速发展。截至 2015 年 3 月，中国证监会已先后分五批批准了 50 多家证券公司开展互联网证券业务，占所有券商数量的 50% 左右。目前大部分从事互联网证券业务的券商大多具备以电子商务网站、网上投融资交易平台、移动 APP、微信、微博等为核心的综合运营模式，为客户提供网上开户、交易、融资、理财、转账等多功能综合性服务。

除了证券公司积极开展互联网证券业务，一些提供金融资讯的平台类公司也通过参股或收购券商等方式来积极参与互联网证券业务，例如 2014 年 12 月东方财富全资子公司收购宝华世纪证券 100% 股权；此外，恒生等互联网技术公司也通过中小机构融资平台等方式积极参与互联网证券的浪潮。

4.3.2 "互联网+证券"带来的变革

1. 开户、交易的变革

开户是用户参与证券投融资的起点。由于证券监管较为严格，开立证券账户的流程相较一般理财账户更为复杂，出于安全性的考虑，不少用户特别是年纪稍大的用户更愿意选择线下营业部开户，网上证券开户起步较晚。

近一两年证券公司不断完善线上开户功能，目前大多数证券公司都能提供方便快捷的线上开户功能，用户通过在线提供完整的开户申请资料，与营业网点工作人员进行视频验证，并经过一定时间的后台审核就能开户成功。此外，为吸引用户，券商对互联网开户还提供了更为优惠的佣金率。从2007年放松佣金率管制以来，开户佣金大幅下降，一些实力雄厚的大型券商通过自建网上开户平台等方式将佣金率降低至万分之三，国金与腾讯合作退出的"佣金宝"更是将开户佣金减少至万分之二点五，受到了客户的广泛关注和认可。网上开户的便捷性、安全性和经济性越来越得到用户认可，网上开户比例逐渐增加，近一两年线上线下开户数量基本持平。

在开户的基础上，证券公司还能给客户提供即时的行情信息，允许客户在线提交和撤回委托，尤其是在移动端APP出现以后，客户能够随时随地了解证券市场最新动态并做出交易决策，极大地缩减了交易的信息成本和时间成本，帮助客户更好地捕捉到交易机会。此外，证券公司也在积极丰富线上功能，理财、打新、融资融券等功能的推出很好地满足了客户更进一步的需求，给证券投资带来了前所未有的便利性。

2. 销售渠道的变革

证券公司销售渠道的互联网化主要体现在以下两个方面。

1）线上理财模式

互联网证券的线上理财主要通过三个细分平台来实现。一是通过证券公司官方网站或者官方移动APP销售自家公司的理财产品。这种方式的优势是可以自主决定商品的宣传推介方式，可以增强品牌认知度和忠诚度，但是客户流量相对较少，但也有可能成为专业细分的平台而赢得更多流量。二是与其他金融机构合作，在其他金融机构的互联网销售平台推介和销售理财产品。例如券商大多广泛开展与商业银行的合作，通过商业银行网上银行、手机银行等平台销售理财产品。这种方式可以充分利用其他金融机构的流量、知名度等优势在更大范围内实现产品的销售，同时也可以加强与金融机构的合作，集合双方优势设计出能更好地满足消费者需求的理财产品。三是与第三方互联网公司、金融资讯公司以及专业财经媒体等合作，并利用第三方公司深耕电子商务在流量、平台营销、知名度等方面的优势实现产品的销售。

2）线上线下相结合的模式

在线上线下相结合的模式下，一方面，证券公司可以利用丰富的线下营业部和良好的客户关系服务偏好进行营业部交易的客户，也可以将部分客户引流至线上，逐渐培育客户通过互联网进行投融资的习惯；另一方面，证券公司也可以提供网上填写申请表、咨询、预约等功能，以便客户更好地获取线下服务。此外，依托营业部具有与客户面对面沟通的优势，证券公司也可以定期举办投资交流会、消费者金融教育会等专题活动来更好地帮助客户提升金融素养和投资能力，从而进一步增加客户忠诚度。总之，线上线下相结合的模式给客户提供了更灵活的选择，可以更好地满足不同层次客户的需求。从长远来看，在互联网化发展到一定阶段的时候，证券公司有可能撤销部分营业部，摆脱传统模式下依赖营业部的重资产模式，并将节约出来的成本投入到以客户为中心的运营中去。

3. 经营理念的变革

在互联网时代下，证券公司面临的客户特征有所改变：（1）客户能够拥有更多的信息去选择证券公司，并以更少的成本去更换证券公司，客户对券商服务的专业性、优质性、附加性和体验感会越来越挑剔，忠诚度和黏性容易变得越来越不稳定，以用户体验和价值最大化为核心的互联网思维正逐渐深入地影响着证券行业；（2）在传统证券体系下，券商业务以服务高净值客户为主，互联网证券下将会涌现出很多新生的投资者，这些投资者数量多、单笔金额小、风险承受能力低、证券投资知识缺乏，但这些投资者能带来聚沙成塔的效益，成为券商带新的增长动力。因此，证券公司需要转变以往的客户服务理念，并以互联网思维去改进和提升服务，更加注重服务的便捷性、透明性、安全性和体验感。华泰证券是国内券商在这方面的先行者。华泰证券较早就推出了"涨乐财付通"，此款软件在设计上充分考虑到客户的体验性，界面清晰、操作简单，涵盖了交易、行情数据、理财产品等丰富的功能，能为客户提供一站式金融服务。此外，该软件充分将证券账户和理财账户结合起来，能将客户尚未用于交易的资金在收市时转入理财账户继续为客户带来收益。所以该软件一经推出就获得了客户的认可，并迅速积累了大量客户。

证券公司面临的业务结构和收入结构也在发生变化：在互联网时代，用户流量对于证券公司来讲是取得成功的关键要素，证券公司也在证券用户方面展开了积极的竞争，目前大部分证券公司都通过提供"网上开户 + 低佣金"的模式吸引用户开户，佣金率逐渐逼近券商的成本；经纪业务对于券商的意义也在发生变化，逐渐从收入引擎向流量引擎转变，在以后的竞争中，券商还有可能进一步牺牲经纪业务的利润来吸引客户。证券公司需要改变过于倚重传统经纪业务的经营模式，积极增加资产管理、财富管理等业务比重，在帮助客户进行财富保值、增值的过程中增加营业收入来源，提高客户忠诚度和市场竞争力。

4.3.3 体现金融公平、普惠金融演进的必经之路

证券分析和投资位于金融金字塔顶部，从事这一活动需要较强的专业知识和分析能力，对投资活动的风险收益具有深刻的认识，并且需要有一定的风险承受能力和风险承受意愿，证券行业的这些特征意味着现阶段普惠金融目标人群不适合拿出较大比例的资产参与此类投资。

但从发展的角度来看，随着经济的不断发展和居民收入水平的提高，普惠金融目标人群也会有能力更多地参与证券投资，互联网突破物理地域、信息屏障的特性将使更广泛的人群能够接触和认知证券投资业务，进一步地认识和释放证券业务的需求。对于这些潜在投资者而言，虽然互联网能使他们较为便利地开户和参与投资，但仍然存在证券投资知识缺乏和投资具有盲目性、跟风性的问题，证券公司不能一味地追求规模和收入而忽视了他们真实的风险偏好和风险承受能力。反之，证券公司应该积极加强投资者教育，例如可以开设专门的互联网或移动端板块向投资者普及证券投资知识，提供交互性的线上板块来解答投资者疑惑，逐渐为培育潜在客户、提升客户的投资能力、可持续性和忠诚度奠定良好的基础。

不可否认的是，让更多的人群更便捷地参与资本市场，分享金融市场发展的成果，是经济发展到一定阶段体现公平性的必然要求，也是普惠金融向更高层次演进的必经之路。

在这个过程中，监管机构应该积极做好投资者教育和保护工作，可以倡导出台针对普惠金融目标人群的金融教育规划，采用贴合普惠金融目标人群生产、生活的方式来推进金融知识普及和教育，并认真做好金融教育有效性评估工作，将金融教育落到实处。此外，监管机构也应该加强证券市场监管，进一步完善信息披露机制，维护市场的公平、透明，从而为普惠金融目标人群进入市场提供一个公平、公正、公开的市场环境。

4.4 互联网+基金

4.4.1 "互联网 + 基金"的发展历程

基金行业拥抱互联网是从销售渠道的变革开始的。基金公司主要通过官方网站及第三方销售平台等实现基金产品的网上销售，在余额宝出现以前，一直发展比较温和，基金公司还未将普惠金融目标人群作为重点关注对象。

2013年6月17日，余额宝正式上线，迅速积累了大量的用户和资金规模，成为互联网基金进入迅速发展阶段的重要推动力量。余额宝的成功本质上是互联网和金融合作的成功，也体现出在互联网时代服务中低收入人群、发展草根金融的重要价值，促使整个基金行业重新审视自己的产品、服务和客户，并开始关注更广泛人群，思考如何吸引以前被排斥在外的人群。

余额宝的出现和电子商务的发展使得人们对这种互联网理财行为逐渐产生认可和期待，特别是带动了普惠金融目标人群互联网理财的热情，为基金行业互联网化奠定了良好的客户基础。

基金公司也加大了IT投入，通过改造升级官方网站、自建移动端APP等方式来实现基金互联网化。当然，基金互联网化绝不仅仅意味着销售渠道的互联网化，一批基金公司先行者也积极利用互联网思维来改进产品设计和增强客户体验，并取得了一定的成果。但基金公司在互联网化的过程中由于受到知名度、流量以及人们互联网使用习惯等方面的限制，发展速度有限。实践证明，基金公司与互联网平台合作的"产品+平台"模式发展态势最好，基金公司具有产品设计、研究和投资等金融领域的专业优势，而互联网平台具有技术、流量、关注和改进用户体验方面等方面的优势，双方合作能很好地实现优势互补，加快基金互联网化的进程，实现客户、基金公司和互联网平台共赢的局面。

4.4.2　普惠金融目标人群对基金产品的需求

为了发挥"互联网+基金"对普惠金融的促进作用，首先需要了解普惠金融目标人群对基金产品的需求，具体来说有以下几点：

（1）易获得性。易获得性一方面是指普惠金融目标人群希望能以一种便捷、低成本的方式购买到基金产品，能较便利地查询投资账户变动情况和获得投资收益；另一方面，普惠金融目标人群希望有较低的投资门槛和丰富的投资品种可供选择。

（2）安全性。普惠金融目标人群风险承受能力低、风险承受意愿小，安全性永远是他们进行投资理财首要的考虑因素，参与购买基金产品最主要的目的是为了实现财富的保值、增值。

（3）收益性。对普惠金融目标人群来说，收益性是基金产品最直观的吸引因素，他们希望基金产品能提供比银行存款更高的收益率。但部分人群文化程度不高，金融知识缺乏，对投资的风险收益理解不到位，存在片面追求高收益而忽视风险的情况。

（4）流动性。对普惠金融目标人群来说，理财资金和生产生活资金往往没有非常明确的界限，因而希望理财资金能具有一定的灵活性，能较便利地在不同用途间切换。以农村地区居民为例，农业生产常常在不同农作物品种间切换，农业生产本身也常常面临很多不可控的风险，再加上农村居民流动性越大越来，他们对货币的需求也具有不稳定性，因而需要更具流动性和灵活性的理财方式。

4.4.3 "互联网 + 基金"对普惠金融的促进作用

1. 降低投资参与门槛，体现金融公平性

在传统基金体系下，相对于高净值客户，低净值客户只能享受到有限的投资理财服务，不能很好地发挥普惠功效，这主要是因为：一是基金产品投资门槛高，可供低净值客户选择的产品有限；二是低净值客户只能享受较低水平的投资收益，在一定程度上不利于体现金融公平性。"互联网 + 基金"模式的出现能在一定程度上解决上述问题。互联网能够突破地域限制，以较低的成本，迅速地将广泛的中小投资者集中到一个投资平台，形成较大规模的资金总量，这就为降低基金产品的投资门槛创造了条件。此外，基金公司对较大规模的资金总量一般都会配备优秀的研究人员和投资经理，低净值客户和高净值客户面临的同类基金产品的投资收益也在缩小。以互联网基金产品余额宝为例，余额宝真正实现了零门槛的投资理财，能给用户提供相对较高的收益率，一经推出就迅速积累了大量的用户和资金。余额宝上线仅 5 个月，规模就突破 1000 亿元，成为我国基金史上首只破千亿元基金。截至 2014 年年底，余额宝规模为 5789.36 亿元，用户数也增加到 1.85 亿人。

2. 部分互联网基金产品打通"资产"和"货币"的界限，提供多用途、多场景应用

在传统基金体系下，当客户购买了基金产品后，这部分资金就沉淀到资金账户变成"资产"。虽然开放式基金相对于封闭式基金允许客户更灵活地赎回资产，但很难做到时时赎回，且多用途、多场景的应用难以实现。互联网技术的出现极大地突破了上述限制，这对于服务普惠金融目标人群具有重要的意义。汇添富基金于 2009 年推出了现金宝，此后先后探索了余额理财、货币基金信用卡还款业务和货币基金 T+0 交易，并作为首家基金公司实现了"货币基金全面支持信用卡还款"业务，打通了"资产"和"货币"的界限，极大地提升了货币基金的流动性和灵活性。余额宝的出现进一步丰富了上述功能。余额宝在 T+0 的基础上实现了多用途、多场景应用，可以用来进行手机充值、网上购物、保险购买、电影票及缴纳水电费等生活消费支付。这种

兼具收益性、便捷性和流动性的基金产品对吸引更多普惠金融目标人群参与投资理财做出了重要贡献。

3. 改变普惠金融目标人群的财富管理习惯

在"互联网+基金"模式出现以前，普惠金融目标人群特别是农村地区居民很少有投资理财概念，有余钱的时候往往压在箱底或是存在商业银行，很少考虑其他渠道的理财方式。而"互联网+基金"模式的出现将有利于改变普惠金融目标人群的财富管理习惯。该模式极大地降低了投资门槛，使得普惠金融目标人群通过互联网、移动端等就能便捷地购买到基金产品，享受到以往大资金才能享受的收益率水平，有利于普惠金融目标人群更好地实现财富的保值、增值。从互联网基金的发展实践来看，这一模式也得到了更广泛人群的支持和认可，显示了互联网基金对发展普惠金融的巨大潜力。

4.4.4 未来进一步促进"互联网+基金"发挥普惠金融的功效

1. 加强宣传，关注普惠金融目标人群的基金需求

对普惠金融目标人群来说，基金产品是一个比较陌生的品种，他们除了对余额宝等互联网货币基金产品有一定的了解，对其他基金公司和其产品了解甚少。所以基金公司应该积极加强宣传，帮助普惠金融目标人群了解基金产品的基本知识，提高对基金产品的认知度，例如可以在普惠金融目标人群常用的网站投放宣传广告，开展基金产品进农村、进社区等专项活动。

在销售渠道上，基金公司应该积极加强与互联网公司的合作，电商平台具有知名度和流量优势，社交平台具有流量和影响力优势，基金公司通过与这些平台加强合作，可以以一种更接地气的方式将基金产品推介给更广泛的人群。

此外，基金公司也应积极转变客户服务理念，注意关注普惠金融目标人群的基金需求，在设计上力求界面简单易懂、操作清晰便捷。基金公司也可以逐渐积累普惠金融目标人群的投资属性和偏好，研究分析在这部分人群中销量最好的基金产品的特征，未来在申购赎回、产品周期、风险收益组合等方面设计出更符合普惠金融目标人群需求的产品。

2. 增加交互性能，提供基金配置方案

在未来线上功能的设计上，可以考虑进一步增加交互性功能。对普惠金融目标人群来说，线上购买基金产品是一个他们所不熟悉的决策过程，一方面他们对自己的风险收益偏好不熟悉，另一方面他们对各种基金产品也不熟悉，更不知道如何进行产品组合来实现自己的效用需求。这就需要通过线上交互性功能接受客户咨询、解答客户疑惑、帮助客户认清自身需求，并进一步为客户提供投资顾问和基金配置服务。

在这个过程中，基金公司也应建立良好的内部控制机制，要求线上客服尽职履责、诚信披露，避免误导销售、强制销售等现象的出现。监管机构也应加大监督检查力度，切实保护消费者的合法权益，增强消费者特别是普惠金融消费者对"互联网+"的信心。

3. 增加更多应用场景，丰富产品功能，提升用户体验

以余额宝为代表的互联网基金产品在多功能、多应用和用户体验方面取得了良好的效果，基金公司在这方面虽然也在积极探索，但总体来说还有较大的发展空间。基金公司未来可考虑进一步激活沉淀在基金账户的资金，将其与信用卡还款、农资产品购买、消费支出等用途关联起来，研究开发兼具收益性和流动性的产品来更好地满足客户需求。

此外，在产品设计和研发上，基金公司可进一步加强与互联网公司的合作。一方面，互联网公司具有能较准确地把握客户需求、改进客户体验的优势；另一方面，互联网公司也具有快速的产品设计和研发能力，与互联网公司合作，有利于弥补基金公司互联网基因的欠缺，设计出更有针对性、创新性和前瞻性的基金产品。

第 5 章
Chapter Five

金融可以这样玩：互联网企业的创新金融

5.1 移动支付

5.1.1 什么是移动支付

移动支付通常也被称作手机支付，是指人们通过移动通信设备，利用无线通信技术来实现货币支付、清偿债权债务关系。移动支付产生并快速发展的一个基础条件就是智能手机的大规模普及推广，基于智能手机的互联网应用软件，移动支付才得以大行其道。

移动支付可以分为两种场景的支付：近场支付和远程支付。近场支付是指人们在超市等商户购买商品或服务时，通过手机等移动通信设备即时、现场完成货币支付。远程支付是指人们在手机端通过移动应用软件（APP）发送支付指令，借助银行等传统金融机构或第三方支付机构实现货币支付。

移动支付的特点可以概括为三个方面：

一是可移动。可移动意味着人们的支付行为突破了时间和空间的限制，支付更加方便和自由。过去我们要完成支付，要么交付现金，要么通过签发支票、银行汇款等手段，而这些手段都要在特定的时间和空间中进行，必须依赖特定的实体介质（纸币、支票、汇款单等）才能完成。当个人电脑（PC）大大普及以后，出现了网银支付，人们可以在电脑上实现远程支付，这在一定程度上突破了时间限制，但仍然受到物理空间的限制，因为 PC 端是无法随时随地移动的。智能手机出现并普及以后，人们可以在手机上轻松实现近场支付和远程支付，可以说完全摆脱了对特定时间、特定空间的依赖，人类的支付行为进入前所未有的自由时代。

二是消灭现金、银行卡等物理介质。移动支付全程不需要现金、不需要银行卡。这是一个重大变化，将会对传统的金融运行产生深刻的影响。过去人们购买商品和服务时必须携带钱包，必须使用现金和银行卡才能完成支付。而在移动支付情景下，人们手里的货币不再是现金、银行卡，而变成存储在手机等设备中的数字，支付行为则演变成这些数字符号的增加和减少。人们可以通过智能手机，轻松实现数字货币在交易双方的增减，完成支付。在这个意义上，手机等移动设备实际就是人们手里的数字钱包，可以摆脱大量现金、众多银行卡等物理介质带来的麻烦。如果有一天移动支付完全消灭了现金，必将极大地降低全社会的金融运行成本，银行等金融机构将不必再为运输和保管大量物理现金而付出巨大的安保成本。也许用不了多久，武装运钞车、防弹玻璃等将会成为"古董"。

三是实现账户集成。形成集成账户是移动支付影响最深远的一个特点。移动支付可以把人们在各家银行的不同账户链接起来，形成一个超级集成账户。过去人们要实现跨银行账户的资金划转支付，是非常不便利的，人们必须首先在不同银行卡之间转账，或者去银行提取现钞，然后才能实现支付。而在移动支付这个集成账户里，人们可以随意调用自己在各个银行账户里的资金，轻松实现划转支付，这极大地便利了人们的交易行为。移动支付的账户集成还有一个特别重要的意义，就是人们所有的货币支付行为都必须经过这一个移动应用的"出口"，这将形成每一个消费者的比较完整的支付行为数据库，成为大数据中重要的组成部分，为将来进行个人征信、信用评价等打下牢固的大数据基础。

5.1.2　手机银行与第三方支付机构移动支付

我们可以把移动支付分为两类：一类是传统银行等金融机构提供的移动支付应用，通常被称作"手机银行"；另一类是由第三方支付机构提供的移动支付应用。

掌上的"手机银行"是由银行提供的，交易安全性很高，但缺点也很明显：一是支付程序相对烦琐，人们必须要经过一系列的身份认证、交易密码验证等更烦琐的流程才能实现支付；二是不能实现账户集成，人们必须每家银行都安装一个移动应用，资金划拨、跨行支付等使用起来很不方便。

第三方支付机构的移动支付通常使用起来更加便捷和高效，注册流程简单，银行卡绑定、支付密码验证等流程更加快速简便，同时也能保障支付安全。第三方支付机构的移动支付有以下几个突出特点：

一是第三方支付机构在推出移动支付应用之前，通常就已经聚集了大量的用户群体，可能是通过电商平台的便捷交易形成的，如支付宝；也可能是通过社交平台的社交活动积累形成的，如财付通（微信支付）。这些机构在推出移动支付之前，已经对用户的身份信息甚至银行卡信息进行了一定程度上的验证，因此在推出移动应用后，用户使用会衔接得更加便利。

二是第三方支付机构的移动应用在越来越完善地集成人们的各类账户。在手机上安装了这些移动应用，人们就可以便捷、高效地实现不同银行之间账户资金的顺畅转移和支付。随着各类社交、电商交易平台的全方位普及渗透，人们在各种场景下的消费、支付行为都在向数字化转变。可以大胆想象未来某一天人们所有的交易都通过互联网实现，届时这些移动支付应用将综合人们在各个场景的所有消费和支付数据，成为我们这个社会非常重要的基础数据。

三是第三方支付机构的移动应用向更多的交易场景、交易平台放开，为人们在更多的互联网交易场景提供便捷的支付服务。比如微信支付为滴滴打车提供便捷的移动支付支持，人们通过滴滴打车再也不需要现金支付。随着越来越多的互联网社交、电商等平台向人们生活的全方位渗透，人们的资金流数据会越来越完整地被这些移动支付应用记录下来，形成可靠的基础大数据，为将来进行个人征信、信用评价打下坚实的基础。

未来，高度集成的账户会由谁来提供？是银行还是第三方支付机构？抑或最终由中央银行来提供？我们不能确定。但我们可以肯定的是，这些个人高度集成的账户将对我们的社会带来深刻的改变。谁占有这些账户，谁就可以在互联网金融领域"挟天子以令诸侯"。

5.1.3 移动互联时代的移动支付

我们将进入一个全新的移动互联时代。

在这个移动互联时代，移动终端彻底普及每一个人，它将向我们提供所有可能的即时信息，信息传递的速度将史无前例地直达我们的大脑，信息就像空气一样包裹着我们每一个人，我们通过这些信息与万事万物时时刻刻连接着，人类的所有社交活动、交易活动都会因此发生根本性的改变。

我们所有的决策都是基于我们所获取的信息，我们获取信息的速度很大程度上影响着我们的行为。过去，信息的发布、传递掌控在少数专门机构手中，我们通过它们发行的报纸等获取外界信息，信息更新速度慢，传递速度也很慢，一件事情发生并作为信息传递到我们的大脑，我们再做出决策，时间比较长，反应很滞后。PC普及以后，信息更新速度大大提高，每秒都在更新，我们获取信息的速度也大大提高，只要我们坐在PC前，就可以快速获取信息。但这个时候，信息的搜集、发布、传递仍然掌握在少数垄断性机构手中。

在移动互联时代，一切都发生了改变。每一个移动终端的持有者都是一个信息发布站点，有价值的信息都会迅速扩散、传递到很多人的大脑，原本那些具有一定垄断性的信息发布机构的中心作用大大弱化。这也被称作"去中心化"。在地球上任何一个地方发生的事情，可以通过移动互联瞬时传递到地球任何一个角落的人的大脑里。人们获取信息不再受少数中心机构的制约，不再受时间和空间的制约。

移动支付就是在移动互联时代诞生的人类全新的支付方式。这种支付方式将颠覆性地改变人类的交易行为：

一是信息获取极为快速、可靠，人们可以更快地做出响应。当一个新的产品诞生后，人们可以通过移动互联社交平台、电商平台迅速获取到它的信息，并评估决策是否购买。

二是信息更透明，不对称程度大大下降。在移动互联时代，由于信息传递的"去中心化"，产品和服务在众多移动终端持有者（也就是消费者）中间会产生强烈的口碑效应，再也没有哪一个信息中心可以随心所欲地包装、夸张甚至误导。人们可以根据这种更真实的"口碑"信息来决策是否购买。

三是人们可以实现随时随地支付。手机等移动终端随时随地跟随人的左右，人们可以随时随地进行支付。移动支付可以把人们的各个银行账户都集成起来，不必携带现金，不必携带银行卡，可以直接实现远程和近场支付，交易的效率极大提高。

四是一切交易都会被记录下来，将大大增加违约成本，有利于信用环境的提高。在现金交易的状态下，很多交易是没有任何记录的，违约成本低，人们也容易产生违约的行为。在移动支付中，任何交易行为都会被记录下来，可以作为人们的信用评价的重要依据。因此，人们的违约成本会大大提高，有利于提高全社会的信用水平。

我们可以大胆地想象，未来移动支付将有可能变成我们每个人手里的一个超级掌上银行，我们所有的支付、存贷款、理财等业务都可以在这个移动支付应用中实现，也许有一天银行的支行柜台将会消失。

5.1.4 典型移动支付应用介绍

1. 支付宝钱包

支付宝钱包是支付宝旗下的手机移动支付平台，其功能包括付款、转账、缴费、话费充值、还信用卡等，可以通过移动网络实现远程支付，也可以实现近场支付，其形式包括扫码支付、条码支付、声波支付等。支付宝钱包还链接了一些公众服务平台、购物导航等端口，用户可以方便地通过支付宝钱包进入其他交易场景。截至2015年4月，支付宝钱包的活跃用户已经超过2.7亿人，在移动支付市场占据了80%的份额，是中国最大的移动支付平台。

支付宝钱包的用户基础是支付宝，而支付宝产生的基础是为了安全、高效地实现阿里巴巴、淘宝天猫等电商平台的网上交易，支付宝可以起到交易"保证"的作用。支付宝产生以后，变成了一个第三方支付平台，可以集成用户的不同银行账户，顺畅地实现互联网支付。移动互联网崛起后，借助手机端淘宝、天猫等移动电商平台的发力，移动支付应用支付宝钱包也迅速占领了移动电商的主要交易份额。

支付宝钱包可以通过扫码支付、声波支付等实现近场交易。比如扫码支付，支付宝钱包将线下商户扫码支付交易转换成线上快捷支付交易，然后提交给发卡银行完成交易授权。具体交易清算流程如图5-1所示。

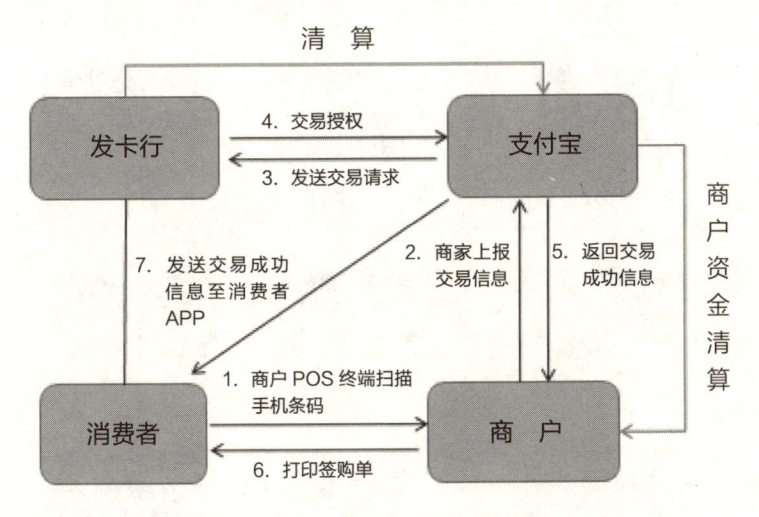

图5-1 支付宝钱包交易清算流程

2015年4月22日，蚂蚁金融服务集团、阿里巴巴集团与新浪微博共同启动"互联网+城市服务"战略，用户通过支付宝钱包、微博和手机淘宝，均可进入城市服务平台，直接在手机上完成交通违章查询、路况及公交查询、生活缴费、医院挂号等事项。目前，上海、广州、深圳、杭州、宁波、南昌、青岛、太原等首批12个城市的城市服务已正式上线。通过支付宝钱包，"智慧城市"项目可迅速将城市服务覆盖到千家万户，成为一个永不关门的手机"市民之家"。

2. 微信支付

微信支付由腾讯旗下财付通提供，主要面向腾讯打造的互联网生态圈用户提供移动支付服务。微信支付既可以实现远程支付，也可以实现近场支付。

在远程支付方面，微信支付与其他移动应用平台相互嵌入，可以在其他移动应用平台下单，跳转至微信支付实现资金支付。比如用户在滴滴打车购买打车服务后，可以在滴滴打车的应用中直接进入微信支付，实现付款。

在近场支付场景，微信支付可以通过扫码支付，在指定商户，由商户扫描消费者的微信条码或消费者扫描商户的条码，实现支付。这一功能与支付宝钱包的扫码功能基本相同。其交易流程如图 5-2 和图 5-3 所示。

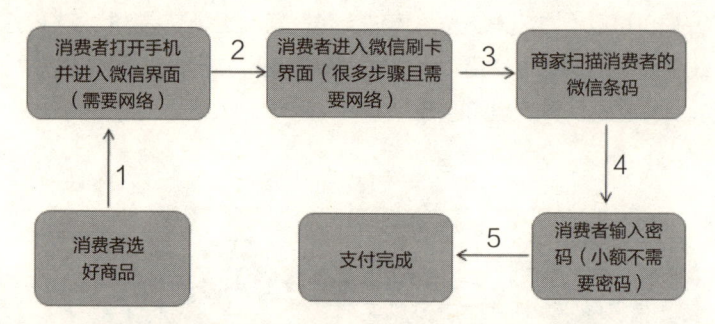

图 5-2　微信商户扫码支付（刷卡支付）的操作流程

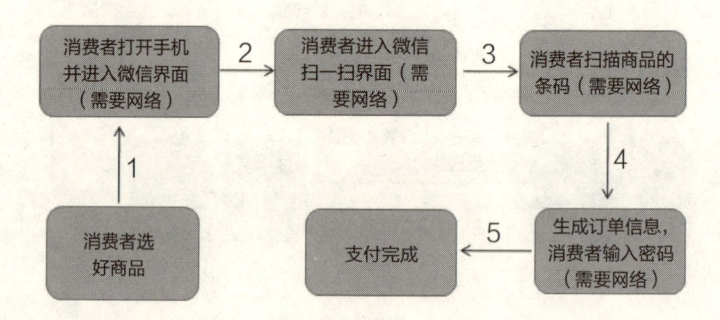

图 5-3　微信消费者扫码支付的操作流程

微信支付的交易结算流程与支付宝钱包基本相同，如图 5-4 所示。

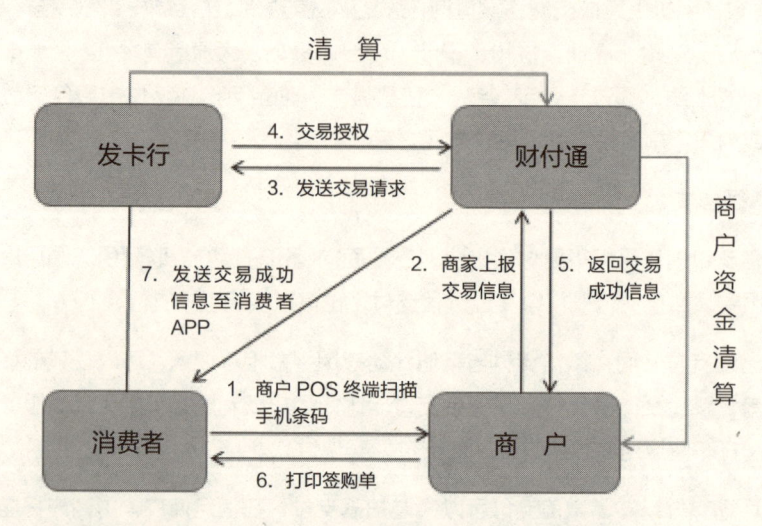

图 5-4　微信商户扫码支付的交易及清算流程

微信支付是通过财付通将线下商户扫码的"刷卡"支付交易转换成线上快捷支付交易，然后提交给发卡银行完成交易授权。微信支付是由财付通以大商户的形式与发卡行直接清算的，不经过银联。

5.2 P2P的功与过

5.2.1 什么是P2P

P2P（英文 peer to peer，因为 2 在英文里也与 to 发音相同，所以一般缩写为 P2P）网络贷款就是在互联网上进行的个人对个人的借贷。一般来说，P2P 网络贷款要通过一个 P2P 网络借贷平台实现投资和借贷的匹配。P2P 网络借贷平台常常要对借款人的资质、信用情况做出比较详细的尽职调查，经过调查，筛选出违约风险较低的借款人，提供给希望对外出借资金的投资者。

P2P 网络贷款的一般业务流程为：有借款需求的个人在 P2P 网络借贷平台上提出借款需求，平台对借款人的信用资质做出一定审核后，允许借款人在平台上面向投资者发布其借款需求（借款金额、利率、期限及其他信息），投资者通过 P2P 网络借贷平台向借款人提供资金，发放贷款。借款到期后，借款人通过 P2P 网络借贷平台向投资者偿还本金、利息。在此过程中，P2P 网络借贷平台收取中间服务费用。

5.2.2 P2P 网络贷款为什么会兴起

2005 年 3 月，全球最早的 P2P 网络借贷平台 Zopa 成立，此后在世界各地开始发展。行业内比较有名的是美国的 Lending Club 和 Prosper，借贷规模较大，运营规范，在业内影响力较大。

Lending Club 自 2007 年开始成立运营，为个人对个人的贷款提供平台服务。Lending Club 是一个纯粹的网络借贷平台，没有线下分支机构，所有业务都在互联网上进行。Lending Club 诞生以后，贷款规模呈现增速越来越快的态势。根据 Lending Club 披露的季度会议纪要，截至 2015 年 6 月底，Lending Club 累计促成贷款 112 亿美元，其中有 61 亿美元的贷款是过去一年发放的，有 19 亿美元的贷款是过去三个月发放的。

P2P 网络贷款在中国也迅速兴起，众多 P2P 网络借贷平台如雨后春笋，蓬勃而出，其中比较有影响的有宜信、拍拍贷、人人贷等。P2P 成交规模快速增长，并逐年加速增长。据估计，截至 2014 年年底，我国 P2P 贷款总成交规模已超过 3000 亿元，

P2P借贷已经成为融资中的重要新生力量。当然，P2P的快速发展也酝酿着一些潜在的风险。

网络贷款为什么会兴起？为什么在中国会有如此飞速的发展？主要原因有两条：

第一，互联网技术为P2P网络贷款的兴起提供了技术条件，原本交易成本昂贵的个人与个人之间的借贷可以低成本地达成交易。P2P网络借贷是依赖互联网技术才得以发展起来的，这是因为，一方面互联网技术大大降低了借贷双方的信息不对称程度，另一方面互联网技术大大降低了运营成本。借助互联网技术，以Lending Club为代表的网络借贷平台基于严谨的信用评价，为投资者提供每一位借款人的可靠的信用评分，投资者可以在此基础上决定是否出借。这大大降低了信息不对称程度，降低了放贷的违约概率。从另一个角度看，以Lending Club为代表的网络借贷平台大大降低了投资者和借款人相互匹配的运营成本。如果没有这样一个互联网平台，我们无法想象一个借款人要花多么昂贵的成本去寻找投资人，我们同样无法想象一个有闲钱的投资人需要花费多么昂贵的成本去寻找靠谱的借款人。正是有了类似Lending Club这样的互联网平台，投资人和借款人可以用极低的成本找到彼此，达成借贷交易。

第二，金融市场的开放与自由化为中国P2P网络贷款提供了巨大的发展机遇。中国的金融行业受到比较严格的管制，全社会的资金供给基本掌握在少数正规金融机构手中。金融行业管制的一个结果就是经济实体存在大量合理的资金需求得不到及时满足，特别是正规金融机构不愿涉足的大量中小企业、个人的小额贷款需求受到抑制。P2P网络贷款的兴起恰好满足了这块空白市场的需求，中小企业、个人的小额贷款需求因此得到了部分满足。

综上所述，由于具备了运营的技术条件，同时又因为存在巨大的空白市场，我国P2P网络贷款呈现出快速发展的态势。当然，P2P网络贷款的野蛮生长也存在一些风险隐患。

5.2.3　我国P2P网络贷款如何控制信用风险

既然是贷款，就会存在信用风险，而我国P2P网络贷款的信用风险尤为突出。原因有二：一是P2P网络贷款的放款对象大都是中小企业和个人，他们的经济实力、抗风险能力、还款能力等通常弱于可以顺畅从银行拿到贷款的大中型企业；二是我国个人征信体系发展不成熟，信用环境较差。美国已经建立了比较成熟、完善的个人征信体系，Lending Club可以从个人征信机构抓取数据，根据FICO评分判断借款人的信用等级。但在我国，P2P网络贷款机构还找不到类似FICO评分这样可以决定是否放贷的参考数据，因此我国 P2P 网络贷款还很难像 Lending Club 那样完全做到纯线上审核、审批、交易。

那么，我国 P2P 网络借贷平台该如何控制信用风险？控制信用风险有两个办法：一是要求借款人提供变现能力强的抵质押物；二是对借款人进行充分的尽职调查，据此判断借款人的信用风险和是否放贷。通常来说，如果借款人有比较优质的抵质押物，他一般可以比较轻松地从银行等金融机构拿到利息更低的贷款，而不大可能寻求利息成本更高的 P2P 网络贷款。因此，对借款人进行充分、高水准的尽职调查是一个 P2P 网络借贷平台控制信用风险的核心。

而在实际操作中我们看到，不少 P2P 网络借贷平台疏于对借款人进行严格的尽职调查。一些 P2P 网络借贷平台常常与一些担保公司、小贷公司合作，由担保公司、小贷公司推荐借款人并对借款人进行尽职调查，P2P 平台只对借款人进行非现场的形式上的审核。这里酝酿着巨大的道德风险，因为没有什么有效的机制保证这些担保公司、小贷公司对借款人进行严格、审慎的尽职调查，反而在利益驱使下，存在造假骗贷的道德风险。

在个人信用评价系统缺位和缺少抵质押物的条件下，如何才能更好地控制信用风险？ P2P 网络借贷平台必须强化自身对借款人的尽职调查。为了保障尽职调查的真实性、有效性，有的 P2P 网络借贷平台采取了非常有益的尝试，他们只面向特定人群发放小额贷款，通过特定人群之间的某种社会联系，降低尽职调查的成本，提高尽职调查的真实性、有效性，从而更好地控制信用风险。例如，爱布谷金融网（www.i8585.com）专门面向农村乡镇及以下地区的居民发放小微贷款，用于支持农村居民的小规模生产经营。农村居民是个特殊的群体，他们最大的特点是生活在"熟人社会"里，人们几代人长期生活在一起，对彼此的情况非常了解，每个人身边的人群里都储存着关于他的大量真实信息，爱布谷金融网可以通过口碑调查来免费抓取这些真实信息，从而使尽职调查更真实、更有效。再比如，皮城金融（www.pcjinrong.com）只面向海宁皮革城的商户发放小额贷款，这些商户长期经营，海宁皮革城对他们比较熟悉和了解，也有摊位租金保证金的制约，可以有效地降低信用风险。

未来，随着互联网技术更广泛地渗透和我国个人征信体系的逐步发展、健全，P2P 网络贷款的信用环境必将越来越好。

5.2.4　P2P 粗放式初期发展中存在哪些不规范的问题

P2P 网络贷款自 2013 年以后呈现野蛮生长的态势，P2P 平台数量激增，贷款业务量也快速增长，同时出问题（跑路、关停）的 P2P 平台数量也快速增长。根据零壹财经的统计，截至 2015 年 9 月，全国累计有 3197 家 P2P 网络借贷平台，每月新增 P2P 网络借贷平台接近 100 家。同时，出问题的 P2P 网络平台也呈逐步增加的态势，仅 2015 年 1～9 月，就有 766 家 P2P 网络借贷平台出现跑路或停摆的问题，而同期新上线的 P2P 平台有 1111 家，可见 P2P 网络借贷平台蕴含的风险很大。

经过近几年粗放式的发展，我国 P2P 网络贷款存在哪些不规范的隐患？

1. 资金池暗藏的流动性风险隐患

P2P 网络借贷平台为了更高效地为借款人匹配资金，常常建立资金池。所谓资金池，是指 P2P 平台通过虚拟借款需求，吸引投资者不同期限的资金，然后再向不同借款人发放不同期限的贷款。在这种情况下，资金来源和资金投向存在期限错配。当投资者的资金到期时，有可能贷款期限还没有到期，P2P 平台无法从借款人那里拿回资金偿付投资者，因此必须募集新的资金来满足到期的投资者提取现金的要求。很显然，这一做法存在流动性风险。

银行等金融机构天然存在这样的流动性风险，但经过几百年的发展，对于防范银行的流动性风险，人类建立了一套比较完整的应对办法：一是制定法定准备金、净稳定资金比例等监管指标要求；二是建立中央银行为各家银行提供最后的流动性支持。这些措施可以很好地预防、化解银行的流动性危机。

目前我国对 P2P 网络贷款机构尚未构建任何类似的监管要求和保障措施，如果 P2P 平台大量搞资金池，这种流动性风险就会存在。我国对网络贷款的最新监管指导意见已经明确要求 P2P 网络贷款不允许搞资金池，这将对防范 P2P 流动性风险起到重要作用。

2. 部分 P2P 平台的投资者账户资金未实现托管/存管

在发展初期，有不少 P2P 平台并未执行严格意义上的资金托管/存管，投资者的账户资金安全存在很大隐患。按照 P2P 的严格定义，P2P 平台必须仅限于平台性质，必须为投资者和借款人之间的直接借贷提供服务。这就要求投资者的资金不能先进入 P2P 机构自己的账户，再划至借款人账户，而应该从投资者的托管/存管账户直接划至借款人的托管/存管账户，以保证资金安全。

2015 年 7 月 18 日发布的《关于促进互联网金融健康发展的指导意见》明确要求："从业机构应当选择符合条件的银行业金融机构作为资金存管机构，对客户资金进行管理和监督，实现客户资金与从业机构自身资金分账管理。客户资金存管账户应接受独立审计并向客户公开审计结果。"这一指导意见的出台，为 P2P 平台的资金托管/存管打下了重要的制度基础。

3. 大部分 P2P 平台信息不透明

作为 P2P 平台，应该为借贷双方的直接借贷行为提供信息咨询、交易撮合、资信评估等中介服务，因此应该向投资人尽可能披露详尽的信息。目前大部分 P2P 平台向投资人披露的信息不够充分，投资者在做出放贷决策时对借款人的信息缺乏充分了解，最后更多依赖于对 P2P 平台的信任。因此，P2P 平台应该更多地向投资者和社会公众披露必要信息，以保护投资者的合法权益。

4. 对 P2P 平台高管缺乏必要的任职资格要求

P2P 平台是信用的中介服务机构，其对信用风险的评估和把控直接影响到投资者的资金安全。因此，P2P 平台的高级管理层是否有足够的管理金融风险的经验和知识，很大程度上决定着平台运营是否健康、信用风险是否能够得到有效控制。

目前，很多 P2P 平台仓促创始并开始运营，缺乏有足够金融从业经验的高管人才，有很多 P2P 平台的高级管理层甚至从来没有接触过金融业务，从来没有管理金融风险的经验，这对于平台的健康运营埋下了隐患。因此，应该对 P2P 平台建立职业任职资格要求，审慎选拔高管人才，保障平台健康运营。

5.2.5 P2P 网络借贷的未来图景

P2P 之所以能够产生，在于互联网技术大大降低了人们之间小额直接借贷的交易成本，但目前互联网降低交易成本的优势还没有发挥到极致。目前 P2P 网络借贷的资金募集、资金汇付都可以借助互联网技术实现纯线上操作，运营成本大大低于传统银行等机构；但在借款人资信调查这个环节还无法实现纯线上运作，大部分 P2P 平台还必须依赖线下的尽职调查。

展望未来，随着互联网技术的普及和持续渗透，各类互联网社交、电商、支付平台不断涌现，人们的生活越来越由线下走向线上，人们的社交活动、交易活动、资金流动、商品流动越来越多地在互联网上进行，这些数据都将被服务器记录下来，形成完整的大数据。

到那时，P2P 网络借贷将进入更高级的形态：基于完整的互联网大数据，个人征信系统将达到十分完善的状态；P2P 平台可以依靠这些更全面的信用评价手段，对个人贷款做出更好的风险判断，把信用风险降至最低；P2P 网络借贷放款前的尽职调查也将因此实现纯线上操作，运营成本进一步大大降低；传统银行的信贷业务也将因此受到很大影响，有可能出现所有信贷业务都走向线上运营的状态，P2P 平台将消灭线下分支机构，银行等传统金融机构也将大大缩减线下分支行。

5.3 众筹

5.3.1 什么是众筹融资

众筹融资（Crowdfunding）就是项目发起人借助互联网平台向投资者发布项目需求，采取接受捐赠或赞助、前端销售、借款、股权出让等方式，向投资者募集项目运营资金，在项目运营以后向投资者提供回报。

众筹融资的方式大致可分为实物众筹、股权众筹、债权众筹。

实物众筹是指项目发起人通过新产品预订或预售向投资者募集资金，约定项目运营后按照一定条件向投资者提供一定的商品或服务。实物众筹的应用十分广泛，参与者即是投资者，同时又往往是产品或服务的消费者。发起人通过实物众筹，可以预先了解消费者对该新产品或服务的看法、评价，然后根据人们的反应程度来判断该产品或服务在市场上的受欢迎程度。

股权众筹是指项目发起人出让企业的一部分股权，投资者按照约定的条件提供资金并换取股权，分享企业经营的效益。参与股权众筹的投资者实际类似于天使投资人，创业项目成功的少，失败的多，因此要承担巨大的投资风险。股权众筹在实际运作中还存在如何与现行法律避免相抵触的问题，很容易触碰到非法集资罪和非法证券罪的红线。因此，股权众筹的出现，对现有的证券法规和监管体系提出了新的挑战。

债权众筹实际上也就是网络借贷（P2P），这里不再赘述。

众筹融资本质上是筹集众人的资金，支持创业者或项目发起人启动和运营项目。这种"集资"的思想其实由来已久。在传统条件下，由于信息传递的成本过高，创业者或项目发起人很难与投资人进行低成本、即时高效并且持续的信息沟通，因此要说服出资人投入资金难上加难。互联网技术普及以来，各种社交平台、电商平台等互联网平台的兴起极大地拉近了人们之间的距离，信息沟通传递的成本下降到极低，创业者或项目发起人可以通过社交平台或专业的众筹平台，详尽地向出资人发布他们的创业项目信息，人们可以非常轻松、即时、持续地获得这些信息并做出判断。同时，这些互联网平台可以借助互联网支付手段，保障出资人的资金安全。就是在这一背景下，众筹融资得以蓬勃发展。

5.3.2 众筹融资的典型案例

1. 众筹融资平台——以 Kickstarter 为例

众筹融资平台是促成众筹融资的互联网交易平台。在这个平台上，项目发起人或创业者可以发布他的创业设想、项目规划，详细介绍项目的产品、服务、如何组织运营以及如何回报投资者，众筹融资平台会对项目做一定的调查审核，投资者根据项目发起人发布的信息以及众筹融资平台的推荐，决定是否参与众筹。

近几年来，不论是国外还是国内，众筹融资平台如雨后春笋不断涌现。目前，在世界上影响最大的众筹融资平台就是美国的 Kickstarter。

Kickstarter 创立于 2009 年 4 月，坐落于纽约。该平台主要为电影拍摄、音乐制作、舞台剧表演、游戏等十余个领域的创意型项目募集公众资金，其口号是"创意照进生活"。影视和音乐项目占比最高，超过 50%。项目融资金额大小不一，从几百美元到几万美元、几十万美元乃至几百万美元不等，多数集中于 2.5 万～ 25 万美元。平台发布的项目不向投资者提供现金回报，而是提供实物或某种服务作为投资回报。例如，项目可以提供给投资者的回报包括实物产品和服务，比如免费观赏或使用权。

Kickstarter 要求每一个在平台发布的项目设定最低融资额和期限，如果超过融资期限没有达到最低融资目标的，资金应全额返还出资人。出资人在 Kickstarter 注册用户后，投资资金通过亚马逊支付转给项目发起人。Kickstarter 为众筹融资提供服务，会收取 5% 作为佣金，亚马逊支付也收取 3%～ 5% 的费用。

Kickstarter 取得了巨大成功，其众筹融资模式在世界范围内产生了巨大影响。截至 2015 年 9 月，累计有 950 万人在 Kickstarter 参与了出资支持线上项目，累计筹资 20 亿美元，支持了 9.3 万个创意项目，平均每个项目的融资额为 2.15 万美元。

2. 非平台众筹的典型——以 3W 咖啡为例

3W 咖啡由许单单于 2011 年创建，采取的就是众筹的模式。3W 咖啡创始人通过微博向人们募集资金，设定每个人可以认购 10 股，每股 6000 元，即每位股东可以认购 6 万元。3W 咖啡最开始吸引了 100 名股东，包括众多知名的投资人、创业者和企业高级管理人员，其中有沈南鹏（红杉资本中国创始人）、徐小平（真格基金创始人，新东方联合创始人）、曾李青（原腾讯 COO，天使投资人）、孙陶然（拉卡拉董事长）、庄辰超（去哪儿 CEO）、刘春宁（腾讯副总裁，腾讯视频总经理）等。

3W 咖啡为股东提供的并非每股盈利，而是为股东提供一个顶级的互联网创业圈、分享交流圈。这里凝聚着大量互联网创业企业，也吸引着大量顶级投资人，正因为如此，3W 咖啡几乎成为互联网创业圈子的圣地，各类创业者纷至沓来，希望在这里获得灵感、吸取经验、寻找天使投资和风险投资；而很多顶级投资机构也时常光顾，在这里寻找让他们眼前一亮的投资机会。因此，3W 咖啡通过众筹募集股本，而它给股东提供的收益并非是简单的每股盈利，而是一个创业机会、创业经验、创投资金的交流碰撞的平台。

3W 咖啡的众筹实践既显得另类，又具有典型代表意义。3W 咖啡是典型的股权众筹，但它提供的回报又不是单纯的股本收益，而是一个各种投资机会的分享交流平台，带有俱乐部的性质。虽然 3W 咖啡为股东提供的回报比较另类，但其众筹模式却具有很强的灵活性。它不同于传统创业中少数股东为谋求投资回报而组建创业公司，也不同于提供封闭服务的会员俱乐部，它可以更灵活地适用于各类创业型企业。

5.3.3 投资者参与众筹融资的风险

投资者参与众筹支持创业型小企业或创新型新项目（新产品或新服务），具有很大的风险。

1. 募集资金失败的风险

发起人也许募集资金的能力比较弱，自身出资能力也弱，如果项目不能受到投资者欢迎，可能会导致募集资金失败。如果发起人募集资金失败，则无法顺利启动项目，即使资金返还给投资者，投资者也将损失资金的时间价值。

2. 项目经营失败的风险

新创建的企业、新产品（或新服务）能否获得商业上的成功，具有巨大的不确定性。传统意义上，投资于初创型项目的专业机构一般是天使投资者，可能获得巨大收益，但必须承担巨大的创业风险。因此，一般认为这样的投资机会适合于高净值客户，而不是普通大众。众筹模式特别是股权众筹则恰恰相反，它把这些高风险、高收益的投资机会摆在普通大众面前，鼓励人们去参与投资。因此，投资者承担着较大的项目经营失败的风险。

3. 欺诈风险

投资者可能会面临不法分子的恶意欺诈。不法分子可能会编造虚假信息，"包装"一个看似很有吸引力的项目，用以吸引投资者。由于众筹项目一般筹资额很少，即使存在众筹平台的制约，但由于尽职调查成本太高，无法完全杜绝恶意欺诈的现象。发起人如果不通过有公信力的众筹平台向不特定公众募集资金，则这种风险就会更大。

4. 信息披露不充分的风险

出于保护商业机密、防止模仿竞争的考虑，发起人在披露项目信息的时候往往会有所保留，这样向投资者披露的信息就会不完整，投资者在做出投资决策的时候将面临决策风险。

目前我国对于众筹融资的信息披露尚未有任何强制性要求，披露信息仅依靠发起人的自律和众筹平台的制约，因此也存在信息披露不充分的风险。

5. 公司治理不顺畅的风险

通过众筹特别是股权众筹方式组建的创业型企业，由于股东数量众多、来源比较广，在公司治理上就存在激励、制约、决策不顺畅的风险。发起人或管理人对企业的情况最为了解，也有直接的控制力，因此就存在公司陷入内部人控制的局面，可能发生侵害众多小股东利益的风险。

6. 政策风险

从国外的实践来看，众筹融资往往面向不特定的公众，也没有投资人数的限制。众筹融资在我国将面临较大的法律层面的风险，面向不特定人群募集资金，承诺一定回报，很容易踩到非法集资罪和非法证券罪的红线。

5.3.4 众筹融资的监管挑战

众筹融资是一种在互联网技术支持下得以蓬勃发展的新型直接融资方式，它在一定程度上为小微企业创业、融资提供了更加便利的融资方式，是值得鼓励的新生事物。但同时也必须摸索建立一套全新的监管体系，以保障众筹融资的健康、规范发展。

众筹不同于传统的直接融资。传统的直接融资分为股票融资和债券融资，现代金融监管已经对这两种标准化的直接融资方式形成了比较完善的监管理论和监管体系。众筹融资这种创新型的直接融资方式可以采取股权融资方式，可以采取债券融资方式，也可以采取股权和债权相结合的融资方式，甚至可以采取非现金的方式向投资者提供回报。针对这种新型的直接融资方式，各国还没有形成完善的监管制度，对我国而言更是全新的挑战。

与其他证券监管一样，众筹融资的监管目标归根到底是为了保障投资者的合法权益。众筹融资的监管必须厘清以下几个问题：

第一是私募还是公募的问题。众筹融资应界定是私募融资还是公募融资。如果界定为私募融资，则在监管上主要强调投资者适当性问题，也就是说在监管上主要保证融资对象为特定的具备相称的风险承受能力的投资者，而不强调信息披露。如果界定为公募融资，则既要强调投资者适当性，又要强调信息披露，同时还要保护外部投资者的合法权益不会受到内部控制人的侵害。

从欧美的实践来看，众筹融资多按照公募融资来监管。因此，在监管上不对投资者的身份做出划分，允许发起人向不特定公众募集资金，只是在投资金额上有所限制。对我国来说，众筹融资如果界定为公募融资，则会与现行监管法律法规相抵触。我国《证券法》规定："未经依法核准，任何单位和个人不得公开发行证券。"而众筹融资一般规模很小，特点就是高效、便利、自由，如果每一个项目的众筹融资都要交由证券监管部门来核准，则众筹融资根本无法发展。众筹融资如果界定为私募融资，则根据《基金法》，"非公开募集基金应当向合格投资者募集，合格投资者累计不得超过 200 人"。如果众筹融资不允许突破 200 人的限制，那么众筹融资的小额、分散的特点就无从发挥，融资能力将会大大下降，也无法发展起来。

第二是信息披露到什么程度的问题。众筹融资是否应实行强制性信息披露？信息披露应该详尽到什么程度？如果要求强制性披露的信息很详尽，那么这会大大增加发起众筹项目的成本，甚至使很多小型众筹项目因此而无法顺利发起。但如果完全不要求有信息披露，又会伤害投资者合法权益。因此，信息披露到什么程度是非常重要的问题。

第三是如何解决投资者的适当性问题。众筹融资项目一般都是初创型项目，未来能否取得商业上的成功有很大的不确定性，投资者参与此类项目的风险是极大的。传统意义上，此类高风险项目必须仅限于向有风险承担能力的高净值客户开放投资，但众筹融资天然是面向普通大众的，因此这里存在着投资者适当性的矛盾。如何避免？美国的《JOBS》法案给我们提供了一个解决办法，即可以允许普通大众投资，但为每位投资者设定一个最高投资限额，比如单个投资者参与单个众筹项目不得超过 2000 美元。这样的规定可以把这类高风险项目在普通大众的资产配置中的比例限定在比较低的水平，从而基本解决投资者适当性问题。

第四是如何避免发起人/管理人损害投资者利益。发起人/管理人直接控制项目，实际是内部控制人，而投资者由于十分分散，投资额也很低，所了解的信息有限，再加上空间距离的原因，基本无法参与项目的经营决策。在这种情况下，应该制定什么样的规则，防止出现内部人控制，伤害外部投资者的合法权益，同样是值得深入探讨的问题。

5.4 互联网征信

信用风险管理既是传统金融的核心问题，同样也是互联网金融的核心问题。管理信用风险就是要搜集与客户信用资质有关的信息，进而对客户的信用资质进行评估、判断和监控，确定客户的贷款条件（利率、期限、还款方式等），并跟踪客户信用资质的变化，对其信用风险做好防控。

因此，要管理好信用风险，就必须对客户的有关信息进行搜集、分析、判断，从而对客户的信用资质有一个定性或定量的判断。在传统条件下，我们已经形成了一套比较行之有效的客户信用信息搜集、评估的征信体系。在社会被互联网技术持续渗透的过程中，我们的社会形态在不断向数字化演进，大数据因此崛起，这将会促使征信体系产生根本性的变革。

5.4.1 传统征信的基本框架

1. 征信的概念

征信就是依据客户的财务信息、信用信息、行业信息、行为信息等与客户信用资质相关的信息，分析和评估客户的还款意愿和还款能力，并做出一个综合性的信用评价。

对于较大的企业，信用评价的结果一般用信用评级来表示，比如标准普尔评级用AAA、AA、A、BBB、BB、B、CCC、CC、C、D十个信用评级来表示，在每个信用评级后面加上一个"+"或"-"，"+"表示正面，"-"表示负面。对于个人和很多小微企业来说，一般会采取信用评分的方式来给出信用评价。例如美国的FICO评分，根据个人信用记录、财务状况等信息，运用一套算法，计算每个人的信用评分，分值越高的信用水平越高，分值越低的信用水平越低。

2. 美国的征信体系

美国的征信体系分为商业征信和个人征信，商业征信主要为各类企业提供信用评价，个人征信主要为个人提供信用评价。

美国商业征信的主导机构是邓白氏（Dun & Bradstreet）。邓白氏成立于1993年，截至2014年年底，邓白氏的全球信用数据库覆盖了200多个国家和地区的2.4亿家公司（数据来源：邓白氏2014年年报）。

为了比较清楚地分析和评估一家公司的信用水平，邓白氏一般搜集公司的规模、历史、诉讼、还款记录以及财务等方面的信息，其中特别重要的是还款记录。邓白氏可以从与目标公司有长期商业往来的合作伙伴那里提取目标公司的商业还款历史。邓白氏会对目标公司的财务压力、信用水平、偿付能力等几个方面进行评估。财务压力指标衡量目标公司在未来一年破产重组的可能性，信用水平指标衡量目标公司在未来一段时期内的违约概率，偿付能力指标则用来衡量目标公司对供应商的还款能力。

美国的企业征信市场基本形成了邓白氏一家独大的自然垄断格局，邓白氏的信用评估信息对于金融机构及其他债权人判断目标公司的信用资质起到了非常重要的支撑作用。

美国从事个人征信业务的公司遍布美国各地，有上千家之多，其中最大的有三家，分别是 Equifax、Experian、Trans Union。三大征信公司与各地众多的地方性小征信公司大都有隶属关系或合作关系，三家公司每一家都有 2.5 亿左右的个人信用数据，基本覆盖了全部美国成年人口。

三大征信公司是数据采集和存储者，而对这些数据进行分析、加工，以对借款人的信用水平做出一个比较准确的评估认定的，则是著名的 FICO 公司。FICO 利用个人信用历史资料和其他借款人信用行为相比较，得出个人违约概率。FICO 用一个数值表示，取值范围在 300～850 之间，数值越高的，信用水平越高；数值越低的，信用水平越低。贷款方通常会将 FICO 分数作为参考来进行贷款决策，但不同的贷款方会有不同的贷款策略和标准，同样分值的借款人在不同的金融机构的授信额度可能不同。一般来说，如果借款人的 FICO 评分达到 680 分以上，则属于信用水平良好，贷款方可以毫不迟疑地同意发放款；如果借款人的 FICO 评分低于 620 分，则属于信用水平较差，贷款方可能要求借款人追加抵押担保等增信措施。

3. 中国的征信体系

中国目前的征信体系是政府主导型，以中国人民银行征信中心为主导地位，其数据库广泛收集了中国广大居民和企业的信用数据。

2006 年，中国人民银行设立中国人民银行征信中心，作为直属事业单位专门负责企业和个人征信系统（即金融信用信息基础数据库，又称企业和个人信用信息基础数据库）的建设、运行和维护。2013 年颁布施行的《征信业管理条例》明确规定征信系统是由国家设立的金融信用信息基础数据库。

中国人民银行征信中心的征信系统已经建设成为世界规模最大、收录人数最多、收集信息全面、覆盖范围和使用广泛的信用信息基础数据库。截至 2015 年 4 月底，征信系统收录自然人 8.6 亿多，收录企业及其他组织近 2068 万户。征信系统全面收集企业和个人的信息，其中，以银行信贷信息为核心，还包括社保、公积金、环保、欠税、民事裁决与执行等公共信息；接入了商业银行、农村信用社、信托公司、财务公司、汽车金融公司、小额贷款公司等各类放贷机构；征信系统的信息查询端口遍布全国各地的金融机构网点，信用信息服务网络覆盖全国，形成了以企业和个人信用报告为核心的征信产品体系，征信中心出具的信用报告已经成为国内企业和个人的"经济身份证"。征信系统已经在金融机构信用风险管理中广泛应用，对于放贷机构识别、评估借款人的信用风险起到了基础性作用。

尽管我国征信体系是政府主导的，但我国正面向私人机构放开个人征信业务。2015年7月，中国人民银行已经开始对芝麻信用、腾讯征信、前海征信、鹏元征信、中诚信征信、中智诚征信、考拉征信、华道征信8家机构进行个人征信业务的评估工作，预计很快发放个人征信业务牌照。

5.4.2　大数据与互联网征信的兴起

智能手机等移动智能终端产生以后，互联网技术正在深刻而迅速地改变我们的社会、我们的生活，正在以前所未有的速度带领我们走向数字化社会。

智能移动（可携带）终端出现并大规模普及以后，互联网已经具备了完全融入人们工作和生活的技术条件。过去人们进入虚拟的互联网世界要受到时间和空间的限制，因为人们必须在某个便利的时间、坐在PC某个固定的位置，从PC这个端口进入互联网世界。而今天，人们不论在何时何地，都可以通过移动智能终端（手机、Pad、可穿戴智能设备等）瞬间进入互联网世界，基本不再受到时空限制。可以说，虚拟的互联网世界和真实世界从未如此紧密地连接在一起。互联网世界本质上是各种信息构成的一个"虚拟"世界，在这个世界信息传递的成本几乎为零，也就是说人类如今可以以接近于零的成本快速地获取海量信息。

这对人类社会带来了革命性的转变。人们的各类行为活动几乎都可以借助互联网世界实现更低成本的运行，而人们所有在互联网世界的活动轨迹、数据都会被记录下来，形成一个庞大的数据集，而云计算和搜索引擎技术的发展，使得人们可以高效地处理这些信息。由此，人类已经跨进数字化社会的门槛。

数字化社会的图景已经露出冰山一角，我们得以窥豹一斑。我们看到人类的社交活动、经济交易活动都在越来越多地通过互联网来实现。

在社交领域，我们看到以微信为代表的互联网社交平台几乎消除了人们之间的信息沟通成本。人们以往要获取某个人、某个物、某件事的信息需要付出很大的成本，常常需要借助于专门从事信息搜集和发布的新闻平台。人们个体之间的相互信息交流受到时间和空间的极大限制，必须在特定的时间、特定的地点才能实现信息交流；而今天人们可以通过以微信为代表的互联网社交平台无成本地实现信息交流，几乎摆脱了时间和空间的限制。以微信为代表的这些互联网社交平台将会把人们的所有社交数据记录下来，这些数据蕴藏着与个人信用相关的有用信息，因此对有关数据的提炼加工将对每个人的征信提供重要参考。例如，爱布谷金融网在面向个人发放小微贷款之前，就要求对借款人的微信朋友圈信息进行考察了解，根据他的朋友圈信息来对该客户的品行做出一定的评估。事实证明，这些定性信息对于评估客户的还款意愿是非常有用的。

在支付和交易领域，以支付宝、微信支付为代表的支付工具和以京东、淘宝天猫为代表的交易平台正在越来越深入地渗透到人们的每一种经济行为。在支付宝、微信支付平台可以缴纳水电等各种费用，在京东或淘宝天猫可以快速购买几乎所有物品，在大众点评、美团可以购买到餐饮、娱乐等几乎所有的城市生活服务，在滴滴打车、悟空租车可以购买到各种形式的打车、租车服务，在顺丰等快递平台可以购买到快速的快递物流服务……类似的商品交易平台如雨后春笋，正在把人们几乎所有的交易行为都从真实世界切换进虚拟的互联网世界。这些被互联网记录下来的每个企业、个人的经济行为数据将成为评估借款人还款能力的重要基础数据。

在智能可穿戴设备领域，智能手表、手环以及眼镜、鞋等各类智能可穿戴设备正在越来越多地为人们所使用，这些设备将通过传感器把人身体的各种参数、人的各种行为活动都记录下来，形成对人的各种生理、生活数据。这些数据也可以为评估借款人的信用水平提供重要的参考价值。

未来我们可以想象，当所有企业、所有居民的收入、支出、支付等行为都借助互联网来实现时，我们的社会将真正进入数字化的社会。

在数字化社会，征信将改变传统的征信模式，数据采集将更加低成本、快速及时，更重要的是所采集的数据将是更加全面、完整的大数据，通过对大数据的挖掘、分析，可以对借款人的资信状况做出更加全面、准确的评估。因此，在数字化社会，互联网征信将会以更高的效率、更低的成本实现更加全面的数据采集，也将摆脱时间和空间的限制，为人们提供更加全面、更加准确的资信评估。

互联网征信带来的巨大变革，将有可能颠覆性地变革传统的信贷业务。传统银行往往依赖大量的分支行、大量的专业队伍，通过非现场调查和现场调查来搜集借款人的信用信息，进而进行资信评估，最终决定是否授信。而建立在大数据基础上的互联网征信将远程提供全面而详细的信息，在此基础上，互联网金融将有望消灭现金以及由此带来的昂贵的现钞物流、消灭数十万家在水泥办公室里运转的分支行、消灭数百万计的传统金融从业岗位，同时更加高效率地开展授信。

5.4.3 芝麻信用的实践

芝麻信用是阿里蚂蚁金融服务集团旗下的征信机构，依托阿里巴巴、淘宝的电商交易数据和蚂蚁金服的互联网金融数据以及其他数据，为客户提供信用评价服务，其信用评价结果为芝麻信用分。芝麻信用是比较典型的依托大数据进行个人资信评估的机构。

芝麻信用开展个人征信业务的最大优势和基础就是阿里巴巴、淘宝电商平台以及支付宝、支付宝钱包、蚂蚁微贷等平台产生的用户大数据。芝麻信用同时与公安网等公共机构以及其他合作伙伴建立数据合作，采集与个人信用相关的数据。芝麻信用基本涵盖了用户的电商经营收入、经营口碑、购买支出、信用卡还款、费用缴费、租房、社交等多角度的信用数据。因此，芝麻信用基于互联网平台大数据采集和传统数据采集，已经基本形成了一个较大数量的数据库，并在此基础上初步建立了互联网征信模式。

芝麻信用通过对大数据的分析、挖掘和评估，得出用户的芝麻信用分。芝麻信用分计算的核心模块包括五个维度：信用历史（占比35%）、行为偏好（占比25%）、履约能力（占比20%）、身份特质（占比15%）、人脉关系（占比5%）。芝麻信用分类似于美国的FICO评分，分值范围在350～950之间，分值越高的，信用水平越高。

芝麻信用分被应用于小微贷款、租房、租车、酒店住宿等领域，较高的芝麻信用分可以比较快速地获得贷款，也可以享受先用车再付款等服务。芝麻信用为了推广芝麻信用分，甚至推出了高分值客户乘机可以享受贵宾快速通道的服务活动。

可以预计，随着阿里电商平台向传统产业的持续深入渗透和支付宝对传统线下交易支付的持续替代，芝麻信用掌握的大数据将会越来越庞大、越来越完整，能够更加准确、快速地为人们提供资信评估服务。

实践篇

第 6 章
Chapter Six

商业银行在"互联网+普惠金融"中的实践

6.1 中国工商银行：e-ICBC助力普惠金融

6.1.1 互联网的三大规律性特征

随着3G、4G移动标准的迅速推广、网络环境的日趋完善、智能移动终端的逐渐普及以及应用场景的日趋丰富，移动互联网步入了前所未有的高速发展阶段。截至2015年6月，我国手机网民的规模达到5.94亿，较2010年12月增加了2.9亿，手机网民在整个互联网用户中的占比由2010年的66.2%提升至88.9%[1]，使用手机接入互联网的比例大幅超过了使用电脑接入的比例，电脑端向手机端迁移明显。在这样一个"互联网+"的时代，互联网领域逐渐显现出三大规律性特征，深刻影响着互联网的创新和发展。

一是聚合涌现——协同创新的经济模式。移动互联网实现了peer to peer的端端相连，实现去中心、强连接、自组织、定协议，从而激活各个节点，形成了非线性、可进化、高弹性、云后台的聚合网络，其形成的聚合涌现是对梅特卡夫定律[2]的发展，是网络个体聚集后形成众愚成智的网络倍增。最典型的例子是微信，依靠社交应用聚集大量人气后，与各路供应商不断玩出商业模式新花样。

二是成本趋零——降低金融获客和服务成本。移动互联网凭借移动终端本身的移动便捷、快速地融入诸多实体产业，如同一条鲶鱼，动摇着原有行业的运行轨迹。网络经济出现了边际成本趋零现象，颠覆了传统经济的供需理论，实质是工业经济过渡到信息经济时代商业模式的变化。例如，当互联网和物联网、能源以及制造产业结合起来的时候，基于"协同共享"的移动生态圈的获客成本可以低到忽略不计。

三是时空坍缩——多重宇宙已然来临。移动互联网带来了MI+（Mobile Internet Plus），通过社交媒体、传感器、定位系统与其他行业跨界融合，加速了人们生活、工作的虚拟化，使得人们可以在虚拟与现实的多重宇宙中穿梭，显现出时空坍缩效应——允许人们摆脱时间钳制，重设时间坐标；地理位置不再是距离标尺，以入口、场景为体现的空间影响力逐渐增强。一方面，每个人都可通过社交软件随时随地分享照片、位置和当下的心情，超越现实空间的实时连接得以实现，"连接"成为新的时代关键词；另一方面，线下传统市场正在向线上虚拟空间逐渐迁移，越来越多的商业交易将向新的空间转移。

---

[1] 数据来源：中国互联网络信息中心。
[2] 梅特卡夫定律由3Com公司的创始人罗伯特·梅特卡夫提出，其内容是：网络的价值等于网络节点数的平方，网络的价值与联网的用户数的平方成正比。

新时代的这三大规律性特征，为普惠金融的发展提供了无限的可能。中国工商银行（以下简称"工商银行"或"工行"）提出的互联网金融战略，良好地顺应了以上规律，在切实服务实体经济的同时也大力推动着我国普惠金融事业的发展。

6.1.2 e-ICBC——"互联网+"时代的变革之力

随着国家"互联网+"行动以及促进互联网金融健康发展等相关政策的深入实施，互联网金融正在迎来新一轮的强劲成长。为顺应这一趋势，2015年3月，工商银行在国内商业银行中第一次完整发布了互联网金融品牌 e-ICBC，经过半年多的创新实践在互联网金融创新方面取得了长足的进步，对互联网金融发展有了新的审视和突破，形成了更清晰、更完善的互联网金融发展战略，并于2015年9月发布了 e-ICBC 战略的2.0版本。

新的 e-ICBC 以金融为本、创新为魂、互联为器，构筑起以"三平台、一中心"为主体，覆盖和贯通金融服务、电子商务、社交生活的互联网金融整体架构，以大银行的新业态、新生态为促进实体经济提质增效增添了新的动力，也为推动自身经营转型提供了新的引擎。

e-ICBC 2.0 的"三平台"包括：业务领域已涵盖 B2C（企业对消费者）、B2B（企业对企业）、B2G（企业对政府）的融 e 购电商平台；银行与企业、银行与客户、银行内部实时沟通的融 e 联即时通信平台；实行业务、客户、平台全面开放，实现整个网上业务全部直销的融 e 行平台。这三大平台集中承载了工商银行的互联网金融业务，并作为面向客户的主要应用入口，通过开放共享的机制，形成一个服务数亿客户群的互联网金融新生态。而"一中心"是作为工商银行信贷标准化、互联网化运营的平台，运用互联网与大数据技术，实现信贷业务尤其是小微企业和个人金融业务在风险可控基础上的批量化发展，为客户带来"无地域、无时差、一键即贷"的良好体验。

此外，"三平台、一中心"互联网金融主体架构的搭建为 e-ICBC 品牌赋予了新的内涵。"e"（Electronic）代表的是信息化、互联网化；I（Information，信息）对应融 e 联平台，核心是把握客户的信息流；C（Commerce，商贸）对应融 e 购平台，核心是把握客户的商品流；B（Banking，银行业务）对应融 e 行平台，核心是把握客户的资金流；C（Credit，信贷）对应网络融资中心。这种内涵的对应既是历史的巧合，更是发展的必然。

1. 融 e 行：以公平为理念，构筑开放式金融平台

融 e 行作为 e-ICBC 的重要组成部分，是工商银行推出的开放式金融服务平台。

打造融 e 行的目的是破除手机银行和网上银行的围墙，通过业务开放、客户开放、平台开放，实现整个网上业务的全面直销，让工行与非工行客户都可以享受到工行优质的金融服务。

为了达成以上目标，工行借鉴了互联网行业优秀的设计和服务理念，集中各领域专家成立了专项工作小组，在经过长达 190 天的集中开发之后，又历经 4 个月通过共计 6 轮的用户体验收集了 12 000 多条各方建议，发掘了 39 个交易模型，设计了 200 张高清原型界面图纸，优化了 266 项业务功能，基于各类生活场景建立了 79 个数据分析和预测模型，最终正式推出了新版融 e 行开放式手机银行。全面升级的手机银行在设计上秉承扁平化的设计风格和极简的设计理念，坚持以用户为中心打造极致的用户体验，同时借助大数据技术精准分析用户的行为轨迹，结合方方面面的生活场景打造贴近生活的"智服务"和"惠生活"栏目，力图全面融入客户的生活圈，成为具有智慧、富有生命力的移动金融服务平台。未来在融 e 行新版手机银行和网上银行的基础上，工行还将继续努力创新，彻底整合手机银行和网上银行，最终形成完善的开放式金融服务平台。

融 e 行平台的推出是工商银行践行普惠金融的重要内容，平台不管是在战略层面、设计层面还是运营层面都贯穿着"公平"二字。"公平"的本质含义就是权力平等。在权力平等这一理念的指引下，融 e 行平台处处秉承着让社会各阶层平等地获取金融服务、平等地享有改善经济条件的机会这两大目标，通过互联网技术帮助弱势群体获得可持续发展和参与其他社会竞争的机会和能力，为他们提供尊严、体面的脱贫致富机会。

截至 2015 年，利用融 e 行开放式金融平台，工商银行服务了超过 2 亿的普惠用户，仅通过手机银行就为 1.76 亿用户提供了便捷的金融服务。

1）手机银行增加经济欠发达地区金融服务可得性

目前我国金融资源配置的区域性差异十分明显，金融资源主要集中于城市等经济相对发达的地区，而在广大农村地区和偏远地区等经济相对落后的区域，金融资源供给不足的现象十分显著。在这些经济相对落后的区域，广大群众往往未被很好地纳入金融体系的服务范围，甚至难以获得最基本的金融服务。

在这些经济欠发达地区，金融机构的营业网点数量十分稀少，然而这些地区的广大群众对金融服务的需求却并不小，尤其是对基本金融服务的需求十分强烈。增加金融服务对普通金融消费者（尤其是经济欠发达地区的普通消费者）的可得性是普惠金融事业所追求的重要目标，增加这些地区的金融资源供给（尤其是金融服务的供给）

也是工商银行践行普惠金融的重要目标。

这些经济欠发达地区往往地域广袤、人口密度较小，物理网点的覆盖成本极高。合理的盈利性是普惠金融得以持续发展的基础，对盈利性的合理追求并不违背普惠金融的初衷，反倒是对盈利性的刻意忽视会不利于普惠金融的发展。因此，通过盲目增设物理网点等手段增加金融服务在该类地区的可得性，不仅违背了普惠金融盈利性的原则，也很难达到预期效果。

但是，这类地区往往具有手机普及率较高、手机上网认知度较高的特点。由于人口密度相对较低，固定电话和固定宽带的架设成本较高，相比之下，移动通信和移动互联网具有较大的优势，因此也更能获得用户的认同。

基于以上特点，融 e 行平台利用手机银行代替物理网点，在人口密度小、服务成本高的地区着力推广手机银行，解决了物理网点在该类地区难以覆盖带来的问题。此外，手机银行属于数字化的信息产品，可以利用信息技术以接近零的成本复制，在使用过程中也具有一定的非竞争性，在网络可承载的范围内可以被大量用户同时使用，具有供给方规模经济和零边际成本的特征。

融 e 行手机银行在设计过程中充分分析了用户的使用需求，基于分析结果设计了大量的应用场景，可以提供十分全面的金融服务。借助自助机具等工具以及预约取现、移动支付、自主缴费等功能，基本上能够全面替代物理网点向广大用户提供优质的金融服务。

通过对网上银行和手机银行业务的整合与升级，融 e 行开放式金融平台很好地为偏远地区和广大农村的人民群众提供了便捷的金融服务，大大提升了这些地区金融服务的可得性，优化了金融资源在不同区域间的配置。

2）强大的支付功能满足用户多元化的支付需求

支付是金融最基本的功能，然而国内的支付服务仍然十分原始，面临着多种多样的问题。首先，人口总量大、分布相对集中、人均资源相对不足是我国的基本国情，尤其是医疗、交通等公共资源相对紧张，在挂号、缴费、购票等环节常常会遇到需要长时间排队的情形。这种现象为人民群众的生活带来了极大的不便。其次，我国现代化的支付工具和支付手段尚未全面普及，在大多数地区尤其是农村等经济欠发达地区往往以现金作为主要支付手段。然而现金携带十分不便，普通人对假币的甄别能力也非常有限，无法有效地防范假币的流通。

工商银行一直致力于为广大群众提供便利的缴费渠道和先进的支付手段，广泛地在各网点提供水、电、煤气等缴费服务，利用支付卡网络为用户提供便捷的支付、转账服务。然而实体网点等资源毕竟十分有限，在目前我国资源并不充裕的环境中，仅仅通过实体网点等渠道仍然无法满足为全体民众提供便利支付手段这一普惠金融的基本要求。

近年来，互联网尤其是移动互联网技术的发展为创新的支付手段提供了新的土壤，也为工商银行践行普惠金融提供了新的机遇。借助互联网技术，融 e 行平台秉承着以用户为中心的理念，为广大用户提供了便捷的缴费渠道和先进的支付手段。

使用融 e 行平台，用户可以借助电脑、智能手机等终端，随时随地缴纳水、电、燃气、手机、固话等费用，避免了长时间排队给生活带来的不便。此外，融 e 行平台还创新地开发了医疗挂号、购买火车票、机票、缴纳交通罚款等新功能，在为群众带来便利的同时节约了大量的公共资源。

在支付和转账汇款方面，融 e 行平台融合了最新的"互联网+"技术，整合了大量先进的工具和手段，为普通用户提供了多样化的选择。

融 e 行平台整合了最新的工银 e 支付功能。工银 e 支付是工行针对小额在线支付这一场景推出的以"手机号+银行账号后六位/账号别名+手机动态密码"作为安全认证方式的新型电子支付方式。通过短信验证码和月累计限额，在提供便利的同时很好地控制了支付风险。

通过融 e 行平台，用户还能享受到银联最新推出的手机云闪付功能，在具备NFC（近距离无线通信）功能的智能手机上，利用 HCE（主机模拟卡片）和 Token（支付标记）技术，融 e 行手机银行可以在手机上生成实体银行卡的替身卡，申请云闪付后的手机点亮屏幕即可直接在实体商家的非接触 POS 机上拍卡支付，在没有移动互联网信号的情况下也能够进行支付，为广大用户进行线下支付提供了十分便利的环境。

融 e 行平台不仅支持在网上银行使用 U 盾，同时支持在移动终端使用 U 盾，为移动终端的用户提供了高级别的安全服务。使用配备音频接口的工行 U 盾，用户能够使用手机银行进行大额的转账汇款和移动支付。该功能不仅提升了使用手机银行的安全性，也为具有不同需求的用户在便捷和安全之间提供了更多选择的余地。

此外，融 e 行平台还具备扫码支付、转账等功能，并整合了各种转账模式，用户无须再输入冗长的银行账号，只需输入手机号等信息，系统就能够在后台智能判断账户信息，为用户提供了切实的便利。

3)"智服务"提供适合不同消费者的投资选择

在传统的金融行业中，对不同客户提供服务的成本不尽相同，对于资本量较大的客户，相对来说单位服务成本也会更低，而服务普通金融消费者的单位成本会相对较高。这就导致在现实中资本量较大的客户能够享受到更多的金融服务，接触到更多的投资品种，获取到相对更高的收益率。而限于服务成本的约束，金融机构很难为广大普通金融消费者提供多元化、收益更高的投资产品。

此外，阻碍普通金融消费者投资的还有金融市场的参与成本。金融创新在提供新的金融工具的同时也导致金融工具愈发的复杂化，大大提高了投资者学习某种金融工具需要花费的成本。同时，监控市场和决策需要花费时间和精力，这部分时间的花费也具有一定的机会成本。这两部分成本被称作金融市场的参与成本。由于参与成本的存在，只持有少量金融资产的个人参与市场的机会成本往往过高。

以上两大问题提高了广大普通金融消费者参与投资的门槛，导致很多普通金融消费者尤其是低收入人群难以享有平等的投资权利，有悖于普惠金融的基本精神。

互联网时代聚合涌现和成本趋零这两大规律为解决此类问题提供了新的可能。在互联网上，聚合涌现让资源的整合集聚变得更加容易，成本趋零也极大地降低了金融的获客和服务成本。在两大规律的共同作用下，产生了利用网络渠道和信息技术，通过更高的用户规模和极低的服务成本降低金融资产投资门槛这一创新的商业模式。

融e行平台很好地利用了这种商业模式，让其超过2亿的用户规模成为能够降低普通金融消费者投资门槛的关键性资源，并通过创新的直销模式破除了手机银行和网上银行的围墙，实现了业务、客户、平台的全面开放和整个网上业务的全部直销。基于以上模式，工商银行在互联网上构建了一个完全开放的双边市场——新版开放式手机银行，对工行和非工行客户全面开放，没有工行账户或没有注册过工行手机银行的客户只要有固定的手机号，也可在线上进行注册并享受低门槛、多元化的投资服务。利用庞大的用户规模平台能够吸纳更多更好的投资、理财产品，同时优质的投资服务也能吸引更多的用户加入平台，在这样的良性循环之下，平台能够真正地为普通金融消费者提供低门槛、高质量的投资服务，保障普通消费者的投资权利。

然而，仅仅降低金融产品的投资门槛仍然无法完全满足普通消费者的需求，参与成本仍然阻碍了普通金融消费者享有平等的投资权利。为了降低用户的参与成本，融e行平台推出了"智服务"功能。"智服务"包括两大主要板块：

（1）金融日历。金融日历以时间轴的方式，展现用户的工资发放、信用卡还款、投资理财到期情况、水电费缴纳情况等已发生的金融行为，同时利用大数据预测未来的金融事件，通过预约交易、信息提醒等方式，帮助用户更好地管理财富。

（2）猜你喜欢。猜你喜欢功能基于独家开发的分析和预测模型，利用大数据技术对用户的资产和收入情况、金融行为、风险偏好等信息进行分析，向不同类型的金融消费者推荐适合他们的投资理财产品。

"智服务"很好地利用了工商银行在金融专业性和技术能力上的优势，通过向消费者提供极具智慧的信息服务，有效地降低了普通金融消费者的参与成本，帮助他们更好地享有平等的投资权利，实实在在地践行了普惠金融的核心理念。

2. 融e联：消费者保护和消费者教育的新模式

为适应移动互联网时代客户沟通方式移动化、碎片化的发展趋势，工商银行自主研发推出了融e联即时通信平台。该平台于2014年年底正式上线，是国内首家上线的银行业即时通信平台。在e-ICBC"三平台，一中心"的架构中，融e联承担着信息枢纽和客户服务主渠道的任务，它是银行与客户、客户与客户、银行内部的即时信息互动、业务咨询、沟通分享的信息交互平台。

"融e联"功能界面分为"消息"、"发现"、"功能"、"我"四大板块，提供的核心服务主要包括专属客户经理的个性化金融服务、丰富的信息服务与交易功能、具有针对性的消费者教育以及专业的金融交流等多项服务。此外，依托于工商银行强大的安全技术实力，相比其他即时通信平台，能够更好地保护客户隐私，有效地规避通过微信等第三方应用开展业务带来的客户信息泄露风险以及通过短信等渠道带来的安全风险。

"互联网+"助力普惠金融的实践，绝大多数都集中于增强金融服务可得性、解决小微企业和个人融资问题，而围绕消费者保护和消费者教育的实践活动相对较为匮乏。融e联平台通过应用互联网技术很好地贯彻了工商银行利用"互联网+"助力普惠金融的精神，成为利用互联网进行消费者保护和消费者教育的先行者。

在正式推出后的短短数月时间，融e联服务了560万普惠用户，为他们提供了大量安全的金融信息和有针对性的金融教育。

1）消费者保护

由于网上银行和手机银行的迅速发展，如今大量业务由实体网点转向互联网终端，这就导致银行在对客户的身份验证和与客户进行信息沟通等环节上十分依赖于电子渠道，其中应用最为广泛的就是手机短信。这就为犯罪分子创造了可乘之机，全国各地出现了大量伪基站冒充银行等金融机构的客服向客户发送诈骗短信，通过钓鱼网站、木马病毒窃取客户的银行账户和密码等信息，严重威胁到客户的银行账户安全。普通金融消费者往往难以甄别这些信息的真假，这也从客观上降低了消费者对金融机构的信任度。确保消费者及时、清楚地获得有关信息是普惠金融的基本要求。然而，目前手机短信渠道的安全性较低，通过第三方即时通信平台提供服务同样难以保障消费者的信息安全。

工商银行着力打造融 e 联即时通信平台的初衷就在于解决在电子渠道中金融消费者保护这一难题。融 e 联平台通过实时推送账户资金变动、金融产品信息等功能，为用户提供了安全的信息获取渠道；保护客户免受虚假信息、钓鱼网站和木马病毒的侵害，并利用加密传输等手段，保障了客户个人信息的安全。此外，工商银行还完成了全行客户经理的注册和认证工作，利用融 e 联平台用户可以获得专属的客户经理服务，免除了收到诈骗电话、诈骗短信的后顾之忧。

2）消费者教育

在加强消费者保护的同时，加强消费者教育也是普惠金融的重要组成部分。近年来，金融市场爆发了各种各样的问题，庞氏骗局、虚假投资平台、P2P 跑路等问题时有发生，给广大金融消费者造成了巨大的损失。这类现象如此普遍的一大原因就是普通消费者缺乏足够的金融知识，盲目追求畸高的投资回报，忽视了背后存在的风险。

受教育权是金融消费者权利有效行使的必要支撑。面对投资机会，消费者能否理智做出判断，切实免遭不公平和欺诈，在很大程度上取决于消费者本身的认知能力，而认知能力的获取与金融消费者的受教育权密切相关。金融教育给予消费者知识、技能和信心，一位受到良好金融知识教育的消费者能够理解金融机构披露的信息，评估金融服务或产品带来的风险和收益，从而做出明智决策。

利用融 e 联平台能够广泛、便捷、低成本地传播金融知识。融 e 联平台推出了各种订阅号，主动宣传金融基础知识和各类金融产品；此外还专门开设了贵金属、原油等财富吧，用户可以在财富吧中交流学习，有效提高对风险的认识和投资决策的能力。

融 e 联大大增加了客户经理能够服务的客户数量，让有限的客户经理资源能够服务更多的客户。在融 e 联平台上，客户经理可以随时随地为客户提供各种信息服务，大大降低了服务成本。依靠即时通信技术，客户经理能够实时远程地向客户提供一对一的金融知识和产品信息，利用其较强的专业能力帮助客户学习金融知识，远离庞氏骗局等金融诈骗活动。

3. 融e购："三流合一"良好补充传统征信体系

为了依托资金流、商品流、信息流的"三流合一"，有机整合客户与商户，链接支付与融资，拓展信息数据积累和应用的广度与深度，实现商品交易融资、支付金融功能的无缝结合，提升客户黏性与活跃度，使金融服务更具效率与价值，工商银行推出了融e购电商平台。

在经营过程中，融e购坚持"名商、名品、名店"的定位策略，以直营商户为主打造开放式电商平台，遴选行业排名居前、电商经验充足、服务能力较强的优质商户入驻平台。融e购融合了天猫平台的开放式经营模式和京东等自营电商优良的质量控制体系，既不采用"不设门槛、坐地收租"的粗放模式，也不采用"自采、自销、自物流"的高成本模式，而是通过差异化经营战略拓展市场，尝试了一条独特的创新发展道路。

小微企业和低收入人群也能平等地享有在金融体系中获取资金的权利是普惠金融的重要目标，然而我国的征信体系并不发达，传统手段很难提供足够的信息为小微企业和个人提供急需的金融支持。信息不对称所带来的逆向选择和道德风险是影响小微企业融资的重要障碍，工商银行构建融e购电子商务平台的主要目的之一就是希望通过创新的信息获取手段，借助大数据分析技术，依托电子商务平台"三流合一"积累的数据，降低信息不对称程度，为小微企业和个人提供有效的金融支持。

融e购平台上线后，在发展B2C商业模式的同时，还大胆尝试了B2B和B2G的电子商务模式，创新地尝试了理财产品、跨境电商、汽车、商品房等有特色的商品。2015年，融e购电子商务平台实现交易额超过8700亿元，在实现了电商平台固有价值的同时，也收集了大量的交易和信用信息，成功地实现了其成为"三流合一"的信息收集平台的目标，降低了征信的成本和难度，为平台上的小微企业和个人用户获取贷款提供了有效的信息支持。

4. 网络融资中心：助力小微企业与个人享有便捷的融资服务

小微企业往往具有资金链相对紧张的特点，个人也往往需要能够更加迅速地得到资金支持。因此，要真正做到普惠金融，不仅需要尝试创新的信息获取手段，让小微企业和个人能够享有在金融体系中获取资金的权利，还需要高效率地为他们提供贷款服务。通过传统手段提供贷款往往需要一定周期，很多时候无法满足小微企业和个人急需资金支持的需求。

为此，工商银行成立了信贷标准化、互联网化运营的网络融资中心，通过互联网与大数据技术，实现信贷业务尤其是小微和个人金融业务在风险可控基础上的批量化发展，力图为客户带来"无地域、无时差、一键即贷"的良好体验。

网络融资中心发挥了工商银行在大数据和信息化上的优势，运用互联网与大数据建立风险控制模型，完善产品和流程，实现了线上自助操作、业务自动处理、风险精准监控的目标。

目前，工商银行的网络融资规模已达 5050 亿元，是国内最大的网络融资银行，其中仅契合小微企业"短、频、急"融资需求的"网贷通"在 2015 年累计贷款就达 3300 亿元，服务了近 3 万小商户和小企业主。

通过网络融资中心，工商银行更好地满足了小微企业和个人的贷款需求，为实体经济的发展和普惠金融事业提供了良好的支持。

6.2 中国建设银行：善融商务开启"互联网+商业+金融"模式

6.2.1 商业银行的互联网金融战略

1. 时过境迁，商业银行需顺势而为

进化论的核心是适者生存，适与不适皆对应环境，如果把我国商业银行作为进化的主体，其所处的环境步入 21 世纪以来正发生着四大变化：一是以经济减速为标志的经济"新常态"开始到来，这一变化预示着商业银行必须放慢前进的脚步，向集约化发展转型；二是利率市场化提速以及随之带来的息差不断缩小，昭示着商业银行必须开启综合化经营之路；三是互联网深刻改变了人们的金融消费习惯，迫使商业银行必须重新审视、重视、提升客户体验；四是中国经济双向开放度进一步加大，"走出去"渐成主流，商业银行必须跟随顾客，加快国际化布局。

2. 应时而变，全力打造建行金融生态系统

变化之下，商业银行唯有主动求变，才能适应新环境，开启新未来。基于此，中国建设银行（以下简称"建设银行"或"建行"）制定了"综合性经营、多功能服务、集约化发展、创新型银行和智慧型银行"的转型发展方向，并着力运用"互联网＋"思维打造金融生态系统来实现这一战略转型。所谓金融生态系统，就是建行主导的，以客户为核、创新为魂、金融为本、互联为器，能够随时随地满足客户各种金融需求和相关非金融需求的实时互动、共存共荣新生态。

3. 互联为器，大力实施网络金融战略

现阶段打造建行金融生态系统，客观上要求必须实施网络金融战略，切实从服务实体经济出发，充分利用"互联网+"的思维和技术，对客户进行细分，提供有成本竞争力的个性化金融服务。中国建设银行作为一家大型商业银行，目前网络金融已取得了标志性成果，发展并完善了包括网上银行、手机银行、微信银行在内的三大网络渠道，搭建起了包括"善融商务"、"悦生活"和"惠生活"在内的三大生活服务平台，创新推出了互联网支付、互联网理财和互联网融资三大互联网产品线，以及智慧技术的运用，具备了打造金融生态系统的良好基础。

6.2.2 建行善融商务，为服务实体经济而生

互联网金融不管融合多少互联网技术因素，其本质上还是金融，而金融的初心则在于服务实体经济。2012年，建设银行于银行业间首创善融商务电商平台，开启"互联网＋商业＋金融"模式之先河。建行善融商务，正是从服从建行生态系统大局出发，适应互联网经济的长尾效应，打破"二八"规律，为服务实体经济而生的普惠金融类电商平台。作为建行金融生态系统中的重要组成部分，善融商务承担着满足建行客户商务需求的职责，发挥着金融回归实体的串联作用。开业以来，善融商务实行免会员费、免店铺租金、免推广费和低结算费的"三免一低"优惠政策，个人和企业商城已拥有商户数超6万户，注册会员超1500万个，累计实现交易额过千亿元，为中小企业和个人客户发放贷款数百亿元，始终保持银行同业领先地位，有力地支持了实体经济的发展，有效地缓解了中小企业融资难问题，切实地践行了普惠金融。可以说，善融商务的创新探索，标志着建设银行率先找到了应对"新常态"下银行竞争的关键和服务客户的新模式。

建行善融商务，亦商亦融，但商为先。为此，善融商务一开始就明确了服务定位，持续培育特色，不断强化引流，日益重视体验，千方百计提升服务能力，力争最广范围、最大程度、最优体验地满足客户的商务需求。

1. 以服务建行客户为己任

近年来，经过激烈的市场竞争，可以说电商市场格局基本已定。建行善融商务作为一个开放性的电商平台，不排斥外部客户，但在目标客户群体上则有所侧重，主要锁定在建行客户群体上。

首先，服务建行客户是善融商务在建行生态系统中的价值使命。善融商务的创立，根本上就是建行深入贯彻以客户为中心的经营理念，使建行客户在金融服务之外享受

到商务增值服务的重要举措；其次，从服务内容和质量上来看，建行客户群体数据积累相对充分，善融商务服务主要面向建行客户有利于后续客户的甄别细分，便于提供个性化、高品质服务；最后，从服务成本上看，由于省去了营销成本，加上信息相对充分，善融商务瞄准建行客户服务成本更低。

如果把建行客户群体比作一座矿藏，那么毫无疑问这座矿藏就是拥有庞大客户群体的宝库。善融商务把主要目标客户锁定到这一群体，就拥有了一个较高的起点和广阔的发展前景，后续只需要研究如何对这一富矿进行高效发掘即可。

2. 打造具有建行特色的电商平台

建行善融商务从生态系统建设大局出发，以服务建行客户为己任，作为金融类开放性电商平台，要求其本质上与国内当前主流电商相区别，需拥有自身的特点，作为电商后来者能够实现与当前主流电商错位竞争。基于此，善融商务一直致力于打造具有建行特色的经营模式。

个人商城主打"精专特优"。在客户层面上，善融商务对建行客户群体进行了阶段性细分，发展初期个人商城主要聚焦建行已有网购主流人群中有金融信贷需求和潜力的"优消费"、"大消费"两类细分群体。所谓"优消费"群体，就是既对商品品牌、品质和服务体验要求高，又有使用消费信贷的消费人群。所谓"大消费"群体，就是在单身青年及成家立业阶段，消费能力与消费欲望不匹配，有特定的生命阶段诉求，在房、车、教育、装修、电子产品等方面有商品和融资需求的特殊群体。在价值主张层面上，个人商城基于目标客户品质生活和消费升级两大诉求点，主张以建行自身金融优势和品牌信任背书形成差异化价值，"商"上打造"精专特优"，"融"上打造"多快好灵"，以"品质商品、售后保障、实惠组合、便捷支付、轻松融资"的优质服务理念，为客户日常的"优消费"和生命阶段的"大消费"提供一站式消费融资方案。在经营执行层面上，针对电子商务领域中高端目标客户群体，围绕目标类目（高客单价、高品牌集中度、高度标准化），精选卓越的品牌商户，通过专业化的经营、管理和服务支持，充分发挥地方特色和金融特色优势，向消费者输出优质的产品和服务，推广"实价买正品，购物到建行"的善融生活方式。

企业商城做好"行业深耕"。在目标客户层面上，定位于服务中小型企业，为买卖双方创造和提供基于真实需求的商务撮合及金融服务。在价值主张层面上，以打造"行业深耕、买家驱动、线上线下、商融结合"的善融生态圈为愿景，对卖方主张"商业机会、交易保障"，对买方主张"便捷高效、融资支持"的价值理念。在执行层面上，综合考虑行业特点及善融能力边界，优先开展对农业的行业深耕，后续再逐步推广到基础设施建设、房地产、汽车、高端制造业、信息产业、文化产业等建行传统优势领域，以地方特色核心企业为重点，以点带线，向产业链两端延伸，以线带面，辐射相关区域经济，线上线下互联互通、融合支撑，千方百计创造商务机会，提升撮合效率，满足商户需要。

3. 齐抓共管促发展

商业银行开办电子商务平台，没有成功的经验可以借鉴。为打赢跨界探索这一场硬仗，建设银行遵循"集中力量办大事"的原则，通过先进的制度设计充分发挥不同部门、不同条线、不同层级的智慧和合力，使善融商务在短期内迅速立足并实现跨越式发展。首先，为了形成部门合力，建设银行强调善融商务是整个建行的平台，在此理念下，善融商务相关制度明确了总行和分行的部门职责，基本实现了各司其职、协作共赢；其次，为迅速形成内部共识，善融商务积极开展员工体验活动，并充分借助善融推动全行集约化运营工作；最后，为了充分调动分行的力量，建行把善融商务相关业务认定为战略转型业务，纳入考核指标体系，并在资源投入上予以倾斜。未来善融商务将根据形势变化适时做出制度改进，进一步调动各个主体的积极性，加强部门协作，强化执行力，提升市场反应速度，确保善融运营效率。

4. 千方百计扩大商城流量

电子商务强调"流量为王"，没有流量，电子商务就是无水之源、无木之本。但据 Alexa 数据显示，当前我国主流 B2C 电商的流量已基本趋平稳，而 60% 的中小电商流量正在下滑。为此，建行善融商务特别重视引流工作，专门制定了"内流为主，外流为辅，形式多样，持续扩流"的总体策略。首先，为了最大限度地引导建行客户转化为善融商务客户，同时也为了更好地发现、满足其商务需求，善融商务克服了技术、资源等诸多难关，实现了建行网站、网银、手机银行、微信等多种电子渠道布局，并打通了建行网站、网银、手机银行等电子平台登录通道。目前个人商城已经能够支持网站会员、个人网银、手机银行、建行账号等渠道客户通过用户名、手机号码、邮箱、昵称、证件号码、卡折账号等多种方式登录；其次，为了进一步扩大流量，善融商务还在百度、新浪、搜狐等网络媒体开展推广、营销活动，坚持不懈地引入外部流量；最后，坚持引流形式不拘一格，既重视线上引流，又重视线下引流，既重视广告引流，又重视加强与商业伙伴合作引流。如在山东寿光设立善融展馆，多次开展善融进网点活动，加强与海尔、茅台、中粮等知名企业开展总对总活动等。

5. 持之以恒改善客户体验

体验是电子商务的生命力。善融商务在设计之初就以客户为中心，高度重视用户体验改善工作。如为提升信用卡客户的积分使用体验，善融商务简化了积分使用流程，实现了信用卡积分直接购物。目前积分购物已经成为善融商务的重要经营特点之一，受到客户的普遍认可。再如，为使用户享有交易保障服务，善融商务创造性地实现了担保支付。

6. 积极贯彻移动优先战略

近几年来，"移动化"成为社会发展的主要潮流，人类的各种经济、社会活动都或快或慢地被"移动化"。为随时、便利、高效、安全地满足客户需要，建行善融商城手机端在2015年成功上线，实现了快捷支付、账号支付和手机银行等多种支付方式，大幅提升了客户的购物体验，进一步增强了善融商务的商务服务能力。未来建行善融商务将继续贯彻移动优先战略，给予移动端开发、营销等资源倾斜，锐意创新，不断提升移动端客户体验和交易占比。

6.2.3 以商促融，助推传统金融业务大发展

善融商务以商为本，但若能实现以商助融，商融双轮驱动、共同发展，则更有利于善融商务的可持续发展。为实现商务对建行金融业务的助推作用，善融商务多策并举，在增强客户黏性、充当传统业务"敲门砖"、加速国家化布局、积累转型经验等方面开启了一条商融融合、互为支撑的创新之路。

1. 增强客户黏性，为传统业务发展夯实基础

近年来，互联网金融异军突起，表面上看对银行"存贷汇"等传统业务构成挑战，但深层的冲击则在于对银行客户基础的削弱。为进一步留住老客户、拓展新客户，善融商务以客户为中心，聚焦供应链核心企业，深入挖掘核心企业上游采购、下游分销需求，通过加大对核心企业的服务力度，积极营销引导以核心企业为中心的上下游企业通过善融商务企业商城交易，培育客户线上交易习惯，逐步构建以龙头企业为核心的B2B交易生态环境，不仅有效地促进了传统业务的发展，更为重要的是增强了客户黏性，避免了客户流失，为新业务发展保障了客户基础。如通过企业商城为河北五得利提供线上批量销售特惠政策，不仅带动五得利在建行的存款大幅上升，同时营销五得利上下游他行客户交易上善融，也进一步增强了以五得利为核心的整条供应链的客户黏性。

为了进一步提升客户体验，更好地服务供应链中小企业用户，并以供应链服务为抓手带动各条线业务增长，建行善融商务对原有供应链产品进行了升级优化，正式推出善付通应用。善付通是基于善融商务企业商城，可以为核心企业及其上下游提供一系列商务和金融服务的支付类产品。这些服务包括交易全流程各类单据的关联对应、

供应链上下游信息协同、与订单关联的多渠道支付服务、供应链统计分析、供应链金融服务、与核心企业 ERP 对接，以及配套结算对账等金融服务。自正式推出以来，善付通深受客户好评，不到半年时间核心会员迅速过千，交易额近 65 亿元，善融 B2B 供应链交易生态圈建设工作已卓有成效。

2. 提供数据支撑，助力传统业务科学发展

近年来，信息技术日新月异，围绕大数据的数据管理和信息应用能力已经逐步成为决定银行核心竞争能力的关键要素，正越来越多地被应用到商业银行营销、风控等全流程管理。2014 年，建设银行提出将大数据作为建设银行战略转型的一个重要基础，开始着手建设"大数据行"。善融商务作为一个电子商务平台，能够为建设银行的海量数据库提供大量紧缺的一手交易和行为信息，补齐建设银行大数据长期缺乏商务消费数据的结构性短板，为银行准确了解客户消费和投融资偏好、精准营销相应产品、有效管控潜在风险提供科学决策支撑，改变传统的"拍脑袋"决策方式。

3. 敢为"排头兵"，支持国际业务加快"走出去"

我国已经成为全球最大的贸易国，未来随着欧美经济恢复、人民币国际化、国际性采购链在中国制造业的集中整合，商业银行的国际业务将会迎来一个更大的发展空间。近年来，为响应国家"一带一路"战略，进一步提升参与国际竞争的能力，建设银行加速实施"走出去"战略，国际化布局已具雏形。截至目前，建设银行各级海外机构总数已达 128 家，初步建成覆盖全球 20 个国家和地区，跨时区、跨地域、多币种、24 小时不间断的全球金融服务网络体系。然而，建设银行国际业务发展仍面临产品种类和业务结构相对单一、客户基础仍显薄弱、海外机构盈利水平偏低等一系列问题和困难。

善融商务作为一个电商平台，早在 2014 年就响应国家跨境电子商务试点新政，实现了与试点平台宁波"跨境购"的系统对接，率先探索跨境电商业务。善融商务发展一站式跨境电商业务，不仅能够为商业银行的国际化布局提供支撑，还可以带来大量的国外客户，直接促进信用证、国际汇兑、外币存贷款、结售汇等传统国际业务发展，而且有利于促进银行离岸人民币业务，增强参与国际竞争的能力。目前，善融商务正进一步扩大跨境电商业务，优化业务模式，拓展国外商户，从客户、支付、融资等方面给予海外分行最大限度的支持。善融商务跨境频道采用"保税备货"模式，即跨境商品以批量运输方式进境到北仑保税区，在保税区保税监管仓库内保税存储，消费者在善融商务平台下单后，跨境商品直接以快递方式从保税监管仓库寄出并送达消费者。消费者可以在线选择现金分期支付，或者在线支用建行快贷，实现便捷融资购物。善

融跨境频道内的每一个商户和商品，都充分借助了国家公信力，由海关、税务等政府机构进行全程"保驾护航"，保证商户正规、商品纯正。消费者在善融上购买进口商品，可以享受到建行多样、安全、便捷的融资服务。目前善融商务正在谋划进一步创新跨境电商业务模式，扩大合作试点范围，加快业务发展，力争给予建设银行国际业务发展更大支持。

4. 勇当"敲门砖"，助力传统业务实现新突破

近年来，随着我国经济增速趋缓，地方政府越来越关注民生问题，尤以缓解当地企业销售难最为迫切。建行善融商务作为电商平台，聚建行金融生态系统庞大客户之需求，同时可以提供信贷融资服务，能够实现需求创造，可以有效缓解企业"销售难"问题，并且能够扩大地方品牌知名度，成为地方政府发展当地经济的重要依托。鉴于此，近年来地方政府对建行善融商务的期许越来越大，而善融商务也日益成为分行深化银政关系、拓展他行客户、提升市场占比的"敲门砖"。

近年来，针对地方特色产业规模化、集中化的特点，同时参照同业 B2B 平台做法，建行善融商务积极探索行业深耕，相继举办了河南"天下粮仓 丰收河南"、浙江"松阳银猴 魅力善融行"、山东"寿光农产品青年电商线下交易会"、福建"古田食用菌大宗客户订货会"、海南"海口生鲜线下订货会"等 20 余场各具特色的线下推介活动，不但有效地促进了地方经济与特色产业发展，而且实现了中小企业客户的批量化营销，同时也进一步密切了与政府的关系，在发展传统业务过程中抢占了先机，很好地充当了"敲门砖"的作用。如河南分行充分借力善融线下推介会实现了抢占农业金融市场的新进展；甘肃分行围绕善融积极开展精准扶贫活动，带动多项业务齐头并进；浙江新昌支行深入挖掘中国茶市客户需求，在营销小企业客户方面事半功倍；山东寿光支行通过与政府共同举办线下活动，一举实现了很多业务零的突破。

5. 甘做"试验田"，促进传统业务转型发展

建行善融商务不仅是一个电商平台，还是一个互联网金融的试验田。善融商务自创立以来一直遵循"商务跟随 + 金融创新"的整体发展策略，采用线上线下相结合的方式，为商城商户、会员提供了一系列创新融资金融产品或服务。这些金融业务的开展，为未来传统业务的全面互联网转型积累了经验、锻炼了人才、创造了条件、奠定了基础。

为满足个人客户融资消费的需要，并尽可能地提升客户体验，善融商务专门开辟了分期优选频道，并配置了全流程的线上信用卡分期产品。目前善融商务已为近 10 万用户提供了信用卡分期服务，线上信用卡分期交易额累计已达数十亿元，在建行网购分期交易中占比接近一半。另外，为进一步丰富个人融资产品，善融商务还针对不

同会员还提供了全线上的个人小额贷和个人权利质押贷，以及线上线下相结合的个人助业贷，目前三大产品累计投放贷款已超百亿元。近期，建设银行将这几类贷款产品又进一步升级优化为建行"快贷"，真正实现了"先融资，后消费"的在线信用贷款，并优先在善融商务平台上成功部署。

为满足企业客户的融资需要，善融商务提供了 e 联通、e 速通、小企业网银循环贷、善融 e 贷等一系列融资产品，累计实现投放超百亿元。目前相关部门正在着手将此类产品进行优化，不日将会推出与对私"快贷"相类似的企业"快贷"，进一步提升善融商务对公金融服务能力。

6.3　中国农业银行：利用互联网基因助力普惠金融

6.3.1　利用互联网基因推进金融创新

近年来，中国农业银行（以下简称"农业银行"）顺应科技发展趋势，不断加快创新发展和经营转型，互联网金融业务从无到有、从弱到强，取得了突飞猛进的发展。截至 2015 年 6 月，电子银行各类客户数已达 7 亿户，电子渠道金融性交易占比达 91.7%，业务发展重要指标位居同业前茅，在拓展维系银客关系、推进全行经营转型、深化"三农"金融服务、节约运营人力成本、提升价值创造等方面发挥着越来越重要的作用。与此同时，农业银行高度重视互联网金融带来的变革和机遇，依托成熟的网络技术和广泛客户，不断注入互联网基因，推进了金融服务平台、电子商务平台、社交生活平台以及服务"三农"的创新发展。

第一，不断完善金融平台。依托网银、网站，打造一体化金融服务平台，金融产品种类齐全，在视觉设计和交互设计方面领先同业。以掌上银行为核心，建设开放移动金融平台，打造集便捷支付、基金理财、生活服务、互动社交于一体的金融便利店。推进全渠道协同，实现了网上银行与掌上银行一点签约，打造了 K 码、K 令、K 宝"三K"协同、认证分层、分类限额的支付认证体系。

第二，建设开放式电商平台。一是建立全功能电商支付体系。横跨网络、语音、设备多种渠道，包括 K 宝、K 令、K 码多种认证，覆盖借记卡、贷记卡、国际卡多种账户，具备实时、授权、信用、跨行多种模式的网络支付体系。二是自主建设 B2B 平台。对供应链上下游、中小微和专业批发市场等 B2B 企业电商推广农业银行"e 商管家"，为其提供在线交易、支付结算、在线融资、财务管理、销售管理等综合性电商金融服务。三是合作发展 B2C 业务。以联盟合作的方式引入外部商户，共同拓展 B2C 市场；将重点商户引入到农业银行门户网站和移动端"e购天街",方便农业银行持卡人吃穿住用等生活需求。

第三,初步搭建社交平台。农业银行将金融服务无缝融入客户的衣、食、住、行、医、娱、教等生活社交场景,从互联网上把客户引导到农业银行线上线下渠道。通过在门户网站建设"互动e站"、"生活e站"以及微信微博平台,以贴近生活消费的场景打动,以简单好玩的活动引导,以随心所需的交互联系,缔结银客关系紧密的纽带,为"请进来"的客户带来良好体验,为"走出去"的营销提供有力武器。

第四,践行服务"三农"重任。一是大力实施"惠农通"工程。经过长期建设,农业银行在"三农"地区布放了超过160万台智付通,行政村覆盖率达75%,年均交易量超过3亿笔,智付通已成为农村金融服务的主要渠道。二是针对县域商品流通市场这一重要市场,农业银行推出了"e农管家"电商平台,可为普通农户、农村小商贩和各级批发商提供购销管理、商品管理、财务管理、商户管理。

第五,完善风险防控体系。一是健全风险管理流程。建立了业务风险评估和风险事件处置机制,强化事中风险监控和异常预警能力,实现了第三方支付业务快捷支付集中接入和属地化管理。二是规范业务制度。建立了层次明确、内容严谨、涵盖各项电子银行业务的制度规范体系。三是抓好合规监管。依靠系统监测和数据分析,及时发现内部合规隐患,持续开展非现场监管和现场检查工作,对违规行为保持高压态势。

6.3.2 金穗惠农通:打通农村金融服务最后"一公里"

为填补农村基础性金融服务空白,加快推进农村金融服务网络建设,提升"三农"金融服务能力,农业银行充分发挥产品、科技、网络优势,着力破解农村金融服务尤其是基础金融服务缺失问题,创造性地着手"金穗惠农通"工程建设。以扩大农村金融服务覆盖面为目标,建立起涵盖省、市、县、乡、村五级层面的金融服务网络,将现代金融服务送到每一个山村、延伸到每一个角落,让农民在村里便可享受便捷的金融服务,探索出了一条成本较低、方便快捷、发展可持续的金融服务新路径,充分践行了普惠金融的核心理念。

"金穗惠农通"工程是农业银行在县域农村地区,以借记卡为载体、以服务点为依托、以电子渠道为平台、以流动服务为补充、以提高农村基础金融服务覆盖为目标,全面推进农村金融服务能力建设,为农业银行持卡客户提供足不出村、方便快捷的金融服务。

在"金穗惠农通"工程服务网点,农业银行布放了智付通、POS机、自助服务终端等电子机具，客户可根据各类电子机具的功能特点办理查询、转账、消费、缴费等电子银行业务，以及办理小额取现特色金融业务，小额现金支取设置限额管理，转账交易则实施差别化管理。

同时，小额取现业务办理流程十分简单，持卡人只需凭卡凭密在服务点的合法机具上进行刷卡操作，将款项从持卡人账户划转至服务点账户，交易成功后，服务点打印交易凭条，由持卡人在凭条上签名即可领取现金。

1. 服务农村民生工程

随着国家惠农政策力度不断加大，如何让农民享受到便捷的金融服务始终是一大难题。农业银行依托"金穗惠农通"搭建的服务网络，对接新农保、新农合等民生工程，加载惠农金融服务项目，实现机到村、卡到户、钱到账，建立"一站式、直通车"资金发放渠道，确保"养老钱"、"保命钱"、"补贴钱"安全高效地直达农民手中，减少了资金发放的中间环节，避免了资金截留挪用，保证了国家的惠农政策落到实处。通过助农取款、助农现金汇款、助农转账汇款，以及惠农卡的农户贷款等助农服务，方便农民足不出村办理小额现金支取、转账及融资业务，促进农村普惠金融发展。依托涉农代理项目，为农户生产生活提供必要保障。截至 2015 年年底，惠农通实现 193 项涉农代理服务，包括城乡居民保（原新农保）、新农合以及公用事业代理服务。其中城乡居民保代理服务 11 项，新农合代理服务 6 项，水、电、燃气、通信等公用事业代理缴费 176 项。部分行还利用助农取款来实现城乡居民保和新农合的支取，利用转账来实现代理缴费，确保全面支撑涉农代理项目实施。

2. 发展链式金融服务

利用"金穗惠农通"，积极发展物流链、产业链、资金链等链式金融服务。通过与商务部、中国移动合作开展"万村千乡市场工程"信息化改造项目，实现农村商品流、信息流、资金流的有机融合，提高了农村商品流通服务便利化、金融服务现代化和通信服务信息化水平。与此同时，顺应农村资金流动变化态势，积极对接多种产业链项目，如湖北富迪、福建茶业链、陕西和山西苹果链、云南和贵州烟草链、广西蔗糖链、宁夏枸杞链等产业链条，在产业链节点上布放智付通、POS 等电子机具，开通网上银行、手机银行、短信银行，为相关企业及上下游农户提供点到点、端到端的综合金融服务。

3. 探索有效服务模式

农业银行在推进"金穗惠农通"工程实践中，加大创新力度，积极探索有效服务模式。一是率先推出了小额取现服务，并在智付通、POS 等电子机具上研发了助农取款交易功能；二是依托科技对接新农保、新农合业务系统，如湖南分行开发了"农保通"系统，在智付通上专门增加对应交易类型和显示界面，实现了新农保参保状态、养老金发放等信息查询以及参保缴费等功能；三是针对一些偏远地区，成立流动客户经理组进行巡回服务；四是适应 IC 发展趋势，丰富惠农卡功能，发放惠农标准 IC 卡。

经过不断努力，农业银行逐步探索形成了服务"三农"的多种模式。例如，以重庆为代表的依托"万村千乡市场工程"的农家店模式，以湖北和甘肃为代表的新农保新农合项目带动模式，以山西为代表的物流链、产业链、资金链"三链"，以及四川银讯通、浙江移动服务包、福建海上银行、湖北富迪商融结合、山东寿光惠农一卡通等多种行之有效的服务模式。同时，创新推出"线上电商 + 线下终端支付"的多渠道支付模式，通过转账电话、平板电商终端，实现订单支付，解决农村电商的支付难题，促进农村生产经营向电商化转型。特别值得一提的是，甘肃分行借助触摸式自助服务终端，为"三农"客户搭建集融资、融通、融智、融商于一体的"四融"平台，提供电子商务与信息服务，让客户及时获取市场信息，及时、有效地解决了他们买难卖难的问题，探索出了互联网金融服务"三农"的新模式。

4. 加大各项资源投入

农业银行加大人员、车辆、机具等资源投入，采取"穿透式"资源配置方式直达基层，专项用于"金穗惠农通"工程建设。主要包括向服务点免费提供智付通、POS 等电子机具，定向招聘大学生村官作为"三农"客户经理，重点用于解决基层人员不足问题等等。积极开展"送金融知识下乡"等活动，大力宣传普及存贷款、银行卡、电子银行以及预防假币、防范风险欺诈等金融知识，有效引导农民了解现代金融知识、使用金融工具，增强信用意识和风险防范意识。"金穗惠农通"工程作为农业银行新时期服务"三农"的一项重大战略性工程，通过建立普惠制的农村金融服务平台，打通了农村金融服务的"最后一公里"。

6.3.3　e 商管家：综合性电子商务服务平台

应对电子商务新经济环境挑战，创新电子商务发展模式，重构电子商务市场格局，已成为农业银行增强核心竞争力，推进业务经营转型、普惠金融发展的战略之举。"e 商管家"是农业银行顺应互联网金融大潮推出的综合性电子商务服务平台，利用强大的网络和客户资源，为传统企业转型电商提供集供应链管理、多渠道支付结算、线上线下协同发展、云服务等于一体的定制化商务金融综合服务。

通过"e 商管家"，企业能够全面打通实体渠道与网络销售、订单采集与资金收付、生产经营与市场营销，实现对自身以及供应链上下游财务结算、采购销售、营销配送等的全方位管理。无须自行搭建平台，利用农业银行提供的商务金融云服务，企业即可完成在电子商务领域的快速部署，成功构建实体与虚拟、线上与线下有机结合的交互式、立体化经销网络和管理体系，极大地降低了传统企业转型电商的时间和资金成本。

1. 开创银行提供电商金融云服务的先河

"e商管家"是以企业为中心，集商品展示、在线交易、在线融资于一体，并配套经销商管理、财务管理等功能的综合性服务平台。平台充分利用移动互联网等新技术平台，实现线上线下多渠道的融合，有效破解传统企业电商化转型过程中遇到的资金流、物流与信息流等方面的难题，极大地降低了企业转型电商的成本，为企业发展提供更多增值服务，推动企业转型。同时，通过充分发挥农业银行在客户资源、金融服务、品牌及渠道方面的优势，给企业带来综合的增值服务，实现多方共赢的局面。

"e商管家"以其定制化的行业应用、全流程的供销管理、多渠道的支付结算、开放式的平台管理，开创了商业银行电子商务平台深度融合企业经营管理流程的先河。与传统银行的电子银行交易平台相比，该平台具有企业商城、企业进销存系统、支付结算中心、融资理财中心、风险控制中心、业务管理中心等功能模块。企业无须自建网站，就可以通过"e商管家"全面实现实体渠道与网络销售、订单采集与资金收付、生产经营与市场营销的对接，实现对自身以及供应链上下游财务结算、采购销售、营销配送等的全方位管理。

2. 提供丰富全面的供应链金融管家服务

"e商管家"提供包括企业商城、企业商城管理及多渠道支付等在内的全方面供应金融管家服务。

通过企业商城为核心企业提供商品展示服务，并提供智能化产品推荐服务。企业的下游经销商注册为商城用户后，可以在企业商城中订购商品、转账汇款以及查询交易信息。订购商品涉及的主要有新增订单、修改订单、支会订单；转账汇款实现了本行和跨行、对公及对私的统一入口，并且实现了预付货款功能；查询统计则为经销商提供了历史交易信息，为经销商的账务处理提供了良好的数据支持。

通过企业商城管理为核心企业实现销售管理、财务管理、商品管理、经销商管理及企业商城信息发布，为企业实现电子商务提供一整套功能支撑。对电子商务的核心模块如销售订单匹配、出货、财务、经销商、数据分析等实现了个性化的灵活配置。

多渠道支付集成农业银行网上支付、快捷支付、K令（码）支付、手机支付、自助终端、电话支付等多种支付渠道，适应客户多支付渠道、多种应用场景的金融支付结算。

3. 合作共赢为企业创造价值

依托"e商管家"，企业能够全面打通实体渠道与网络销售、订单采集与资金收付、生产经营与市场营销，实现对自身以及供应链上下游财务结算、采购销售、营销配送等的全方位管理。

（1）加强核心企业与上下游企业的联系。"e商管家"通过互联网和农业银行多渠道支付等信息化手段，突破了时空界限，使得企业的供应链更加简洁、高效、开放和灵活，从而密切企业与供应商、经销商之间的联系。

（2）缩短推出新产品和打开新市场的周期。"e商管家"提供互联网发布、多渠道支付及在线服务的沟通联系手段，加快商品销售反馈，有利于核心企业迅速调整生产经营策略。

（3）实现经销商的扁平化管理。"e商管家"通过信息化手段提高了核心企业服务经销商的能力，便于直接分析经销商销售情况，实现经销商的扁平化管理，降低经销商品的流通成本。

（4）实现资金的快速回笼和运用。通过资金流和信息流的匹配，减少各项费用支出，进一步提高效益和财务管理能力。

（5）实现银企深层次合作共赢。充分运用金融产品配套服务，提供在线融资、在线理财产品推荐功能，实现核心企业的快速融资及资产增值。

（6）扩大企业品牌知名度。借助农业银行的客户资源优势及品牌影响力，迅速提升企业自身的品牌知名度。

6.4　中信银行："信e付"助推普惠金融

6.4.1　打通进出金融服务的"最后一公里"

在"互联网+"的浪潮中，传统金融行业勇于试水、敢为人先，积极响应"大众创业、万众创新"的号召，主动拥抱互联网转型，布局"互联网+金融"战略版图，以促进互联网金融健康发展，全面提升互联网金融服务能力和普惠水平为目标，为企业提供更加丰富、安全、便捷的金融产品和服务，更好地满足不同层次实体经济的投融资需求。

在"互联网+"普惠金融的大背景下,中信银行以支付创新为驱动,推出了"信e付"产品。该产品融合了互联网技术和传统金融服务,面向行业提供线上/线下综合支付服务、金融服务;以互联网技术为基础,提供企业电商服务和供销渠道的O2O一体化服务。在更广泛的地区提供便利的支付结算、信用评定、借贷融资、投资理财等金融服务,不仅拓宽了普惠金融的服务范围,更好地满足了中小微企业、创新型企业和个人的投融资需求,还为实体经济发展提供了强有力的支撑。中信银行立足当下,着眼于未来,紧密跟随国家相关政策法规和精神,以金融普惠为指导,开创了数字金融新篇章,为金融的创新可控发展提供了重大的参考意义和控管渠道。

通过"信e付",利用互联网技术,将中信银行的金融服务由现有的核心企业辐射到其周边的小微企业中去,进而实现金融服务向个体工商户的渗透,打通进出金融服务的"最后一公里",实现金融资源的均衡分配;同时,利用"信e付"互联网的特性,扩展中信银行金融服务的边界,合理地提升边远地区、地级市、县企业用户的覆盖率;以互联网技术为手段、以大数据为基础,创新金融服务模式,中信银行努力践行"互联网+"普惠金融,创新推进金融服务普惠的发展,为营造良好的金融服务环境贡献自己的力量。

1. 提供完善的供应链服务,实现产业的渗透和融合

供应链是执行采购原材料,将它们转换为中间产品和成品,并且将成品销售到用户的功能网链。随着供应链的发展,如今供应链的管理已被视为企业运营成功的关键。而我国的供应链发展尚处在初级阶段,有的大型企业看似搭建了相对稳定的供应链链条,构建了相对完善的供应链管理体系,但从整体市场角度来看,实际还是相对独立的单元,并没有将供应链上下游进行有效的串联,缩短供需市场的距离。

随着互联网的飞速发展,在"互联网+"变革的大背景下,利用互联网和信息技术实现供应链管理来打破这种商品流通产业壁垒的现象,实现企业与企业之间、行业与行业之间的信息共享与业务协作。这样,每家企业才能够整合和优化利用各方资源,获得更多的市场机会,同时获得更多的享受金融服务的机会,企业才能够创造更大的效益。

同时,如今传统企业间的竞争方式也转变为企业供应链间的竞争,企业与合作伙伴之间的合作关系日趋紧密,大家关注的重心不再是产业链上利益分配的比例,而是如何扩大可供分配的利益及如何扩大自身的经营范围和规模。竞争的加剧要求企业能够更敏捷地响应市场需求,缩短产品上市周期,使产品结构与市场需求结构相匹配。对于那些物流成本高居不下的企业,高效的物流管理和资金周转也成为提高企业竞争力的核心。

"信e付"以互联网技术为基础，为企业提供了集销售管理、采购管理、渠道管理、客户管理、供应商管理于一体的互联网供应链管理解决方案，同时基于"信e付"平台为供应链企业提供便捷的支付解决方案和供应链金融解决方案，帮助企业实现从生产原料的采购、产品的定量生产，到最后通过销售渠道把产品送到C端用户手中的全过程、全流程的管理和控制，实现"推式"和"拉式"的混合型供应链管理，提升企业效率，同时为企业提供便捷的支付解决方案和金融解决方案，实现商流、信息流、物流、资金流的"四流合一"；帮助企业把经销商、供应商以及协作单位纳入一个紧密联系的生态链中，有效地安排企业的经营活动；帮助企业充分利用现有资源快速、高效地进行有计划的生产和经营，进一步提高工作效率和扩大竞争优势；帮助企业更便捷地获取中信银行提供各项针对核心企业到小微企业的金融产品，扩大自身经营规模，提升企业在市场中的竞争力。

"信e付"通过以下四个方面实现了产业的渗透和融合。

1）实现服务向上游厂商的渗透

"信e付"平台为企业提供完善的供应商管理、采购管理功能，广泛适用于企业的采购作业管理。"信e付"平台能够有效地建立与上游供货商的供货管理，实现对上游供应链条进行有效的控制，保证供应链条的完整性、响应的及时性和产品生产质量。基于"信e付"提供的销售管理和财务管理，能够动态地反映商品销售状况和资金状况，控制超计划的采购，为企业管理者进行决策提供参考。

同时，企业通过"信e付"平台提供的"企业商城"能够快速发现和达成与其他上游原料商、供货商的合作，使企业经营范围和方向实现快速拓展。

2）实现服务向下游渠道的渗透

"信e付"为企业提供渠道管理和销售管理服务，旨在帮助企业实现对客户需求、订单等进行及时、准确的响应，提升企业在供应链竞争中的反应能力、适应能力、创新能力和综合管理能力。"信e付"可以灵活地实现货到付款、分期付款、现款现货、车销、访销等销售业务模式，帮助企业根据市场环境在内部资源的基础上制定商品的促销计划；帮助企业的市场部门、财务部门快速处理日常销售业务和资金核算；帮助企业适应从大规模制造转向"以客户为中心"的个性化制造的市场变化趋势，提高核心竞争力。同时，"信e付"提供的支付服务和金融服务，可以帮助企业实现销售渠道的下游企业流动资金的快速变现，缩短赊销账期时间，形成良性的供应链体系。中信银行通过"信e付"平台，以金融服务的方式反哺核心企业及下游小微企业，降低供应链上各节点企业的运营成本。

3）实现金融服务向行业的渗透

"信 e 付"在为企业提供销售管理、采购管理、渠道管理的基础上，还提供安全便捷的线上、线下相结合的综合支付服务和金融服务，包括刷卡交易、无卡交易、供应链金融等服务，规避企业与企业、企业与用户之间现金交易的风险，提高资金流动的能力。

一方面，通过"信 e 付"整合产业链上下游企业，同时提供详细的企业间的交易情况，下游企业可以通过上游企业担保的形式，从中信银行获取金融服务；另一方面，中信银行通过"信 e 付"涉入整个供应链条，对企业在使用"信 e 付"平台期间的信用情况乃至经营情况都了解得更加及时和清楚，从而有效降低中信银行在开展供应链金融时的风险。同时，通过"信 e 付"的支付服务，也能够提升中信银行的中间收益，获取更多的企业存款。

4）实现物流服务与行业的渗透和结合

在一条供应链中，企业间促成交易之后的物流协同也是一个重要步骤。一般中小企业物流成本高，"信 e 付"通过物流行业解决方案实现了物流服务与供应链行业的有效渗透和结合。

第一，降低物流成本。"信 e 付"通过对区域供应商的整合，结合"信 e 付"的"物流行业解决方案"提供的物流信息撮合平台，对当地物流资源进行有效的整合，降低中小企业的物流成本。

第二，整合物流后，企业可对自身库存进行有效管理。根据整合的物流信息，结合"信 e 付"提供的销售管理功能，有效地规划生产，降低自身的库存压力，避开物流高峰，保证物流运输的时效性和运输质量。

第三，"信 e 付"物流解决方案提供物流信息实时查询、监控功能，帮助企业随时掌握物流途中情况进行了解，避免物流风险。

中信银行通过"信 e 付"对行业进行渗透和融合，利用互联网技术为核心企业、中小企业优化产业链购销流程，完善企业管理，降低企业成本；同时，通过"信 e 付"，运用互联网的普惠属性，提供跨界、跨区域、综合性的金融服务产品，助推普惠金融的发展，积极支撑中小企业的财富创造与价值增值，进而为广大城乡居民提供丰富的基础性金融服务，不断增强经济增长的内生动力，提升居民生活品质，打造普惠金融的样本。

2. 拓展支付市场，实现行业渗透

随着各大支付机构纷纷跑马圈地、占山为王，市场格局日渐清晰，其中以支付宝、微信为首的第一代支付平台群雄逐鹿，双方通过战略布局抢占移动支付份额；拉卡拉、汇付天下、快钱、连连支付等第三方支付机构瓜分便民、商业零售、物流、航空等细分垂直领域；国字号背景的银联、银商等也利用其在传统支付行业的资源和多年支付服务的经验稳扎稳打、步步为营。纵观市场格局，各行业龙头在各自擅长的领域大展拳脚，可谓百花齐放、百家争鸣。其中，中信银行推出的"信e付"因在商品流通领域的长期摸索和持续耕耘，挖掘出一条具有鲜明特征、可持续经营的生存之道，在火热的支付市场中分得一杯羹。

"信e付"的生存之道得益于中信银行多年来对商品流通领域的深度理解与高度认知，充分掌握了行业特性和企业诉求，为"信e付"在行业中的应用提供了宝贵的经验意见和持续改进建议。

1）全渠道支付能力满足企业多样化经营

"信e付"面向行业提供解决方案，其自身的支付能力成为进军多行业的首要条件。现阶段，"信e付"能提供通过传统mPOS的刷卡交易、快捷支付、会员积分、电子钱包、货到付款、会员预存款消费、组合支付等常规支付能力；此外，还将拓展和微信、支付宝之间的合作；未来，还将指纹支付等先进技术纳入产品科研范围，力争产品形式多样化。

2）ICT服务促使供销两端提升企业运作效率

ICT（Information Communication Technology，信息通信技术）服务是借助互联网技术，将信息技术和通信技术相结合的新兴技术领域。"信e付"围绕商品流通领域的供、销两端为切入口，将线下业务搬到线上，通过线上线下相结合的方式改变传统的运营模式，产品以"云端+移动端"为表现形态，为商户间的商品采购、支付结算、供应商管理、财务对账等提供支撑，将战线延伸到采购、销售、交易、财务等多个环节，实现从传统"小米+步枪"模式到新型"飞机+大炮"模式下质的飞跃。

3）强化商品全生命周期管理，为企业精细化管理提供便利

众所周知，商品流通领域对商品的管理呈现多样化诉求，行业定位不同，所感知的维度也不尽相同，如对商品进销存的管理，对在途运输货物物流状态及GPS定位的跟踪，为适应差异化管理对不同加盟商实行灵活的价格体系，以会员为单位的销售折扣、优惠、返利的营销活动等，"信e付"无一例外地都能得到有效支持。正是这

种对商品全生命周期的过程管理，让"信e付"的用户黏性和客户忠诚度得到前所未有的体现。

4）供应链生态体系加速互联网金融落地生根

"信e付"战略布局于中小微企业，围绕企业的资金流、信息流、物流、商流做足了功课，目标显而易见：其一是帮助企业提升服务管理水平；其二就是以"互联网+"普惠金融为指导意见，将互联网金融的实惠、便利真正落地生根，让利于民，化解中小微企业发展难题，成为扶持中小微企业茁壮成长中行之有效的重要手段。

"信e付"的短期规划是建立一个融资服务平台，将更多发展良好但受制于资金链的企业纳入以核心企业为中心的周围，初步形成体系，以真实交易业务数据为基础支撑，围绕供应链、产业链、商圈，强化信息基础，提供智能化、自动化服务，提升交易速度。

中期规划是以建立一个中小微企业的金融综合服务平台为目标，基于融资服务平台的数据基础，加载投资处理等综合金融服务系统，为中小微企业提供综合金融服务。

长期规划是，平台经过长期的业务开展，沉淀大量的交易数据，形成完善的信用体系、风险体系、市场的需求关系、线上线下的交互数据等，挖掘用户潜在需求，基于大数据分析，支持更广、更深的数据模型和决策模型，实现金融进一步创新及数据应用创新，形成对中小微企业更多更优化的融资、投资等综合金融服务，以及数据创新应用业务模式，实现商业模式的新扩展、新构建。

6.4.2 "信e付"提供的金融服务

1. 抢滩网络支付，人人都可"享e付"

网络支付提供了满足资金流通需求的基本服务，无论是企业还是个人都已逐渐参与这一方式用于交易结算和商品消费。据中国互联网络信息中心（CNNIC）发布的《第36次中国互联网络发展状况统计报告》显示，截至2015年6月，我国使用网上支付的用户规模达3.59亿，手机支付用户规模达2.76亿，且这一数据还在不断增长之中。

随着互联网技术的飞速进步和发展，网络支付的方式和应用场景也不断丰富。刷卡支付、虚拟支付、扫码支付、近场支付刚在市面上赚足吆喝，便被基于生物认证的指纹识别支付和人脸识别支付夺走了眼球。这些形态各异的支付方式也在民众的交易及消费需求中催生了信用卡还款、生活缴费、红包等应用场景。应用场景和支付方式的丰富顺应了网络支付平台化发展思路，促进了网上支付商业模式和变现途径的创新。

网络支付与传统现金支付相比，不仅方便快捷，还伴随着更多的交易信息。网络支付能实时记录交易双方的交易时间、交易地点、交易产品、交易金额、交易数量等数据，这些数据都是传统现金交易方式所难以归集和掌握的。此外，这些数据都将如实反映支付双方在资金流通过程中的特征和偏向，交易者本身的特性也将直接投射到交易数据上。因此，对支付环节的掌控将转化为对交易者和交易资金特性的掌控，而这些信息都将为传统银行拥抱互联网金融、促进普惠金融发展带来新机遇。

中信银行利用其多年累积的传统金融业务资源和优势，以互联网技术融入并改变传统企业资金的流转支付。为了适应多行业、多领域需求，最大限度地布局支付入口版图，中信银行推出的"信e付"兼具多种支付方式，适用于多种应用场景。

"信e付"支持刷卡支付，与"信e付"配套的POS机和移动读卡器刷卡支付，已延伸至各大零售行业、门店收银和社区缴费服务当中。"信e付"POS机因体型只有文具盒大小，可方便安装至各工商个体户收银台上，消费者只需使用银行卡，配合"信e付"客户端，便可完成支付。目前，中信银行线下POS机发放量已达380万台，范围遍及全国20多个省共600多个城市，包括较为偏远的云南、西藏、新疆、贵州、内蒙古、青海等地。另外，"信e付"移动读卡器则只有火柴盒大小，可随身携带，对于没有安装POS机的商户，客户可自行使用移动读卡器，随时随地进行刷卡支付。

通过针对固定场所POS机和非固定场所移动读卡器以布局刷卡支付的战略模式，"信e付"基本上可以覆盖全国所有地区，让人人都能够享受到"信e付"带来的便利和服务。

"信e付"支持虚拟账户支付。此种方式无须银行卡即可完成交易支付，且资金实时划转、到账。虚拟账户支付能够较好地满足企业交易中先款后货以及下游过于分散难以收付款的结算场景。在中信银行推行"信e付"的传统企业中，河北XX乳业集团有限公司和武汉XX乳业有限公司就采用了此种支付方式。

河北XX乳业集团有限公司和武汉XX乳业有限公司在其乳业的供应链中处于核心企业地位，其上下游企业多为包装、物流、养殖、超市、门店等中小微企业或个体户，这些中小微企业及个体户数量庞大且地理位置分散，传统现金支付方式带来的交易成本和风险一直居高不下。在安装拇指大小的"信e付"客户端于智能手机中，并开启虚拟账户支付模式后，包装、物流、养殖等中小企业便可随时随地收款，超市、门店等个体户便可随时随地订货、付款。"信e付"的引入极大地削减了中小微企业及广大个体户的交易投入成本，让所有围绕核心企业的中小微企业都享受到了互联网金融产品带来的实惠。

"信e付"不仅服务于企业支付业务，还逐步向个人支付业务渗透。

对于个人互联网金融业务，"信e付"除提供基本的收款、付款、余额查询功能，还提供信用卡还款、小额借贷等金融服务。用户也可通过"信e付"缴纳水费、电费、煤气费、物业费、交通违章、固话宽带等费用，完成手机充值、油卡充值、游戏充值、医院挂号、公共捐款，以及购买机票、彩票、电影票、演出票、预订酒店、订阅期刊等生活服务。

随着"信e付"对更多企业和个人支付的渗透，中信银行也将累积巨量的交易数据，构建大数据金融云，为"互联网+金融"的转型以及普惠金融的实现打下坚实基础。

2. 构建大数据金融，引领基础金融服务潮流

传统交易结算方式难以获悉企业实质交易情况和盈利能力，这使得银行在对待大中小微企业的借贷服务时，难免倾向于优先服务核心企业。现代网络支付的出现则打破了这一困境。

网络支付将实时记录交易过程中产生的多种交易关联数据。当支付工具覆盖一定数量级的人群，并占据一定使用频次时，将逐渐累积形成巨量的、持久的交易数据。这些数据海量，且呈现高频、集中、多场景的特点。庞大的支付交易数据催生出大数据金融云。大数据金融云可集合多行业、多地区、多群体的交易数据，帮助传统银行从浩如烟海的数据中获得资金流通、信息流通、商品流通等极具价值的信息。

通过大数据金融云，传统银行将具有更强的决策力、洞察力和流程优化能力，并以低廉、迅速的方式提升普惠金融业务能力，构建企业发展所需要的金融服务。

"信e付"全程记录企业交易过程中的企业用户信息、商品信息、交易信息及资金信息。其中交易信息包括交易时间、交易地点、交易金额、交易数量等参数；资金信息包括资金量、资金流向、资金流动频次等参数。通过对这些交易数据的统计和分析，逐步形成中信银行大数据金融云系统。大数据金融云系统以关键参数为聚合点，对数据分门别类，捕捉其中暗藏的价值信息，获取一般企业对金融服务的共性、先知先觉企业潜在的基础金融服务需求，引领互联网普惠金融产品创新潮流。

在郑州XX饮料有限公司应用"信e付"的实例中，其主要分销渠道为百货公司、连锁超市、便利店、小商店等。在提取"超市"和"大学饭堂商店"这两个分销点的交易数据后发现，在前者购买饮料的时间点杂乱无序，在后者购买的则集中于午餐时段。由此可以看出，郑州XX饮料有限公司对于饭堂类商店的供货存在一定的周期性，其账期也较为规律，而一般超市则不具备这种特点。对于持久且账期呈周期性的下游企业或个体户，中信银行为其在"信e付"提供合适的理财产品或小额借贷服务，以供其周转资金，提高销售份额，获得更多收入。

"信e付"所构建的大数据金融云，有利于从纷杂的供应链上下游交易数据中发现中小微企业的基础金融需求，以此创造出契合它们发展的金融服务，助力中小微企业做大做强。

3. 丰富征信体系，融资通行证签约全国企业

传统银行由于缺乏有效的征信体系，导致对中小微企业的借贷服务水平偏低，不能很好地将金融服务惠及中小微企业。传统银行常常是"锦上添花"，而非"雪中送炭"。传统银行要想从根本上解决中小企业融资难问题，应当首先解决企业征信问题。征信问题一旦解决，借贷资金势必得到更加合理的分配，既给银行带来可观收益，又可解中小微企业融资之急。

通过大数据金融云的建立，传统银行完全可以利用企业在交易环节中产生的各项数据指标，建设完整的企业电子信用档案。银行便可实时掌握企业经营情况、企业盈亏状况和企业资产动向，对企业的资质评定、风险评估及信贷控制也将游刃有余。

由"信e付"所产生的交易数据都将利用云存储技术存储到云端，中信银行可随时读取并整合，形成企业或个人电子信用档案。交易数据通过甄选和归纳，将提取若干有效指标量化交易对象的信用。指标包括：交易时间、交易数量、交易金额、交易频率以及资金周转量和周转周期等。中信银行根据这些指标设立动态式电子信用档案，无论是企业还是个人，其资质评级、风险评估都能持续跟踪并得到修正。

沈阳某地下商业街位于沈阳市最繁华的商业街地下，商场日均客流量可达20万人次，商场年销售额逐年递增。王小美是其中一家服装店的老板，通过个人努力经营，其营业额一年已达到30万元。在王小美的账务结算中，"信e付"配备POS机是使用频次最高的工具，无论是对于上游服装提供商，还是下游批发商及个体消费者，"信e付"都充当了收款、付款、采购、物流等重要角色。"信e付"中存储了王小美五年以来所有的交易记录，中信银行通过这些交易数据主动为王小美提供了融资贷款申请服务通道，而这些快速便捷服务在以前是根本无法想象的。在传统银行借贷方式下，以王小美个体工商户的资质是无法从银行获得贷款的；而现在，"信e付"中所有的交易数据已自动构建了基于王小美个体工商户的征信档案，通过量化而来的信用背书成了她融资的通行证。

"信e付"信用档案从0到1的建立，将使得中小微企业在融资和其他金融服务

中更加趋向公平、公正，也为中信银行久经"沉睡"的资本找到优质去处，最大限度地盘活资金存量。

4. 玩转 B2B 借贷新模式，融资同样 P2P

传统银行针对中小微企业的借贷业务通常采用线下调查、资料归集、逐级审批的制度。这种制度耗时长、审核久，容易导致中小微企业痛失最佳融资窗口期，产生无法挽回的经济损失。

一方面，传统融资借贷流程无法有效解决银行资金流入、流出和增值问题；另一方面，中小微企业难以快速融资，企业产能扩张、转型升级受限。传统银行和中小微企业都极度渴望打破这种僵局，解决资金"富足又匮乏"的矛盾。

对于使用"信 e 付"的企业，其所有交易数据都将记录在案。一旦该企业在"信 e 付"提出融资申请，中信银行便可直接从云端调出相应的电子信用档案，系统也将根据已经量化的信用，自动为该企业提供最为合理的授信额度和借贷方案。这一流程安全、简单、快捷，彻底简化了传统融资放款环节，放款效率较之传统方式提升几倍。中信银行在充分提炼和利用互联网金融 P2P 的去中间化成本优势后，以崭新的 B2B 借贷业务模式，快速帮助中小微企业融资贷款，解决企业因资金匮乏所产生的一系列问题。

武汉 XX 工业制造有限公司是武汉某大型汽车有限公司的零部件提供商，为其提供零部件超 500 种，每季度资金周转在 500 万元左右。武汉 XX 工业制造有限公司注册资金 10 万元，员工 52 人，属于典型的小企业。账期三个月、总额 500 万元的应收账款让其无法提供更多的资金投入再生产，业务发展极其受限，但囿于资质不足，又难以获得银行贷款。由核心企业武汉某大型汽车有限公司引入"信 e 付"后，所有与该公司的交易都记录在案。通过其在中信银行大数据金融云中的信用背书，经核算可为其提供 700 万元的贷款，借款期限为三年，且当天办理，第三天即可获得第一批贷款 300 万元。纵观整个放款流程，从提交融资申请到发放贷款仅需三天，可谓雪中送炭，及时解决了武汉 XX 工业制造有限公司因资金链断裂而无法扩大生产的困局。

"信 e 付"从支付切入，富集资金于银行，又以 P2P 去中间化思维简化借贷业务流程，极速投放融资，在平台上形成资金循环增值和流动闭环。自此，中信银行"信 e 付"能够及时、快捷地为中小微企业提供融资服务，更好地推动资本在全社会中的流动。

5. 深耕数据挖掘，金融理财创出新思路

从大数据金融云以及中小企业的借贷数据中，仍可进一步地深耕数据挖掘工作。通过数据挖掘，从海量的数据中搜索出隐藏其中的特殊关系性信息，以归纳总结企业交易、资金的规律、特点和方式等。通过这些归纳得出的结论，不仅能够完善征信机制，奠定银行的企业征信业务资质；还能够让借贷融资从线上延展到线下，从服务广度上覆盖其他关联性企业，实现真正意义上的普惠金融。

数据挖掘所带来的规律、特点和方式，能够让银行熟悉企业的"脾性"，有针对性地推出理财金融服务，在为银行带来稳健收益的同时，加速资本在整个社会资产中的再分配。

通过对"信e付"平台中产生的交易大数据、借贷大数据进行深度挖掘，中信银行从中提炼出潜在的价值信息，如企业交易过程中的一般模式和特征、资金周转的长短属性等，进而发掘某个行业、某个企业或某个环节的金融规律和商业逻辑。利用这些规律和逻辑，"信e付"推出强针对性的金融理财服务。对于某些企业沉淀时间较长且金额较大的资金，为其推介定期理财产品；而对于周转频繁、又有周期性流动特征的资金，为其推介活期理财产品。这些理财产品根据大中小微企业进行定制，让每一种规模的企业都能参与，共享普惠金融带来的利益。

新疆XX棉花制造厂每年9月初便开始向各种植户收购棉花，直到10月结束。这两个月是棉花制造厂和各种棉户使用"信e付"的高峰期。对于各种棉户而言，收入的30%将沉淀下来作为储备金，直到来年4月中旬开始投入新的种植。"信e付"针对这种周期性沉淀且累计金额较大的资金，适时推出理财产品"棉花宝"，年化收益率达7.3%，较银行定存高出约6个百分点。

西宁XX商品连锁超市由于主要针对大型社区和多所高校，每日营业额约为2000元，这一进账流水除高校寒暑假期间都极为稳定。在"信e付"购买活期理财"天天盈"后，原本沉睡的2000元也开始增值。按照年化收益率4.5%计算，一年利息约为540.2元，这笔收益占据本金的1/4，纯收益率达25%。

"信e付"针对大中小微企业的资金量、资金流动状况，推出符合各自特性的金融理财产品，让资金真正"动"起来。"信e付"理财产品让互联网金融带来的成果惠及全国大中小微企业，大中小微企业不仅能够让资金投入实体产业创造价值和收入，还能够在投资过程中参与虚拟经济理财，获得双倍收益。

6.5 浦发银行："微信银行"的项目创新及实施

党的第十八届三中全会提出要"发展普惠金融，鼓励金融创新，丰富金融市场层次和产品"的目标，而移动金融的发展源于科学技术的进步，创新是其最核心的特征。

浦发银行顺应"互联网+"时代下用户需求移动化、社交化的变化特征，发挥自身在金融服务领域的专业优势，与腾讯公司携手跨界合作，整合金融行业优质资源和互联网先进技术，于2013年8月创新推出微信银行产品，为客户提供随时、随地、随身、随心的金融服务，促进金融普惠实现。通过不断创新，浦发银行陆续推出了"微理财"、"微取款"、"微支付"、"微融资"、"微生活"、"微开户"、"微客服"等系列化的微信银行服务，初步建成以理财为核心，包含在线开户、账户管理、转账支付、融资取现、生活服务等在内的全功能虚拟社区银行。

6.5.1 "微信银行"的运营情况

经过两年多的发展，浦发微信银行用户已近800万户，累计交易金额3000亿元，交易笔数6300万笔，建成了具备获客、交易、互动能力的全能微信银行，并以业内领先的示范性市场效应，获评"2014年上海市金融创新成果奖"二等奖，独家获得亚洲银行家"2014年中国最佳社交媒体应用"。

1. 全能之一：浦发微信银行能开户

过去，用户必须前往银行网点开户才能享受该银行的金融服务，但互联网技术免去了这一不便。

现在，微信用户只需关注浦发银行官方微信号，使用其他银行的借记卡即可签约开立浦发微信银行电子账户，体验浦发微信银行账户管理、投资理财等服务，还可获取黄金、外汇、理财等金融服务信息，以及专属的优惠活动信息。同时，浦发银行还完成了人脸识别技术的引入，将在确保微信银行用户开户体验的同时，进一步提高身份识别的精确度。

2. 全能之二：浦发微信银行能理财

强大的理财功能，是浦发微信银行为更多用户创造价值、促进普惠金融实现的重要方式，也是吸引用户的重要因素。为此，浦发微信银行围绕理财产品种类、理财产品收益、理财服务体验等多个核心维度深耕细作，以期为用户提供品类最全、体验最佳、收益满意的微信银行理财服务。

一是浦发微信银行可提供理财产品、黄金、基金、信托、第三方存管等全方位的理财功能，是用户在碎片时间里进行财富管理的利器。微信银行可购买的开放式银行理财产品有周周享盈1号7天、随心享盈14天、随心享盈21天理财计划，可购买的封闭式银行理财产品有一个月、三个月、半年、一年等不同期限供用户选择。每周一晚八点还发行一期微信银行专属的 Q 点理财产品，预期年化收益率比柜面同期同类产品高 0.2%。针对浦发银行代发客户，还可通过微信银行购买代发客户专属产品，每月 18 日还有幸运日系列理财产品。

二是浦发微信银行提供最优的理财服务体验。通过微信银行"闪电理财"功能，1 秒即可将闲置资金转为"天添盈"开放式理财产品，获取远高于活期利息的收益。资金购买产品后，用户在交易时间点击"天添盈转出"即可赎回，资金实时到账，理财快如闪电。凭借优异的用户体验，微信银行"天添盈"闪电理财单月交易金额近 120 亿元。

三是针对大众客户定制高收益的理财服务。针对微信银行销售的"普发宝"，是为广大老百姓设计的理财工具，对于工薪阶层，即便只有普通的薪资收入，也可以通过这种便捷、安全而灵活的理财工具，分享到投资带来的增值效应。微信银行"普发宝"具有投资门槛低（1 元起购）、日日复利、交易零手续费、随时可申赎的特点。相对其他同类产品，"普发宝"在流动性方面有着更为突出的表现。通过微信银行，"普发宝"可做到 7×24 小时交易，客户可拥有更多的灵活性，尤其方便工作繁忙的上班族；从赎回速度看，一般同类产品，单个客户单日最高 5 万元以内赎回实时到账，"普发宝"快速赎回金额最高可达 20 万元。

四是微信理财渐成客户理财方式的重要选择。作为以互联网思维发展微信银行等移动金融业务的浦发银行，每周一晚八点推出的微信银行 Q 点理财产品常常上线 1 分钟后售罄，交易金额瞬间突破 3 亿元，每周抢购 Q 点理财的第一分钟都堪比一次天猫"双十一"购物狂欢节开启后第一分钟的交易量。

3. 全能之三：浦发微信银行能融资

一方面，浦发微信银行创新"靠浦 e 投"互联网直接投融资服务，支持票据质押、有价证券类和担保性融资等业务类型，小微客户经审核后，可直接发布项目融资，浦发银行则提供信息见证、平台撮合等服务，更加高效地服务了小微客户的融资需求，2015 年累计发布项目近千笔，总额度超过 12 亿元。另一方面，微信银行还提供"浦银点贷"大数据消费贷产品，通过大数据风险模型，客户可在微信银行 1 分钟内完成申请贷款到放款的全流程，上线半年已累计为 3 万多名客户提供贷款 20 多亿元。

此外，浦发微信银行还能为从事实体经营、具有良好资信状况的中小企业投资人、私营企业主、项目承包人、个体工商户提供"融资易"服务，浦发银行客户可在微信银行中进行贷款专户定向划付、贷款实时还款等操作，为创业者的事业启航助力。

4. 全能之四：浦发微信银行能支付

浦发银行首创微信汇款服务，用户无须输入卡号，只要有好友微信号，就能通过手机银行汇款。付款人可以将汇款信息以微信红包等形式通知收款人，收款人可通过微信消息中的收款链接实时收款至本人账户或者到浦发银行网点直接取现。

如果需要提取现金，用户还可直接使用"微取款"功能，在浦发微信银行中回复卡号后四位和取款金额，凭预约短信和交易密码在浦发银行任意一台 ATM 上无卡提现。目前，通过"微取款"无卡预约方式在 ATM 上提取现金累计交易金额已突破 5 亿元。

5. 全能之五：浦发微信银行能互动

一是通过浦发微信银行，用户可以通过自然语言、地理位置、智能客服、快捷菜单、数字菜单等多种方式同微信银行进行交流。例如，查询是大多数微信银行的基础功能，但浦发银行把这项基础功能的体验做到了极致。关注浦发银行官方微信号 we95528 后，不仅可以通过快捷菜单 1 秒查询账户余额和交易明细，还可以通过对着微信银行说话的方式进行账户查询。

二是客户账户资金发生变动时，浦发微信银行还可发送微信消息通知，让客户实时了解账户资金实际变动情况，保障账户安全。同时，浦发微信银行还会根据客户的消费习惯，推荐适合该客户的最新优惠活动，客户还可将活动内容分享到朋友圈，邀请好友一起参加。

三是通过浦发微信银行智能客服机器人的协助，可获取自助式微信客服体验。微信智能客服可对微信银行用户的自然语音进行智能化解析，快速匹配最精准的解答，提高客户服务效率。同时，浦发微信银行不但可以同智能机器人互动，还可以与人互动。例如，浦发微信银行提供了查询理财经理的服务，客户遇到需要咨询的问题，可以方便地找到他的专属理财经理并进行沟通。

四是浦发微信银行不但能在线上互动，还可以与线下互动。例如，对于部分收益较高、仅限柜面购买的理财产品，还可通过网点预约功能，获取周边浦发银行网点信息，在了解网点地址、排队人数等详情的基础上，一键式完成网点服务预约，到达网点后可优先享受服务。

凭借良好的体验及丰富的互动，浦发微信银行已经多次荣登中国银行业微信影响力排行榜榜首。

6. 全能之六：浦发微信银行惠生活

微信银行也是用户贴心的生活助手，浦发微信银行在业内首家推出了"微旅行"功能，通过该功能可预订机票、火车票、酒店、用车、机场接送机等服务，更可将航班信息分享到朋友圈，满足亲友间互动的移动生活需求。其中机票覆盖国内和国际航线，火车票销售国内所有在售的高铁、动车等铁路订票，并可提供机场、火车站的订车接送服务和实时用车预约服务，更能根据客户所处位置，查找并在线预订就近的酒店。

出门在外，安全保障永远是第一位的。在"微旅行"功能的基础上，浦发银行在业内首家推出了微信银行"商旅套餐"，用户可以通过微信直接购买保险产品。以前购买商旅类保险产品，用户需要拨打电话或登录网站，现在只需关注浦发银行官方微信，签约后即可一键购买，流程简单且更加快捷。

相较于其他商旅保险而言，浦发微信银行的"商旅套餐"具有显著的服务内容优势。经常乘飞机的人都知道，每次预订机票时花 20 元购买的航空意外险，保额只有 40 万元。如果购买浦发微信银行的"商旅套餐"，并签约商旅 A 套餐，就可以每年 20 元的费用享受全年 200 万元的航空意外险，保额为普通航空意外险的 5 倍。浦发微信银行商旅 B 套餐是一款私家车车主首选的出行保障产品。普通的私家车责任险价格约为 250 元 /10 万元保额，而每年仅 60 元的商旅 B 套餐对私家车的保额高达 50 万元，还包含了火车、汽车、轮船、地铁等其他公共交通，再加 200 万元的航空意外险和 1 万元的意外伤害医疗。针对经常往返于世界各地的旅行发烧友，每年 300 元的商旅 C 套餐为客户提供了 500 万元的航空意外险、100 万元的私家车及公共交通意外险，以及 100 万元的国内国际救援服务，涵盖紧急医疗及援助服务、旅行补偿、道路救援、费用垫付、全球医疗健康咨询服务、全球旅行救助服务，解决客户出行的后顾之忧。

此外，浦发微信银行还提供便捷的"结购汇"服务。点击微信银行"外汇牌价＆结购汇"，只需 1 秒即可查询实时外汇牌价，还可直接进行购汇。所购外汇可用于信用卡外币还款、境外汇款或取现领用。浦发微信银行更可根据客户所处位置，为客户推荐附近的打折优惠商户，为客户的荷包精打细算。

6.5.2 "微信银行"的主要创新点

浦发微信银行在银行同业率先推出了多项创新服务，是国内首家真正意义上的微信银行，具体创新点包括以下内容。

1. 交互方式创新

创新实现符合微信用户习惯的，通过文字对话、语音交互为用户提供服务的模式，率先推出"真正的"微信银行。客户通过关注浦发微信公众平台,主动发送消息命令到公众平台,微信银行接收到客户的微信消息,根据消息的不同类型及消息内容做出相应的处理,将结果回复给客户。目前微信银行系统支持的用户消息类型有:语音消息、文本消息、图片消息、地理位置消息、链接消息、事件推送;系统回复的消息类型有:文本消息、音乐消息、图文消息。与传统的网上银行、手机银行页面展示菜单供用户选择的方式相比,微信银行服务方式多样化,且功能调整灵活,是银行在移动金融趋势下一种轻量级的银行服务平台。

为了使客户便捷地获取微信银行服务,提供文字菜单与关键字匹配两种方式供用户与微信银行进行文本消息的交互,其中文字菜单就是用户根据提示选择菜单序号,依次选择到具体的功能;关键字方式则是用户直接回复的关键字如"余额",直接回复卡片余额,或提示用户输入完整的查询指令获取相应卡片的余额信息。具体流程如下:

在菜单序号的交互方式中,主要通过对微信上下文消息语义的解析,获取客户对特定服务的选择或反馈行为,实现微信交互服务。该方式需要维护微信消息上下文状态,以保持上下文数据的一致性和完整性。当客户以菜单序号与微信银行交互时,客户回复菜单序号为指向特定交易(即菜单最底层),则微信银行回复展示交易结果;若为子菜单号,则微信银行展示子菜单列表,供用户继续回复菜单序号进行交互。

在关键字交互方式中,客户通过微信银行上送关键字的方式发起交易,其中当用户输入关键字直接与交易关键字匹配则直接发起交易,如该交易无须参数,那么直接回复交易结果;如该交易需要输入相关的参数(如卡号后四位、币种等),则提示用户按格式回复相关的参数即可。

2. 语音识别技术创新

率先将先进的语音识别技术运用到金融服务过程中,通过客户与系统之间不同维度的交互,为用户提供便捷的服务。例如,用户只需通过微信说出"余额"就可以查询到其账户余额,说出"明细"就可以查询到其消费明细。

3. 理财服务体验创新

针对"资金流动性"和"收益率"有双重要求的客户,浦发银行在业内率先推出了微信银行闪电理财功能,客户通过浦发微信银行,点击"微理财"中的"天添盈转入"菜单,回复申购金额后只需1秒即可完成资金在活期账户和开放式理财产品"天添盈"之间的转入或转出,获取远高于活期利息的收益,购买当日即可计算收益,无论申购还是赎回均无手续费。仅 1 步操作、1 秒时间，即可实现活期资金与理财产品的灵活转换，目前单月交易金额近 120 亿元。闪电申购赎回并可实时提取现金的理财产品，比市场上其他互联网理财提取现金流程动辄 1、2 个工作日的理财方案更具亲和力，且从长期的表现来看，收益率也比主流的互联网理财方案高出约 30%。

4. 普惠金融服务创新

率先实现直销银行远程开户服务，不是浦发客户，也可通过微信银行便捷开立直销银行电子账户，完成激活后即可使用微信银行的基金、黄金、账户查询等理财类服务。具有投资门槛低（1 元起购）、日日复利、交易零手续费、随时可申赎等特点的"普发宝"，也可通过微信开立的电子账户进行购买，享 7×24 小时交易、高灵活性的投资理财体验。电子账户开户过程可分为账户的待激活、待认证、待核实、正常四个阶段，其中待激活阶段主要为用户输入提交开户的基本信息，在后台登记用户信息；后台作业人员对用户提交的身份证明信息进行审核，如审核通过则为用户生成无实体卡的电子账号；最后用户可通过从他行的同名账户转入资金的方式实现账户的激活。对于已开立本行账户的客户，则可以在验证客户身份的基础上直接注册开通浦发银行的电子账户，无须审核流程。

同时，浦发微信银行率先实现电子账户开户功能的"插件化"服务，电子账户开户功能可植入分行微信公众号或外部公众号，极大地拓宽了金融服务的入口范围，实现了金融服务的普惠和泛在。微信银行电子账户"插件化"服务具有完善的业绩归属体系，开户、产品销售时可以登记销售人员的工号。客户和金融资产归属可根据分行、员工的要求灵活配置并自动登记到指定网点或个人。申请一个微信公众号，再叠加微信银行电子账户开户功能，一家全新的"微信支行"就能开张营业了。未来还将实现将"普发宝"购买、理财等常用功能也植入分支行微信公众号，构建浦发微信银行服务的生态系统。

5. O2O 服务模式创新

率先设计出微信无卡取款服务，客户可通过微信银行实现微信预约，无卡取款。当需要将理财产品支取现金使用时，可实时通过微信银行的"微信取款"功能，回复卡号后四位和拟取款的金额，无须携带银行卡，凭预约短信和银行卡的交易密码即刻就能在任意浦发银行 ATM 上无卡提取现金。浦发微信银行让客户在坐享闪电理财高收益的同时也能随时支取现金使用，形成从理财到取现的交易闭环。微信取款累计交易金额现已突破 5 亿元。

同时，浦发微信银行还率先通过线上与线下结合，使客户通过 LBS 地理定位技术，向微信银行发送当前位置，即可找到附近的银行，获取附近网点信息及网点排队情况，并通过微信银行在线进行网点预约排队，成功实践商业银行的线上到线下 O2O 服务。

6. 专属服务创新

浦发微信银行率先打通专属理财经理与客户之间的交流通道，用户可通过微信银行实现在线联络客户理财经理，与理财经理进行沟通和互动。

6.5.3 "微信银行"的技术系统特点

1. 系统逻辑架构

基于智能交互方式的微信银行系统共分为 4 个部分。

第一部分为上行微信接收与回复系统。腾讯微信服务器接收客户的微信信息后转发到浦发上行微信接收与回复系统。上行微信接收与回复系统解析客户的微信信息内容，根据微信内容调用微信银行 online 逻辑处理单元，然后给予客户相应的回复。

第二部分为微信内嵌 Web 服务系统。微信银行部分功能涉及用户敏感数据及密码校验，因此为了确保安全性，需要页面来提交客户数据。客户通过浦发公众平台回复的链接地址来访问微信银行 Web 服务端服务。

第三部分为菜单维护与下行微信发送系统。根据浦发操作人员维护的菜单数据，组织成微信接口指定格式，发送到微信服务器。系统主动向客户发送动账通知及系统自定义快捷菜单都通过该模块完成。

第四部分为微信 online 逻辑处理系统。这部分主要负责处理微信银行的主要业务逻辑。微信银行系统内部用 TCP 定长报文与其通信，与业务核心系统等银行其他系统的通信使用 SOP 报文。

2. 系统物理架构

基于智能交互方式的微信银行系统的物理架构整体复用手机银行系统集群的架构。

3. 系统应用架构

在基于智能交互方式的微信银行系统及与其相关的接入系统中,"微信客户端系统"部分属于客户端与微信银行系统之间的信息交互方式,包括文本、语音、图片、地理位置、链接等;"快捷菜单维护于下行微信发送系统"、"上行微信接收与回复系统"、"微信服务端联机服务模块"是微信银行系统内部主要组成;"微信客户后台及周边系统"是相关的接入系统,包括信用卡中心系统,总行核心业务系统,通知平台系统等其他银行业务系统。

4. 系统关键技术特点

基于智能交互方式的微信银行系统与传统网上银行、手机银行等服务渠道最大的区别在于与用户之间的交互方式。该系统与用户之间的有状态上下文交互也是浦发微信银行在国内同业率先推出的。在项目具体开发实施过程中涉及的主要技术总结如下:

一是全局统筹指令法。微信作为即时通信软件的特点在于会话模式,会话的继续是以系统读懂用户的输入并进行相关处理后的应答为前提的。然而用户的输入往往是任意的、无法预料的,这无疑给系统的解析造成了很大的困难。为了解决该问题,在系统建设中提出了全局统筹指令集的方法。首先为系统提供一个预学习的过程,并结合业务功能需求,划定一个全局的指令集。指令集是一个由数字、字母、汉字或者三者组合而成的众多指令的集合,其中的每一条指令对应一个具体的交易。全局指令集里面是一些公用的不涉及交互上下文的指令。同时针对每一条指令建议一对多的关键字映射集合,关键字映射集合将作为系统处理用户输入的直接依据。当用户输入关键字,系统调用相应交易完成处理,返回结果完成一次与用户的应答过程。全局统筹指令法与文本智能解析的结合将构成本系统对用户输入的完整解析流程。

二是树状结构指令匹配法。微信公众平台与浦发银行系统之间的通信均是无状态的,为达到客户使用微信银行与同微信好友聊天体验相似,微信银行系统必须能够维持与用户交互的上下文且预知客户下一次可能的输入。为此,浦发银行系统会维护树状结构的指令序列,并为每一位用户动态生成一个当前指令集,当前指令集是根据系统内部的树状结构指令序列动态生成的,它将记录的是用户下一次所有可能操作的交易。我们将以上方法称之为树状结构指令匹配法。该方法可以实现系统与用户之间的状态保持,这种状态的维持和用户当前指令集的动态更新使指令变得富于逻辑性,也首次创造了保持微信会话模式特色的微信银行。

三是文本智能解析流程。用户的输入对于系统而言是无法预料的，因此首先确定系统可以处理的用户输入的范围，系统设定了全局指令集。系统在接收到用户输入后，首先查找是否属于全局指令的范围，如是则直接调用该指令对应的交易逻辑进行处理后将结果返回给用户。如果用户输入不属于全局指令范围，则系统自动调用智能应答模块，根据分词技术对用户输入进行解析，如果解析后的关键字属于全局指令范围，则转到微信银行自身系统处理；如果解析结果属于用户常见咨询类问题，则调用知识库相关内容返回给用户。若智能应答模块无法处理，系统则会引导用户在微信银行系统发起微信人工客服进行咨询解答。

四是限时免登录机制。基于智能交互方式的微信银行系统为了保障客户账户资金的安全，多数需要跳转手机银行的交易，都要进行双重验密，但是对于用户进行同类相关交易每次都要用户进行登录验密，操作较为烦琐且用户体验较差。为了改善这种状态，系统采用限时免登录机制，使用户在第一次登录完成交易后进行同类登录交易，如果两次操作的时间间隔不超过给定时间，则第二次无须再次输入登录密码即可直接进行相关交易的操作，简化用户的操作流程，提升用户体验。

五是多维信息交互性。浦发银行微信系统将 LBS 技术和语音技术应用于微信银行，从而实现基于地理位置、语音、图文方式与系统的交互。向微信银行发送当前位置，即可获取附近网点信息及网点排队预约；借助于微信语音接口，用户在微信银行中语音发出"余额"即可查询当前账户余额。通过用户与系统之间不同维度的交互，为用户提供便捷的服务。

六是多系统融合性。为了尽可能地复用现有系统资源、节约开发成本，基于智能交互方式的微信银行系统复用了当前网银系统集群的架构，并与传统手机银行进行了部分功能的整合。对于理财基金投资等非查询类交易及微信签约绑定等涉及验密的交易，为了保障其安全性，通过微信内嵌 Web 服务从微信银行通跳转到手机银行页面完成密码校验等操作。而对于以个人账户查询、网点查询等为主的查询类交易，则仍在微信会话窗口中完成。

6.5.4 "微信银行"的经济社会效益

通过"微信"这一直面近 7 亿活跃用户的移动互联网入口提供银行服务，有助于提升银行业的服务水平，促进金融普惠，为大众用户提供触手可及、体验便捷的移动金融服务。

1. 降低用户使用金融服务的操作门槛，促进金融普惠

传统 WAP 手机银行和手机银行客户端在移动互联网的推动下用户数在不断增长。然而由于 WAP 手机银行在使用上的种种限制，使手机银行客户端的使用更加普遍。但是用户要使用不同银行的客户端就需要下载多个客户端软件；而且每次推出新功能后，用户都需要重新下载新版本的客户端才能使用新的服务。微信银行的推出开拓了全新的服务渠道，也弥补了手机银行客户端现阶段存在的不足之处，降低了客户使用手机银行和使用金融服务的操作门槛，促进了金融普惠。基于智能交互方式的微信银行系统的逻辑架构如表 6-1 所示。

表 6-1 基于智能交互方式的微信银行系统的逻辑架构

	WAP 手机银行	微信银行	客户端手机银行
终端要求	手机上自带的 WAP 浏览器访问，无须下载任何客户端软件即可通过浏览器访问手机银行服务	对终端手机有一定要求，必须为智能手机终端，通过下载微信客户端软件访问手机银行服务	对终端手机有一定要求，必须为智能手机终端，通过下载指定客户端软件访问手机银行服务
客户端比较	N/A	集成在微信客户端，客户可以通过会话交互或页面跳转方式访问手机银行系统	用户需要安装指定客户端，且每次有新增功能都需要重新下载安装
访问方式	只支持 WAP 接入点进行访问，需用户设置 WAP 浏览器的上网接入点为 WAP 方式，对部分客户有一定的操作门槛	全面支持用户手机通过各类无线接入点访问（GPRS／3G/Wi-Fi），降低用户操作门槛，达到手机能上网即能使用手机银行的效果	支持用户手机通过各类无线接入点访问

2. 提升商业银行的移动互联网金融服务能力

基于智能交互方式的微信银行系统充分发挥了微信作为社交媒体的优点，为浦发银行延伸服务半径、提升商业银行的互联网服务能力提供了有效途径，将浦发银行的服务渠道从目前的 800 多个网点，延伸到所有装有微信软件的智能手机，服务到众多的微信用户。从经济效益看，一是截至 2015 年 11 月底，短短两年时间，浦发微信关注用户已近 800 万户，在股份制同业中处于领先地位，单月交易金额突破 150 亿元，月交易笔数突破 300 万笔；二是微信银行提升了商业银行移动互联网金融服务的能力，大大降低了银行服务的成本，同时客户也能够不再受银行网点的限制，在任意碎片化

时间内即可零距离办理业务,大大降低了办理银行业务的时间成本。

3. 提升商业银行的移动互联网生活服务能力

金融服务与沟通、信息、衣食住行不同,并不是移动互联网的原生需求。相比而言,人们更愿意每天把更多的时间花在手机上聊天、八卦、购物。浦发银行找准自身的定位,搭建起的微信银行服务体系,在互联网客户获取信息、好友聊天、娱乐八卦、随身购物等需求被满足的过程中需要金融服务的时候,能够恰如其分地融入客户的"朋友圈",提供随时随地的生活服务。比如,国庆长假前,如果需要策划一次踏青旅行,浦发微信银行的"微旅行"能为用户准备好旅途的一切,预订机票、火车票、酒店、机场接送机都能一站式安排妥当;出行前,通过微信银行的"闪电理财"1秒就可把活期转入开放式理财"天添盈",长假期间也能坐享高于活期十多倍的理财收益;出门在外如果急需现金,微信中的浦发银行好友指引用户到最近的ATM,并提供预约取款,凭预约短信就能在任意浦发银行ATM取款,解燃眉之急,尽享旅途乐趣;如果国庆好友聚会,用微信银行还可查找附近的特惠餐饮商户;无须银行卡号,用微信号就能交一笔AA聚餐的份子钱;假期欢聚难免饮酒小酌,用微信银行预约一次用车,欢乐畅饮,平安到家。

4. 提高在线客服效能

微信银行系统中接入在线人工客服系统后,客户可通过微信在线人工客服的转接,享受客服系统提供的文字交互(后续支持音频和视频)的咨询类、查询类及动账类人工服务,提高在线客服系统分流传统银行服务热线的话务能力,同时减轻客服人员的工作压力。

5. 创新新媒体、社会化营销方式

任何领域新产品和服务的推广,离不开宣传和营销。在传统模式下,商业银行新金融产品主要通过网点、海报、报纸等渠道和媒介开展营销宣传,这种模式往往只能覆盖到特定的范围和群体,不利于更多的客户及时了解到信息,也在一定程度上限制了优质金融服务的客户覆盖面。而微信银行兼具社交媒体软件的特点,通过用户微信转发和分享功能,即可实现新产品、新服务在朋友、熟人之间的广泛传播。这种利用互联网技术的新型社会化营销方式,不仅降低了对社会营销资源的消耗,也降低了用户之间由于地域、时间等因素导致的信息不对称。浦发微信银行上线以来,不定期开展了不同类型的营销活动,都取得了良好的市场反响,促进了更多用户对微信银行服务的了解,签约用户数成倍增长。

6.5.5 "微信银行"的示范推广价值

基于多维信息交互的微信银行，是浦发银行推出的业内首个深入融合微信交互模式的微信银行。微信银行内的微理财功能率先实现了理财产品查询、购买、分享、与理财经理互动等功能，共同构成完整、良好的理财体验，受到广大用户的喜爱；推出的通过微信发起的预约取款、闪电理财、结购汇等业务均为业内首创，不断发挥着在移动金融领先银行的示范效应。

浦发微信银行系统将金融行业的金融服务与移动社交网络相结合，银行以客户"微信好友"的身份出现在客户的"朋友圈"中，以人性化、社交化、互动式的方式随时随地满足客户的金融服务需求，具有一定的推广价值。

6.5.6 "微信银行"的风险防范水平

浦发微信银行为用户提供高安全性的控制措施如下：

一是专线方式确保接入安全。浦发微信银行系统与微信公众平台之间采用专线方式并基于令牌机制的安全接入，客户通过发送交易指令到微信银行系统，微信银行系统会对公众平台发送的请求及携带的签名参数和银行预留的令牌参数按照一定规则来验证微信公众平台交易消息来源合法性，校验通过后再处理客户的交易请求，从而保证了客户交易的安全。

二是通信加密，确保传输安全。微信银行中所有调用的 Web 端与浦发银行微信服务器端之间采用标准 HTTP 1.1 和 TLS 进行通信层加密，微信内嵌 Web 端至服务器端的所有数据均为端到端的密文传输，确保信息的安全。

三是自动断开登录，确保入口安全。微信通过跳转登录手机银行后，若客户超过 8 分钟不使用，微信服务器端则会自动断开链接，客户只有在重新登录才可以继续使用。

四是多因素控制，确保交互安全。在微信交互中不输入客户密码、完整的卡号、证件号等敏感信息。在微信银行中动用客户资金的交易需跳转到浦发银行页面，在浦发银行页面输入查询密码和交易密码后方可完成交易，即使查询客户的基本账户信息，也需要预先在浦发银行页面进行用户身份验证并绑定。

五是采用了严格的客户密码锁定机制。微信银行客户跳转登录手机银行的过程中如果连续 3 次输入密码错误，则该客户将被锁定 5 分钟不允许进行登录操作；客户输入交易密码（全渠道）错误累计达 3 次，将自动锁定客户的账户，必须由本人携带身份证件至柜面方可解锁；客户如果使用简单密码登录，则登录过程中将强制要求客户增加验证信息，并进行修改。

作为国内移动金融业务领先银行，浦发银行一直紧跟技术发展趋势和客户需求，坚持以互联网思维发展移动金融业务，始终领跑移动金融的创新潮流，提供更安全、更便捷的普惠金融服务。

6.6 中国民生银行：现代普惠金融发展路径——网络金融

2015年3月5日，李克强总理在第十二届全国人民代表大会第三次会议上作《2015年国务院政府工作报告》，强调要制定"互联网+"行动计划。根据国务院工作部署，国家发改委牵头，多部委参与起草了《"互联网+"行动指导意见》，明确了推进"互联网+"，促进创业创新、协同制造、现代农业、智慧能源、普惠金融、电子商务等若干能形成新产业模式的重点领域发展目标任务，并确定了相关支持措施。2015年6月24日，国务院总理李克强主持召开国务院常务会议，并通过了该指导意见，要求各行各业抓紧落实"互联网+"行动计划，助推中国经济新动能的快速培育，共同打造中国未来增长新引擎。

国家强力推进"互联网+"战略，为商业银行创新发展互联网金融带来了重大机遇。各家商业银行快速响应国务院号召，认真贯彻落实国家政策，紧紧围绕市场需求，充分利用互联网前沿技术，进一步优化升级电子银行的同时，着力开展互联网金融平台、产品、服务和营销宣传模式创新，致力于打造深受企业和个人喜爱的普惠金融服务体系，推动金融更好地服务实体经济和社会大众。笔者拟结合自己供职银行的工作实际，谈谈发展现代普惠金融的见解，以期抛砖引玉，求教方家。

笔者认为，普惠金融应包括以下几个方面的内涵；一是广泛了解不同客户群体特点，打造多样化的平台体系；二是围绕客户需求，加大研发和创新力度，推出客户需要的产品和服务；三是根据客户使用习惯，为其提供简单、易用、流畅的操作体验；四是高度重视安全性建设，保障客户账户和资金安全；五是采取手续费优惠和组织丰富多彩的营销活动等措施，让利客户；六是重视普惠金融的宣传和普及，让更广泛的客户享受到其带来的实惠。

6.6.1 围绕不同客户群体，构建差异化的网络金融平台体系

所谓客户群体是指某种平台、产品所服务的消费者集合，其具有较为接近的文化观念、消费收入、消费习惯、生活方式、市场需求等特点。服务提供商可以根据其共同特点为其量身打造各种不同的平台和产品体系，以满足各类群体的差异化需求。中国市场浩瀚巨大，不同客户群体需求千差万别，任何一个服务提供商仅凭自己一家之力是难以满足整个市场的所有需求的，这不仅受其自身条件限制，而且从经济效应方面考量也是不可取的。因此，服务提供商需要根据自身实力和经营特点，在巨大的市场中挑选某几类适合自己去经营的客户群体，并围绕这些客户群体需求，结合市场发展趋势，开展平台构建和产品研发，其服务才具有市场竞争力，才能实现自身的发展目标。

以中国民生银行（以下简称"民生银行"）为例，该行作为中国首家主要由非公有制企业入股的全国性股份制商业银行，自成立以来，就将战略重点聚焦个人、小微、企业客户。为服务好以上客户群体，并抓住互联网金融这类趋势性业务大发展的良好机遇，近年来该行围绕自身战略定位，加大投入和创新力度，进一步完善网络金融平台体系，持续优化网上银行的同时，重点构建手机银行、直销银行和网络支付三大平台。一是网上银行，包括个人网上银行、小微网上银行和企业网上银行。二是手机银行，针对不同客户群体打造差异化平台，分为个人版、小微版、信用卡版和企业版手机银行，同时推出短信银行，作为手机银行的必要补充，使非智能手机用户也能畅享民生银行丰富便捷的移动金融服务。三是直销银行，根据互联网用户需求和习惯，打造专属网站、手机APP、微信银行等纯线上一站式金融服务平台，方便客户在线开户和购买投资理财产品。四是网络支付。为抢占网络支付入口，近年来民生银行紧锣密鼓地建设全行统一网络支付平台，该平台包括民生付、收付易、跨行通三个通用支付产品，以及移动支付、网上支付、网上银行批量代收付、基金支付等线上支付系统和产品，为客户打造丰富实用的网络支付平台。

6.6.2 不断优化创新产品，倾力满足客户需求

现代银行市场主要有两大主体：一是银行机构本身；二是银行服务的客户。银行机构想客户之所想，为其提供优质金融服务，不但是银行机构赖以存续的社会责任，也是银行体系稳健快速发展的现实要求。因此，现代银行必须树立客户至上观念，确立致力于满足客户需求的经营导向。特别是在经济金融全球化进程日益加快、我国银

行业改革开放逐步扩大等情势下,随着银行机构的日益增多及外资银行的不断加入,银行之间的竞争越来越激烈,争夺客户的情形越来越普遍。商业银行若想赢得更多客户,在残酷竞争中立于不败之地,就要主动开展客户调研,深度挖掘客户需求,充分满足客户需要,开展友好同业竞争,并根据客户需求变化,不断优化创新产品服务,为推广普惠金融奠定良好基础。就民生银行网络金融而言,即据此采取了大量卓有成效的建设举措。尤其是客户需求导向方面,深入研判客户现状,不断挖掘客户需求,广泛收集客户建议,及时回访客户群体,积极回应客户预期。在注重倾听客户心声的基础上,持续加大产品开发力度,不断完善已有产品,推出新产品和特色服务。

近年来,民生银行就围绕手机银行、直销银行、网络支付等互联网金融平台开展系列产品和服务创新,相继领先同业推出了个人手机银行网点排号、跨行账户管理、跨行通、二维码收付款、手机号跨行转账、无卡取现等特色功能,小微手机银行公私账户集中管理、代发工资、费用报销、大额汇款、贷款在线申请和签约以及提款和还款、回单验证等小微战略客户专属移动金融服务。2014年2月28日,民生银行顺应互联网金融大发展趋势,率先试水银行新型经营模式——直销银行,近两年创新推出了不依托物理网点、纯线上开立的电子账户以及如意宝、定活宝、民生金、随心存、轻松汇、薪资贷、好房贷、基金通等投资理财和贷款产品,初步形成集"存贷汇"于一体的互联网金融服务体系。民生银行抓住网络支付需求大爆发的机遇,大力布局线上支付,仅2015年就创新推出了指纹支付、云闪付等移动支付新服务,还打造了民生付,涵盖移动端和PC端,支持本行及他行账户,客户可根据实际情况选择银行卡支付、网银支付等支付模式进行订单支付。对电子商户而言,民生付的推出带给其众多实惠。商户只需与标准接口一次接入,即可进行民生卡及他行卡收单,不但免除了与各家银行逐一对接的烦琐,还可轻松快捷地使用订单查询、退款、对账文件直连服务,大大减少了人力投入和手工操作成本。民生付凭借银行专业的清算系统,保障商户货款快速回笼,用户订单交易资金到账时间民生银行和他行分别为T+1自然日和T+1工作日,大幅缩短了商户货款回笼周期,助力商户降低资金周转成本。此外,民生银行还为"民生付"商户提供账户、结算、信贷、资产管理、客户营销等综合配套服务,并采取综合定价策略,让商户享受更专业贴心和手续费优惠的一揽子金融服务。

除了打造一系列独特实用、专业贴心的金融产品和功能,民生银行还围绕大众的"吃住行购娱"以及客户关注的热点应用、热门服务等,不断创新在线便民惠民服务，提供积分换话费、话费充值、火车票、飞机票和景点门票购买、电影票购买和选座、游戏点卡充值、流量充值、特惠商户、民生惠购以及优惠券、酒店预订、特惠酒店、油卡充值、违章罚款、滴滴出行、医疗挂号等丰富的生活服务，重点加大全国性公用事业缴费支付业务开发和拓展，并针对区域客户的特色需求，探索区域特色服务。目前客户使用民生网上银行、手机银行可进行通信费、水费、电费、燃气费、取暖费、物业费、电视收视费、交通罚款、保险费、纳税等多种公用事业的费用缴纳。今后民生银行还将探索创新更多便民惠民服务，将民生手机银行打造成客户首选的移动生活门户。

6.6.3 高度尊重和重视客户感受，坚持不懈谋求极致客户体验

互联网时代，用户需求变换频繁，"良好的用户体验"是影响用户选择服务商的重要因素。谁充分满足了用户需求，提供满意度高和体验好的服务，谁就能赢得更多客户、增强客户忠诚度。就网络金融而言，要打造符合用户习惯、吸引新客户、巩固老客户的极致客户体验，则需要变革服务理念，将用户体验作为产品研发的首要因素予以高度重视。

一是广泛收集第一手客户意见和建议，作为优化客户体验的重要信息和依据。在网络金融发展进程中，民生银行一直重视多渠道客户信息收集，组织内部体验团队，全面体验手机银行、微信银行、直销银行和网上银行等，查找问题和差距并及时改进；组建重点高校的"大学生志愿者团队"，实施"小白"用户测试机制，收集最纯粹的客户感受，作为提升用户体验的重要指南；积极参加第三方权威机构组织的网络金融评测活动，让第三方公司全面系统地体验、客观公正地评价手机银行、直销银行等重要产品和服务，并出具综合的评测报告，肯定优势，指出不足，助推民生银行持续优化提升网络金融服务。此外，民生银行还通过手机银行客户之声功能、电话银行工单、舆情监控、APP下载评论、微博、微信、百度知道等论坛和门户网站的用户评论，获取整理客户反馈，了解客户最真实的需求和建议，据此完善金融服务、优化用户体验。

二是广泛开展行业调研，学习和借鉴先进经验，持续提升客户体验。如最近推出的手机银行3.0版，借鉴目前流行的生活类应用，全面改版生活圈，将原来的宫格菜单形式优化为直接展示，功能服务一目了然，操作更加便捷；参考时下流行的设计，将琐碎的个人信息和设置统一放在"我"一个模块内，带给客户视觉一致的使用体验；

将原来在页面下端的"扫一扫"服务移至右上角,与先进互联企业所部署的位置保持一致。

三是简化操作流程(见图6-1)。为打造具有竞争力的用户体验,民生银行不断简化网络金融业务操作流程,减少客户填写信息环节,做到简单易用。以手机银行为例,民生银行根据手机特点,精心设计了适用于手机操作的用户界面,方便触控,尽量减少客户在手机上填写数据的操作。如手机号转账,在不知道收款人账户信息的情况下也能转账,只需收款人姓名和手机号,而且无须手工输入,直接通过通讯录查找、选择和确认;3.0版手机银行为客户提供二维码便捷收款和付款的同时,新增扫描银行卡自动获取卡号的服务,有效避免了手工输入的烦琐和差错,为客户节省宝贵时间。此外,民生银行创新推出自助注册客户小额支付功能。以前客户在线自助签约民生手机银行后,如果有支付需求,开通和未开通网银的客户分别要通过该行个人网银或网点柜台申请开通对外转账支付功能。为方便自助注册客户支付结算,民生银行率先打开手机银行小额支付通道,无须签约网银,更不用前往营业网点,只需在线下载客户端,自助注册其手机银行并勾选开通小额支付功能,就能进行水电煤气费缴纳、话费和游戏点卡充值、电影票/火车票购买等缴费支付交易,限额为每日1000元、每月累计5000元,在线开通,应"付"自如,客户支付体验提升显著。

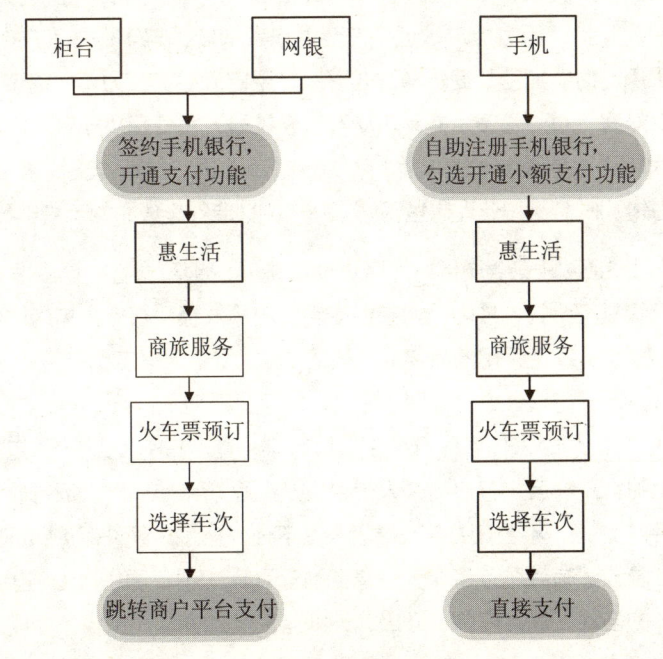

图6-1 民生银行简化操作流程示意图

6.6.4 以安全为第一要务，加强交易风险预防和管控，全力保障客户账户和资金安全

互联网金融安全问题一直是社会各界和用户最为关注的热点。要赢得社会支持和客户信赖，互联网金融服务主体就应把加强风险防范作为第一要务，列为普惠金融建设工作的重中之重。当前，有些银行机构尚未认识到构建安全网络金融的极端重要性；或者已对安全性要求有所领悟，但没有采取过硬措施予以改进。安全意识不到位，建设水平跟不上，必然导致消费者心存疑虑，必然制约网络金融的健康快速发展。而正确的发展策略是，深入认识网络金融安全建设的价值所在，高度重视网络金融风险防范，着力加强交易风险监控，切实消除客户疑虑，充分保障客户权益，努力打造客户信赖的网络金融服务。

民生银行深知网络金融安全直接关乎客户和银行的切身利益，始终把网络金融安全作为业务发展关键一环予以高度重视，通过不断采用新技术手段、提升客户安全意识和操作技能等措施，从银行、客户、网络环境等多层面防范网络金融风险。

一是构筑手机银行严密防护网。随着越来越多的手机直接关联手机银行、第三方支付应用、通讯录等客户财产和私密信息，保障移动终端信息安全显得愈发重要。为了有效避免风险事件发生、保护客户权益，民生银行通过手机银行密码长度和复杂度验证、操作超时保护、服务器端认证、安全退出等措施，筑牢保护客户信息的城墙。同时，全程采用端对端加密数据传送方式以及专用密码键盘，为每一笔资金交易保驾护航。此外，对客户每一笔资金交易启动双因素校验，免费提供动账即时通知，设置输入密码最大错误次数限制防止破解，着力提升商业银行的欺诈交易事中监控能力，并联合多方力量及时监测和处理钓鱼网站，为客户打造安全放心的手机银行使用环境。

二是新版 U 宝兼顾安全便捷。为了进一步提升网银安全性，民生银行推出新版 U 宝，全面升级其安全性，成为国内首批使用国密标准级网银安全措施的金融机构之一。据了解，国密版 U 宝采用的数字证书认证技术，将个人信息加密存储为数字密文，作为客户的身份认证，只有身份获得认证后，才可登录网上银行。同时，民生 U 宝个人数字证书通过 ID 与个人信息进行绑定，具有唯一性，只有使用该 U 宝的客户方可成功登录网上银行。U 宝中存储的个人信息以及在登录和使用网上银行时的身份验证运算仅在 U 宝中进行，不会在内存及硬盘中留下任何痕迹，硬件保护的证书更无法被导出、复制、篡改，有效防范了个人信息的泄露。民生银行国密版 U 宝内置下载器，实现驱动程序的自动下载、安装、升级，无须客户手动操作，减少了中间环节，有效兼顾了安全性和便捷性。

三是实时监控预警欺诈。针对新《消费者权益保护法》进一步加强个人客户信息保护的要求,民生银行也较早做好了相应的制度安排。该行对个人客户信息资料的采集、使用实施严格的内部控制制度,同时运用防火墙、数据加密以及网络安全监控等手段强化客户信息保密管理,防止信息泄露、出售或者非法向他人提供,以确保信息安全。为应对其他原因导致的信息泄露、丢失和客户资金受损,民生银行还针对借记卡用户首家推出了电子银行风险交易实时监控系统。这套 T+0 实时交易监控系统是建立在用户习惯特征数据库和欺诈行为特征模型基础之上的,具有灵活配置监控的特点。它可实时筛选可疑交易,对低风险交易予以放行,对中、高风险交易启动事中控制机制,通过追加短信或电话的方式向客户进行确认,对确认为风险的交易实施阻断,做到欺诈行为的提前预防。该系统上线以来,有效拦截了各类被盗资金,获得了客户的广泛好评。

四是安全教育常抓不懈。对客户进行网络金融安全教育,既是有效防范潜在网络风险的手段,又能切实提高客户自我风险防范意识,还是商业银行践行社会责任的具体体现。2015 年 CFCA "电子银行联合宣传年"、银联 "安全联盟互联网安全支付"、支付清算协会 "移动支付安全" 等网络金融安全宣传活动掀起了巨大的社会反响,民生银行鼎力支持并积极参与,帮助公众提高安全意识。

通过以上种种措施,民生银行从银行端、互联网和客户端多方面构建了安全放心的网络金融安全体系,大力保障了客户权益,得到了客户和社会各界的一致好评,曾在中国电子金融产业联盟和电子商务协会电子金融专业委员会主办的第二届中国电子金融金爵奖评奖活动中荣获 "中国网上银行最佳网银安全奖" 等大奖。

6.6.5 以金融"惠民"为重点,采取差异化定价策略,大力让利客户

在金融市场中,银行与客户两类主体相生相伴,应该做到相互信赖、相互体谅、互利共赢。客户宜领会银行机构的友善和热心,银行机构更需以实际行动赢得客户的信赖和支持。而更重要的是,银行机构毕竟是以集团面貌出现在客户和消费者面前的,确实存在双方关系、双方互动不对等、不平衡等情况,因此银行机构更应该多为客户群体着想,放下身段,倾注爱心,多做爱民惠民善举。如此可知,一方面需要银行提升服务品质,为客户提供安全、高效、便捷的多元化金融服务;另一方面,银行还应采取惠民措施,主动积极回馈客户,使客户以较低的成本享受优质服务。以上重要内容,是当前建设和发展普惠金融课题的应有之义。

为推动普惠金融的快速发展，2015年4月中旬，李克强总理在考察一些银行时，要求商业银行进一步减少服务收费类目；2015年年底，央行正式发布《关于改进个人银行账户服务 加强账户管理的通知》，鼓励银行对存款人通过网上银行、手机银行办理的一定金额以下的转账汇款业务免收手续费。最新数据显示，目前有超过70家银行启动或者完善网上银行、手机银行手续费优惠政策。

在网络金融手续费优惠政策推行上，民生银行一直走在银行业前列。早在2009年4月，民生银行针对客户网银汇款需求量大、交易频繁的情况，率先下调网上银行汇款手续费收费标准，贵宾卡客户免收手续费，普卡客户也享受到远低于柜台的优惠；2010年8月底，中国人民银行网上支付跨行清算系统上线，民生银行作为首批接入该系统的商业银行也在同年8月30日上线，为客户提供7×24小时不间断的跨行账户查询和转账服务，所有网银互联相关业务当时均不收取任何费用，极大地方便了客户进行跨行账户查询和归集他行资金，降低了跨行账户管理成本和转账手续费；2011年年初，民生银行进一步提升网络金融服务，为小微客户量身打造了小微版网银，提供公私账户集中管理、伙伴账户、短信付款、E-mail汇款等特色服务，继续免收网银互联汇款手续费，还针对小微客户推出伙伴账户汇款优惠措施，小微客户向其预先设置好的伙伴账户汇款时，享受本行转账手续费免费、跨行转账手续费5折的优惠，帮助其减少费用支出、降低运营成本、实现快速发展；为方便客户实时掌握账户资金变动情况、保障客户资金安全，民生银行提供账户信息即时通服务，并从2012年3月28日起，对个人借记卡、存折客户以及对公客户免收该项服务费，成为国内首家全面减免这项服务费的商业银行，促使规模庞大的民生银行账户信息即时通用户都得到了实惠；2012年7月11日，民生银行正式推出手机银行，一开始便实施手机银行签约开通和转账汇款全免费的策略，让客户享受到其打造的安全、便捷和无手续费的全面移动金融服务。

2014年以来，为落实李克强总理和央行指示，贯彻国家正在推进的"互联网+"战略，民生银行再出新招，进一步强化网络金融优惠措施，全面清理服务收费项目，继续实施手机银行和网上银行本行汇款、他行汇款以及向救灾专项账户捐款免手续费政策；同时，客户通过民生手机银行跨行通、境外汇款等功能处理资金流转业务均无须支付手续费，此外其中境外汇款在电子渠道推出初期免汇划手续费和电报费，免费力度引领同业。

2015年11月6日，民生银行在其手机银行和网上银行同步推出境外汇款业务，从此客户再也不需要车马劳顿前往柜台，只需掏出手机或者登录网上银行就能快速办理境外汇款和现钞折现汇业务，突破时空局限，既方便快捷，自上市日至2016年5

月 31 日，使用手机银行进行境外汇款还可得到境外汇款汇划手续费和电报费全免的实惠。客户若要办理境外汇款业务，如果选择中国银行、建设银行、招商银行等，因这些银行手机银行暂未推出该项服务，只能通过柜台或者网上银行，而且需承担汇出金额 0.1% 的手续费和 80～150 元不等的电报费；尽管工行手机银行渠道推出了境外汇款服务，但客户需按照 0.1% 手续费 8 折优惠的标准支付费用，而且只支持工银速汇和 VISA 卡客户；支付宝移动端国际汇款业务上线较早，不过从 2015 年 4 月 1 日起，该项业务收费统一调整为 50 元 / 笔。

比照其他商业银行和支付宝，民生银行境外汇款对客户让利最多，在 2016 年 3 月 1 日前客户使用民生个人网银进行境外汇款，免汇划手续费和电报费；如果客户选择使用民生手机银行办理境外汇款，享受手续费优惠的时间更长，截止 2016 年 5 月 31 日通过其手机银行、网上银行使用现汇进行汇款，免付汇划手续费和电报费；自上市日至以上两个时段之间，客户如果使用外币现钞进行汇款，只需支付"钞转汇"手续费，其他两项费用均免。

除了直接免费或者降低收费标准，主动让利客户，民生银行还加大营销费用投入，组织开展丰富多彩的客户回馈活动，鼓励和吸引更多客户体验和使用其网络金融服务。例如，民生银行多年来积极参加中国金融认证中心组织的"电子银行环保日"优惠活动，在七天或者半个月的活动期间，民生银行坚持免收电子银行安全工具工本费，客户还可参加民生银行专门针对手机银行客户推出的"我们约惠吧"全年性特惠活动，乐享"天天有奖"、"周周抢票"、"周周月月有特惠"系列即时抽奖、抢优惠电影票、降价竞买等新鲜、刺激和富有趣味性的活动。民生银行充分利用微信、微博等新媒体平台，推出众多社会化营销活动，近两年来就开展了 20 余个微信活动，如手机银行微信送祝福抢红包、"奔跑吧，年货！"、妇女节"38℃最甜的蜜，是你吗？"等大事件营销活动，接二连三的劲爆时尚活动掀起一轮又一轮的客户参与热潮。2016 年伊始，民生银行就紧锣密鼓地策划推出了"民生二十周年庆 手机银行发贺礼"以及手机银行"天天有奖"、"周周名品惠"系列精彩活动，带给客户众多实惠和惊喜。

同时，民生银行始终提供电子银行积分服务，以前使用电子银行进行交易的客户可获得相应的电子银行积分。近年来该对积分服务进行优化升级，将电子银行、非凡积分和信用卡积分整合成通用积分，客户可一并使用。此外，凡是新签约民生手机银行并进行首次交易的个人客户可获赠 7000 通用积分，首次签约跨行通且添加一个他行账户的客户可获赠 1500 通用积分。客户获得的通用积分可在民生商城积分专区自由进行兑换，商场里陈列琳琅满目的商品供客户选择。

以上优惠措施既为客户节省了交易成本、创造了额外收益，也是民生银行提升服务质量、关爱客户的切实举措，大大提升了客户体验，赢得了客户的一致好评。

6.6.6　加大宣传推广力度，普教网络金融，提高市场认知度

再好的产品和服务，如果客户不用，也难以发挥实际效用；力度再大的优惠措施和让利活动，如果客户不感兴趣、不参与，也难以达成普惠目标。因此，只有通过广泛的宣传和推广，让更多社会大众了解和熟悉种种普惠措施，并成为普惠金融的忠实用户，才可谓落到了实处、产生了效果。诚如民生银行董事长洪崎先生所言："再好的产品，如果不会营销宣传，功能就会减半。"正是基于这样的认识，民生银行高度重视网络金融普教工作，积极探索宣传营销新模式，开银行业微电影传播先河，精心制作《家》《兄弟》《无需等待》《肩并肩》4部微电影，将手机银行跨行账户管理、跨行资金归集、手机号转账、网点排号和理财投资等特色功能融于情节完整、扣人心弦的故事，在门户网站、优酷等平台发布宣传，用户点击踊跃；与全国性热门互联网媒体紧密合作，全面开展精准数字营销，通过大数据筛选与民生手机银行、直销银行等目标客户相匹配的潜在用户，根据其特点和需求推送产品和服务广告，争取更多流量转化，实现了广告投放效果的可监测和量化，助推了品牌知名度的扩大和市场规模的壮大，赢得客户支持和信赖的同时，也获得了第三方权威机构的好评。

民生银行还大力加强网络金融知识、技能宣讲工作，在全国众多支行网点配置了网银服务机，搭建网络金融体验区，并组织大堂经理进行专门培训，熟练掌握网络金融知识、网银服务机和体验区其他设备的使用方法。同时，建立大堂经理借助网银服务机、手机等为新开网银、手机银行和直销银行客户提供一对一指导的日常工作机制，客户在柜台办理网络金融产品和服务后，大堂经理即使用相应的自助机具更直观形象地指导客户正确、安全使用网络金融，传授普惠金融知识，帮助客户养成良好的网络金融使用习惯。

通过坚持不懈地创新和发展普惠金融，民生银行网络金融赢得了客户的支持和信赖，市场规模快速扩张，客户交易十分活跃。截至2015年年末，该行手机银行总客户数突破1900万，年累计交易金额6.00万亿元，户均交易笔数达18笔，户均交易金额超30万元，客户活跃度领先同业；直销银行客户数超290万户，如意宝总申购额愈8000亿元；微信银行用户数超340万，位居同业前列；网银客户数达1500余万户，年累计交易金额67万亿元，交易替代率保持在95%以上；电子渠道个人理财销售额增长态势强劲，2015年销售总额远超2万亿元，在该行全部个人理财销售总量中占比达98%以上。

以上数据表明，经过锲而不舍的努力，民生银行在普惠金融创新发展上取得了显著成效，民生网络金融已成为广大客户自助办理金融业务的主渠道，为客户创造便利、节省费用、时间和精力的同时，助推银行降低了经营成本，减少了社会资源消耗，实现了客户、银行和社会的共赢。

6.7　中国光大银行：云缴费践行"互联网+普惠金融"模式

6.7.1　云缴费践行普惠金融

靡不有初，鲜克有终。能善始者实繁，能克终者盖寡——语出《诗经》，用来形容光大银行"云缴费"的发展壮大，某种程度上也颇为妥帖。

便民缴费是传统意义上的小事、难事、琐事，但同时也是天下民生大事。从十几年前中国光大银行（以下简称"光大银行"）开始陆续接入单个缴费项目，到七年前创新性系统集中、开放输出，再到2014年全新服务模式升级，互联网+思维融会贯通，全面打造"云缴费"普惠金融品牌，所有碎片化的缴费项目、缴费渠道、缴费时间，才被一一整合（见图6-2）。

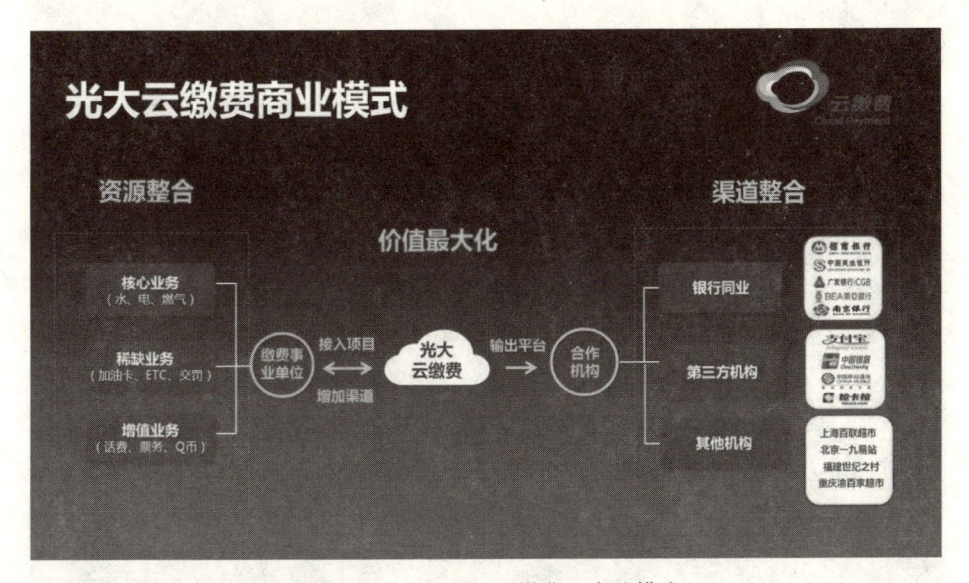

图6-2　光大银行"云缴费"商业模式

迄今,"云缴费"已发展成为中国最大的开放式网络缴费平台,覆盖 29 个省 300 个城市,水、电、燃气、固话、有线电视、交通罚没等缴费项目超 600 项,缴费输出合作伙伴包括支付宝、微信、拉卡拉、京东、苏宁、全国性股份制银行、城商行、农商行等各类机构超 120 家,可服务人群超 5 亿人。2015 年,中金公司专业报告评估,光大银行云平台将是又一个千亿市值所在。

根据《国务院关于积极推进"互联网+"行动的指导意见》和《关于促进互联网金融健康发展的指导意见》,我们可以发现,金融机构应利用互联网相关的技术手段,加快金融产品和服务创新,在更广泛地区提供便利的存贷款、支付结算、信用中介平台等金融服务,拓宽普惠金融服务范围,为实体经济发展提供有效支撑。"云缴费"正是通过"开放、合作、共赢"的理念,运用互联网思维,利用互联网技术,把公共事业缴费端的支付结算做深、做透、做统一,切实践行了"互联网+普惠金融"新模式。

1. 缴费遇到的难题

每天上班下班,家里的水费、电费、燃气费、电话费、有线电视费……怎么办?缴费曾经是困扰百姓日常生活的一道难题,几年前,缴费难还曾作为社会热点话题被广泛讨论。老百姓若要缴费,除了在缴费单位,就是少数几个具有垄断地位的银行网点,不同的费用往往还要去不同的地方交,水费是一家银行代理,电费又要去另一家,而且还要排队,更受营业时间的限制(见图 6-3)。

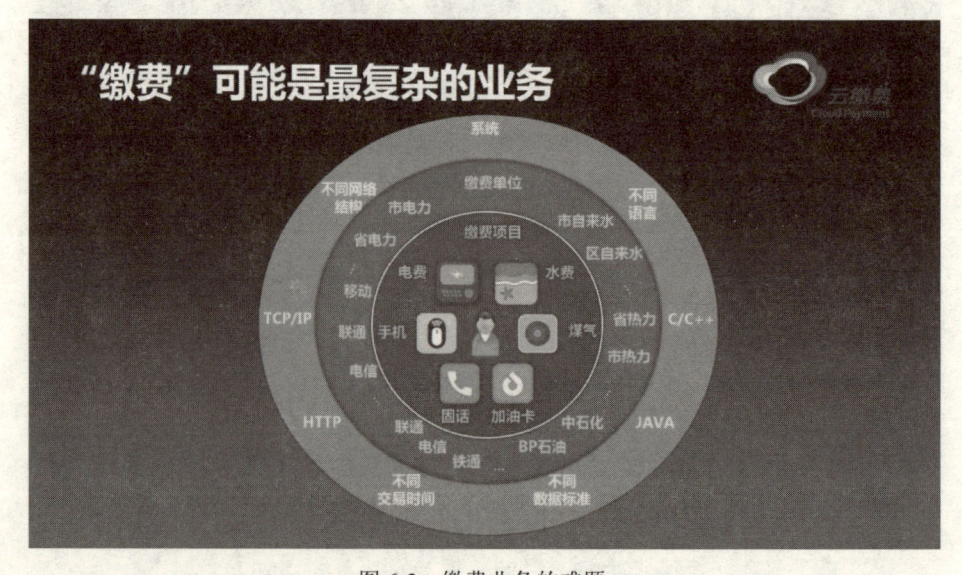

图 6-3 缴费业务的难题

如今，水电煤气、电话费、有线电视费等生活费用的缴纳将变得更加轻松。随着互联网与百姓日常生活的进一步融合，越来越多的人习惯使用网络渠道进行生活缴费，过去烦琐的缴费模式已经改变，随时随地、方便快捷的特点使得"互联网＋生活缴费"模式被迅速大众化推广，顶风冒雨去网点、忘记缴费而半夜停电等尴尬事件将不再发生。

除了老百姓遇到的缴费难题，为了给客户提供更多更好的服务，银行在接入缴费项目、尽可能多地提供缴费项目、全面集成缴费系统等方面同样存在着难题，因为公缴单位有着不同的网络结构、操作系统、接入语言、数据标准、交易时间。光大银行"云缴费"平台将这些复杂错乱的业务集中在一起，制定出统一的标准输出给合作机构，使得缴费接入成为一件容易的事。

2. "互联网＋"光大银行——力推普惠金融

在 2015 年"两会"上，李克强总理提出了"2015 年要大力发展普惠金融"，使普惠金融的内涵更为丰富，客户覆盖面更广，产品和功能更加多样，服务渠道也由单一的线下拓展为线下线上协同并行，电子化、网络化、移动化特征明显。光大银行作为一家全国性股份制商业银行，始终以履行社会责任、推动普惠金融为己任，积极探索与实践，使更广泛的普通民众享受到普惠金融的福利。

随着经济进入新常态，光大银行也面临新的挑战和机遇。

挑战方面，一是从宏观经济层面来讲，面临经济下行对业务发展和风险暴露的挑战；二是从金融层面来讲，面临利率市场化加快推进对利润增长的挑战。同时，互联网金融也给银行带来了诸多挑战，但它同时也推动银行积极运用互联网思维、应用互联网技术、与互联网公司进一步合作，加快产品及服务创新，拓展金融服务渠道，深化电子渠道与物理网点的有机协同，提高效率，提升客户体验。

在经济新常态下，"互联网＋"金融已经焕发出新的活力。金融覆盖老百姓生活、产业发展等方方面面，是国民经济发展的血液。光大银行也深刻地解读了"互联网＋"的概念，提出将在四个领域有所突破："互联网＋生活"，即消费金融；"互联网＋生产"，即产业金融；"互联网＋开放"，即普惠金融；"互联网＋移动"，即移动金融。

面对这四个领域，光大银行整合了六项基础业务（支付、缴费、代理、商户、融资、收单），进行了"网络里的光大银行"布局，推开一扇门——通向互联网的直销银行大门，抬头看见两朵云——云缴费、云支付，低头看见三朵花——e理财、e融资、e电商，面朝蓝天，春暖花开。

其中，"云缴费"大力书写了光大银行在普惠金融领域中浓妆重抹的一笔，以完全开放的姿态，让便民缴费业务成为服务老百姓最便利的生活服务应用。

6.7.2 云缴费的业务模式

光大银行自2008年开始，历时8年，打造出中国最大的开放式网络缴费平台——"云缴费"。2015年，中国光大银行"云缴费"作为中国最大的开放式缴费平台，打造了中国普惠金融新模式。截至2015年12月末，"云缴费"当年交易量突破1.3亿笔，累计接入公用事业缴费项目突破600项，覆盖29个省近300个城市，可服务人群超5亿。

"云缴费"是光大银行践行互联网精神、普惠金融理念最显著的体现之一。该平台基于开放式基础服务平台，不仅接入光大银行网点、网上银行、手机银行、微信、ATM等10多个自有渠道，同时其他金融机构及第三方支付公司也可以同步接入，真正实现了"云缴费"便民、惠民的服务宗旨，全国主要城市、社区的居民均可通过光大银行网络缴费平台实现足不出户、轻松缴费，其兼具开放性、便捷性、延展性的金融服务新模式，已经融入寻常百姓的日常生活（见图6-4）。

图6-4 "云缴费"的业务范围

"云缴费"通过开放、合作、共赢的金融服务模式，向包括支付宝、微信、财付通、拉卡拉、京东、苏宁、全国性股份制银行、城商行、农商行等在内的120余家各类机构输出缴费业务，规模居全国第一。其中合作规模最大的支付宝缴费交易量2015年已突破130亿元。2015年7月，微信生活缴费栏目依托"云缴费"平台上线超过200个项目，短短五个月时间交易笔数突破1100万笔，成为微信上最受欢迎的生活服务应用。

1. 节省社会资源，促进绿色生态

云缴费平台是光大银行便民服务的核心，它的意义在于搭建一个普惠金融体系，在这个体系中，光大银行希望以合作共赢的态度，广泛纳入各类同业伙伴，从而形成范围更广、层级更深的服务网络，让更多普通民众都由此受益，真正实现惠及大众的金融服务革新。随着民众消费日益实现网络化，移动金融日趋成为更具市场生命力的领域，如何搭建一个集开放性、便捷性和延展力于一身的金融平台，将是全面解决便民金融的重点。基于此，光大银行推出了"光大·云缴费"金融平台，全面打通线上线下缴费渠道，其倡导"开放、便捷、全面"的用户体验，一经推出，便赢得民众、第三方支付及同业伙伴的广泛认同。

"云缴费"是一个开放式平台，不仅光大银行自身客户可以通过各种渠道使用云缴费平台，其他银行以及第三方支付机构也可以同步接入。并且接入"云缴费"平台，可为每家机构单项缴费业务节省营销成本、开发成本、专线成本等一系列费用，节省了大量的社会资源。

据测算，单项缴费业务从系统接入到开放给大众在线使用，包括开发成本、分行推动费用、专线成本、营销成本、设备分摊成本等不小于30万元。云缴费共开放600项缴费项目和121家合作机构，最大范围可节省社会公共资源数百亿元。

同时，云缴费也大大节省了个人和家庭的投入，促进绿色生态金融发展。据测算，每人每月如去各网点柜台缴纳水、电、煤、公交、手机、网络宽带等费用，交通和时间成本需8小时，一年需96小时；使用云缴费开放给各合作伙伴的在线缴费平台，每人每年节省95小时。同时，每个家庭每月收到的纸质账单，如果都替换成云缴费提供的电子账单，中国每年可节省大量张纸，每年能少砍数十万棵树木。

2. 拥有创新、安全、稳定的技术平台作为有力支撑

"云缴费"平台是业内首家全国集中的公用事业缴费开放平台，架构创新、设计合理、安全可靠，自2010年10月在全辖各分行推广以来持续稳定运行，平台所具有的异步处理模式、流量控制、服务分组技术的应用等方面在国内同类系统中处于领先水平。

云缴费平台可扩展的高处理能力，主要表现为异步处理模式、处理能力2000+、服务分组、全局流量控制；有高效便利的接入模式，统一标准、统一规范、参数化定制、提供第三方模拟器测试，加快测试进度；同时具备安全可靠的系统运行，主要体现在完善的应急预案、一键式系统切换、数据备份、数据安全、网络安全（见图6-5）。

图6-5 "云缴费"的业务优势

3. 全面把握客户需求，白皮书打开金融普惠大门

光大银行自2008年开始打造开放式网络缴费模式，至2015年建成当前中国最大的开放式缴费平台——光大云缴费。光大云缴费以其兼具开放性、便捷性及延展性的金融平台服务新模式，已经融入寻常百姓之家。

2015年5月，光大银行携手新华网联合发布了《2015中国便民缴费产业白皮书》。作为我国第一份研究大众缴费状况的专业报告，白皮书针对大众缴费习惯及行为偏好进行了深度调研和分析，对中国缴费产业市场需求进行了全面分析解读，对当前基础类和非基础类缴费业务的品种分布情况、企业客户及交易规模、民众缴费渠道及缴费方式进行了充分调查，将能够成为包括"光大•云缴费"在内的各大第三方互联网缴费平台切实推动并实现更广泛的普惠金融和便民服务的重要依据，也为光大银行更多合作伙伴提供了广阔的发展空间。白皮书探讨了未来以网络渠道为主的便民缴费金融服务，持续推动缴费的网络化、移动化、便捷化，让这一与百姓生活息息相关的便民服务升级加速，进一步推动普惠金融落到实处。

光大银行副行长李杰表示："通过云缴费白皮书的发布，中国缴费产业情况将更清晰化、深刻化，从而更利于号召和吸引更多的相关产业加入其中，全面开启以缴费为窗口的普惠金融服务实践，推动便民金融走入百姓身边。"

据调研数据显示，我国缴费产业体量巨大，年缴费金额达 3.99 万亿元，占据 2014 年全国 GDP 总量的 6.3%，仅基础类缴费就有 11 种以上，且缴费渠道分布不均，二线及以下城市线下缴费不便现象较为普遍，特别是针对老年人、农民工、农村留守人员等弱势群体线下缴费不便的问题尤为突出。随着公用事业缴费方式向"互联网 +"转移的加速，以及缴费平台和移动端缴费应用软件的发展，越来越需要像白皮书这样更具系统性和针对性的数据支持，从而得以提供更加符合大众需求的服务模式，移动端缴费应用软件已经被越来越多的人所青睐。

白皮书还指出，未来缴费产业前景广阔，2014 年年度网络缴费金额达到 1.88 万亿元，占总体缴费金额的 47.1%，实现更多渠道接入及更多合作伙伴加入的便民缴费网络将是多方共赢的最佳解决方案。

对此，中国银行业协会专职副会长杨再平表示，网络缴费的方便快捷已经成为大势所趋，而从中延伸出的手机缴费等，进一步完善了公用事业缴费渠道，成为一项方便民生的有力举措。而银行业更是能够通过开展跨界合作，大力推广便民服务，将普惠金融服务实实在在落到百姓生活之中。

4. 打造智慧城市，深化普惠金融服务

2015 年 5 月，中国光大银行与贵州省相关部门签署了《公共事业与大数据产业战略合作协议》。光大银行云缴费大数据应用研发中心将落户贵州，拉开了打造智慧城市的序幕。

光大云缴费平台不但实现了金融便民服务扩散的最大化，更为那些传统金融服务设施建设不完善的地区带来了全新的线上解决方案，让更多的人享受到"互联网 +"时代的便捷。

2015 年，光大银行云缴费大数据应用研发中心落户贵州，并以打造智慧城市为目标，向贵州大数据应用企业进行开放。包括云缴费、云支付在内的金融服务也将全面引入贵州，实现其缴费金融服务的全面升级。

生活缴费作为最为贴近百姓的服务窗口，是推动普惠金融的最佳领域，"光大·云缴费"体系的建立，让更多人享受到了领先的电子银行服务体验。与此同时，光大银行还积极展开与政府、职能部门、泛金融行业的全面合作，通过网络缴费业务，建立起一个覆盖全国各级城市的普惠金融服务体系，并以更加开放的合作姿态，与更多的伙伴探讨和实现创新双赢模式，打开全新金融服务格局。

随着公用事业缴费方式向"互联网+"转移的加速，缴费方式也将以更加贴近民生的方式出现，"随时随地随手网络缴费"将成为更多城市打造智慧城市的基础服务。

5. 平台开放再升级，与"互联网+"共舞

从启动网络缴费项目到缴费业务超过 600 项，回顾光大银行云缴费七年来的历程，2009 年 3 月，第一家第三方支付公司支付宝上线；2011 年 7 月，第一家 POS 合作伙伴拉卡拉上线；2011 年 9 月，第一家同业机构合作伙伴东亚银行上线；2014 年 10 月，光大网络缴费升级为"云缴费"。

在新时代、新互联网经济形势下，云缴费平台再升级。2015 年 6 月，云缴费与微信合作推出微信生活缴费服务，融入微信社交属性，能够快速直达用户触点，帮助用户更加方便快捷地享受"移动生活+金融服务"带来的便利。

自 2015 年 7 月起，微信九宫格依托"云缴费"平台已上线 206 项水电燃通信项目，受益人群超 5 亿。

2015 年，云缴费银行合作也进一步加强，目前已与招商银行、民生银行、中信银行、交通银行、广发银行等 20 家银行合作；招商银行掌上生活缴费业务上线 124 项业务。服务人次超过 130 万。

6. 云缴费迎大未来

在通往"互联网+"普惠金融的道路上，云缴费快速成长，其开放、合作、共赢的便民模式被社会各界所认可。

随着普惠金融理念逐渐深入人心，光大银行将继续在"互联网+生活缴费"这条道路上大步前行，大力发展互联网"生活+金融"，运用互联网思维和技术，积极做到服务前移、服务上门、服务到指尖、服务贴心，构筑全方位、一体化、无时空地域限制的金融+生活服务生态圈，深入推动普惠金融服务的网络化、移动化、便捷化、生活化。我们也相信更多的"普惠金融"产品与服务会应运而生，使金融服务与百姓

生活更加紧密结合，推动普惠金融落到实处，打开金融服务的崭新格局。

未来，光大银行将进一步加速"互联网 + 便民缴费"深度融合，助力当地打造智慧城市。预计到 2020 年，随着业务量的增长，云缴费平台的合作伙伴将超过 500 家，业务量将发展到 1500 项，交易金额预计达 1000 亿元，全国将有 10 亿人因云缴费平台而享有高质量的便民服务体验。

同时，秉承开放的模式，云缴费将持续逐步引入学费、考试费、物业费、加油卡、校园卡、ETC 等相关产品和服务，打造成为以便民缴费为中心的泛金融与生活平台。云缴费将以崭新的姿态跨入普惠金融发展大时代，在跨界合作关系中构建大格局、迎来大发展。

6.8　华夏银行：大力推进互联网上的"第二银行"

自互联网金融以互联网技术和互联网思维为武器撬开了金融业大门以来，银行业也开始主动反思、积极创新。在 2015 年中央政府推出"互联网 +"行动计划后，针对金融互联网化和互联网金融的争论逐渐停止，如何实现"互联网 + 金融"的产业升级成为业界关注的重点。

华夏银行积极响应国家发展"互联网 +"行动计划，践行开放、普惠、协作、分享等互联网思维，全力发展电子银行 + 互联网金融，建设互联网上的"第二银行"，与传统物理银行协同发展，实现华夏银行在获客方式、产品创新、服务方式、运营方式等方面的转型升级，打造自身在"互联网 +"新时代的业务增长点和核心竞争力。

为进一步提升行内 ETC（电子不停车收费系统）客户规模和品牌的社会影响力，提升客户体验度，按照互联网开放、共享、普惠的思维和宗旨，发挥移动互联网渠道不受物理网点限制、使用方便、拓展性强的特性，华夏银行结合自身"第二银行"品牌战略计划，与专业第三方公司合作，引入互联网搜索引擎的强大资源获取能力来对接海量网络入口，利用社交网络的人脉体系，围绕"有车一族"的常见需求场景，打造针对特殊人群的垂直产业生态圈。

"有车一族生态圈"项目通过移动银行、直销银行、搜索引擎等电子银行渠道和互联网平台为入口和载体，将买车、上保险、加油、通行 ETC、维修保养、代驾、自驾游、停车、违章处理、交通知识和在线支付等行内外与客户需求链条相关的业务进行整合，以传统 ETC 业务为基础，形成一整套基于互联网的生态体系解决方案。

6.8.1 传统 ETC 业务介绍

1. 传统 ETC 业务基本情况

华夏银行 ETC 业务是华夏银行与各地高速公路管理局或其下辖单位合作开发的，集快速支付高速公路通行费和银行金融服务于一体的个人业务。目前该业务在华夏银行北京、石家庄、天津、济南、广州、南昌、重庆、郑州、西安、沈阳、合肥、太原 12 个城市开通，正在全行推广中。截至 2015 年 9 月末，上述 12 家分行共有客户 71 万余户，沉淀存款超过 40 亿元。华夏银行 ETC 业务的基本功能如下。

1）自动扣划高速公路通行费

客户可以将华夏 ETC 借记卡或信用卡绑定为客户高速通行费扣划的结算账户，由系统按照客户的通行记录自动结算费用。

2）先通行、后付费

客户可以使用绑定账户中的预存款项或信用卡透支额度支付高速公路通行费用。

3）免费或优惠安装电子标签

客户在部分开通该业务的城市（如北京），首次办理华夏银行 ETC 业务，可免费获得价值 400 元（各城市成本不等）的电子标签设备，并免除安装手续费；部分城市的客户可以享受半价优惠或凭存款情况免费获得电子标签设备。

4）享受通行折扣

客户可以使用华夏银行 ETC 业务享受 9.5～9.9 折不等的通行优惠折扣，具体折扣根据当地情况而定。满足条件的客户可以享受华夏银行信用卡积分兑换高速通行费的优惠。

5）京津冀联网通行

目前与华夏银行合作 ETC 业务的北京快通公司网络已覆盖到北京、天津、河北、山西、山东、上海、江苏、浙江、安徽、福建、江西、辽宁、陕西、湖南 14 个省市的高速公路，客户在这些地区华夏银行办理的 ETC 业务均可用于跨地区通行费扣划。

6）金融服务

华夏 ETC 业务绑定扣款账户可为华夏银行 ETC 借记卡或信用卡。ETC 借记卡和信用卡均为具有金融功能的银联标准联名借记卡，可享受华夏银行针对个人客户提供的各项金融服务和增值服务，包括：

- 借记卡每日跨行 ATM 取款费用。

- 免开卡、挂失、补卡等常用交易的工本费、手续费。

- 可免费开通网上银行、移动银行、短信通知等电子银行服务渠道。

- 满足条件的客户可享受华夏银行贵宾借记卡或白金信用卡的尊享增值服务，如酒后代驾、机场贵宾候机厅等服务。

2. 传统 ETC 业务存在的问题

虽然华夏银行的传统 ETC 业务能够满足客户的核心需求，而且还提供了配套的业务优惠和促销活动，但其中存在的问题也是显而易见的：一是业务流程复杂，仅仅从申请到安装完毕 ETC 标签就需要一系列的线下流程，包括银行排队办理信用卡、借记卡，办理 ETC 速通卡、签订服务协议、领取电子标签、预约安装标签、开车到指定地点安装激活标签；二是时间周期冗长，银行办理至少要 40 分钟以上，预约安装、激活标签得耽误半天时间；三是存在身份核验风险，身份证、行驶证仅能人工核实，流程长，难辨真假；四是业务办理存在地域限制，仅能办理本地车辆。

面对上述问题，华夏银行广泛走访调研各地高速公司，征集分行需求，倾听市场声音，结合 ETC 业务特性分析用户痛点，积极学习互联网思维、借助互联网工具、对接互联网平台、建立互联网生态圈，打造出针对"有车一族"的互联网生态圈服务体系。

6.8.2 互联网+ETC 的业务模式

1. 互联网技术+ETC，提供基础支撑

面对互联网金融在技术手段和思维模式等方面所带来的金融创新，华夏银行在总行层面高度重视，在新兴市场和新兴业务领域积极学习、利用互联网技术，于"有车一族生态圈"中初步尝试引入云计算、大数据等互联网领域前沿技术，为生态圈的建设保驾护航。

1）多维度的互联网身份核验

在互联网环境下开展 ETC 业务首先要面对核实人员和车辆信息的问题，华夏银行通过建立内部联网核查平台实现同全国联网核查系统对接，通过第三方渠道对接交管局来完成对车、证信息的校验，未来将实现内部联网核查平台同交管部门、住建部门等各个外部信息源的对接。

2）基于云端的"有车一族"业务受理体系

网上获客和线上服务是开展"互联网+ETC"等"有车一族"业务的重要一环。华夏银行向外对接公有云服务，以"搜索引擎"、"社交网络"、"生活应用"等效应强大的网络入口为抓手，大幅提升银行服务的"可得性"和"易得性"。其内部正在构建以 PC Server 集群为主体的企业应用云服务体系，在交易与产品构建方面，拟实现通过有序拼接底层原子服务构建上层交易与产品；在业务与服务方面，拟实现全业务与服务流程线上化、网络化办理。

3）基于大数据的智能化产品营销

目前，华夏银行正通过建立大数据采集、存储与分析平台，以及其同分析型客户关系管理系统的对接，来实现客户画像和全行、全条线产品的智能化营销。在数据获取方面，采取盘活存量结构化用户账户和交易数据，用好政府、公共和事业机构的权威数据，引入第三方平台的用户行为数据的方针，多头并进，又快又好地做好数据积累。在营销投放方面，以相关度匹配分析结果为基础依据，结合人工的主观干预和社交网络的病毒传播效应，为智能化的产品营销奠定基础。

2. 互联网入口+ETC，加快引流获客

华夏银行选取天津分行作为试点，借助互联网平台，力图打破 ETC 单一的线下办理的方式，开拓全新线上预约办理渠道。在总行电子银行部的牵头规划和大力支持下，天津分行与百度公司进行了深入的沟通和合作，借助百度直达号服务平台，搭建了天津分行百度直达号主页。客户可通过该主页在线预约办理 ETC 业务，由华夏银行服务人员进行上门安装，并在服务过程中，为客户提供特惠车险产品、汽车服务保养优惠券等增值服务，切实普惠"有车一族"。

平台上线后，分行通过定期的微信平台推送和短信推送，宣传百度直达号平台，同时结合日常厅堂营销和四进营销，告知客户平台功能，引导客户体验和感受线上预约流程，并收集客户意见，结合客户最新需求，不断完善百度直达号平台。与此同时，为了不断拓展新客户，华夏银行与天津高速管理中心加强合作，在收费处进行直达号广告投放，取得了良好的宣传效果。

自 2015 年 8 月 14 日百度直达号平台上线后，结合多渠道的宣传，预约客户不断增多。截至 2015 年 11 月末，天津分行共计预约客户达 1400 余人，客户遍布天津市各区县。天津分行组织各支行 ETC 服务专员为此部分客户进行上门安装或邀请客户前来网点进行安装，客户满意度较高。通过该平台，客户对华夏银行服务认可度

不断提升,通过上门服务,进一步提升了信用卡开卡量和手机银行注册量,带动了业务全面发展。

此外,华夏银行还将进行微信、直销银行产品与ETC业务的对接,依托直销银行全线上跨行资金归集的优势,与高速公司合作发行ETC行业卡,一方面有利于切实服务"有车一族",另一方面也可以成为ETC行业卡的资金主托管银行和主结算银行。通过对接直销银行,ETC还将实现基于直销银行账户体系进行保证金冻结、绑定主卡的资金划扣以及绑定他行卡的缴费业务(见图6-6)。

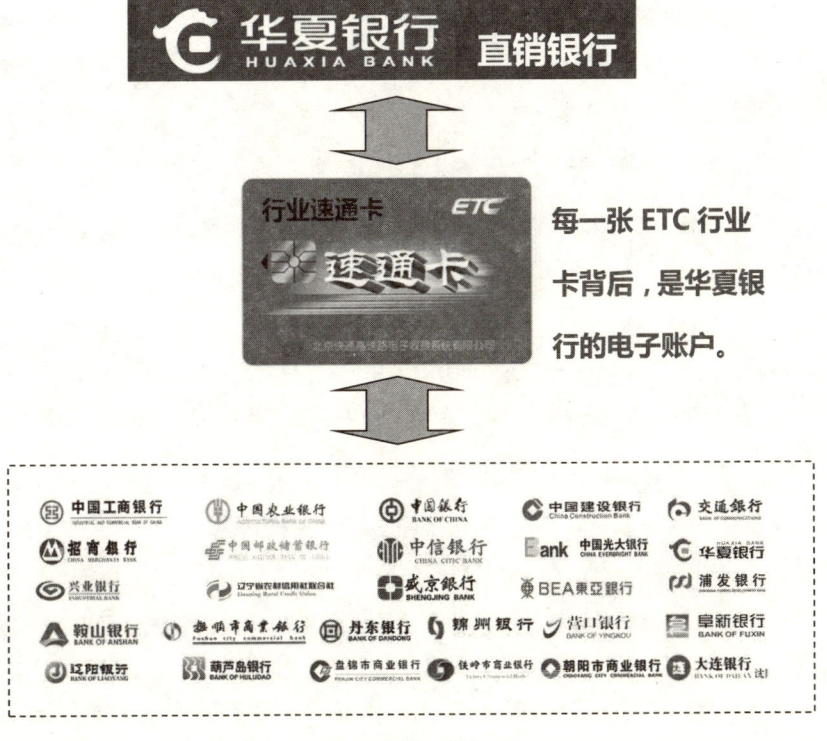

图6-6 华夏银行直销银行+ETC

3. 互联网生活服务+ETC,实现服务提升

2015年,天津地区华夏速通卡发放数量已经超16万张,信用卡客户已超20万人,天津分行微信平台关注人数已超3.2万人。为了更好地服务"有车一族"和信用卡持卡人等特色群体,为客户提供便捷、优惠的服务,天津分行特别开发了华夏"搜惠宝"平台,并将平台与微信公众号进行整合,抢占移动服务入口,提高客户黏性。总体来说,其满足了以下需求:

第一，客户在日常生活和消费过程中，希望获得更多的理财信息以及购物餐饮的优惠信息，同时希望能够便捷地获得优惠券，从而快速享受优惠。

第二，对于商户端，商户渴望获得更多的优质客户资源，同时宣传自己的品牌和产品，让更多客户了解它、体验它，从而促进销售量的提升。

第三，各支行渴望通过分行搭建的平台获得更多的ETC客户，通过ETC存量客户带动更多的新客户来安装华夏银行ETC，并感受华夏银行服务，提升品牌价值。

华夏"搜惠宝"平台通过与微信公众号进行整合，将各项功能归集于同一平台，实现了互联网生活服务与ETC客群的对接，使客户简单登录微信就可享受优质、便捷的服务项目，提升客户体验。

"搜惠宝"平台的开发主要实现了以下几项功能：

（1）"最惠购"超值团购功能。客户可通过搜惠宝平台享受超多商家的打折优惠团购活动，并可通过平台购买商户代金券。

（2）ETC邀约大使功能。客户可称为华夏银行ETC邀约大使，通过分享信息，将活动推荐给身边的亲朋好友。通过此功能实现原有ETC存量客户的开发，并实现"以老带新"，发动存量客户推荐新客户，为支行带来源源不断的ETC客源。

（3）活动展示功能。通过"搜惠宝"平台可对信用卡相关活动进行图文展示和宣传，通过首页滚动播放，客户可单击查看活动详情，方便客户了解华夏银行活动信息；同时提供了全新的宣传推广平台，为客户沟通架起桥梁。

（4）在线预约办理车险服务。通过联合人保财险公司为华夏银行客户打造超低折扣车险优惠，客户可通过"搜惠宝"平台在线预约办理车险，后期会有工作人员与客户取得联系，客户可享原保费基础上减15%再减6%的超低价格，并享有专人受理、送单上门、见单付款等增值服务，满足客户多样化的需求。

"搜惠宝"平台上线后，天津分行微信公众平台关注人数明显增多，日平均新增关注量在100人左右。"搜惠宝"平台的上线进一步丰富了微信银行功能，同时也为"有车一族"提供了丰富的互联网生活服务，总体上提高了平台客户活跃度，为华夏银行带来了良好口碑。

4."微厅"服务+ETC，强化营销能力

在互联网时代，单一的线下厅堂营销早已无法满足获取客户、服务客户的需求，商业银行需要将目光瞄准网络平台和社交工具，将社交金融作为获客的重要渠道和服务的有效方式。

　　华夏银行基于微信平台，于2015年11月在业界首推具有个性化、互动化、社交化特性的微信营业厅（简称"微厅"）服务，借助社交金融，把用户服务和营销推广提升到新的高度（见图6-7）。通过"微厅"，用户能够知晓最新、最快、最好的市场动态、优惠活动和产品信息，不仅可以享受到金融从业人员的专属贴心服务，还能线上申请开通信用卡和借记卡，对于ETC业务，"微厅"中也提供了专属板块进行营销支持。相比于通过电话、短信等方式获取业务指导和产品服务的"冰冷"与"功利"，"微厅"这个"熟人圈"更是包含了一份朋友之间的信赖与温情，这也是华夏银行在深耕社交金融过程中的切身体会。

图6-7　华夏银行"微厅"

1）"微厅"介绍

　　"微厅"是华夏银行电子银行部在微信渠道开发的具有社交和自媒体特性的网上营业厅类产品，服务于行内各部门产品和活动的互联网宣传、营销与推广工作，由手机端和管理端两个部分组成，手机端展示"微厅"功能模块及营销信息，内管系统配置模块展现形式及信息内容。手机端用户采用白名单形式，本行行员为白名单成员，"微厅"内管用户为微信银行内管用户。

行员可对"微厅"进行转发,转发方式包括"微厅"页面整体转发和微品单独转发两类。"微厅"页面整体转发,网页名为员工姓名+"的微厅";"微品"作为"微厅"中承载的专属金融产品信息,可以单独转发,从而实现某款产品或信息发送微信好友或朋友圈,转发的微品名称为"产品宣传名—员工姓名+推荐"。"微厅"和微品被再次转发时,名称所含行员姓名保持不变(见图6-8)。

图6-8 华夏银行"微厅"和"微品"分享界面

"微厅"采用分层管理、按需定制的模式,总、分行均可在内管维护模块对分行"微厅"进行更新与维护,主要可维护内容包括首页广告、首页模块、模块素材,同时也能通过转发统计、页面点击统计等功能对行员的营销工作进行评价与考核。

为了推进"有车一族生态圈"的建设与相关产品的营销推广工作,华夏银行在"微厅"首页设置了"ETC 服务"的专属模块,客户经理可以借助转发自己的"微厅"或 ETC 服务的"微品"来拓展 ETC 业务。

2)特色与优势

对用户来说,"微厅"首先是一个天然的社交圈子,"微厅"内嵌于微信,在人脉资源、用户体验、通信安全等多个方面继承了微信的传统优势,不会产生用户的心理排斥,基本也不存在使用门槛,带有"熟人圈"与生俱来的温情与信赖。其次,"微厅"还是用户获取金融服务和投资指导的良好渠道,通过点击与转发来获取、分享最新的产品资讯和优惠信息,通过人脉关系网络中的多节点交叉验证机制来确保发布信息的真实性与可信度,保证优秀产品和优质活动能够脱颖而出、普惠大众。最后,"微厅"为"生产消费者"这一族群提供了广阔的舞台,通过"众包营销"模式、借助口碑与人脉的辐射效应,"生产消费者"们有望实现更大规模的资金流通和产品服务消费,从而在金融的生产、营销和服务等多个环节创造价值。

于银行而言,"微厅"首先是一个产品和活动的信息发布管理平台,银行可结合总体营销战略和分行特色,分层分级地制定多样化的宣传方案与销售计划,既能纵览全局,又能突出亮点。其次,"微厅"还是一个营销数据的采集和分析平台,通过跟踪产品与服务页面的转发与阅读情况,短期内能够积累用户行为数据、推进银行大数据平台建设,长期有利于构建基于大数据的精准营销、信用评级与风控体系。最后,"微厅"还是营销考核和决策支持工具,通过对营销信息传播情况的统计、对比与分析,可以迅速地描绘出全行、分行、业务条线层面甚至细化到具体人员的工作量和营销效果。除此之外,通过对比营销推广量和产品销售量等数据的相关性,来辅助全行营销工作计划的制定。

3)推广应用情况

"微厅"一期功能已于 2015 年 11 月底正式上线,华夏银行电子银行部组织全国 34 家分行针对"微厅"功能开展了一次全方位培训,参训员工通过微信银行绑卡验证行员身份,进入"微厅"页面完成微品转发分享操作,深入体验"微厅"微品转发与统计功能,至此,"微厅"产品正式投入使用。截至 2015 年年末,通过"微厅"进行的 ETC 相关推广营销次数已超万次,对于全行 ETC 业务的拓展起到了积极的推动作用。

5. 互联网应用+ETC,丰富应用场景

1)移动银行接入"E 代驾",提供贴心代驾服务

截至 2014 年 10 月,E 代驾业务覆盖全国 102 个城市,日均订单为 5 万笔,受众面广。华夏银行与北京亿心宜行汽车技术开发服务有限公司合作开展的 E 代驾业务也于 2015 年 11 月完成上线工作,实现华夏移动银行与"E 代驾"的线上对接,为"有车一族"提供了更为全面和丰富的应用场景。华夏银行与 E 代驾公司的合作,提升了"有车一族"生态圈的服务能力,拓展了平台的客户入口,提高了生态圈的客户黏性。

2)与人保集团合作开展车险线上投保业务

华夏银行已与中国人民保险集团股份有限公司(以下简称"人保集团")签订了合作协议,拟在移动银行 ETC 生活项目里加入车险购买项目,行内的 ETC 卡客户在车险到期时通过移动银行即可享受到优惠、便捷的一键式车险购买服务。华夏银行与人保集团合作的车险保单在客户下单并成功付款后的次日生效,与客户在线下网点

购买流程无异，且保单在成功付款后即时出单，并向客户提供免费邮寄服务，既保证了保单及时生效，又不影响客户的体验，进一步完善了"有车一族生态圈"的服务链条。

3）与陆华救援合作，提供全方位安全服务

华夏银行拟与陆华救援进行合作对接，为广大"有车一族"用户在道路救援、国内医疗救援、轮胎保障、专业司机及年审等多个方面提供服务。完成对接后，华夏银行的ETC客户不用额外注册开通就能享受到陆华救援提供的全方位服务，客户体验度好，从总体上有利于提升"有车一族生态圈"的完整度和服务能力。

4）与养车宝合作，提供细致周到的养车服务

华夏银行拟与养车宝进行合作，实现移动银行同养车宝的应用对接。届时，华夏银行"有车一族"客户将享受到包括车辆上门保养、上门更换配件、加油折扣、洗车、贴膜以及违章查询等细致周到的养车服务。

6.8.3 未来发展规划

目前，"有车一族生态圈"处于提供营销推广和线上扩张的初级阶段。接着，将进一步对接更多的融资服务、生活服务、汽车服务、保险服务和支付渠道，形成一个以华夏银行产品和服务为中心的"有车一族生态圈"（见图6-9）。

未来，"有车一族生态圈"还将对接行内外各类平台与应用，以构建"三朵云"为抓手，打造一个金融生态的闭环：一是在产品端对接直销银行、移动银行、微信银行、个人消费贷款、HCE云闪付信用卡等电子银行和消费金融领域诸多前台产品，形成一朵以"有车一族"为服务对象的"互联网服务云"；二是深度对接"微厅"，在服务端建立"微厅"积分激励机制，打通信用卡积分兑换体系，开展用户体验与体验用户工作，开启客户建议反馈通道，举办"抢快乐"等用户回馈活动，形成一朵以"微厅"为营销手段的"互联网营销云"；三是在保障端接入大数据平台、分析型客户关系管理平台、智慧客服平台，整合信息推送服务，统筹管理微信号的信息发布与同步工作，形成一朵"互联网信息云"。围绕这"三朵云"，华夏银行将形成体系健全、架构明晰、功能完备的互联网营运体系，从产品营销、活动推广、业绩分析、决策支持等多个方面为企业经营提供助力，促进"有车一族生态圈"的蓬勃发展。

图 6-9 华夏银行"有车一族生态圈"

6.9 江苏银行：以大数据为引领，打造传统银行的核心技术——"税e融"小微网贷业务

互联网技术和大数据技术的迅速发展推动了金融服务模式的快速创新。近年来，互联网企业、商业银行等机构纷纷通过不同方式进军网络贷款市场，推出以"小额"、"信用"、"快速"为特点的网贷产品。作为现代金融与信息技术结合的产物，网贷业务正凭借其成本低、效率高、服务面广的优点迅速成为社会关注的焦点。商业银行开展网贷业务，既要面对快速崛起的互联网企业的挑战，又要不断紧跟移动互联、大数据、云计算等新兴信息技术的发展趋势，面临着巨大的竞争压力。江苏银行通过对开展网贷业务的现实意义、创新模式和实现路径进行探讨，并以小微网贷业务"税e融"为例，提出对商业银行网贷业务发展规划的具体建议。

6.9.1 网贷产品情况分析

1. 商业银行网贷产品

为了更好地了解银行网贷业务的进展情况，现选取国内部分银行的网贷产品进行分析。将网贷业务流程解构为"客户申请"、"尽调"、"审批"、"放款"四个环节，根据各个环节互联网化程度的不同，我们姑且将各款网贷产品粗略地分为以下几个类型。

（1）网贷1.0。主要包括"在线融资申请"和"网上自助用款"，分别实现了贷款业务中，前后两端环节的流程线上化，属于"金融互联网"范畴下的初步"触网"。随着商业银行拥抱互联网的步伐不断加快，线上申请与自助用款已逐步成为网贷业务的"基本配置"。

①申请端线上化。客户可以通过登录银行官方网站、手机客户端或微信公众号等方式进行融资在线申请。以农行"在线通"、中行"中银网络通宝"和交行"e贷在线"为例，上述产品满足了借款人随时随地了解、比较和选择融资产品的需求，可以在线上传申请材料。

②用款端线上化。以工行"网贷通"、光大银行"网贷易"和北京银行"网速贷"为代表的产品实现了用款端的线上化，使得借款人提贷、还款流程大大缩短。客户与银行签订循环额度贷款协议后，即可在合同有效期内根据自身需要分次循环支用贷款，通过网上银行自助办理，资金实时到账。

（2）网贷2.0。该类产品在贷款尽职调查环节实现了线上化突破，通过技术手段实现了对客户基础信息、交易（经营）信息和行为信息等数据的实时采集，通过对数据的挖掘与分析为审批决策提供有力支持，核心要素在于大数据的引入。按照数据来源不同可分为以下类型：

①供应链核心企业数据。例如工行"电子供应链融资"、农行"数据网贷"均是以核心企业为依托，通过与其ERP平台进行对接，采集供应链上下游客户与核心企业间的交易信息，通过电子化渠道为上下游小微客户提供跨区域的在线供应链融资服务。

②第三方支付机构数据。中信银行于2013年年末与银联商务合作推出了"POS贷"业务，这是针对商贸类小微客户推出的，实现了在线、实时数据交互的POS流量信用贷款产品，具有很强的实践意义。

③电子商务平台数据。在电子商务逐步替代传统零售销售模式的大趋势下，商业银行纷纷与大型电商平台进行合作。以北京银行"网络链贷款"为例，北京银行与京东商城开展合作，为京东商城的供货商和经销商分别提供在线应收账款融资业务和以结算流水为融资依据的小额信用贷款。

④政府部门数据。除了核心企业数据、第三方支付及电商平台数据，部分银行开始尝试创新"银政"合作模式。2015年以来，平安银行通过与各地税务部门合作，陆续在广东、陕西、山东、福建等地推出"税金贷"信用贷款产品，依托税务数据向小微企业客户提供金融服务。

网贷 2.0 产品较 1.0 产品在互联网化程度上实现了较大的提升，但由于未能实现审批环节的自动化，客户仍然无法获得"实时"的结果反馈，无法达到真正意义上的"全流程在线"，因此较难产生规模效应。

（3）网贷 3.0。网贷 3.0 产品最大的不同在于其充分依靠大数据、云计算等技术手段，凭借严格设计的评分模型和决策引擎，自动审批客户的贷款申请，对资信状况良好、通过模型审批的客户，可以在短时间内在线提取贷款资金。至此，商业银行彻底打通了贷款的申请、尽调、审批、放款各个环节，实现了真正意义上的网络贷款。根据客群定位及数据采集方式的不同，网贷 3.0 又可以分为预审批型和实时审批型贷款。

①预审批型。该模式主要针对银行存量客户，通过对已有数据的挖掘分析生成预授信额度，再通过定向推送的方式邀请客户，客户只要上线申请即可实时获得融资，如招商银行"闪电贷"、建设银行"快贷·快 e 贷"和中信银行"网络代发工资贷"等。

②实时审批型。该类产品主要针对行外新增客户，通过客户在线授权的方式实时获取由外部合作机构提供的客户数据进行实时审批，如浦发银行"网贷通"、中信银行"公积金网贷"、平安银行"电商数据贷"等。

2. 互联网企业网贷产品

互联网企业网贷业务从第三方支付和电商平台起步，阿里巴巴、腾讯、京东等互联网企业在创新运用 IT 技术提高金融服务效率和增强风险控制能力方面，探索出了一条与电子商务交易相适应的道路。由于我国征信体系不健全，各机构信用信息相互割裂，导致商业银行给予小微企业的贷款成本较高，而第三方支付机构、电商平台作为交易流程中资金流、物流、信息流的重要停留点，结合商业服务构建了相应的企业信用体系。

1）消费类网贷

近年来，以京东、阿里巴巴、腾讯为代表的互联网企业纷纷绕开银行进军消费金融市场，依托自身的互联网金融平台向消费者提供分期购物及小额消费贷款服务，较为典型的产品包括京东"白条"，蚂蚁金服"花呗"、"借呗"，以及腾讯推出的"现金贷"、"微粒贷"等。

（1）京东"白条"。在过去十多年中，京东积累了大量的用户数据，通过对用户的消费记录、配送信息、退货信息、购物评价等数据进行评级，建立了京东自己的信用体系。2014 年 2 月，京东推出了"先消费、后付款"的信用支付产品"京东白条"，这也是互联网行业第一款面向个人消费者的消费金融产品。在京东商城使用"京东白条"进行付款，可以享有最长 30 天的免息付款期，或最长 24 期的分期付款。

（2）蚂蚁微贷"花呗"。"花呗"是蚂蚁微贷推出的一项"赊账消费"工具，与信用卡非常类似，消费者可通过花呗购买产品，按月分期还款。"花呗"产品于 2014 年年末上线测试，目前已经大规模推广，淘宝和天猫的大部分商户都支持"花呗"服务，用户确认收货后下个月 10 日前还款即可，并可关联支付宝账户余额、借记卡、余额宝自动还款。目前"花呗"支持 1000 元至 5 万元的信用额度。阿里巴巴通过流量支持，将"花呗"直接嵌入了电商平台支付模块，取得了很好的市场影响力。

2）经营类贷款

（1）阿里小贷。蚂蚁金服目前提供的金融产品包括"订单贷款"、"信用贷款"、"天猫商城供应链贷款"等。其中订单贷款仅为淘宝网店、天猫平台网商服务，以卖家的应收账款作为质押，当网店需要资金时即可申请到最高相当于订单金额 95% 的贷款；如果借款人不能及时还款，买家确认支付后的货款将自动用于归还贷款金额。而阿里巴巴信用贷款的服务对象包括阿里巴巴电商平台上的诚信通会员和中国供应商会员企业，以及淘宝、天猫平台上资信较好的卖家。

（2）快钱"快易融"。除了电商平台，第三方支付机构凭借对小微企业持续的电子资金流分析，也能比较准确地识别出它们的事后支付能力和还款能力，从而做出当前可否提供支付或贷款的判断。以快钱"快易融"为代表的产品都成功地把小微企业的业务数据流转化成了风险可控的信贷服务。由于收单市场已趋于饱和，第三方支付机构纷纷提出了"支付叠加金融"的理念，将数据反映的企业经营状况转化为信用评级，以此开展小微企业授信业务。

3）商业银行与互联网企业网贷业务比较

互联网企业开展网贷业务，主要服务的是存量客户（其生态圈内的存量客户）；从业务模式来说，由于拥有足够多的客户信息，其网贷产品主要属于基于对自身数据利用的、全流程在线的"预审批型"贷款。而商业银行近年来在互联网渠道搭建、触点部署方面发展快速，对数据的应用能力大幅提升（除了对自有数据的运用，中型商业银行纷纷通过跨界合作的方式，力图在数据覆盖面上进行突围），但是由于缺少客户基础和应用场景，在获客成本、渠道黏性方面仍然存在较大的提升空间。

首先，互联网企业在网上消费金融领域具有一定优势。互联网企业做消费金融有着天然优势，比如坚实的消费场景、海量的用户基础、长期的数据积累、快速的生态扩张等。在对这类线上客群的竞争中，互联网企业的客户黏性强、客户体验好；而商业银行缺乏充分了解客户、把握业务风险的有效手段，也没有丰富的消费场景支撑来实现低成本的获客，与拥有成熟消费平台的互联网企业有不小的差距。

其次，商业银行在小微企业网上融资领域具有发展空间。互联网企业仅从网络社交、消费信息出发难以对小微企业进行完整的风险识别，发放金额较高的经营性贷款存在一定困难。以工商、税务、法院、能源、运营商数据为代表的政府数据和第三方商业机构数据，由于种种原因，尚没有向全社会及产业公开，仍然存在信息"孤岛"，而这部分数据恰恰也是互联网企业无法完全掌握的。近年来，商业银行通过接入这部分数据，加上其自身固有的信贷风险评判技术，逐渐打开了商业银行网贷发展的空间。

当下中国的企业征信环境缺少的并不是数据分析与建模方法，而是将还处于分散和孤立状态的各类数据进行采集与整合的能力。大数据建设是一项庞大的系统工程，短期之内很难立见成效，但挑战的同时意味着巨大的机遇，谁获取的数据体量越大、来源越广泛、内容越丰富、准确性越高，谁就能更好地从多维度还原客户、还原市场，从而推进管理由粗放化向精细化、从被动响应到主动预见、从个人经验判断到数据科学决策的转型。商业银行特别是城市商业银行如果能够利用好自身作为各行业信息纽带的地位以及与地方政府良好的合作关系，抢占先机做大做强大数据信息整合与利用工作，在小微企业网贷业务端抢先发力，就完全有可能在与互联网巨头的业务竞争中掌握话语权。

6.9.2 商业银行开展网贷业务的意义

长期以来，小微企业贷款难、商业银行难贷款这两难问题的本质还是商业银行与小微企业间信息严重不对称。小微贷款风控难度大、经营成本高、管理效率低，而互联网与大数据技术的突飞猛进为融资活动提供了技术可能性，创造了数字化的网络融资模式。商业银行开展网贷业务具有以下现实意义。

1. 大数据技术降低征信成本

小微客户获得贷款最大的问题是信息不透明、财务不规范，为了有效地进行风险控制，在缺乏足够数据支撑的前提下，银行只能通过抵质押或担保措施来发放贷款。按照传统的做法，再小的企业也要像大企业一样去做尽职调查，费时费力，而大数据挖掘、整合、处理和分析技术的应用为网贷竞争力提升增添了核心工具，使银行可以借助庞大的数据库，通过系统手段掌握小微企业的"软"、"硬"信息，并综合社会征信信息，批量、快速、低价地完成小微客户征信，准确判断第一还款来源，提升业务决策的科学性和准确性。

2. 互联网技术带来规模效应

利用信息技术创新带来的规模效应和较低的边际成本，可以使银行将服务范围覆盖到原本不能或不愿涉及的长尾客户群体；通过多维度引流批量客户，精准的客群定位和客户分层，使银行可以更高效地服务于多层次客户；贷款不受时间、空间、人力资源限制，从申请到发放均通过线上操作，则大大降低了银行的沟通和交易成本。

3. 创新模式夯实客户基础

随着利率市场化步伐不断加快，金融市场竞争不断加剧，客户资源短缺、优质资产短缺将成为商业银行发展的重要制约因素。通过网贷业务提升小微金融服务能力，对银行调整客户结构、开辟新的利润区间具有现实意义，是商业银行触网变革、积极拥抱互联网进程中走出差异化发展道路的重要一步，是对大数据技术、互联网技术价值的直接体现，更是打造未来互联网银行"投资"、"融资"、"支付"闭环生态圈的重要组成。

6.9.3 商业银行如何打造优质网贷产品

引用"挖财网"总裁顾晨炜的观点，"互联网金融分为'外功'互联网和'内功'金融，只有内外兼修，融合金融思维和互联网思维，才能成就真正的互联网金融"。一款成功的网贷产品，其设计与推广也应该遵循"内外兼修"的思路。

1. 修炼内功，即金融本身

第一，找准客户定位是前提。随着互联网企业向商业银行传统业务不断渗透，金融服务产业链中能封闭在银行体系内全面完成的业务正在逐步减少，金融分工进一步细化。开展网贷业务，银行客户范围的划定不再与营业网点地理位置挂钩，而是以银行能够获得的数据为界限。数据、分析、征信、放款，这就是网贷业务的本质；数据覆盖到哪，客户就能拓展到哪，数据才是网贷业务的边界。因此，商业银行在确定自身客户定位时，首先要厘清自己能够掌握多少数据资源，哪些是自有待挖掘的，哪些是可以通过合作得到的，在积极拓展数据源的同时将已有数据利用到极致，切勿将资源消耗在无法用数据覆盖的客群上。

第二，提升客户体验为中心。"互联网+"时代，谁能在体验经济上实施更多的创新，谁就将掌握竞争的主动性。互联网企业善于把握客户需求的重要价值，当前客户已经逐渐习惯了互联网产品简单、快速的使用体验，对产品的期望值不断提高，这给商业银行的产品开发带来了更多的考验。提升客户满意度的关键在于，网贷产品设计要从客户需求出发,深入了解各类客户的特点、心理、行为及核心诉求点,从而指导产品的开发与推广,体现差异化服务的价值。

第三,风险管控技术为核心。互联网金融的健康发展需要遵循金融的基本规律和内在要求,而融资业务最重要的环节是风险管控。现在,资金募集、交易撮合、资金转移等环节均能由如众筹、第三方支付等机构依托互联网技术快速完成,商业银行自身的创新流程也很容易被金融同业所复制,因此网贷业务的核心还是在于风险管理。银行传统的风控体系主要是基于线下的尽调和审查,以客户的身份信息、资产信息、资金流信息为主要的数据源,存在不及时、不全面、不准确、覆盖用户有限且效率低下的问题。在互联网时代,商业银行可以充分应用大数据技术,积极开展数据挖掘和风险量化分析,在海量数据积累、加工与应用的基础上,做好风险识别、计量、监测和控制。在网贷业务中,大数据技术主要应用在客户识别与反欺诈、客户画像与信用评分、风险监测与预警三个领域。

(1)客户识别与反欺诈。互联网的虚拟性为网络安全带来隐患,大数据反欺诈将是网贷业务风控水平提升的重要发力点。大数据反欺诈的实质是通过对大数据的采集,从多维度进行数据监测与分析,利用信息技术、生物技术对用户进行身份识别和风险识别。

(2)客户画像与信用评分。征信是金融乃至整个社会的基础设施,蚂蚁金服推出"芝麻信用"后,腾讯也紧随其后上线了"腾讯信用"。以"芝麻信用"为例,其在蚂蚁金服整个集团业务架构中属于业务中间层,负责为支付、理财、融资、国际等板块输出信用服务。芝麻信用将应用场景划分成了生活领域和金融领域两大类,并不断在租车、租房、婚恋交友、代驾、签证等领域增加和积累用户数据基础。从某种意义上说,芝麻信用对蚂蚁金服的价值远远不止输出征信服务那么简单,而是将众多阿里体系内外的应用场景通过"信用数据共享"的方式整合起来。

(3)风险监测与预警。网贷产品要打破人力成本局限,就必须依托互联网和监管机构的信息作为拓展信息源,结合银行内部积累的大量数据,发掘与客户信用相关的预警信息,形成信号并向相关风险管理系统主动推送,跟踪预警信号处理流程,直至形成最终结论或风险管控方案,形成一个风险预警、通知、处置和关闭的闭环处理流程。

第四,快速迭代推进为手段。在传统的产品开发模式下,商业银行需要事先制定完整的计划、可靠的战略以及深入的市场分析后才能着手产品开发。然而,在互联网化的转型和创新过程中,由于存在高度的不确定性,这样的方法根本无法实施。在快速变化和更新的网络环境中,商业银行无法准确预测用户对新产品的最终认知。360总裁周鸿祎说过,在互联网时代,产品需要不断运营、持续打磨,好产品是运营出来的,而不是开发出来的。因为用户需求变化太快了，无论你的想法高明与否，都不如用户的选择高明，不要奢望做到完美再推向市场，不如先简单地做出一点，就拿到市场上做实验，一旦对了就迅速跟进；一旦不对，调整的成本也很低。网贷产品开发就应该遵循"小步快跑"、"循序渐进"、"不断试错"的思路进行开发和推广。

2. 掌握外功，即互联网思维

第一，流量与入口是关键。目前，许多商业银行都上线了互联网金融产品，但营销手段与传统业务非常相似，缺乏互联网主动获客手段。网贷业务若要突破线下获客高成本的瓶颈，就必须从三个角度对用户入口进行评估和拓展：一是获取流量的成本；二是渠道对用户黏性程度；三是将流量转化为客户的成本。互联网营销最重要的两点是"流量"和"入口"。"流量"强调用户是最宝贵的资源，而"入口"更进一步要求商业银行通过开放的用户触点增加用户黏性。

第二，以场景构建为突破。阿里巴巴和腾讯在"讨好"用户方面有着深入的思考，因此它们投入大量资源构建了一个"用户打车，然后顺理成章地使用它们的支付工具付费"的场景，取得了显著效果。互联网巨头眼下斥重金逐一布局医疗、购车、购房等场景，对商业银行未来的业务拓展带来巨大威胁，商业银行应着重通过场景构建作为突破口实现批量获客。

第三，以跨界合作为抓手。商业模式至关重要，商业银行需要充分借助第三方平台的力量以实现跨界共赢，利用互联网公司成熟的运营平台、大量的客户群体、丰富的运营经验、专业的运营人才，同时发挥自身产品种类繁多和风险控制的优势，通过双方的紧密合作，才能做到互惠互利、协同发展。

6.9.4 江苏银行"税 e 融"业务的实践创新

1. 业务开发背景

（1）政策背景。2014 年以来，国务院和江苏省委、省政府下发了一系列文件，要求发挥信用体系作用，扶持小微企业发展。围绕国家支持小微企业发展的精神，江苏银行与江苏省国家税务局积极合作，通过"以税促贷"的方式，共同推进税银互动服务，促进小微企业发展。2015 年 4 月，江苏省国税局正式发布《推进税银互动服务 促进小微企业发展工作方案》（苏国税发 [2015] 46 号），明确与江苏银行开展小微纳税企业贷款服务的深度合作。

（2）市场背景。江苏地区经济相对发达，中小企业活跃，金融需求相对旺盛，金融业的竞争也相对激烈。作为江苏省地方法人银行，江苏银行面临小微客户的信贷需求，同时也面临自身信贷业务的转型需求。基于近年来在大数据方面的积累和对互联网技术的认识与运用，以"税e融"业务为起点，江苏银行开发了"小额"、"信用"、"快速"为特点的网贷产品，通过金融与信息技术结合的产物，既解决了小微企业融资中的"信息核实难"问题，又实现了操作成本低、效率高、服务面广的金融服务新模式，为中小微企业开辟了融资贷款全天候全线上全流程的"绿色通道"。

2. 业务设计思路

江苏银行"税e融"小微网贷业务（以下简称"税e融"业务）的设计，秉承"把简单留给用户，把复杂留给自己"的原则，对用户来说实现的就是简单的两三步操作，由后台IT系统完成对业务的全流程支持。江苏银行通过行内自主设计、自主研发了"网贷平台"，并充分运用了"大数据技术"和"互联网技术"，整合了自身的会计核算系统、网银系统、信贷管理系统、征信查询系统、风险预警系统等多个系统平台，最终实现了真正意义上的"全线上、全流程、全自动"网贷业务。

在大数据应用方面，客户在线提供数据查询授权后，江苏银行大数据平台将自动发起调用客户的个人信息（身份信息、户籍信息等）、企业工商信息（经营年限、股权结构、行业性质、法定代表人信息等）、企业税务和财务数据（销售收入及利润申报信息、各项税种实际缴纳情况、税务报表、纳税信用等级等）、行政公开信息（法院涉诉信息、环保违章信息、海关处罚信息等）、人行征信信息（信用历史信息）以及借款人在江苏银行的业务信息等，随后将采集到的结构化、半结构化数据进行加工处理后，推送至专家决策平台进行信用评分，通过对申请人个人情况、背景经营实体情况等多个维度进行加权评分，最终得出该笔申请的综合评分。决策引擎根据评分做出是否通过自动审批的判断，并为每个客户匹配相应的授信额度与贷款定价，客户从提交审批到得到审批结果仅需短短几秒钟的时间。

在互联网技术运用方面，江苏银行充分利用信息技术创新带来的规模效应和较低的边际成本，将服务范围覆盖到原本不能或不愿涉及的长尾客户群体；通过多维度的引流批量获客，精准的客群定位和客户分层，使银行可以更高效地服务于多层次客户；贷款不受时间、空间、人力资源限制，从申请到发放均通过线上操作，大大降低了银行的沟通和交易成本；系统自动审批通过后，借款人就可以通过网银（使用U-Key数字签名）在线完成授信合同的签订（合同要素均由系统自动引入，无须人工干预），并在额度有效期内通过网银自助循环用款。

对于成功签约并放款的客户,江苏银行通过风险预警系统定期采集客户数据信息(包括客户最新的纳税、征信、结算等信息),对于触发自动预警信号的,系统实时提示业务人员对客户进行人工干预,通过专项的跟踪和调查,在降低业务人员工作量的同时,提高业务管理和风险控制的效率。

3. 业务特点

"税 e 融"业务以其"全自动、全信用、全天候、全覆盖、全线上"五大优点,持续领跑互联网金融市场,受到了小微企业客户的普遍欢迎。一是全自动。由系统自动审批贷款,改变了以往企业向银行提供大量资料、信贷人员往返调查、审贷人员逐级审批的烦琐贷款流程。现在,客户从点击"申请"到贷款"入账",最快的不足 1 分钟。二是全信用。充分融入"互联网+"理念,将纳税大数据引入融资领域,不再需要企业提供担保抵押。三是全天候。可以 24 小时在线申办贷款,系统 24 小时网上实时审批,实现足不出户、在线获贷。四是全覆盖。小微企业只要符合正常缴税两年以上、纳税信用等级 B 级以上、无不良征信记录,均可享受"税 e 融"产品服务。五是全线上。小微客户可以实现在线申请、线上授权、自动审批和自助提款,并且随借随还。对于有个性化需求的企业,也可以前往线下遍布全省的江苏国税办税大厅和江苏银行分支机构申请办理贷款。

作为国内首批试水网贷平台的金融机构,在"税 e 融"业务呈现井喷式增长的同时,江苏银行继续致力于网络贷款平台的创新研发,将"税 e 融"业务申请渠道拓宽到江苏银行直销银行中,实现了江苏银行两款网络金融明星产品的完美结合。一是实现移动端 7×24 小时申请功能,最大限度地节约了客户的时间成本。通过直销银行 APP 申请入口办理,真正实现足不出户、在线获贷。二是提供资产负债业务一键式服务,树立起"直销银行+多元理财+网贷平台"的新标杆。客户通过直销银行 APP,即可享受便捷、安全、高效的综合金融服务,实现资产的多样化配置。三是拓宽了银行受理范围,客户无须在江苏银行线下网点进行开卡,开通电子账户后即可进行贷款申请。

4. 业务成效

"税 e 融"业务的研发和系统开发自 2014 年 12 月起,2015 年 5 月在部分地区测试投产,同年 6 月在全省正式推广。自"税 e 融"首笔落地南通以来,业务呈现井喷式增长。短短 6 个月时间,已经为 6600 余户小微企业发放纯信用贷款 34 亿元,累计发放贷款 1.94 万笔,实现了业务的爆发式增长。半年的时间,仅该项业务带来的新增客户数,甚至超过了江苏省内一些股份制银行的小微客户总数。

此外,江苏银行积极加强内部条线间的业务联动,为"税 e 融"客户提供多元化、全方位的金融服务；通过定制专属理财方案、定期举办客户沙龙、邀请体验智慧银行等方式加强客户与江苏银行的全面交流，有效增强客户黏性。

2015年7月，国家税务总局和银监会在多方调研的基础上，专门下发了《关于开展"银税互动"助力小微企业发展活动的通知》（税总发〔2015〕96号），要求"积极发挥纳税信用的社会效应，助力小微企业发展，服务地方经济发展"，再次证明"税e融"业务符合政策导向、符合市场需求，具有划时代的前瞻性。

6.9.5　江苏银行网贷业务的实践体会

在工业时代，产品和客户之间的环节多、流程长，存在相当程度的信息不对称，客户行为在某种程度上是被动的，需要通过广告或营销引导才能完成最终的交易。在"互联网+"时代，各方通过多种渠道迅速地连接在一起，各类交易在互联网瞬间聚集和分散，不能迎合客户需求的产品，就会迅速被市场所抛弃。在产品供给极大丰富、营销手段高度同质的背景下，能够"让客户尖叫"的产品将是网贷业务发展的"第一驱动力"。

"税e融"业务既解决了小微客户"贷款难"的痛点，又解决了银行自身"难贷款"的苦楚。区别于传统信贷的"全自动、全信用、全线上"的网贷模式，给予了客户完全不同的秒贷体验；通过大数据分析，解决了小微客户信息难核实的审批问题，解决了小微企业获客的营销问题，解决了小微业务自动预警的风控问题。

"税e融"业务仅仅是江苏银行在"互联网+"与"市场导向"思维理念下融合创新的成功开端，后期江苏银行将通过接入更多的第三方数据信息，嵌入到各类场景中，开发新的业务和渠道，不断改进、完善自动审批技术和风险预警功能，深入做好线上线下业务的相互融合，以业务产品的不断更新迭代，持续提升金融服务能力、提升客户体验。同时，江苏银行还拟加强与互联网公司间的合作，通过双方在风控技术、数据信息、场景平台、营运渠道、信贷资金等方面的优势互补，实现多方共赢，服务支持更多的小微客户，在积极履行地方法人银行社会责任的同时，促进自身的转型发展。

6.10　包商银行：立足百姓民生，创新互联网金融业务模式

在互联网飞速发展的今天，基于移动互联网技术、使用移动智能终端实现多样化金融服务的移动金融，从根本上改变了传统的金融服务模式：它将金融服务与移动互

联网技术相结合，天然具备跨越地理鸿沟的能力，能够突破网点的制约，使广大客户极大地摆脱了时间和空间的限制并享受到优质便捷的金融服务，具有方便快捷、成本低廉等特点。

2015年8月27日，内蒙古自治区金融办、中国人民银行呼和浩特中心支行、内蒙古银监局、内蒙古证监局、内蒙古保监局、自治区党委农牧办6部门联合制定下发《内蒙古自治区金融支持农村牧区"十个全覆盖"工程建设的指导意见》(内金办发〔2015〕40号)(以下简称《意见》)，其中明确指出以"助农金融服务点"为载体，助推普惠金融，努力拓宽融资渠道，稳步推进农村牧区金融基础服务全覆盖。

包商银行顺势而为，在中国人民银行的悉心指导下，以核心系统全面优化升级为契机，积极践行"以客户为中心"的服务理念，围绕自治区党委倡导的"十个全覆盖"民生工程，围绕助力"三农三牧"，提供民生工程金融服务支持，不断探索移动金融服务方式方法，逐步开发建设移动金融平台，实现从"坐商"到"行商"的转型。目前，通过包商银行研发的相关产品及配套的服务，无论在网点内、外，围绕客户的时间、地点和客户的关系群，均可实现实时为客户展示和办理相应的业务，提供高效的服务，打造了出"客户在'哪里'，包商银行就在'哪里'"的服务模式。

6.10.1 移动互联网金融业务的总体发展情况

包商银行认真贯彻中国人民银行于2015年1月发布的《关于推动移动金融技术创新健康发展的指导意见》，切实把移动金融作为丰富金融服务渠道、创新金融产品和服务模式、发展普惠金融的有效途径和方法，遵循安全可控原则，秉承便民利民理念、坚持继承式创新发展，围绕老百姓的"衣食住行、育娱医寿"，围绕自治区党委倡导的"十个全覆盖"民生工程，围绕助力"三农三牧"，以客户的真正需求为中心、业务创新为动力，积极致力于打造特色移动金融服务，贴身、贴心服务于客户，构建渠道完整、业务丰富、客户满意的移动金融服务体系。

1. 搭建五大版本业务模式

2015年5月25日,包商银行核心系统全面优化升级工作(815项目)投产上线，搭建起了渠道完整、业务丰富、客户满意的移动金融服务体系。概括来讲，包商银行移动金融创新业务，就是将移动金融终端设备与中后台集中处理中心相结合，通过推出移动运营版、预填单版、税金贷、智能厅堂版、私人银行版五个版本的APP应用程序，形成了具有包商银行特色的移动金融服务模式，为客户提供实时金融服务，切实增强用户体验。

一是移动运营版。移动运营版通过 3G/4G 网络为客户经理在户外提供高效移动客户端。系统设计为 A、B 两面：A 面用于向客户介绍产品、办理业务；B 面用于客户经理自己查看业绩、客户详情、业务状态等。

A 面主要办理户外个人实时开卡、个人综合签约、乐收银业务。在完成客户身份核实及资料初审后，现场将预制卡和安全工具交付给客户，并将客户申请资料及交付影像通过移动金融平台传输至后台集中作业中心。作业中心柜员实时接收影像任务，对客户身份证进行联网核查和资料审核后，快速完成借记卡开卡及综合服务签约等业务（见图 6-10）。

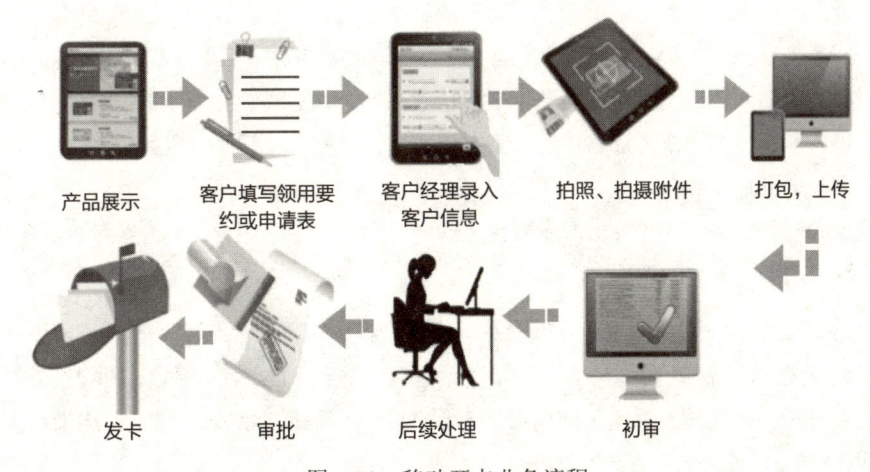

图 6-10　移动开卡业务流程

其中 A 面的盈商宝是专为批发贸易类小微商户定制的新型支付结算服务产品，支持使用个人借记卡和企业结算账户进行相关支付结算，集合了传统 POS 和第三方电话支付终端产品的优点，集刷卡收款、转账付款、账户查询等功能于一身，能有效提高商户结算效率、降低商户结算成本。客户经理通过客户端收集客户资料，提交至盈商宝系统。

二是预填单版。此版本主要应用于网点大堂，主要是利用客户等待叫号的时间，让客户在 iPad 上进行要办理业务的单据填写，系统会自动校验客户填写的信息是否合法，并进行填写指导提示。客户填写完毕，iPad 将数据发送至后台柜面系统，待客户被叫号时，柜员通过身份证号查询出客户填写的单据，确认无误后进行打印，客户签字确认，极大地节省了客户办理业务的时间。目前能操作的业务包括：个人开立存折存单、个人开卡签约、个人汇款、对公存款、对公开户签约。

三是税金贷。包商银行小微金融业务是其品牌业务，对于如何更加便捷地为小微企业提供服务是包商银行孜孜以求的事情。因此，在移动金融方面，包商银行将能够为小微企业快速完成服务做出充分的考虑。此版本就是作为客户经理在户外对小微客户进行业务办理、产品营销及客户管理的移动客户端，能够实现实时快速进行小微贷款业务的需求。目前，815项目一期上线产品为税金贷－小额信用贷款，贷款金额在50万元以内。在后续的研发中，还将上线更多的产品和服务。

四是智能厅堂版本。此版本主要为大堂经理和理财经理在厅堂客服和产品营销及客户管理时提供服务，可进行大堂排号情况实时监控、客户排队时间预警、一页纸广告展示、产品展架、金融计算器、风险评估等。例如，此版本可实时显示当前厅堂的排队情况，点击某一条记录可查看该用户的基本信息、产品购买信息、产品偏好、将要到期产品、产品持有种类信息。大堂经理可以设置普通客户和贵宾客户的预警时限，若客户等待时间超过设定值，信息将显示在此区域，大堂经理看到预警信息后可主动上前进行安抚、沟通或为该客户重新安排贵宾窗口，充分体现了"以客户为中心"的服务理念。此版本还提供了金融服务功能，为银行的投资理财服务、便利金融服务、出境金融服务等提供一个业务展示平台。理财经理通过金融服务功能为客户介绍各类银行服务功能，通过动态展示，理财经理能够做到生动、及时地营销。

五是私人银行版。私人银行投资顾问为客户提供相关产品与服务的介绍及查询，可展示包商银行高端产品。其中金融类产品包括储蓄产品、贷款、基金、理财、外汇、国债、信托、贵金属、保险；信用卡类产品包括商赢信用卡系列、白金信用卡系列、分期等业务。

2. 运行实践及效果

首先，为客户提供了便捷、安全、高效的金融服务。

一是提升便捷性。通过移动金融，客户可以足不出户就办理业务，省去了到营业网点及排队的时间。而且包商银行客户经理可以通过移动终端上门为客户办理相关业务的基础性资料审核，并能让后台及时进行审核，一方面避免客户因资料不全而办不成业务，另一方面有利于客户资料的私密性保护。

二是强化安全性。在移动金融业务发展过程，包商银行优先采用自主可控的产品及密码算法，加强移动金融账户介质标准符合性管理，增强移动金融安全可控能力，有效保障移动金融应用流程的安全性；构建安全可信的基础环境，发挥检测认证的质量保障作用，推动标准落地实施，切实保障了客户资金和信息安全。

三是提高效率。移动金融实现客户业务办理前后台无缝衔接，时效性大大提高；包商银行的一个客户经理通过一个移动终端就能满足客户的多方面金融需求，节省客户多次咨询和办理业务的时间。同时，移动金融设备不仅能够远距离提供理财购买等服务，还能够通过近距离与终端设备交互，进行即时签约和管理，大大提高了近距离消费操作的简便性和效率。与网点柜台开卡作业相比，移动金融具有以下优势：

（1）提高了开卡效率。在营业网点开办一张卡，从叫号到办理完毕，大概需要 10 分钟，而移动开卡只需 2～3 分钟就可以办理完毕。

（2）增加了获客户能力。网点日均开卡量为 10 张左右，而移动金融平台日均开卡量在 100 张左右，是网点开卡量的 10 倍。

（3）减少了营运成本。在柜台上办理一笔开卡业务大约需要 17 元的成本费用，而移动运营办理一笔业务的成本费用要远远小于这个金额。

其次，为银行吸引了客户、沉淀了资金、赢得了美誉。

一是吸引了客户。据工业和信息化部统计数据显示，目前我国大陆网民已达 7 亿户，移动互联网用户达 9 亿户，手机用户达 12.35 亿户，其中 3G 用户达 4.19 亿户，这些数据还在不断攀升。特别是很多 PC 时代无法触网的农牧民，在移动互联网时代通过手机接触到了移动互联网。现在农村的网民数大概占整个中国总网民数的 1/3，有 1.7 亿左右，其中 1.5 亿是手机网民，其平时手机上网的比率比城市还高 3 个百分点。截至 2014 年年末，全国农村手机银行普及率为 90%，其中智能手机普及率达 40%，上网率超过 80%。这也正是包商银行发展移动金融的着力点，并在实践中切实扩大和巩固了客户群。以移动发卡业务为例，截止 2015 年 12 月 13 日，移动金融平台合计发卡 108 636 张，占柜面发卡量的 21.16%，卡内金融资产余额达到 165 504 万元，卡均余额 1.5 万元（见图 6-11）。

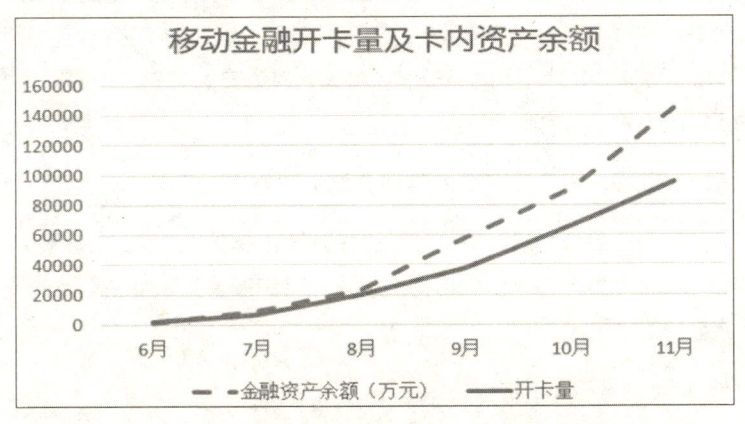

图 6-11 2015 年移动金融开卡量及卡内资产余额情况

二是沉淀了资金。从包商银行近期移动金融工作开展情况来看，通过移动金融推广相关业务，对于资金的沉淀有很大帮助。如在农村牧区，银行物理网点覆盖面窄，移动金融就弥补了这方面的缺失，实实在在地为农牧民提供了便利和贴身金融服务，农牧户可以不出城镇、村（嘎查）就可以体验到金融服务。正是能够提供便捷的服务，从而吸收了客户手里的资金，甚至客户会从同业将资金转至包商银行，有效地沉淀了资金，留住了客户（见图6-12）。

移动金融平台金融资产余额情况（单位：万元）

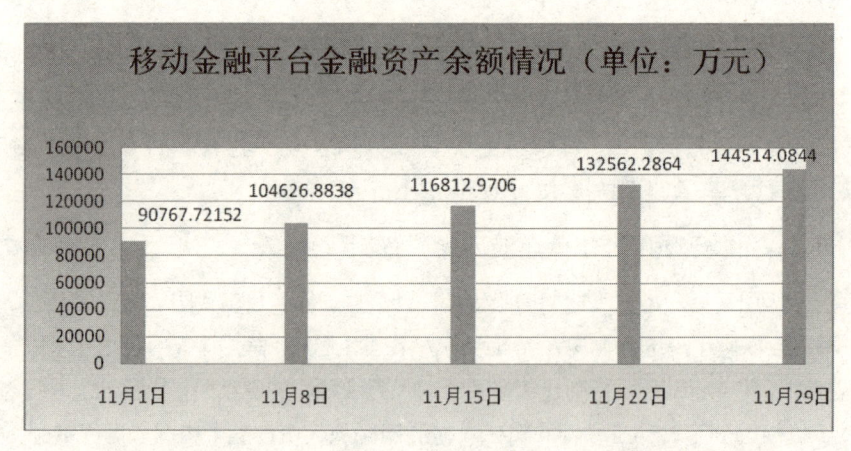

11月1日	90767.72152
11月8日	104626.8838
11月15日	116812.9706
11月22日	132562.2864
11月29日	144514.0844

图6-12　移动金融平台2015年10～11月累计发卡的金融资产余额情况

最后，发展移动金融创新，助推"三农三牧"、"十个全覆盖"民生工程。

中国共产党第十八届三中全会提出"发展普惠金融"，内蒙古自治区积极推进"十个全覆盖"，都将农村牧区民生和经济发展作为重点发展方向，以农牧业作为普惠金融服务的主要产业。包商银行移动金融上线以来，为广大客户提供了便捷的支付、理财和各类金融服务。特别是在广大农村牧区，包商银行客户经理通过移动金融Pad上门为农牧户办理开卡、签约金融业务、办理贷款等，农牧户不必亲临营业网点，即可通过移动金融Pad实时、实地完成业务办理，有效节约了农牧户时间，推进了农牧区民生工程的建设，为包商银行赢得了美誉。

3. 百姓之声——客户最喜欢的移动金融创新服务

移动金融创新产品为客户带来了全新的移动服务体验，实现了金融服务延伸至乡镇的目的，切实有效地改善了金融办理环境，让客户享受到了金融创新的便捷服务，得到了广大客户的认可。

1）随时随地到客户身边提供金融服务

客户经理携带移动金融Pad深入到客户身边为客户办理开立借记卡、贷款申请等业务，如包商银行巴盟分行客户经理到村镇/嘎查为农牧民办理业务，得到了广泛好评。如巴彦淖尔市公田南新义村秦愣虎大爷感慨道："现在这个社会可是先进了啊，让我们坐在炕头上就能办业务，方便多了，而且也节省了不少时间和路费！"

2）提升了客户办理业务的便捷性

原来客户来到银行网点办理业务时，往往因为排队人数较多，需要等待较长的时间才能办理业务。现在大堂经理通过使用移动厅堂版在客户等待叫号的时候，让客户在 iPad 上进行要办理业务的单据填写，节省了客户办理业务的时间。如客户丁彩霞在包商银行鄂尔多斯分行乌审东街支行使用厅堂服务后，感慨道："这个太方便了，填单内容少，办理速度快，手续简便，是好产品、好东西！"

6.10.2 移动互联网金融业务实践典型案例

包商银行于 2015 年 6 月 10 日在全行试点推广移动金融业务，截至 2015 年 7 月 23 日，通过客户经理使用移动 Pad 共开卡 4957 张。作为包商银行移动金融发展的试点行，包商银行巴彦淖尔分行首家惠农金融服务站 2015 年 6 月 18 日在乌拉特前旗公田村举行了开业启动仪式并开展了信贷产品推介会，同时还邀请 86 户巴彦淖尔地区农资经销商及 218 户农户参加本次仪式及产品推介会。惠农金融服务站选择农资经销店为设站站点，由当地支行派 2 名业务经理为管理人负责管理。采取"银行+银联+商户"三位一体的服务模式，实现渠道和业务的拓展。与银联进行全面合作，利用其现有平台、机具、产品拓展我行的业务渠道，延伸服务半径。利用商户的营业场所布放金融机具，建立微型惠农金融服务区。利用移动终端，围绕当地村镇和村社的农户提供开卡、申办贷款、销售理财以及手机银行、网上银行业务。同时，根据地区的实际情况为村民提供其他便民服务。

经过开业前期惠农金融项目组及支行深入农村地区进行开卡与营销，2015 年 6 月 9 日到 6 月 18 日，共营销 15 个社，通过移动金融设备现场共开卡 331 户，开立定存宝 331 个、即时通 331 个，存款 282.928 万元。目前业务推广迅速，巴彦淖尔从 2015 年 6 月 18 日开始先后已开业 3 家惠农服务站，服务客群 27 个行政村、73 个自然村，服务 1400 多户、6800 余人，实现储蓄存款 816.28 万元，为农办理还款 23 笔、转账 56 笔、便民缴费业务 39 笔，为农牧户带来了全新的移动服务体验，实现了金融服务延伸至乡镇的目的，切实有效地改善了农村牧区金融办理环境，让农牧民享受到了金融创新的便捷服务，得到了广大农牧民的认可。

随着移动互联网以及移动智能终端在农村牧区的日益普及，包商银行可以依托在农村牧区的代理服务点和移动金融"走出去"的优势，未来通过引入农村牧区本地电商服务，抢先绑定平台两端的批发商（县、镇级/嘎查批发商）和零售商（农村小百货、小超市等），逐步将业务向上延伸到商业链的顶端，向下则可以通过多种形式的移动智能终端融入农牧民生产、生活的方方面面，连接线上线下（O2O），实现近场和远程一体化的移动服务，最终构建起G（政府）+B（批发商）+B（零售商）+C（农牧户）的良性生态圈，形成差异化的竞争优势。

6.11 深圳农村商业银行："信通小时贷"探索普惠金融新模式

6.11.1 "信通小时贷"提出的行业背景

1. 行业内个人消费贷款环境

当前，我国经济增长动力正在从投资出口驱动向消费驱动转变。公报数据显示，2015年，最终消费对经济增长的贡献率为66.4%，成为经济增长的重要驱动力。

在此背景下，个人消费需求的快速增长，也带动了个人消费贷款的需求不断扩大。城镇化、人口结构的变化、医疗保健、旅游消费及汽车产业的发展等因素，成为银行消费贷款发展的有利条件。资料显示，1999年2月，中国人民银行印发《关于开展个人消费信贷的指导意见》，当年我国消费贷款余额达1396亿元，同比增长超千亿元，占当年各项贷款总额的1.5%；而到2014年年末，消费贷款余额达15.38万亿元，占当年各项贷款的比例为18.8%。

2. 现阶段存在的问题

在当前个人消费需求不断扩张的形势下，银行的消费贷款却面临着转型压力，在规模及效益方面面临着诸多挑战。据统计，2014年年末，银行消费贷款余额15.38万亿元，同比增长18.4%，但增速比上年末低5.9个百分点；全年增加2.39万亿元，同比少增1467亿元，这是消费贷款在十余年的快速增长过程中出现的首次大幅减速。究其原因，主要有以下几方面。

1）传统消费贷款自身结构所限

住房消费贷款占据传统消费贷款的大部分，而近年来受房地产市场影响明显下降，利率下行周期与利率市场化效应叠加，银行存款等负债业务成本上行，而住房消费贷款等传统贷款业务的收益率下行,利差收窄趋势明显,导致传统银行对消费贷款市场关注热情不足,忽略了其他消费贷款需求。

2)办理流程复杂,额度门槛较高

传统的消费贷款,客户从申请,到银行内部审核,审核通过,再到客户申请支取,每个环节都需进行层层审批,办理流程复杂,时效性差;另外,由于贷款的稀缺性及银行自身的效益考量,往往设置了较高的贷款申请额度门槛,几千元、几万元的小额贷款需求难以得到满足。

3)无法做到普及惠民

银行受限于物理网点,覆盖面狭窄,所能影响和营销的客户群体有限,消费贷款客户结构的变化滞后于社会消费结构变化,网购、快递、电子商务等极大地刺激了消费,激发了众多的潜在需求,而银行消费贷款的业务种类及客户分布则变化缓慢,远远不能满足需求。

4)新型互联网金融冲击

互联网公司、电商巨头等进军消费金融领域,如 2014 年京东推出了"先消费、后付款"的信用支付产品"京东白条",阿里巴巴组建蚂蚁金服推出"花呗"、"借呗",苏宁获批筹建苏宁消费金融有限公司……各类 P2P 网贷公司的兴起,分流了银行潜在客户群。

6.11.2 "信通小时贷"的设计理念

针对当前个人消费贷款市场的快速崛起以及银行消费贷款现阶段的困境,深圳农村商业银行开始对这一潜在的金融市场进行进一步的分析调研。在分析调研的过程中,美国富国银行的小微金融发展案例给予了我们很大启发:富国银行利用其庞大的专业团队的科技创新优势,对不同的因素赋予不同权数,将风险进行量化,最终设计出流程简单、精确度高且人工成本低廉的评分卡制度;在客户申请渠道方面富国银行也颇有创新,申请审批流程实行自动化操作,并且有邮件申请以及网上申请等多样化的选择,对申请贷款者的资料进行系统自动评分,不仅节省了人力成本,更实现了高效、快捷的贷款流程。

富国银行的案例非常具体地契合了互联网金融的两大优势,即大规模数据处理能力和资源配置过程"去中介化"。鉴于此,互联网金融浪潮下传统商业银行个人消费贷款的一个可能发展机遇是，针对个人开展大数据征信和网络贷款业务。信通小时贷（以下简称"小时贷"）作为一款创新的个性化信贷产品及展示大数据征信和网络贷款的具体应用方案应运而生。

1. 采用大数据征信，增强信用信息对称，降低金融交易成本

依托于大数据，互联网使客户信息的价值升华，助推其效用最大化。一方面，小时贷在互联网上通过对客户信息的整理分析，生成数据库，对客户的信用进行评级，利用信用评分卡等技术，确定信贷额度及贷款利率；另一方面，依托于客户信息的风险信息积累，利用大数据进行分析，实现有效的风险管控。因此，小时贷摒弃了传统的抵押品质押，演变为信用担保，省去了抵押品质押审批及办理环节，节约了信贷业务交易成本。

2. 简化流程，全线上化，快速审批，快速放款

消费贷款客户通常希望银行改善贷款审批及发放效率，以期早日拥有欲购商品或服务。传统银行渠道办理消费贷款手续烦琐、环节冗长，拖累整体办理效率。因此小时贷应运而生，可实现自动化办理，贷款的申请、发放和偿还可通过电子银行方式操作，实现全流程的电子化，极大地提升了放款速度，最快 1 小时可以放款，改善了客户体验，深度契合了客户需求。

此外，传统银行柜台服务受时间、地点限制，无法为有消费贷需求的客户提供 24 小时的实时服务；而小时贷通过全线上化的操作，让客户随时随地进行申请及出账，能够更大程度上实现普惠。

3. 普及惠民，降低门槛，吸收大众碎片化的贷款需求

小时贷的潜在客户群体主要包括普通企业职员、公职人员、城市白领及小微企业主等，相对普通消费贷款而言，小时贷的客户覆盖面更广。小时贷不设置申请额度门槛，无论是几千元、几万元的贷款需求，都可以申请，满足普通大众的小额贷款需求，利用长尾效应吸收处于金字塔底部群体的贷款需求。

6.11.3 "信通小时贷"的产品案例介绍

1. 产品介绍

小时贷为 2015 年我行重点开发的一款互联网金额创新产品，也是我行首款线上信贷产品。小时贷业务面向个人客户，是一款将线下"快捷贷"产品从客户发掘、业务申请、审查审批到合同签订、贷款发放以及贷后管理等全流程实行线上化的信贷产品。

小时贷的用途为个人消费，无须申请人提供抵押及保证，采用纯信用的信用支持方式。客户通过电子渠道发起贷款申请并签署相关授权协议，取得授权后，我行后台系统进行联网核查，自动获取借款人相关信息，完成贷款审批、额度创建、贷款开户流程，最快1小时内完成从申请到放款的全流程。小时贷采用自主支付方式，客户可根据自己的实际情况自主支用，随借随还，贷款额度最多在两年有效期内可循环使用。

不同于 Lending Club 完全基于互联网的信息撮合模式，小时贷的模式类似于宜人贷，收入来自于放贷利息，要承担的是坏账风险。综合考虑风险水平、筹资成本、运营成本、管理成本、收益要求、贷款额度和市场竞争情况等因素，小时贷的单户授信额度不超过10万元，利率为固定年息12%，可根据各阶段的实际情况调整，并结合营销需要给予小时贷一定的利率浮动。

2. 具体框架模型

1）产品整体思路阐述

小时贷的核心思路是：通过评估借款人的稳定性预估其偿付能力，并收集其近5年间的相关信息来判断借款人的信用风险。一方面，对于多数借款人而言，并没有大额的固定资产（如房产、车辆）可供抵押，那么借款人的稳定性则主要通过其社保缴纳记录得以体现，借款人的参保时长、缴纳基数、参保单位变更次数等信息能够充分说明借款人的稳定性，是资产抵押物的良好替代。另一方面，多数人的信用习惯不会突然间就变得良好或极差，其实在过去的数年内已经形成，比如信用卡是否按时还款、贷款到期是否按时归还等，这些都是可获得的、追踪借款人信用习惯的良好指标。由于目前中国人民银行的征信系统基本已经基本实现对信用卡/贷款还款记录的全覆盖，提取这些信息对全面掌握借款人的信用情况大有裨益。这样，我们就可以根据这些信息综合评判一个借款人的特定信用水平，以提供适当额度的授信。

2）产品方案细节设计

事实上，整个小时贷风险控制判断的核心是通过多维度的信息和数据点来分析一个借款人贷款违约的可能性（该可能性低说明信用高，则授信额度较高；否则给予较低的授信额度或者予以否决）。更确切地说，我们要的是一个数值，一个经过提炼、高度浓缩的关于申请人"偿付贷款的习惯和能力"的数值，用以度量其违约的概率（如果我们打算贷款给该申请人的话）。

我们设计从以下三大方面提取有效信息点：

首先是一个借款人的自身特征，这是其稳定性的基础构成。具体包括性别、年龄、户籍状况、婚姻状况及职业类型等。

其次是一个借款人的社保缴纳记录，这是稳定性的主要组成。具体包括深圳社保"最近实际缴纳基数"、社保养老专户余额（或医疗专户余额×3）、近60月参保月数、近24月参保单位变更次数及近24月参保情况为0或2的情况（0代表该月未缴纳社保，2代表该月缴纳未成功）。如果借款人名下确有房产（红本）或车辆信息，也可增强其稳定性。

最后是一个借款人的违约记录，这是其信用情况的重要指标。具体包括有无信用卡及贷款历史、最近一年在本行授信情况、非按揭贷款余额、他行信用贷款余额、贷款5年内最高逾期次数、贷款24月内最高/累计逾期次数、信用卡近24月有使用记录张数、信用卡近24月累计逾期次数、信用卡近6月平均使用额度、贷款和信用卡当前拖欠、近6月中国人民银行征信查询次数（申请和审批）等。

小时贷采取打分制（100分制）对借款人的稳定性和信用情况进行评判，对上述提取的信息点赋予不同的分值。本方案设计为：借款人的自身特征与社保缴纳情况合并计算其稳定性得分，借款人的违约记录计算其信用得分，经过系数调校分别获得稳定性系数及信用系数；此外，根据客户的社保养老余额（或医疗专户余额×3），以及在我行开立账户的相关信息（月工资收入、借款人近一年日均存款），得出一个基础额度（即在不考虑客户稳定性及信用风险的情况下的初始可贷金额）。最终使用基础额度×稳定性系数×信用系数，得出该借款人可获得的最终贷款额度。

稳定性评分及信用性评分根据不同分数档次差别对待。

- 稳定性评分≥70：偿付能力强。
- 稳定性评分＜70：偿付能力弱。
- 信用评分≥60：信用风险低。
- 信用评分＜60：信用风险高。

只有当借款人稳定性评分≥70且信用评分≥60时，我行才予以相应贷款。

3）产品方案具体展示

（1）稳定性得分。

结合前述方案思路和细节，小时贷稳定性评分表如表6-2所示。评分表整体采用加分制，每一项符合稳定性的相关条件会有一定得分，当得分不超过70分时，该借款人的小时贷申请将予以否决。

根据借款人的社保缴纳情况，我们设置了1.6～1.10共5个评分项。其中，"深圳投保工资基数"、"社保养老专户余额（或医疗专户余额×3）"、"近60月参保月数"三项为正向得分项，其月投保工资基数、专户余额及参保月份数与稳定性得分正相关；"近24月参保单位变更次数"及"近24月参保情况为0或2的情况"两项为负向得分项，超过一定次数将会导致稳定性得分下降。

表6-2 稳定性评分表

编 号	名 称	值	得 分
1.1	性别	男	N
		女	N
1.2	年龄	< 24	N
		24 ≤ 年龄 < 30	N
		30 ≤ 年龄 < 36	N
		36 ≤ 年龄 < 48	N
		48 ≤ 年龄 ≤ 55	N
		> 55	N
1.3	户籍	深户	N
		非深户	N
1.4	婚姻家庭	无	N
		未婚或离异	N
		已婚无子女	N
		已婚有子女	N

续表

编 号	名 称	值	得 分
1.5	职业类型	1. 在编公职人员	N
		2. 金融机构正式员工	N
		3. 国企、央企职员	N
		4. 其他企业职员	N
		5. 个体工商户	N
		6. 企业主	N
		7. 投资、担保、典当、小贷、房产中介公司员工	N
1.6	深圳投保工资基数	输入值	N
1.7	社保养老专户余额（医疗专户余额×3）	输入值	N
1.8	近60月参保月数	输入值	N
1.9	近24月参保单位变更次数	输入值	N
1.10	近24月参保情况为0或2的月数	输入值	N
1.11	房产	无	N
		有房产，未抵押	N
		有房产，按揭中	N
		有房产，抵押中	N
		非完整产权或军产房	N
1.12	车辆	无	N
		有行驶证	N
		征信有车辆信息	N
		有未结汽车按揭贷款	N

（2）信用得分。

结合前述方案思路和细节，小时贷信用评分表如表6-3所示。评分表整体采用扣分制，满分为100，每一项出现信用瑕疵会有一定扣分。当扣分超过40分时，该借款人的小时贷申请将予以否决。

根据客户现有贷款及信用卡的多项参数情况,我们设置了 2.6~2.13 共 8 个评分项来分析其信用水平。其中贷款主要考察 5 年内的最高逾期次数(即连续逾期最大次数)及 24 月最高逾期/累计逾期次数,信用卡则主要考察近 24 月内有使用记录张数、累计逾期次数及近 6 月平均使用额度。逾期次数越多,平均使用额度越大,扣分越多。同时贷款和信用卡当前拖欠金额以及近 6 月中国人民银行征信查询次数(申请和审批)也是借款人信用评分情况的重要参考。

表 6-3　信用评分表

编号	名　　称	值	得　分
2.1	有无贷款和信用卡历史	有	N
		无	N
2.2	最近 1 年是否在本行授信(按揭除外)	有	N
		无	N
2.3	非按揭贷款余额(元)	输入值	N
2.4	他行信用贷款(元)	输入值	N
2.5	本行信用贷款余额 + 可用额度	输入值	N
2.6	贷款近 5 年最高逾期次数	输入值	N
2.7	贷款 24 月最高逾期次数	输入值	N
2.8	贷款 24 月累计逾期次数	输入值	N
2.9	信用卡近 24 月有使用记录张数	输入值	N
2.10	信用卡 24 月累计逾期次数	输入值	N
2.11	信用卡近 6 月平均使用额度(元)	输入值	N
2.12	贷款与信用卡当前拖欠(元)	输入值	N
2.13	近 6 月查询次数(申请与审批)	输入值	N

(3)基础额度。

结合前述方案思路和细节,小时贷借款人基础额度测算如表 6-4 所示。其中基础额度由收入额度、动产额度及不动产额度三部分构成。收入额度实际表示借款人可用于还贷的收入,主要根据借款人每月缴纳的社保工资基数倒算而来,稳定性较高的职业类型会给予较大的倒算乘数;动产额度实际表示客户的社保账户余额,这里统一设置为一定的折现率;不动产额度指借款人名下的房产,根据房产是否抵押/按揭给予不同的额度。

表 6-4 基础额度计算

5	基础额度	收入额度 + 动产额度 + 不动产额度的之和
5.1	收入额度	【社保倒算值 - 基本生活支出】×N
5.1.1	社保倒算值	1. 在编公职人员，深圳投保工资基数 ×N 2. 金融机构正式员工，深圳投保工资基数 ×N 3. 国企、央企职员，深圳投保工资基数 ×N 4. 其他企业职员，深圳投保工资基数 ×N 5. 个体工商户，深圳投保工资基数 ×N 6. 企业主，深圳投保工资基数 ×N 7. 其他情况，N
5.2	动产额度	社保账户余额 ×N
5.3	不动产额度	未抵押深圳房产 A 万元/套 ×N 抵押/按揭深圳房产 B 万/套 ×N

最后，将稳定性得分与信用得分进行处理，得到借款人的稳定性系数及信用系数，使用基础额度 × 稳定性系数 × 信用系数，得到借款人的最终可授信额度。出于风险考量，小时贷产品限额为 10 万元，借款人可授信额度最终计算超过 10 万元的，最多给予 10 万元的额度。例如，某借款人为在编公职人员，拥有未抵押深圳房产一套，其基础额度测算为 200 000 元，稳定性系数为 0.9，信用系数为 0.8，则其理论上可授信额度为 200 000×0.9×0.8=144 000（元），最终实际可授信额度为 100 000 元。

4）风险控制及贷后管理

小时贷虽然是一款互联网金融产品，但本质上依旧是一款贷款产品，因此在设计产品的同时我们也对风险控制及贷后管理等方面做好了充分的准备。

（1）风险管理。

第一，避免操作风险。小时贷是通过借款人的社保、不动产状况着重考察其第一及第二还款来源，再根据借款人在深圳的稳定性以及过往的信用状况对申请人的资信状况给出综合"得分"，得分对应获得的贷款额度。小时贷的进步之处在于，将申请人信息的查询以及制表得分生成贷款额度的工作全部交由信贷审批 LOS 系统来进行自动处理，避免了人工查询制表过程中可能出现的操作风险。

第二，进行总额度控制、设定风险阈值及拨备计提。深圳农村商业银行根据资本市场整体风险、收益水平对小时贷制定产品总额度，小时贷总贷款余额不得超过该额度；根据小时贷产品的风险特征，对于产品不良贷款率设置了一个风险阈值——3%。

当不良贷款率达到风险阈值时，暂停发放新增小时贷。同时，为充分应对业务运行中面临的风险，小时贷的贷款损失准备计提的比率按照本行相关文件所规定比率的1.2倍计提。

小时贷定价年利率为12%。资金成本为贷款规模的4%～5%（含一年期贷款资金占用成本和经济资本成本）。不考虑人力成本和系统开发、运营成本，利润空间为5%～6%。

（2）贷后管理。

贷后管理遵循本行相关贷后管理办法执行。

①档案管理。小时贷业务审查所需要的信贷资料包括《"小时贷"快速评分卡》、客户相关征信报告以及深圳市房地产信息系统房产有效性查询单。小时贷业务实现全流程无纸化审批，上述信贷资料均以电子版的形式上传至LOS系统进行保存。

②逾期催收。我行客服中心负责逾期贷款的催收工作。对于利息或本金逾期天数在0～60天内的贷款，客服中心将按照本行相关资产管理办法进行积极催收：在借款人逾期的次日，由系统向其发送逾期提示短信，提示借款人尽快将逾期本金和利息足额存入还款账户；当借款人贷款逾期天数超过5天时，应由客服中心坐席员每天对其进行电话催收，并建立相关催收台账。

③资产转让：对于利息或本金逾期天数在90天以上且逾期贷款余额累计超过100万元的授信资产，贷款执行单位将根据总行相关资产管理办法，将授信资产移交给资产保全部，并由资产保全部进行资产转让。

3. 上线后效果展示

小时贷于2015年11月初正式上线，上线以来受到市场的热烈回应。

1）贷款余额迅速增长

自小时贷上线至今，总申请笔数已达到13 633笔，其中审批通过1498笔，审批通过率约为11.01%，审批通过金额为5292.3万元，贷款余额为3050万元，贷款使用率为57.63%（贷款使用率＝贷款余额/审批通过金额）。到目前为止，尚未出现坏账情况。

2）全流程自动化，效率极高

小时贷可支持7×24小时受理贷款申请，手机银行、网上银行均可申请。目前小时贷平均每日申请笔数超过 200 笔，而同期一个一级支行同类型的贷款申请笔数平均不到 10 笔。客户通过电子渠道申请小时贷并签署相关授权协议，取得授权后由后台系统进行联网核查，自动获取借款人相关信息，完成贷款审批、额度创建、贷款开户流程，最快 1 小时内即可完成放款。

3）随借随还，利息较低，使用方便

小时贷采用自主支付方式，客户可根据自己的实际情况自主支用，随借随还，贷款额度最多在 2 年有效期内可循环使用。根据小时贷的利率，客户相当于借款 1 万元，每天只还 3.33 元，利息用一天算一天。客户随借随还，使用方便，体验较好。

6.11.4 "信通小时贷"的产品特点与创新

随借随还的手机银行贷款，最快 1 小时审理放款，不设置任何客户门槛——我行"小时贷"产品，因"普惠金融、绿色信贷、极速审批"的特性，在由北京大学汇丰商学院和南方都市报共同举办的 2015 CFAC 中国金融年会上，从同业众多实力强劲的提名者中脱颖而出，获得"年度最佳金融创新大奖"。

1. 普惠金融

小时贷的最大特点就是面向所有客户开放，不设置任何准入门槛。该产品的运行模式也一改传统的依靠物理网点的线下拓展，利用网络化、移动化的电子渠道进行全流程线上化，让普通大众享受到高覆盖面、高渗透率和高便利性的金融服务。无论借款客户从事何种职业，收入高低，是否在我行拥有金融资产，只要客户有我行银行卡，开通了网上银行或手机银行就可以在线申请。

相对于普通消费贷款而言，小时贷的客户覆盖面更广，服务对象涵盖了普通企业职员、公职人员、城市白领及小微企业主等，基本上可以满足大部分潜在客户的贷款需求。除此之外，普通消费贷款往往设置了较高的贷款申请额度门槛，几千元、几万元的小额贷款需求难以得到满足；而小时贷在贷款申请金额方面几乎没有门槛，几千元、几万元的贷款需求都可以进行申请，极大地降低了客户信贷成本。

2. 绿色信贷

小时贷的绿色信贷属性主要有两方面的体现：一方面，小时贷是一种面向个人的小额消费贷款，随借随还，不涉及环境污染，这与绿色信贷"积极发展与绿色、低碳、循环经济有关的金融产品和服务"的目标相契合；另一方面，充分利用电子渠道，从客户发掘、业务申请、审查审批，到合同签订、贷款发放以及贷后管理等，均在线上完成。全流程无纸化，免去纸张的使用，充分体现绿色信贷"优化内部流程，为绿色信贷产品和金融服务研发、审批、推广提供'绿色'通道，积极发展电子银行业务等新兴银行服务业"的要求。

3. 急速审批

小时贷面向所有客户开放，不设置任何准入门槛，这在互联网线上小贷领域属于业内首创。客户只需通过手机银行/网上银行，即可自助申请、签署合同、放款、还款，既快速又简单。对于不满足小时贷额度审批条件的客户，快至5分钟即可得知审批拒绝结果；对于符合小时贷评分条件的客户，可在最快1小时、最慢1个工作日内获知审批结果，并自助出账放款。

小时贷的出现，一改以往手续烦琐、环节冗长、效率低下的消费贷款模式，改善了贷款申请及审批流程，实现了全流程自动化办理，采用客户自主出账的方式提升了贷款发放效率，极大地提升了放款速度，改善了客户体验，深度契合了客户需求。

6.11.5 "信通小时贷"的产品意义

2015年可以说是中国促进互联网金融健康发展的开局之年。2015年3月，李克强总理在政府工作报告中首次提出"互联网+"行动计划；7月，国务院印发《关于积极推进互联网+行动的指导意见》；同月，十部委联合下发《关于促进互联网金融健康发展的指导意见》；11月，互联网金融首次列入国家发展规划。而据新华社报道，国家主席习近平在第二届世界互联网大会上提出五点主张，其中一点就是"推动网络经济创新发展，促进共同繁荣"。习近平表示，中国正在实施"互联网+"行动计划，推进"数字中国"建设，发展分享经济，支持基于互联网的各类创新，提高发展质量和效益。

面对互联网浪潮，深圳农村商业银行的"互联网+普惠金融"之路该怎么走？

1. 利用"小时贷"提升普惠金融能力

小时贷是我行首款互联网信贷产品。它的调研、立项、研发、推广整个过程，都得到了总行高管层领导和相关部门的大力支持。我行充分意识到现在互联网金融的迅速发展，这是我们有可能实现跨越式发展或者说弯道超车的机会。

一直以来，我行践行着"普惠金融"的服务理念，坚持深耕社区和中小微企业，做小微企业和社区居民的零售业务。我行是草根银行，个人客户达到70%以上。小时贷可以说是我行试水"互联网+普惠金融"的重要一步，借助互联网技术，我行不断下沉服务渠道，让社会上的各种小角色变成了金融服务对象。根据现有数据统计，小时贷目前的笔均贷款余额不到2万元，这样的小额贷款在之前是基本不会被受理的。通过互联网这个媒介，我们能够更深地下探原本服务难以触及的人群，满足他们的金融需求。小时贷的成功上线运营，使得我行在金融服务的覆盖面、渗透率和便利性方面都有了进一步的扩大，提升了我行普惠金融的能力，给我行"互联网 + 普惠金融"的探索与实践带来了有益的经验。

2. 借助互联网平台，实现线下金融互联网化

小时贷是我行试水"互联网 + 普惠金融"的重要一步，但它并不是凭空出现的。从本质上说，"小时贷"是将线下"快捷贷"产品从客户发掘、业务申请、审查审批到合同签订、贷款发放以及贷后管理等全流程实行"线上化"的产物，因此其风险控制水平在线下是已经得到市场检验的。传统金融机构在开展互联网金融业务时，风险控制依旧要摆在首位。

在第二届世界互联网大会上，中国银联股份有限公司总裁时文朝表示，守住防范系统性风险和区域风险底线是保持普惠金融健康发展的原则，如果没有这个原则，虽然动机很美好，但最终结果不一定很好。对于我行而言，小时贷的成功推出，将促使我们加倍努力把金融互联网做好，将线下更多成熟的、已经过市场验证的金融产品搬到互联网上去。先把金融互联网化的基础打好打牢，在风险可控的情况下，再逐步尝试在普惠金融业务和追求商业可持续之间寻找平衡，让大众能及时、有效地获取价格更加合理、更加便捷安全的金融服务，这是我行"互联网 + 普惠金融"之路的前进方向。

6.12 安徽农信：社区e银行践行普惠金融新模式

6.12.1 平台建设思路

随着存款保险制度的实施、利率市场化的推进、银行业竞争的日趋激烈，特别是随着移动支付、社交网络、大数据和云计算等互联网信息技术的应用和发展，以第三方支付、P2P网络贷款、网络众筹以及余额宝、招财宝等网络理财产品为代表的互联网金融创新，不断挤压传统银行的业务空间，挑战传统银行业服务模式，尤其是给农商行（农信社）这些区域性中小银行带来巨大的冲击。如何积极应对新常态下金融业的快速变化，继续保持和发挥区域性农村合作金融机构的传统优势，实现业务经营转型升级，安徽省联社自2013年以来进行了不断的思考和探索，在全国银行业率先推

出"社区 e 银行"这样一个生活消费电商服务平台和社区综合金融服务平台。

1. 抓住本质求突破

2013 年以来，各大金融机构纷纷提出服务重心下沉，通过增设物理网点、开设村镇银行等形式渗透农村金融市场。民生银行提出设立 1 万个社区网点，其他一些银行通过延长营业时间、增设自助网点等途径，以期做大社区金融服务市场份额。加上小贷公司、民间借贷、农村金融互助社等形式的金融脱媒日趋活跃，互联网金融野蛮增长。同时，各大银行纷纷花巨资推出融 e 购、善融商务、交博汇等电商平台。区域性中小银行，特别是农村合作金融机构生存发展形势日趋严峻。对此，安徽省联社理事长陈鹏提出："必须寻求创新突破，农村市场寸土不让，城区市场寸土必争。"

经过对各银行机构、几大互联网公司金融服务产品的研究和金融市场的深入分析，特别是结合农村合作金融机构市场定位和网点、人力等资源优势的把握，我们认为：第一，城市社区和农村社区或者说生活性金融服务还十分缺乏，普惠金融前景广阔；第二，目前的社区银行仍然是银行机构或服务的物理延伸，并未渗透浸润社区生活；第三，货币形态数字化、金融服务生活化、服务形式移动化、金融产品信息化（电子化）是大趋势，但金融服务的基本内容仍是存、贷、汇，金融服务的本质仍然是最大限度地满足客户多样化的金融需求；第四，农村合作金融机构人缘优势、地缘优势可以转化为市场优势，服务"三农"、服务社区、服务县域、服务中小微企业的宗旨不能变、不须变，坚持社区性、零售型的市场定位并不落后。求生存、谋发展的关键是寻求服务理念、服务方式的创新和突破。

于是，我们提出了"打亲情牌"、"开豆腐坊"、"请豆腐宴"的发展思路，提高存量客户黏合度和贡献度，不断扩大增量客户，形成固定客户圈，突出金融服务生活化、普惠化，于 2013 年 9 月制定了《安徽省农村合作金融机构电子银行发展规划纲要》，提出：首先，要整合网上银行、手机银行、电话银行等电子渠道资源，加强与第三方支付公司或银行业金融机构合作，为客户提供增值服务。一是借助外包或联盟共同开发适应市场需求的新产品，最大限度地拓展电子商务领域，通过提供高效便捷的个性化服务巩固客户；二是通过金融创新服务，搭建线上线下一体化的营销平台，将银行线上业务与客户线下消费以及实体商户三者紧密结合，建立互利多赢的消费商圈。其次，要探索互联网金融业务，推进与战略伙伴的深度合作和业务联盟。聚合信息服务提供商、支付服务提供商、电子商务企业等多方资源，打造一站式金融服务平台，满足客户多样化的金融需求；整合上下游资源，打通全流程的业务链条，为客户提供资金流、信息流以及全场景金融解决方案，建立合作共赢、互补发展的共生关系。针对金融脱媒的发展趋势，有效结合和运用互联网进行金融电子化拓展，在增加服务渠道的同时，对以互联网为依托的现有业务模式进行重新改造，强化多维度进行互联网金融创新发展。

2. 围绕需求搞开发

一是开发手机银行，实现移动支付。2013 年 11 月，我们看到了移动支付的快速发展趋势，特别是要突破农村地区通信瓶颈、突破时间限制，最大限度地方便广大农户和中小微商户、企业的支付结算体验的需求，和方付通公司共同开发了 2 个版本、4 款全新系列手机银行产品，满足了市场上 90% 的智能和非智能手机终端客户需求，基本实现了区域全覆盖、服务全时空、产品全方位。手机银行除具有传统的账务查询、转账汇款等基本功能，还提供了手机话费充值、机票预订、水煤电费缴纳等便民服务，极大地方便了客户的日常生活。特别是手机信贷特色业务，具有"一次授信、随用随贷、自助办理、循环使用"的特点，客户能够随时随地通过手机银行自助办理贷款业务，方便了中小企业主、个体工商户等客户的贷款融资需求。此外，安徽农金手机银行采用了领先的硬件加密技术，支持每日最高 200 万元的资金汇划，既提高了大额资金汇划的便利性，又增强了交易安全性。2014 年 4 月 10 日手机银行一经推出，"随心、安全、便捷、大额"的特点得到了广大客户的一致认可。截至 2015 年 7 月末已拥 300 万用户，累计办理转账交易 1869.55 万笔、交易金额 2712.83 亿元，手机信贷 59.44 万笔、贷款金额 268.07 亿元。

二是开发社区 e 银行，实现金融服务生活化。在手机银行业务取得较快发展的同时，我们深感金融业务与信息科技以及社区居民生活融合的趋势越来越强，2014 年 7 月正式提出在手机银行的基础上，以移动互联网及移动支付技术为支撑，以众多网点资源为依托，立足服务社区，实现线上线下、有形商品和无形服务的融合，打造生活消费电商服务平台和社区金融综合服务平台，即社区 e 银行。

2014 年 8 月 5 日项目立项，同年 11 月 13 日在宣城皖南、淮南通商、芜湖扬子 3 家农商行上线运行。2015 年 1 月 19 日，社区 e 银行正式在全系统推广。

6.12.2 平台主要功能

1. 四大模块

目前，社区 e 银行平台被划分为本地商圈、精品预售、名优特惠、积分兑换四大模块。

（1）本地商圈。法人行选择当地与居民日常生活紧密相关，在当地或社区周边知名度较高的商户及其产品、服务，支持客户线上下单，线下提货或消费。

（2）精品预售。由平台提供市场价格透明、品牌响亮、与居民生活紧密相关的商品进行预售。客户在固定时间线上购买、固定时间到相应银行网点提货，以便网点二次营销。

（3）名优特惠。展示安徽全省名特优商品，支持客户线上支付，全国范围内配送上门。

（4）积分兑换。根据客户对银行的贡献度和客户在平台的消费情况，银行赠予客户积分，客户可以使用积分兑换商品，也可以使用积分抵用现金消费，分为线上积分兑换和线下网点积分兑换两种。

2. 三大功能

社区e银行平台具有快捷支付、便民惠民、信用增值三大功能。

（1）快捷支付。在传统线上支付（网银）结算功能的基础上，利用扫码支付、手机号支付、HCE近场支付等先进的移动支付手段，为客户提供更加便捷、个性化的支付结算服务。

（2）便民惠民。增强客户体验，为客户提供了更多优惠优质的商品和生活服务，方便消费、拉动消费、舒适消费。

（3）信用增值。以积分为纽带，为安徽农金的客户提供会员专享式的商品及服务。同时以银行信用为背书，提升商户的品牌价值和销售，更为重要的是为商户获得银行授信提供数据支持。

6.12.3 平台建设初步成效

截至2015年12月21日，社区e银行平台累计上线商户26 712户，客户数达27.87万户，累计交易98.68万件（宗），商品或服务价值1亿多元。

1. 为居民搭建了可信生活平台

社区e银行植根社区，将传统银行服务从线下延伸至线上，从金融服务跨界生活服务，社区居民线上下单，线下提货或消费。平台生活服务涉及居民生活息息相关的餐饮美食、休闲娱乐、日用百货、美容美体、农副特产、洗衣家政、婚纱摄影、汽车服务等商品和服务。商户、商品均由银行参与审核把关，产品或服务品质得到了充分保障；且银行与商户通过社区e银行平台深度合作，商户愿意提供最大限度的让利，居民能够以优惠的价格享受高品质的生活服务或商品。如淮南通商银行与信贷客户启航茶油股份有限公司合作，联合开展"1元购价值7元精品茶油"活动，累计销售1万余份；歙县农商行"新惊'洗'，5元2次洗爱车"、"5元看电影"；肥西农商行"68元购价值149元落地扇"；合肥地区农商行"48元购莫斯利安酸奶"；屯溪农商行"29.8元购圣牧全程有机奶"、"合家福超市开通社区e银行收银专柜，并享全场9.5折"等活动，让居民享受到了实实在在的优惠。

2. 为商户搭建了免费电商平台

社区e银行为商家与社区居民之间搭建了零距离互动的电商平台，广大商户通过免费在线开网店，线上向居民推送商品和服务，吸引居民到店消费体验。除为商户带来流量、增加销售收入，与其他电商平台相比，社区e银行平台具有独特的优势。一是免收任何费用。平台由银行开发供商户无偿使用，并免费提供运维服务，入住商户免收任何门槛费、保证金，支付结算零收费。二是资金实时到账。无论是面对面支付、手机号转账，还是线下验码消费，资金均可实时到账，实现商户资金利用效率最大化。三是银行增信。不同于以盈利为目的团购网站，社区e银行平台以银行为背景，具有品牌影响力和公信力，更容易得到商户、客户的认可。四是综合金融服务。为商户提供银行卡、手机银行、POS收单、工资代发、融资支持、财富增值等电商无法提供的综合金融服务。

3. 为农户搭建了快捷销售平台

社区e银行平台除满足城区居民日常生活需求，还定位于服务中小、服务"三农"。城乡商户多以乡镇周边中小微商户、农场主、种植户等为主，将农副产品，特别是鲜活农产品的销售渠道从农村带到了城市、从线下发展到线上，解决了农产品"买难"和"卖难"的问题，本地优质农产品的知名度也得到明显上升。如阜阳颍东农商行将本地产品"蟹黄土鸭蛋"搬上平台，1个月时间销售近万枚；与本地桃农合作，短短几天即售鲜桃5000斤；萧县农商行精选当地葡萄种植大户的优质葡萄，也取得了不错的销量。截至2015年7月底，平台农副特产累计销售6.8万件，占全部商品的26.56%。

4. 为银行搭建了综合服务平台

社区e银行突破了传统社区银行概念，将金融服务与居民生活相融合，为银行搭建了线上服务综合平台，进一步拉近了银行与客户的距离，从而促进了银行各项业务的发展。一是带动存款的增长。截至2014年年末，社区e银行商户、客户绑定各项存款金额分别为2.49亿元、8.15亿元，2015年6月末存款余额分别为3.86亿元、

20.07 亿元。二是带动贷款业务发展。2014 年年末，商户、客户绑定各项贷款金额分别为 289.66 亿元、455.29 亿元，2015 年 6 月末贷款余额分别为 328.07 亿元、633.68 亿元。如淮南通商银行小微信贷中心对加入平台的商户进行全方位的跟踪回访，及时了解平台商户的信贷需求，并成功发放小微贷款 11 笔，金额达 226 万元。三是带动中间业务发展。社区 e 银行为用户提供便民服务，通过多种支付方式可及时缴纳水、电、煤气等公用服务费用，增加了交易量，提高了代理业务收入。

6.12.4 平台发展前景

依托互联网思维创建的社区 e 银行平台，开放性、包容性、成长性很强，具有良好的发展前景。

1. 拓展多种业务模式

目前社区 e 银行平台暂分为本地商圈、精品预售、名优特惠、积分兑换四项基本功能，可根据经营模式、服务对象等开发相应的特色板块。如亳州药都农商行作为亳州市智慧城市项目的唯一参与金融机构，已将网上办事大厅缴费、公积金在线提取、公用事业缴费、贷款办理等金融业务接入平台，有力地助推了智慧城市的功能实现；六安农商行将新都会城市综合体、铜陵农商行将北斗星城商业中心整体接入平台，为其建立收银、结算、物流仓储等一系列线上服务；多地物业公司多次表达合作意向，希望利用社区 e 银行平台与周边居户深度融合的优势，在平台展示生活资讯、房屋中介、物业缴费等服务。

2. 打造区域特色板块

我行正在合肥、淮南、芜湖、宣城等城区针对大卖场、批发市场等商户集中的社区组织开展整体营销活动；黄山地区集中组织以旅游商品、商旅服务为主的营销活动；芜湖地区以医院类商户入住平台的合作模式，组织开展医疗卫生领域的营销活动；亳州地区以供应链商户入住平台的合作模式，组织开展供应链商户的营销活动；阜阳、六安地区围绕农副产品、农资销售展开营销活动，从而实现更加广阔、更具特色的服务领域和服务模式。

3. 深化金融产品创新

社区 e 银行经过一段时间的推广实践，取得了一定的成效，初步实现了金融服务的生活化、移动化、一体化。下一步省联社将借助互联网技术手段和业务创新，重新构建产品设计、交付和服务模式，提升客户体验，满足客户个性化的金融需求。如开发储蓄存款靠档计息、余额理财、基金销售等产品，让城乡居民也能通过手机享受财富增值金融服务。

4. 提升金融服务效率

社区 e 银行平台从金融行业来说，根本目的还是要提升金融服务的效率与水平，实现自身高效持续发展。我行将充分挖掘自身在社保卡发放、代发工资、代发涉农补贴等方面积累的渠道优势，结合平台客户、商户的交易流水、销售收入、物流等大数据，丰富客户评级维度，精准刻画客户信用等级。在信用评级完善的基础上，结合互联网技术实现对客户远程自动授信、小额信贷自助办理等服务，降低客户的时间成本、交易成本，提升客户满意度。

社区 e 银行平台推出以来，得到了商户、居户及业界的好评和认同，全国将近 20 家省市农村合作金融机构前来考察研讨。这次国务院发展研究中心以及中国人民银行领导专程来皖调研指导，是对我行莫大的鞭策和鼓舞。我行决心把领导和各界的关怀与支持化为更大的工作热情和干劲，不断丰富完善平台功能，加大平台营销推广，确保三年内，全省农村商业银行发展手机银行用户 800 万户，社区 e 银行注册用户数达 500 万户，3000 多营业网点周边的 6 万家商户将成为社区 e 银行的签约商户，真正打造一个便民、惠民、安全、可信、绿色、快捷的新型金融服务生态圈，真正将高效、优质的金融服务覆盖到城乡"最后一公里"。

第 7 章
Chapter Seven

互联网企业在"互联网+普惠金融"中的实践

7.1 网信集团：全方位开展普惠金融

网信集团拥有超过10年为中小企业投融资服务的经验，布局支付、网络贷款、众筹、财富管理、征信等板块，致力于建设基于移动互联网的金融服务新生态。

网信理财独创的"1+N"产业金融模式成为"互联网+金融+产业"的一大特色，能够助力传统产业缓解资金流压力，实现快速融资，降低融资成本，提高生产经营效率。目前，网信理财通过"1+N"产业金融模式已累计撮合资金规模超过400亿元。

众筹网作为一站式综合服务众筹平台，致力于服务中小微企业和创业团队，建设创业者生态体系，完成从创意到创业、从投融资到挂牌上市的全系列金融服务。目前众筹网提供集互联网非公开股权融资、奖励众筹、公益众筹、房产众筹等于一体的一站式众筹服务。众筹网已帮助1万多个小微企业和个人创业项目成功融资超3亿元。

先锋支付以互联网金融为切入点，重点围绕与实体经济密切相关的各产业链核心企业，形成了一套"支付+融资+理财"的产业链金融整体解决方案，着力解决企业及上下游小微企业的资金流转周期长、融资难、融资贵等问题。

7.1.1 网信理财：利用互联网技术服务资产与资金两端

网信理财于2013年7月正式全面上线，是全面专业的互联网金融平台，凭借独特的业务模式，快速进入P2P百亿俱乐部第一阵营，目前交易量位列行业前三。网信理财资产端来自海内外上市公司、大型地产经纪、产业龙头企业及银行等专业金融机构，以行业或产业链为切入点，借助核心企业提供的大数据，批量锁定优质的借款企业，通过打分卡等手段进行严格的风险把控、流程监控和贷后管理，确保借款项目资质优良、还款来源有可靠保障。引入知名融资性担保公司或大型企业集团作为第三方担保机构；引入"时间戳"，解决了电子数据的无痕修改问题；引入FICO的ALP平台，强化风险管理效率和可靠性；用户实名认证，确保用户账户的独一性，资金同卡进出，严格保障资金安全；引入第三方支付将资金托管于商业银行，规避资金池风险。

除P2P产品，网信理财还提供契约基金、券商资管计划等热门产品，以及专属货币基金宜投宝等。

1. 推出"1+N"产业金融模式，普惠小微企业

小微企业一直是融资的弱势群体，针对这一群体，网信理财推出了"1+N"产业链金融模式，并成功为多个核心企业产业链上下游的小微企业提供了高效的贷款服务。由于采用互联网金融的融资模式，很多企业都是第一天提出借款申请，第二天便可以收到款项，与传统银行贷款渠道相比，融资效率大大提升。

网信理财"1+N"产业链金融模式成为"互联网+金融+产业"的一大特色，助力传统产业缓解资金流压力，实现快速融资，降低融资成本，提高生产经营效率。

以网信理财支持国内某大型果汁企业产业链上下游小微企业融资为例：

每年春节前期，正值年货销售旺季。小王是国内某大型果汁生产企业的经销商，每年的这个时候都是他销售业绩最好的时候。然而，在销售之前，小王都需要筹集大量资金用于进货及支付营销推广等各种费用。由于销售回款通常需要半年左右，大量的垫付资金降低了企业的经营效率，也制约了其进货量，最终影响企业的销售业绩。

2014年春节，小王的经营局面发生了改变。2013年8月，小王进货的大型果汁企业与国内大型P2P企业网信理财合作成立了产业金融公司，专门常年为该大型果汁生产企业产业链上下游的经销商、供应商、运输企业等小微企业进行融资支持，并以产业链条间的互相支付来作为融资保障。而资金则来源于网信理财的投资用户。小王所在的企业也成为这一供应链上众多小微企业中的受益者。

自2013年8月成立以来，至2014年年底，该产业金融公司已为这家大型果汁企业供应链上的130多家企业提供了融资支持，融资金额达到数亿元。

这种供应链金融模式叫作"1+N"模式，即产业金融公司凭借影响力和实力很强的1家核心企业的信用作支撑，来完成对产业链上N个中小微企业的融资授信支持。

这种模式的好处在于，核心企业掌握着ERP（企业资源计划）数据，这些数据反映了其产业链上下游企业的进货量、仓储、付款、信用等各种真实的经营信息，这既是对产业链上企业进行风险评估的依据，又是对产业链上企业还款意愿的一种制约和督促，从而最大限度地降低资产风险。

2. 奉行普惠金融理念，致力于为普通百姓定制安全便捷的理财服务

在网信理财平台上，只需100元就可以完成投资，投资期限通常从15天到30天、60天、3个月、半年、一年不等，新手投资者还可以体验期限短至3天的新手标。超低的投资门槛和多元化的投资品种，让广大百姓都能够参与到投资理财中来，真正实现普惠金融。

网信理财严格控制资产端风险，最大限度地保证投资项目的安全性。网信理财的资产端来源分为三类，分别是行业、产业和地方。行业是指通过与专注于某行业的线

下机构合作寻找客户；产业是指通过与某产业大型龙头企业合作寻找该产业链中的客户；地方是指与地方上有借贷资质并拥有长期业内经验的机构合作来寻找客户。网信理财通过与大型担保公司合作进一步降低平台项目到期风险，如借款人到期无法偿还，会由担保公司在第一时间偿付投资人的本金与收益。对于项目准入标准、担保措施、反担保措施、运营流程、贷后管理和审批标准，网信理财都有详细的规范。对于每一笔项目的上线，网信理财的审批部门与合作机构会根据核准标准进行项目上线审批，通过多层次的风险预防措施和细致缜密的风控流程将风险降至最低。

为了防范技术风险，网信理财于 2015 年 1 月与联合信任时间戳服务中心（中国目前唯一由国家授时中心进行授时和守时保障的第三方时间戳服务机构）合作，在交易全流程、全平台范围使用时间戳，成为 P2P 行业第一个实现全面使用时间戳的平台。同时，网信理财也格外注重对客户数据的安全保护。目前网信理财已经实现 7×24 小时（即一周 7 天，每天 24 小时）金融交易数据中心服务，包括全方位监控机制、金融业标准数据中心、高可用私有云架构、数据安全防外泄机制、防恶意攻击机制、7×24 小时值班制度、异地灾备机制等，充分发挥了网信理财在互联网金融方面的技术优势。

互联网金融当然离不开移动互联。网信理财是最早推出手机 APP 移动端的 P2P 平台之一，用户 75% 的投资行为发生在 APP 移动端，这为百姓理财提供了更加便捷的方式。网信理财格外注重客户的体验感，在手机 APP 上不断丰富提升用户体验的产品，并实现了包括发红包、使用消费类优惠券、使用支持用户消费体验的网信钱包等多个功能。

未来的网信理财将是一个包括 P2P、基金、证券投资、保险等金融产品全覆盖的综合性金融服务信息平台，并将实现百姓的投资理财和消费生活全打通。网信理财致力于打造掌上私人银行，可以通过证券投资、P2P、基金等金融产品帮助百姓实现多元的投资选择，同时还可以通过网信钱包实现话费充值、购买电影票、网上免费店购物、预约挂号、AA 租车等与生活、消费相关的服务。

7.1.2 众筹网：创新创业孵化生态系统

众筹网是网信金融集团旗下的众筹模式网站，2013 年 2 月正式上线，致力于为项目发起者提供筹资、投资、孵化、运营一站式综合众筹服务，集合了多种众筹模式。经过两年多的发展和运营，2015 年通过中国证券业协会审核，成为股权众筹行业首批协会会员。

众筹网是一个在线上集奖励众筹、公益众筹、互联网非公开股权融资于一体，在线下通过奇点加速器对创新企业提供 5S 孵化服务的"创新创业孵化生态系统"。即众筹网除了为中小微企业和个人创业者提供从种子期直到成熟期的一系列众筹服务，还会配备各类创业辅导、市场教育、办公空间（起点加速器）、营销推广等增值服务，致力于打造众筹创新创业孵化生态系统。

众筹网是面向人人的"众创空间"，服务于大众创业者的线上创业服务平台，人人可以通过众筹平台发布自己的梦想、产品、创意。在"大众创业，万众创新"的新形势下，众筹网可以帮助实现"人人可以出彩"的"中国梦"。

众筹网运行两年多以来，取得突飞猛进的发展。众筹平台与多个行业跨界合作，不断刷新众筹领域的制高点，积累了丰富的众筹案例。

在众筹网刚上线没多久，联合长安保险推出的"爱情保险"项目，就创出国内融资额最高众筹纪录，筹资额超过 600 万元；"快男电影"项目近 4 万人次参与，创出投资人最多的纪录。

我们可以通过农业众筹案例来看一下众筹模式的普惠价值所在。

程万军是山西省永和县挂职扶贫干部，担任永和县副县长。他为永和县"山舞银蛇，原驰蜡象"的生态环境所吸引，但当地是国家级贫困县，农民收入极低，生活条件非常艰苦，让他陷入深深的思索。

永和县盛产核桃，但仅靠县里企业自身寻求核桃产业发展面临着诸多困难，首要问题就是融资难。永和县的小微企业与全国其他地区的小微企业一样，都面临着土地无产权、质押无实物、民间拆借利息过高、风险相对较高、项目竞争力不强的问题，很难获得银行的青睐。其次，一些小微企业都是家族式企业，没有现代化的企业管理，成本无法控制。再则，销售观念仍然落后，没有摆脱固有的销售思维，还没有一个成熟的互联网思维，理念相对落后。

为了改变永和县的贫困现状，为核桃找一条出路，程万军在众筹网发起了核桃众筹项目，描述了他亲历的永和风貌、核桃特点和为孩子们建设一所圆梦书屋的愿望，回报设置集核桃销售、旅游推介、爱心捐款于一体。项目一经上线，就成功吸引了全国各地的支持者，预期目标 15 万元的筹资额，短时间内就众筹资金超 86 万元。

核桃众筹项目成功地帮助永和县销售核桃 2 万余斤，每斤帮助当地农民增收 3～5 元，并成功签约一家省级经销商。除此之外，还发放永和旅游宣传手册及接待门票等近万份，成功捐资 1.5 万元为孩子们建设圆梦书屋。

程万军的核桃众筹项目，将永和农业和众筹结合进行了尝试，为农业经济、贫困地区提供了一条可供借鉴的农业众筹模式，在全国范围内引起了强烈反响。

7.1.3　先锋支付：移动融资为小微企业提供信贷服务

先锋支付作为第三方支付行业新生力量，从获得中国人民银行颁发的支付牌照起就战略性地将互联网金融行业作为主要发展方向。先锋支付以互联网金融为切入点，重点围绕与实体经济密切相关的各产业链核心企业，形成了一套"支付 + 融资 + 理财"的产业链金融整体解决方案，着力解决企业及上下游小微企业的资金流转周期长、融资难、融资贵等问题。

尽管第三方支付在个人用户日常生活场景中被广泛应用，但在传统产业中，大量的资金流转需求仍然采用线下银行转账、POS 付款等传统方式，存在诸多痛点。例如，银行 17:00 后及节假日不支持对公业务、经销商多张银行卡间资金归集操作烦琐、银行大额转账手续费昂贵、线下 POS 收单效率低成本高等。

先锋支付创新性地推出"掌上订货"系列产品，为中小经销商或代理商提供基于移动手机的订货付款 / 收款产品，支持通过在智能手机上安装核心企业专享的支付 APP，随时随地订货付款，不仅操作简单便利、支持上百家银行、过百万元的付款额度，还大大简化了企业后端的资金款项管理流程，提高了效率，节省了成本。

核心企业上下游服务的小微企业中，普遍存在有借款需求却难以通过传统银行获得信贷支持的现状。先锋支付创新性地推出"移动融资"方案，基于小微企业与核心企业间的真实贸易信息，为其提供一定的授信额度，并在其订货、收款的场景中直接使用，且所有资金闭环操作，全部信贷资金回流到核心企业，大大降低了风险。此外，整个信贷过程在移动客户端操作，不仅操作简单、流程顺畅，也降低了企业信贷管理的成本，提高了效率。

围绕小微企业日常经营闲置资金缺少理财渠道的问题，先锋支付也提供了安全的理财产品。例如，先锋支付推出的"宜投宝"基金产品，通过定向投放到货币基金产品，为上下游小微企业提供安全、收益稳定且高流动性的理财服务，不仅可以享受 5% 左右的收益，还支持 T+0 随时赎回，并可用于订货付款。

南京某家电渠道分销和连锁经营商，作为中国领先的农村 O2O 电商平台，通过与先锋支付合作探索产业链金融服务模式，为自有产业增加了金融服务的能力，为下游近 2 万家小经销商用户提供了便捷服务。以往，该企业所有的经销商都通过 POS 订货付款，但由于上万家经销商大多分散在县镇区域，该企业有一个专门的业务经理团队，负责定期到经销商门店收款，耗时耗力。在使用了"掌上订货"手机支付产品后，不仅解决了收款难问题，还支持经销商在手机端实时获取商品信息、了解订货历史记录，以及查询货品出库到货情况。

下游经销商通过使用"掌上订货"，可以更加及时、轻松地与该企业商城对接。各地经销商均可实现 7×24 小时随时随地进行打款订货，免除了通过银行打款的交易手续费，从此再也不需要在银行排队。手机打款更轻松，实时对接该企业 B2B 商城，实时查询订单和订货记录，还可通过手机 APP 查询历史订单和发货信息。

7.2 国美金控：账云贷助力小微企业融资

7.2.1 账云贷开发的背景

2013 年以来，我国经济发展已经进入了新常态，在经历了 GDP 高速增长之后，经济结构与产业结构急需做出重大调整，内需不旺、出口受限的中小企业正承受着巨大的经营压力。在外环境紧张的情况下，中央加大了支持中小微企业发展、破解中小微企业融资难的力度。除央行、银监会、工业和信息化部、发改委等部门接连出台政策措施，《国务院关于金融支持经济结构调整和转型升级的指导意见》中，金融支持中小微企业发展是重要内容而且措施十分具体，但是这些措施从目前来看，仍无法满足我国中小微企业巨大的融资缺口。

当前，在国际国内经济环境异常严峻的形势下，小微企业发展面临着融资难、融资成本高、融资渠道窄等问题。据调查，向银行贷款是小微企业争取外部融资的首选渠道，超六成小微企业主在寻找外部资金来源时首选银行，但银行贷款对小微企业仍然存在诸多关卡。

在向银行融资时所遇到的问题中，"贷款到位时间较长"反映最为集中；除此之外，"无法提供足够的抵押或担保物"、"不能提供合适的财务报表"、"贷款成本较高"等问题仍是我国中小微企业在向银行融资时所遇到的常见问题。

7.2.2 账云贷的市场前景

基于中小微企业融资难的问题，不少金融公司开始涉足信贷领域。和传统的信贷模式不同的是，国美金控公司可以通过数据分析小微企业信用，掌握和控制它们的运营状态及财务状况，抛弃对担保、抵押等信贷手段的依赖。同时，结合网络技术，用户申贷、支用、还贷均可在网上完成，且大多数微贷产品支持随借随还，以日计息；

省却了企业主跑网点的麻烦，改善了客户体验，还为贷款机构节省了时间成本。

将民间借贷中介平台搬到互联网上，无论是从借贷的深度，还是从借贷的广度来看，都有力地促进了民间借贷行业的发展。其金融形态甚至能够发挥传统商业银行存款业务和贷款业务的功能，对于传统商业银行的业务构成了巨大的冲击。而且，账云贷能够覆盖更大的消费借贷群体、更全面的消费借贷领域，打破了传统金融形态的束缚。

7.2.3　账云贷的特点

账云贷是国美金控旗下的保理产品，也是供应链业务的首个产品，供应商将对国美电器的应收账款转让给国美金控，并从国美金控旗下的商业保理公司进行融资。与银行相比，商业保理公司的主要优势在于市场细分、数据处理和客户服务，以此为基础，在目标客户选择方面更具有针对性，且授信方式相对灵活。银行保理囿于多方面原因，难以有效开展小微业务。国美金控账云贷以国美上游供应商应收账款为依托，采取三个月内随借随还的模式，按账期由国美电器付款给保理公司进行还款，剩余差额尾款由国美信达商业保理公司支付给供应商。

通过前期对电器客商的问卷调查，中小供应商有意或潜在有借贷需求的达到 72.5%。国美电器目前有中小企业供应商 3000 家左右，年均同国美电器的交易额达到 156 亿元左右。该中小供应商为国美金控重点开发群体。

2015 年 8 月 13 日，国美金控保理产品"账云贷"上线，为国美电器合作供应商提供收账款融资渠道，解决企业短期资金需求。

账云贷具有以下特点：

（1）极简手续。与传统金融机构相比，账云贷项目注册极为简便，合作企业仅需登录国美内部融资平台，上传"三证"及填写银行账户等基本注册信息，便可提交审核。从填写到提交，整个注册过程不到 3 分钟。

（2）急速放款。完成注册后，供应商登录账云贷融资平台便可看到可融资额度，仅需做几步简单融资操作，便可完成从合同签约到放款的全部申请，款项当天可以打到账户。

（3）极优利率。账云贷业务采取按日计息的方式，随借随还，无其他费用产生。

（4）还款便利。还款来源为国美电器结算款，扣除本金利息后尾款直接打入供应商融资账户，无须供应商筹资还款，减轻了结算工作。

7.2.4 账云贷的风险管理

通过与供应商合作，使得国美电器积累了海量的供应商订单数据；同时作为终端零售商，国美电器掌握着年销售金额超过 500 亿元的销售数据。通过对这些大数据进行分析，国美金控从供应商的订单和产品销售的数量、金额和波动性等指标入手，整合互联网搜集证据、第三方合作伙伴数据和政府等公共部门数据，建立了一套能客观反映企业经营状况和行业发展水平、符合供应链金融特点的信用评价体系。国美金控当前采用的信用评价体系，打破了以财务信息为核心的固有信用评价思维，改变了以抵押担保为主的传统信贷方式，致力于解决中小微企业融资难缺信息、缺信用的问题。借助于大数据和云计算平台等互联网技术应用，国美金控供应链金融系统实现了资金流、信息流、仓流和物流的整合，实现了贷前审批和贷后预警的自动化，极大地提升了风险管理的效率。

截至 2015 年 1 月，账云贷项目累计放款 241 笔，累计放款金额突破 1 亿元，为 100 余家供应商解决了短期资金需求，产品复投率高达 70%，有效地减轻了供应商旺季备货、月底回款等资金压力。

7.3 夸客金融：金融老兵的新金融实验

按照网贷之家的不完全统计，截至 2015 年 9 月底，P2P 全行业累计成交量达 9787 亿元。进入 2015 年 10 月以后，P2P 行业更是正式迈过万亿元大关。这距离国内第一家 P2P 平台诞生的 2007 年过去了不到 8 年的时间。

截至 2015 年 10 月 31 日，平台数量暂时定格在 3448 家，数量不算多，1 万亿元的规模当然也不算多，然而互联网金融的出现对传统金融格局的冲击绝不仅仅体现在量上：余额宝让投资者在定存之外有了别的选择，P2P 让中小企业在银行之外有了别的贷款指望……作为一支不容小觑的力量，尤其是互联网金融在满足小微企业、甚至个人投资者金融、投资需求上所体现出来的多元性，使得这种"鲶鱼效应"正在强力冲击着旧有的金融格局。

这其中，2014 年成立于上海的夸客金融（Quark Finance）正力图在这个变革的时代实现自己的价值：开创个人金融新时代。

7.3.1 金融老兵的二次创业

夸克（Quark）出自物理学的概念，是构成物质的基本单元。为自己的创业项目取了这样一个发音相近的名字,既出于本人的物理学背景,同时也表现了创业的意愿:服务构成社会的最小单元——个人。

成立于 2014 年的夸客金融不算是行业的先行者,如何能在已经平台遍地的市场找到立足之地,定位非常重要。夸客金融的选择是瞄准个人金融服务市场。

当下中国个人消费市场的现状是:2013 年消费对 GDP 的贡献超过 50% 之后,2014 年增加到了 51.2%,2015 年前三季度消费对 GDP 累计同比贡献率则提升到了 58.4%。

显然,中国正处在消费井喷的前夜。目前中国社会融资规模存量在 131.58 万亿元,2015 年第二季度增速为 11.9%,年增长规模在 10 万元亿以上。在细分领域,中国消费金融 2014 年达 15.37 万亿元,同比增长 18.5%,2013—2014 年增长了 2.4 万亿元。消费贷款中国人均 1.12 万元。依照同期美国消费贷款规模 3.32 万亿美元,人均 6.5 万元人民币,中国消费金融应当还有 2～4 倍的增长空间,即 10 万亿元以上的增量。假设每家贷款机构平均放贷 1000 亿元,10 万亿元的增量也需要 100 家新机构来满足。

在消费迅速提升的过程中,我们看到信贷类消费的增长速度更是惊人:中国银行业协会在 2015 年 7 月发布的《中国信用卡产业发展蓝皮书(2014)》显示,2014 年中国信用卡交易总额占全国社会消费品零售总额的比重已经达到 58%。

然而,与之对应的是,除央行主导的企业和个人征信系统外,中国仅有 50 多家社会征信机构和 80 家信用评级机构。即使是央行征信系统已经覆盖了 8.7 亿自然人,但是其中只有 3.7 亿是有信贷行为的,2.75 亿有信用报告评分。而中国人民银行数据显示,截至 2015 年上半年,我国主要上市银行的信用卡累计发卡量已超过 4.33 亿张,同比增长仅为 2.67%。

在中国,借记卡和信用卡的持卡比例约为 3:1,而在美国这个比例为 1:1 左右。按照中国人民银行的统计,信用卡覆盖人群大约为 5 亿人。这意味着什么?这意味着在超过 13 亿的中国人中,只有不到一半的人能够享受到消费信贷服务。

那么剩下的大多数谁来为他们提供服务?

这大多数中包括大学里的学生、刚刚进入社会的白领职员、小微企业的创业者……他们的共同特点是具备较高的收入增长潜力,但是大多数没有可抵押的资产;有较高的消费意愿,同时面临着在金融机构的信用评分不足;有较强的资金周转需求,但是缺乏银行认同的担保。

这正是互联网金融创业可以突围的机会。

中国的金融机构传统上是为大型企业服务的。从它的机构设置和业务范围来看，主要是以大额的信贷形成的放贷规模为基础，服务具有较高的信用担保和提供抵押物的大型国企。这种建制使得它在服务中小型，甚至小微、个人用户时，成本就变得很高。但是互联网的应用，在很多行业已经被证实，能够有效地解决信息不对称问题，这使得我们考虑通过互联网创造一种满足个人消费需求的产品。

物理学的研究背景为我们这次创业准备了两个条件：数据挖掘和分析能力。

创业一定要从熟悉的事情出发，有经验；创业一定要接地气儿。

从经验上看，1996 年进入美国银行业后，笔者相继在美国多家金融机构担任高管，始终从事消费金融业务相关的风险控制工作，曾为美国银行的消费信贷业务实施和改善多项风险管理措施，包括评分策略、反欺诈管理、贷款组合额度管理、压力测试和催收策略等。2005 年，回到亚洲，执掌美国国际集团（AIG）消费金融业务的亚太区域风险管理部门，负责 8 家子公司的金融资产安全。其间不仅帮助公司平安渡过了中国台湾 2006—2007 年的"双卡风暴"，而且还创建了资产管理业务、处理了一系列债务危机。

市场机会 + 经验，作为一个金融老兵，笔者就这样开始了他的二次创业：2014 年 4 月 8 日，夸客金融在上海成立。

7.3.2 正规军的新金融实验

与强调互联网 DNA 的很多互联网金融平台不同，夸客金融一开始就集结了一帮货真价实的专业人士：副总裁王豪，拥有德国杜伊斯堡大学经济硕士学位、财富管理部总监夏丽君，英国南安普顿大学会计管理科学硕士，个人金融部总监则是有在金融销售管理领域拥有超过 20 年经验的柳磊明……

这帮"正规军"的履历上都有在一流金融机构服务的经历，新创立的夸客金融也从一开始就继承了严谨的金融业作风。在成立的当月，夸客金融立即与中国银联旗下中金支付就托管事宜正式签署协议，选择招商银行作为风险保证金托管方。

事实上，夸客金融是互联网金融公司中最早一批使用风险备用金制度的：将一定比例的资金存放在招商银行托管账户，这部分资金公司不能取出，做到真正的托管。在风险出现的情况下，如借款客户还款逾期，公司将通过托管账户，使用风险备用金先行还款。风险备用金的具体比例是一个浮动数字，夸客金融通过风险管理模型，按照市场变化进行实时调整，令风险备用金覆盖坏账。

提起互联网金融，有人认为作为信息中介定位的 P2P 只需要做一个网站，将线下的借贷放到线上就是互联网金融。这种方式看起来基本无门槛，能不能做好，主要看营销好不好。所以业内不乏有砸下几亿元营销费用做广告的。但这恰恰是夸客金融一开始就极力回避的方式。别以为 P2P 行业没有门槛，它的隐形门槛其实很高。

这种门槛一方面来自借款端：一个平台的正常运营，需要获取源源不断的优质借款人，规模是平台运营的基本保障。为了保障资金的安全，对优质借款人的评定则需要细微且多维度的征信、审核、风控、催收等。

如果一年上亿元的市场推广投入，这个平台就需要有非常大的业务量来获取足够的利润来覆盖它的成本。如果现有的业务量不足以产生足够的利润，覆盖相应的市场推广费用的话，就必须降低原先的风控标准，以获取更多的资产，这种资产往往就会是"有毒资产"，这样就又会导致坏账率的提高，形成恶性循环。最后，这个窟窿要么是用股权融资，用风投的钱去填；要么就铤而走险，用资金池和自融，拿用户的钱去填窟窿。

另一方面来自理财端。如何让投资者愿意把钱投向平台，取决于你提供给他怎样的用户体验、提供给他合理的投资回报以及资产安全承诺。这涉及平台对于互联网金融产品的精细化设计和运营，同时也包括后端的资金追索和信用担保。

显然，这两端都不能一蹴而就。夸客金融的做法是将一端下沉到线下，通过近距离的服务，找到真正有需求的借款人。

所以在平台成立之后的一个月，第一家分公司就在石家庄开业了；接下来的两个月内，又分别在厦门、昆明和佛山开出了三家分公司。这些分公司就是夸客金融下沉的业务"触角"，通过直接接触，寻找到最适合的借款人。

专注服务个人消费金融领域的准确定位为夸客金融成功吸引来了第一轮融资：成功引进包括戈壁合伙人有限公司（Gobi Partners）在内的战略投资者，获得了近千万美元的 A 轮投资。而出资方最看重的是公司的专业高效团队。公司团队主要来自外资行和国内商业银行，有着丰富的金融专业背景。

有了资金的注入，夸客团队加快了实现目标的步伐：夸客金融首度引入 T2P（trust to person）的信贷模式，和中国对外经济贸易信托合作发行信托计划，目前已经发行三期产品。T2P 的好处是：一方面由信托公司托管资金，保证夸客金融资金来源的合规性；另一方面，信托本身的资金来源稳定而广泛，包括基金、产业集团和其他财

第7章 互联网企业在"互联网+普惠金融"中的实践

富管理公司均可以作为投资人,他们比一般的互联网金融散户投资人更成熟和理性,能够有效保证夸客金融资金来源的透明性和稳定性。

有大型的机构资金参与之中,有效地扩大了资金来源。2014年8月,夸客金融放款额达到1亿元,这距离其成立刚刚过去了4个月的时间。

在这场金融"正规军"的新金融实验中,夸客金融做了什么?

由于定位目标受众主要面向小微企业主和白领人群,从产品上考量服务这个群体有几重考验:

(1)覆盖面广,意味着平台上开设的账户数会比较多。

(2)这个群体的借款需求主要是自我消费和短期的商业资金周转,总体属于小额、分散借款。

(3)这个群体处于生活和事业的上升期,属于有潜力的高增长人群,但这个群体大多在央行的征信系统中没有征信记录。

所以从产品设计开始,就需要有针对性的解决方案。

1. 硬件系统上完善账户服务

夸客金融与国际顶尖的金融服务系统方案提供者 Temenos 公司进行合作。而这家公司的服务对象包括摩根士丹利、花旗银行、瑞信、瑞典银行、中银国际等全球大行以及数家央行,拥有丰厚的经验和领先的技术。夸客金融由此也成为 Temenos 在国内的首个互联网金融合作伙伴。夸客金融的数据技术与核心金融系统构成了强大的互联网金融支持体系。

这一合作针对互联网金融交易量大、频率高的特点,在大批量动态数据处理方面进行创新实践中实现夸客金融对核心系统的要求——安全、灵活、可扩展性强。

2. 专注于个人金融服务领域,以个人消费贷和小微企业经营贷为主

目前夸客金融个人消费贷款平均单笔规模在3万~5万元,商易贷的平均放款额度也控制在7万元左右;是典型的个人金融和小微金融。

3. 通过建立互联网金融"信贷工厂"模式,为借款人提供标准化的借贷服务

"信贷工厂"又称淡马锡模式,是指银行进行中小企业授信业务管理时,设计标准化产品,对不同产品的信贷作业过程就好像工厂的"流水线",从前期接触客户开始,到授信的调查、审查、审批,贷款的发放,贷后维护、管理以及贷款的回收等工作,

均采取流水线作业、标准化管理。

为此，夸客金融于 2014 年在上海总部建立起一支超过 100 人的专业队伍，截至 2015 年年底已扩张至 700 人。其中大部分员工将负有风险控制职责。在贷款过程中，客户经理、审批人员和贷后监督人员进行了专业化的分工，实施一种全流程的管理模式。

通过流程化的严格审核和模型分析，能够较为精确地评估出这项资产的风险，以及处于怎样的违约范畴；与此对应的则包括对于这档风险的定价和防范措施。

以贷款催收为例，发生逾期后，夸客金融首先会通过呼叫中心语音催收、"城市外访团队"跟进等手段进行原因调查，然后根据不同情况采取差异化催收策略。

4. 通过大数据技术应用，完善平台的征信体系建设

对比美国的个人征信产业链条就会发现，在征信机构（Experian、Equifax）—风险管理解决方案提供商（FICO）—银行和企业—消费者这个生态圈中，由于机构之间有固定的信息交换和分享机制，使得征信数据的共享和开放降低了整个社会的信用管理和风险管理成本。但在中国，征信机构和评分机构的实质性缺失，制约了这个市场的发展。

目前除央行主导的企业和个人征信系统，中国仅有 50 多家社会征信机构和 80 家信用评级机构。即使是央行征信系统已经覆盖了 8.7 亿自然人，但是其中只有 3.7 亿是有信贷行为的，2.75 亿有信用报告评分。而夸客金融的目标客户群则主要集中在这 2.75 亿人之外。

在五道口金融学院金融大数据研究室总监杨威看来，大数据的应用首先提升了征信数据的开放度，不仅是金融机构的数据，来自电商、互联网搜索的海量数据也被纳入其中，从而增加了分析和判断一个人信用的维度。

这一思路也正是夸客团队解决征信问题的出口。由于互联网技术，尤其是移动互联网技术的广泛应用，使得每个人的行为都留下了很多痕迹，而通过对这些数据的许可化收集和应用，可以勾勒出一个人全面的信用面貌。

5. 引入第三方监管审计

2014 年 11 月 24 日，夸客金融引入国际四大会计师事务所之一的安永对公司进行外部审计。这一方面从公司治理的角度一开始就建立透明、合规的治理框架；另一方面，第三方外部审计的介入对于业务合规性的建设也起到了重要的作用。

2015 年 6 月，国际四大会计师事务所之一的安永对夸客金融旗下两家子公司上

海夸客金融信息服务有限公司和夸客投资管理（上海）有限公司的财务经营进行审计。安永在审计报告中指出：财务报表在所有重大方面按照企业会计准则的规定编制，公允反映了上海夸客金融信息服务有限公司/夸客投资管理（上海）有限公司2014年的经营成果和现金流量。

在中国市场，全球四大会计师事务所主要为大型集团、上市公司提供财务服务；在互联网金融行业，仅夸客金融、余额宝（天弘基金）等几家公司获得四大会计师事务所的审计服务。

由此，从资金层面实施客户资金托管、风险备用金托管；在风控层面上，硬件保护和风控体系建立，老兵的新金融实验的整体架构就此完成。

只是，这一切繁复的过程其实并未被使用夸客金融的用户所知晓。

通过网站和手机APP客户端，客户能看到的是三类成熟的产品：车易贷、薪易贷、商易贷。

（1）车易贷：通过与汽车经销商建立战略合作关系，由汽车经销商为购车客户提供推荐与咨询服务。夸客金融将根据客户情况提取申请材料，进行信用审核。客户只需提供身份证，便可办理汽车消费信用借款。

（2）薪易贷：专注于城市工薪阶层的资金借款需求，无须抵押物，仅凭个人信用即可获得借款。借款者条件：工作半年并转正的上班族，打卡工资2000元以上，只需提供工资流水和身份证即可申请。

（3）商易贷：是针对小微企业和个体工商户群体自身特点而设计的产品。借款者条件：提供营业执照1年及以上，正常经营的企业主或个体工商户，只需提供营业执照、银行流水及身份证即可申请。

这三款产品的共同点都是借款人在提供简明的信息之后，最快能在1天之内实现放贷。而这样的高效率背后是依托上述有针对性的产品体系建设，将数据挖掘与分析渗透到整个风控体系中，包括客户准入与信用审核、资产管理、逾期账户管理、操作合规管理等，制定各环节的政策与标准，以一种标准化的流程实现了整个看起来高效和方便的用户体验。

而对于借款人来说，同样感受到的是一种透明、简单和有安全感的投资过程。

来自北京某汽车4S店的经销商程先生的感受就颇具代表性：作为一个有一定量闲余资金的人，他并不满足于银行定期存款大约年化4%的收益，但是同时他也不敢将资金全部投入到股票市场。他的做法是进行多样化的资产配置。目前有20%~30%的资金投向了夸客金融平台。据他透露,过去一年的资产回报率约为12%。在这期间,他每个月除了能收到利息收入,还会收到一份来自夸客金融平台的报告,报告中主要列明两类事实:一是他在夸客金融上投资的资金被出借给了哪些用户,借款数字单位精确到了分;二是借款方的资金用途,据他透露,目前主要集中在购车、家庭大件消费等领域。

程先生之所以能够将原本通过亲戚进行民间放款的资金转移到夸客金融上,他提到了几个吸引他的关键点:定期发布资金流向报告;平台资金经由第三方机构托管;平台计提风险偿付准备金;由会计师事务所安永为夸客金融做审计。

显然,在准确地"把脉"了市场需求的情况下,夸客金融按照最初的设想搭建的业务平台得到了市场的认同。

2015年4月21日,夸客金融平台累计撮合借款资金超过10亿元。这距离其成立过去了一年的时间,平台业务量增加了10倍。

这一业绩为其吸引来了下一轮的投资者。夸客金融在2015年中与香港环球信贷集团(01669.HK)达成投资协议,以"可转债"的方式获得其2亿元注资。

截至2015年7月,夸客金融平台累计撮合借款近20亿元。相比上第一个10亿元台阶花了将近一年的时间,第二个10亿元仅仅花了3个月的时间。

7.3.3 大数据护航风控

短短一年内,作为一家新上线的互联网金融平台,夸客金融的发展态势很快冲进了第一阵营,这场老兵的新金融实验看起来取得了阶段性的成果。

从无到有,从0到1,在郭震洲看来,互联网金融这种模式提高了资金使用效率,帮助个人客户快速获得所需资金,改变了原有市场的规模小、效率低、技术手段落后、风控体系薄弱等弱点,促进了利率市场化、信息透明化。而实现这一切的关键在于对数据,尤其是对大数据的理解和应用。

相比传统金融,互联网金融代表的普惠金融普遍存在单笔放款小、数量大的难点。每一笔放款和贷款需求的背后,实质上只有通过各种数学模型对风险进行量化,才能够较为精确地为风险定价。

在国外,与夸客金融较为类似的,采用"信贷工厂"这种总部集中审批模式的是Capital One。

Capital One 是一家多元化的金融控股公司，旗下拥有银行和非银行子公司，运用互联网及其他分销渠道，提供广泛的金融产品和客户服务。

这家公司依托 IBS（Information-based Strategy，大数据分析策略）强大的信息分析能力，秉持以风险为基础的定价策略，为不同的客户定制不同的产品。从历史数据来看，在 Capital One 的个人消费信贷用户中，约 25% 的借款者属于次级借款者（FICO 分数≤660），比率高于大部分美国主要银行。但是同期，收益率依然维持在 20% 左右的高位。因此，在我们看来，Capital One 的实践恰恰证明了风险并不绝对是个坏东西。

任何金融行为都存在着风险，只是高低不同。以往存银行定期，因为风险较低，所以收益较低；买银行理财产品，风险较定期存款稍高，所以反映在收益率上，可能就增加了约 1%。这就是风险定价的原理。按照市场经济的一般规律，风险越高，收益就越高。

资产的风险，其实是一个没有褒贬的中性词。P2P 这个行业，包括整个金融行业，其实都是在做经营风险的生意。如果现在市场资金充足，所有企业都能从银行获得贷款，那么互联网金融中网贷这个行业就消亡了。整个 P2P 行业是从金融危机之后兴起的，它实际上是替代了很多其他的融资渠道来为中小企业提供贷款。但在这个过程中，每个平台需要把握自己的风险承受能力。

Capital One 的实践表明，只要有适当的风险定价机制和风险控制体系，包括消费信贷在内的金融服务完全可以覆盖到更广泛的群体，这为金融服务企业在开拓业务上打开了广阔的空间。

所以，互联网金融企业的核心竞争力是通过数据技术，用各种数学模型对风险进行量化，减少人工审批环节，降低人工操作风险。数据技术的另一个优点在于优化流程，形成高效的风险管理体系。

在夸客金融内部有一个核心的机构——决策科学部，目前已经聚集了十几位金融、数据分析以及风控方面的专业人士。这个堪称公司"最强大脑"的部分最主要的任务就是打磨包括数据、流程、监控、系统等模块在内的风控体系以及为新的金融产品提出创新想法。

目前在夸客金融的风控体系中，以"大数法则"来寻找规律，实时地进行控制和预测，并不断调整参数，应对各种不确定性。公司通过坏账率水平和坏账率稳定性等一系列重要指标对各个项目进行评估，并根据系统、数据以及外界环境变化将坏账率调整到一个适度的水平。据悉，系统评估指标的规模已经达到了上千个。

对于金融流程的每一笔资金，夸客金融目前实施了实时追踪监控，包括：在账户管理过程中进行定期客户回访、客户行为预测、账户管理策略调整；根据不同情况做差异化对待策略以及多样化的渠道管理，尽最大可能在内部消除逾期情况的出现；一旦确定逾期情况发生后，公司会通过专业的法律团队进行合法的法律催收。

有了这样一个风控体系，极大地拓展了夸客金融的服务范畴和覆盖人群。而"最强大脑"也在产品端开发出了很多有意思的产品。

2015年4月21日上线"夸客理财"平台后更名为"才米公社"，成为夸客金融旗下独立的互联网金融平台。截至2015年10月25日，平台累计注册用户超过15万，累计交易金额突破2.5亿元，单月交易额突破亿元。这是一个定位于为个人用户提供小额闲置资金理财服务的平台。

明星产品——猜多宝是"才米公社"主推的趣味理财产品，切实为用户打造趣味性强、高收益、低风险、易操作的理财新方式。

比如，在第四季《中国好声音》中，哪位导师的学员将获得冠军？英超利物浦VS曼联双红会，预测胜负平？NBA揭幕战公牛VS骑士，谁将取胜？采用趣味竞猜模式，一期产品，两种收益。猜不中，也有基础年化收益；猜中即涨，享受高收益。

在改版后，除原先人气明星产品"猜多宝"继续推出更多玩法，还推出了新产品——月月续投。该产品收益高、流动性强，以行业内平均年化率为初始，逐月复利续投享受递增年化，最多持有24期。由于退续灵活，满足了一些有长期投资需求但资金可能临时有用途的用户，并帮助用户建立了定期投资的理财习惯。

不难看出，这些颇具想象力的背后，贯穿着对投资理财人群和环境的科学化分析。由数据驱动的业务创新正在成为夸客金融的核心竞争力。

数据驱动的机器学习方法相对于传统的人类经验积累，具有迭代频率高、善于获取隐性信息以及无学习瓶颈等优势，使风控政策的调整更迅速、精准，针对性更强，调整也更灵活。技术创新是风险管理的基石。

如果回溯过去50年来的金融发展，其实会发现技术的应用在推进金融发展的过程中扮演了极其重要的角色。金融机构管理上万亿元资产，没有IT技术、通信技术、风险量化算法的支持，是没有能力管理如此巨大规模的资产的。每次金融危机发生后，都会进行危机释放，然后风险螺旋式上升，在这个过程中金融资产规模不断扩大，风险逐步累积，尤其是局部性风险增加。日益剧增的金融风险只能通过创新和技术发展解决。

7.4 宜信公司：互联网+普惠金融创新实践

宜信公司创建于 2006 年，致力于成为中国普惠金融、财富管理及互联网金融旗舰企业。目前已在 182 个城市（含中国香港）和 62 个农村地区建立起强大的全国协同服务网络，通过大数据金融云、物联网和其他金融创新科技，为客户提供全方位、个性化的普惠金融与财富管理服务。

宜信的创新模式帮助几千万小微企业主和几亿经济上活跃的农户建立信用，释放信用价值，获取信用资金，并为他们提供培训等增值服务。

7.4.1 宜农贷互联网金融扶贫项目

在快速发展的中国社会中，根据国务院扶贫办制定的贫困标准线，我国依然拥有 8000 万贫困农村人口，其中绝大多数是农村妇女。她们处于社会底层，可支配收入少、受教育程度低，然而她们拥有支撑家庭的责任心、摆脱贫困的决心和对帮助给予回报的感恩之心，她们迫切需要资金支持。

为帮助农村人口脱贫致富，2009 年，宜信与农村小额信贷机构合作，推出宜农贷公益理财助农平台，协助城市爱心出借人与贫困地区信用良好、需要资金支持的农村妇女实现对接，将富余资金出借给贫困妇女，解决贫困地区农村金融服务稀缺、农民创业资金短缺的问题。

宜农贷将小额信贷模式与互联网技术有机结合，创造性地探索出互联网金融 P2P 扶贫的创新实践（见图 7-1）。宜农贷平台主要帮扶对象为贫困地区有劳动能力和创业梦想的 20～60 周岁的已婚妇女，服务内容为小额信贷，根据农户的信用和能力不同，借款金额从 3000～20 000 元逐渐提升。但是，每户最高借款不得超过 2 万元，从而确保资金的扶贫公益。作为合作伙伴的公益性小额信贷机构（NGO）负责甄选农户、识别风险、收集农户信息、帮助农户建组、普及金融知识、执行放款收款，他们将农户的信息上传到宜农贷平台上，展示给社会公众。有爱心的城市出借人可以在网站上选择农户一对一帮扶，最低出借门槛为 100 元，只需 5 分钟，就可以完成支付，一键助农。

出借人收取 2% 的爱心回报，宜农贷平台收取象征性的 1% 的服务费，当地 NGO 收取少量的服务费。这种借而非捐的方式，让特定的贫困人群有尊严地接受帮助，获得金融支持，并依靠自己的力量实现脱贫致富。

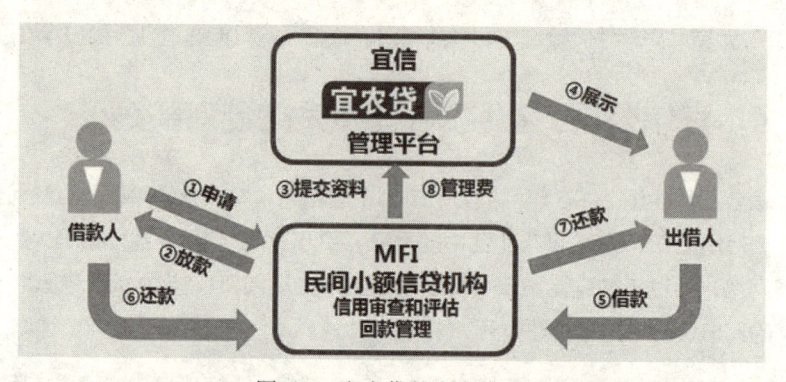

图 7-1　宜农贷的商业模式

项目成果：

截至 2015 年 6 月 1 日，宜农贷已经与陕西西乡、河南虞城、青海大通、甘肃定西、福建屏南等 21 家优秀的农村小额信贷机构建立了合作关系，覆盖 11 个省的 21 个国家级贫困县，惠及了 15 000 多名农户。147 000 多名爱心出借人陆续加入宜农贷助农平台，累计出借金额 1.5 亿元，大约每 10 位爱心出借人帮扶一位贫困农户。截至目前，宜农贷的还款率达到 100%。宜农贷项目分布情况如图 7-2 所示。

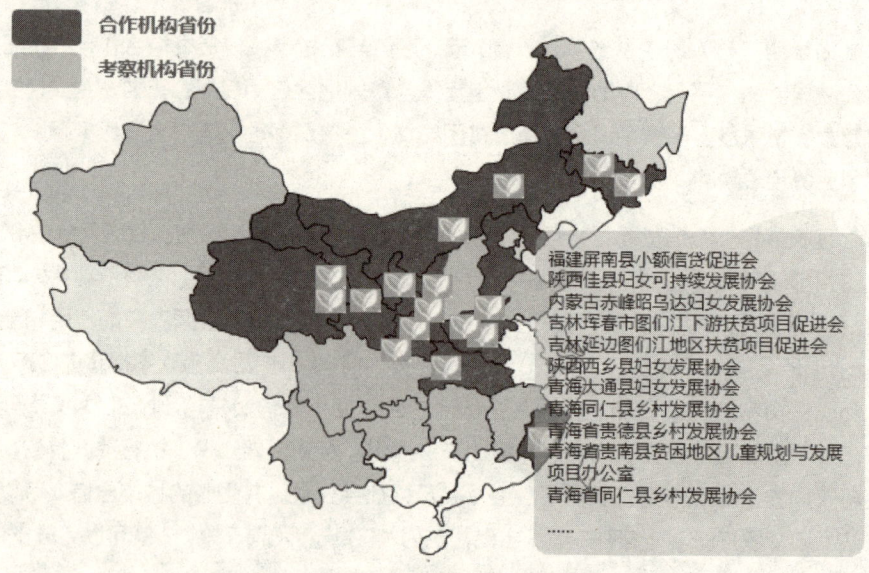

图 7-2　宜农贷项目分布

宜农贷项目具有以下特点：

（1）直接透明的运作过程，一对一在线出借，透明直接。

（2）专业完善的运作模式，借而非捐，与小额信贷机构合作。

（3）稳健全面的风险保障，五户联保制度。

（4）通过互联网聚集大众的公益力量，低门槛参与，100元起。

此外，宜信携手格莱珉基金会（Grameen Foundation）、友成普融，在国内推广多部委、学术机构协作开发的"中国贫困记分卡（China Poverty Score Card）"应用，着手评估宜农贷、普惠1号合作小额信贷机构扶贫绩效。通过清晰评估，确保宜农贷、普惠1号公益性小额信贷批发基金等项目符合使命。自2014年2月起，宜信与格莱珉基金会联合培训了青海、河南2省4县5家公益性小额信贷机构，帮助其掌握相关技能。

5年的实践，让宜农贷项目组更加确信，运用互联网和高科技，可以高效地进行特惠扶贫、创新公益。未来我们有志于通过宜农贷平台促进农村与城市之间信息、资金、和商品的流动：通过移动互联网和大数据，整合农户征信信息、资金需求信息、农产品信息；通过小额信贷平台进行资金对接、金融扶贫；通过电子商务和众筹模式，将帮扶农户的特色农产品销售给城市消费者。通过信息流、资金流、商品流，实现农户社会资本（信用）转化为金融资本，带动产供销全流程，汇聚社会力量，传递助农爱心，真正帮助贫困地区的农户提高经济收入、提升生活水平。

在这5年实践的基础上，宜信发布了第二个农村五年计划"互联网金融——谷雨战略"，通过"一云一网"（农村金融云和1000个金融服务网点）实现"为农村实体经济发展服务"和"促进农村地区消费金融发展"两大目标。

据国家工商总局统计，截至2014年12月底，中国的农民专业合作社已达128.88万家。与这一庞大数据对应的则是，众多农民专业合作社在剥离政策扶持资金，完全进入市场后，管理水平、市场竞争力及融资渠道都存在明显不足的严峻现实。

宜信将首批服务群体聚焦农民专业合作社，以"互联网＋农民专业合作社"为创新思想，为合作社打造专属云服务管理平台，通过快速、准确的大数据分析，有效解决农民专业合作社目前存在的融资难、销售难、管理难三大问题，用"互联网＋农村"的模式扶持农村实体经济。

2015年4月20日谷雨当天，"谷雨战略"首个服务试点在河南省兰考县落地，兰考县域内的780余家农民专业合作社将免费获得宜信开发的"爱社员—云管理服务平台"上的众多服务，包括信息化管理、能力培训、市场营销等。同时，以"科技兴农，合作致富"为理念，宜信将深度合作扎根县域经济，尝试县域综合金融服务。

7.4.2 宜信金融云服务平台

宜信金融云是宜信依托云计算和知识图谱建立的一个金融服务云平台，拥有分布式计算框架、分布式存储和虚拟化环境。宜信通过数据采集、数据挖掘、机器学习、规则导入，把金融的一些基本逻辑抽象出来统一部署在云平台中，向外提供开放的、可随时接入的反欺诈、风控、实时授信与获客等功能。

在宜信内部，金融云系统用于整合宜信的各个业务端能力，为各个团队提供大数据支持，减少重复工作。对宜信的客户来说，金融云可实现快捷的实时授信。例如，客户在申请商通贷时，只要绑定其在 eBay 或者其他平台的电商账号，30 秒之内金融云就能计算出授信额度。

金融云更多的应用场景发生于宜信之外，例如客户在商铺办理消费业务时，借助金融云可以快速获得免押金或者分期付款服务；商家在管理、营销过程中遇到资金需求，无论其业务类型如何，金融云都可以帮助其在线解决资金问题。在接入过程中，商家的数据也能够更直观地折换成实际的经济价值（即数据变现）。宜信金融云生态系统如图 7-3 所示。

1. 应用场景

宜信金融云的应用场景多种多样，只要存在借贷、授信或信用审核需求的场合，就有可能通过宜信金融云获得相应的服务。典型的应用场景包括如下几种。

1）电商平台合作

2014 年 9 月，依托宜信金融云的商通贷面向 eBay 平台的电商客户推出，几个月后覆盖至整个外贸电商的生态链。商通贷与 eBay 的合作模式主要基于客户流量、数据的共享，以及服务的拓展与对接。eBay 平台的数据接口 API 开放，只要商家授权给商通贷，金融云平台可以迅速抓取商家的交易信息、账户流水等，并很快给出其授信额度，一旦商家确定要继续，很快就可以获得资金。

2）ERP 软件平台合作

众多 ERP 软件商拥有大量的客户信息数据，之前这些数据仅仅帮助其进行软件优化和升级。通过与宜信金融云合作，ERP 客户的业务数据便可为自身的融资需求服务，如果有资金需求，可以直接获得线上信贷。

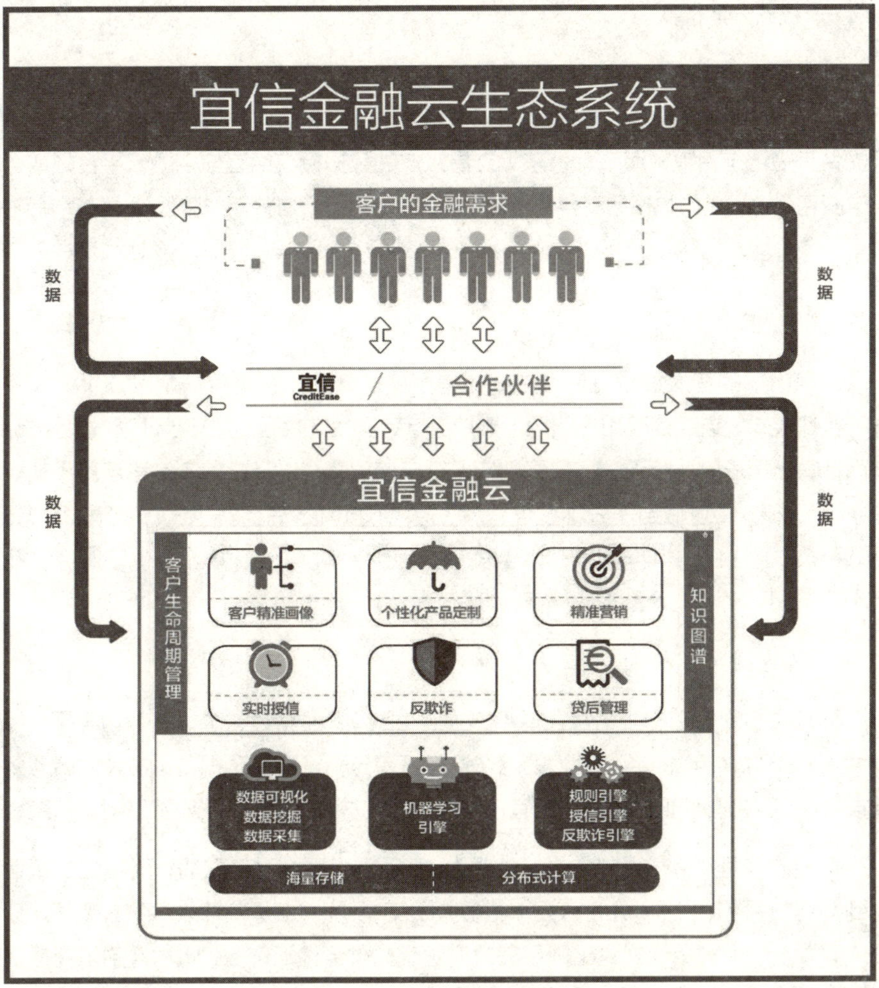

图 7-3　宜信金融云生态系统

3）信用租车

在国内租车时，租车公司经常要求租车人支付高额的押金，最终导致交易失败。宜信金融云平台可以为这样的租车公司和租车人群提供一种信用服务。客户只需提供有效的身份证明、手机详单及相应的金融、消费信息，例如工资、借记卡的资金流水和网购情况等，通过宜信金融云的实时授信平台，很快就可以对客户的个人信用情况做出预估，在获得客户同意后，就可以为客户授信并向租车公司支付押金，帮助客户完成租车。

4)快速分期付款

无信用卡的用户在购买大件物品时一般无法办理分期付款。如果商场与宜信金融云合作，只需 10 分钟，分期付款就可以办理妥当。而需要用户提交的资料也十分简单，只需将其借记卡网银、淘宝、京东等交易账户的数据授权给宜信金融云平台提取，依托这些完全电子化的数据和资料，宜信金融云平台可以解决分期付款处理中的所有问题。

2. 应用案例

1）宜人贷

宜信旗下的宜人贷是宜信金融云的首个受益产品。利用宜信金融云平台，宜人贷"极速模式"通过读取用户信用卡账单、电商及社交数据，交叉验证形成风控机制，进而计算出用户的风险评分，最终判断是否应该放款，以及授信额度和还款周期。目前，"极速模式"可做到 1 分钟授信、10 分钟快速审核，批贷额度最高可达 10 万元。"极速模式"自 2014 年 4 月开始与第三方渠道合作，为 50 万人提供了服务。截至 2015 年 7 月 31 日，累计促成借款 70 亿元。

2）商通贷

林先生和刘先生的公司都在深圳，通过 eBay、亚马逊、全球速卖通等平台经营外贸生意。2014 年 10 月，他们的电子产品订单一下子增加了很多，资金周转遇到一定难题。巧合的是，他们都很快通过宜信商通贷的信贷服务，在一两天内迅速补充了资金。

不同的有两点：一是刘先生授信额为 10 万元，两个月借款期，而林先生授信额达到商通贷目前的上限 100 万元，借款期为 6 个月；二是，林先生是在登录 eBay 账户时发现了商通贷，刘先生则是在电商管理软件通途 ERP 上偶然看到了商通贷这项新金融服务。

依托宜信金融云的实时授信平台，商通贷的信贷服务已经延伸到了外贸电商的 4 个核心平台：交易平台、ERP 软件用户、支付平台、物流仓储平台。至今商通贷已为上千家 eBay 卖家提供了服务；与通途 ERP、速脉 ERP 合作，初步形成了一站式金融服务；与十多家物流仓储平台、支付平台达成了合作，几乎每个星期都有新的平台加入。

7.4.3 宜信利用互联网技术开展普惠金融的经验总结

城市普通工薪阶层、农民、小微企业等金融弱势群体的融资需求对提供就业、维持经济增长和促进创新等方面贡献显著，但是却很难得到融资支持。为了保持经济增长和发展、发展私营经济、实现中国经济的结构调整，实现广覆盖地和商业可持续地向他们提供快速、便捷、可靠的金融服务非常关键，这也是普惠金融的意义所在。

以宜信公司为代表的新兴互联网金融机构，依托互联网平台，有潜力使之前未被传统金融有效覆盖的大众有机会获得高质量的金融服务。宜信公司通过线上线下相结合的模式，针对城市及农村高成长性小微企业和个体工商户群体，提供集融资、理财、咨询于一体的综合性金融服务。基于大数据，宜信利用数据云实现对内外部广泛数据源的挖掘和分析，构建和优化风控模型，分析客户的信用状况，实时估计信贷额度，并实施反欺诈、风控垂直搜索引擎等量化风险管理。受益于数据云，宜人贷无须上传任何证明材料，即可通过手机获得自动审批速贷服务。

越来越多的金融机构开始提供综合化的产品，由单纯提供融资服务，转向提供集融资、结算、理财、咨询等于一体的综合性金融服务。宜信公司作为领先的小微借款咨询服务专业机构，针对城市及农村高成长性小微企业和个体工商户群体，以客户为中心，提供包括信用借款"助业贷"，基于车、房的"宜车贷"和"宜房贷"，基于商圈等合作平台的"商圈贷"，并通过小额租赁的创新方式为连锁餐饮、新能源和农业机械等行业生产和供应商提供融资服务。除贷款服务外，宜信还向小微企业量身定做理财、代理保险等全方位、多渠道的服务。宜信公司面向小微企业推出"信翼小微企业服务平台"，通过线上、线下双重渠道，为小微企业提供行业研究、教育培训、管理咨询、渠道拓展等增值服务。

宜信数据云采用线上模式，基于客户细分、大数据技术和来自各种渠道的信用数据，包括自身积累的数据、网络上公开的社交数据、客户授权查阅的交易数据，以及第三方合作机构提供的数据等，构建和优化风控模型，分析客户的信用状况，并实时估计信贷额度。宜信商通贷是基于宜信金融云推出的面向电商的一个实时授信产品。宜信与 eBay 合作，通过大数据技术为 eBay 平台卖家提供无抵押、无担保的纯信用贷款。这种模式的创新之处在于，通过整合交易数据、第三方数据以及社会网络行为数据，用户无须提交烦琐的资料，便可以获得个性化的融资产品。通过对交易数据的分析，结合自身信用风险评分模型，可以在 30 秒内完成授信决策。当然，由于网络上高质量的数据源很难获取，比如关于小微客户的交易数据、负债数据、资产数据等，互联网公开数据源数据往往准确性和一致性较差，因此需要多渠道、多方位获取数据进行交叉验证。这对数据处理和海量数据挖掘能力提出了更高的要求。

宜信通过大数据金融云平台开发，利用原有的客户数据、经由互联网搜集的数据、第三方合作伙伴的数据，再加上政府等公共部门的信息和数据，通过对内外部广泛数据源的分析，构建模型，大大提升了审批管理、定价、贷中和贷后管理的自动化程度。宜信通过对客户包括地区、职业、年龄段等的细分，信息了解得越清楚，越可以细分客户群，并针对不同客户采取不同的风险策略。宜信利用大数据做反欺诈，并利用大数据驱动做风控垂直搜索引擎，确定违约模式、完善评分、催收并对异常情况进行监测，如通过一系列指标对不同地区、不同类型的客户进行指标追踪，当有风险信号时，便可及时调整信贷策略。

互联网革命使得小微企业的大量交易数据，包括订单、资金流、客户活跃度、交易情况等，都被大大利用起来了。用户在网络上的足迹，比如社交信息等，都被积累形成了信用，具有了价值。如宜信金融云，通过对不同数据源的记录和分析，勾勒出小微企业商家地图，用以寻找宜信潜在客户、分析客户信用状况并辅助贷后管理。如此能够改善千千万万的微型企业的金融服务，则可以促进有效投资、平滑消费、增加收入，这将对推动中国经济增长、促进经济转型和实现更为公平的收入和财富分配产生深远影响。

7.5 开鑫贷：共享金融实践

7.5.1 开鑫贷简介

开鑫贷融资服务江苏有限公司（以下称开鑫贷，http://www.gkkxd.com/）是由国家开发银行全资子公司国开金融和江苏省内大型国企共同发起设立的国有互联网金融服务平台，于 2012 年 12 月经江苏省金融办审批成立的。

2015 年 7 月，由国开金融领衔，相关股东向开鑫贷注资 2 亿元，堪称国内互联网金融最大规模的天使轮融资。增资后，开鑫贷股东覆盖银行、信托、担保等领域，将为开鑫贷稳健发展带来强有力的资源优势。

开鑫贷作为互联网金融行业的"国家队"，秉承国家开发银行开发性金融理念，为用户提供网络投融资服务，在引领民间借贷阳光化、规范化，引导社会资金支持实体经济，切实降低小微企业融资成本方面成效显著，同时有效增加了居民财产性收入。

7.5.2 业务情况

开鑫贷作为国内唯一具有"银行 + 国资"双重背景的互联网金融平台，秉承国家开发银行中小企业信贷风控理念与方法，有效整合各方面资源，以互联网思维开展服务创新。截至 2015 年 11 月 30 日，开鑫贷累计成交额突破 145 亿元，支持小微企业超过 7000 家次，为用户创造收益近 7 亿元，且未发生一笔逾期，投资者全部按时甚至提前全额收回投资本息。

1. 主要产品

开鑫贷通过与小贷公司、担保公司、银行、保险等机构跨界合作，持续创新，目前拥有七大类产品：商票贷、鑫财富、苏鑫贷、开鑫保、保鑫汇、银鑫汇、惠农贷。

1）商票贷

商票贷是开鑫贷与大型知名企业合作推出的商业承兑汇票质押类投融资产品，借款项目承兑人以实力较强的大型国有企业、境内上市公司为主。此外，还根据承兑人具体情况追加第三方或实际控制人连带责任担保，担保方一般选取上市公司母公司或债券市场评级 AA 以上公司。目前，商票贷业务合作承兑企业 20 余家。

2）鑫财富

鑫财富是开鑫贷与金融机构及金融服务机构合作推出的资产交易类投融资产品，资产持有人通过开鑫贷公司居间撮合，将资产或其收益权转让给投资人，投资人获取约定的投资收益。

3）苏鑫贷

苏鑫贷是开鑫贷与江苏省内优质小贷公司合作推出的第三方担保类投融资产品，借款项目由经省金融办备案准入的 A 级及以上小贷公司、小贷公司主发起人以及江苏金创再担保公司共同提供连带责任担保。业务依据江苏省金融办《江苏省小额贷款公司开鑫贷业务管理办法》开展。

4）开鑫保

开鑫保是开鑫贷与大型融资性担保公司、大型国有企业合作推出的第三方担保类投融资产品，借款项目由上述第三方担保机构提供全额本息担保。目前，开鑫保业务合作机构已涵盖江苏、北京、海南等省市多家担保公司和大型国企。

5）保鑫汇

保鑫汇是开鑫贷与保险公司合作推出的保单质押类投融资产品，借款项目以预定收益型保险单作为质押担保，保险公司负责确保保单的真实性，并冻结保单，借款到期时，保险公司将满期给付金优先用于归还借款本息。保鑫汇填补了国内保单质押理财市场的空白，拥有与银行存单、银行承兑汇票类似的安全性，被誉为最安全的 P2P 产品。

6）银鑫汇

银鑫汇是开鑫贷与银行合作推出的银行承兑汇票质押类投融资产品，借款项目以银行承兑汇票作为质押担保，合作商业银行负责对票据进行核验、保管，借款到期后由合作银行按约划转票据托收资金用于偿还投资者。

7）惠农贷

惠农贷是开鑫贷为支持"三农"发展、解决农户融资难题，在"苏鑫贷"创新产品的基础上，专门推出的公益性投融资产品。惠农贷与苏鑫贷采用同一风控体系与相同的合作担保机构，平台免服务费，确保农户最终年化综合融资成本不超过8%。

2. 鑫钱包

鑫钱包是开鑫贷打造的余额增值服务。投资者把钱转入鑫钱包，即购买了由合作银行及基金公司提供的货币基金，享受相应收益。鑫钱包内的资金取用灵活，转入转出零手续费。鑫钱包余额还能在手机客户端和PC端支付开鑫贷投资项目款项。

7.5.3 平台特色

1. "银行+国资"双重背景

开鑫贷由国家开发银行总行、江苏省分行，江苏省金融办，江苏金农公司合力创办，目前公司股东包括国开行旗下国开金融以及无锡金投、国信信托、江苏省再担保等江苏省内大型金融企业。开鑫贷平台通过政府的前置审批、国有资本的进入以及优质合作机构的合作，具备极强的品牌公信力和金融行业经验与资源。

2. 独获央行"合法合规"认可

中国人民银行南京分行于2014年根据总行领导指示，对开鑫贷平台从法律合规性、风险控制、社会效益等方面进行了综合评估。评估认定开鑫贷平台运作安全规范，符合现行有关法律法规规定，没有不合法、不合规之处，上线运行以来发挥了积极的社会效应，是一项值得肯定的金融创新。

3. 降低小微企业融资成本

开鑫贷秉承国开行"以开发性金融引领民间借贷阳光化、规范化"的理念，有效引导社会资金支持实体经济，切实降低小微企业融资成本。目前，开鑫贷平台最高年化综合借款成本不超过15%。2015年6月份，开鑫贷平均年化综合借款成本仅为11.2%，接近中小商业银行小微企业融资成本。

4. 支付清算合规高效

从 2012 年开始，开鑫贷平台就与江苏银行、中国银行等正规金融机构密切合作，积极探索互联网金融业务中的客户资金管理和清算等难点，在业内率先建立了依托银行业金融机构进行资金监管、支付清算的方案和系统。该项探索符合中国人民银行近期发布的《关于促进互联网金融健康发展的指导意见》中的相关要求，保障了用户资金安全；同时缩短了资金到账时间，节约了支付结算费用。

7.5.4 共享金融的案例

互联网金融天生具有普惠属性，有着传统金融无法比拟的优势。但是，目前互联网金融的发展路径众多，并不一定都能达到惠及大众的效果。而通过共享的方式，互联网金融有可能真正实现普惠的终极目标。

发展互联网金融的最大意义在于降低金融服务成本，改进服务效率，提高金融服务的覆盖面和可获得性，使社会各层级能够获得价格合理、方便快捷的金融服务。可以说，发展互联网金融的最终目标就是打造"普惠金融"。

如何才能发挥互联网金融的优势，真正做到"普惠"？打造共享金融平台,将要素、资源、利益在这一平台上进行合理的共享，将有望成为实现路径之一。

1. 中小企业统贷模式

2012 年，开鑫贷公司基于国开行"中小企业统贷"的成功实践，创新了网贷 O2O 模式，与江苏省优质小贷公司合作，由其推荐合适的借款企业（线下），开鑫贷平台审核后将借款信息发布到网站上，接受投资人的投标（线上），并由小贷公司及其主发起人为该笔借款提供连带责任担保。这一模式发挥了小贷公司在贷款客户开发、信用审核方面的剩余价值，有利于在国内信用环境尚不完善的情况下强化风险控制。

这样的模式探索，正是践行了普惠金融的理念，将居民、企业等供求个体和各种类型的金融机构一一纳入这个共享平台。在这一过程中，投资人获得了理财收益，需要融资的中小微企业获得了速度更快、利率相对更低的资金，小贷公司发挥了剩余价值，开鑫贷公司起到了信息中介的作用，为平台上的各方提供撮合服务。

2. 产品创新模式

共享金融，就是要让优质金融资产直接对接投资人，将更多的收益让渡给投资人。

以开鑫贷商票贷为例,产品募集的资金投向与银行理财资金投向基本一致。但是利用互联网方式,去中介化,减少了中间环节,投资人收益可以达到8.6%,是银行理财的两倍。

共享金融不仅让投资者享受到互联网超额利润的红利,也让借款人的融资成本下降。目前江苏小贷行业借款成本接近15%。从2014年年底开始,开鑫贷借款人的综合融资成本一直在下降,目前已经不到12%。

事实证明,这样的实践不仅可行,也卓有成效。开鑫贷拓展与小贷、担保、银行、保险等行业的产品级合作,将业务扩展到全国20多个省(市),支持三农和小微企业近7000家次。截至2015年11月30日,开鑫贷成交额超过145亿元,为用户创造收益近7亿元,在普惠的道路上迈出了扎实的一步。

7.6 挖财:老百姓的资产管家

杭州挖财互联网金融服务有限公司(以下简称"挖财")于2009年成立,从解决普通老百姓记账这一痛点起步,借助移动互联网、大数据等技术,打造"以手机为载体、以人为中心"的互联网普惠金融平台。挖财基于独特的"互联网+金融"双螺旋基因结构,在实现老百姓从财务管理到财富管理跨越的同时,也逐步明确了"老百姓资产管家"的发展定位,不断提高老百姓金融服务的可得性和满意度,已经成为践行"普惠金融"的极具特色案例。

挖财在践行普惠金融的过程中,自身也得到了发展,目前拥有近700名员工;公司累计用户已超过1亿人,遍布全国各地(包括港澳台)及部分海外华人地区。

7.6.1 挖财的普惠金融服务生态圈

随着移动互联技术的发展和智能移动设备的普及,客户金融服务需求和服务获取方式发生了深刻变化,金融服务和交易加速向线上迁移,尤其是以手机银行为代表的移动服务增长迅猛。挖财通过细分客户群体特定使用场景,以APP集群为基础(见图7-4),以用户行为分析为核心,以产品交叉销售为目标,打造专业性强、品牌鲜明、用户体验更好的移动金融生态体系,使老百姓的个性化需求都能在手机上得到充分满足。

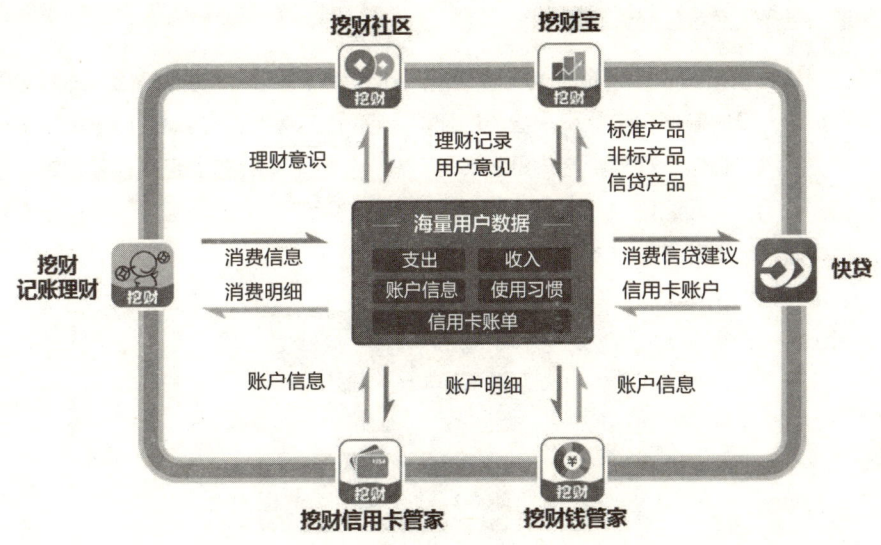

图 7-4　挖财普惠金融服务生态圈

基于六大移动 APP 形成的普惠金融服务生态圈，挖财将自身打造成一家集记账、管钱、赚钱、借钱、社区于一体的综合性金融服务平台，实现个人资产管理的便利化、移动化和云端化，老百姓借此可以获得一站式的普惠金融服务。

7.6.2　挖财践行普惠金融的路径

互联网金融的特点决定了更适合长尾市场，与传统金融业态形成有效补充和延伸。挖财覆盖具有需求的金融缺位地带，服务长尾，通过"记账"、"理财"、"借贷"、"财商教育"四大路径，为发展多业态的普惠金融组织体系提供了有效支撑。

1. 记账

随着收入多样化、消费领域多元化、消费场景碎片化的趋势日益明显，个人的财务数据也在变得越来越复杂，如何能够自助做好个人财务管理、实现财富增值，已经成为老百姓生活里的一个刚性需求。

挖财记账理财是全国最早的记账理财软件，立足于老百姓财务管理的需求，深挖记账功能，不仅首创记账模板，同时开设了语音记账、拍照记账和票据助手等特色功能。通过挖财记账，用户不仅可以了解自己的收入支出情况，形成合理消费的财富观念，同时也可以通过挖财提供的财富管理服务，实现管钱、赚钱、借钱、管信用等多种需求。挖财一直致力于完善个人记账的工具化服务，同时在融合现有金融服务的基础上，不断增加更多生活金融服务应用。

挖财钱管家是实现个人资产智能管理的"私人智能管家"，功能包括：同时管理多张银行卡，及时掌握资金状况；智能匹配网上银行和支付宝，自动生成账单；分析用户消费流水，高效管理现金流（见图7-5）等，实现活期存款、定期存款、银行理财产品、信用卡、网络账户、基金、债券、证券账户资产管理的全覆盖，更加全面和精准地管理好各类资产。

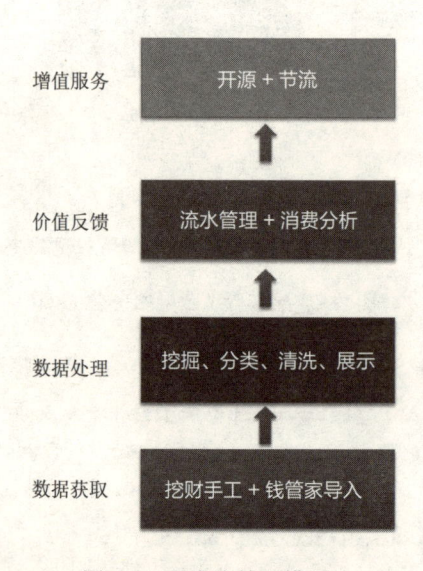

增值服务	开源 + 节流
价值反馈	流水管理 + 消费分析
数据处理	挖掘、分类、清洗、展示
数据获取	挖财手工 + 钱管家导入

图7-5　现金流管理模型

挖财信用卡管家专注于老百姓信用卡集成管理，功能包括全自动账单分析，智能还款提醒，银行电话、网点查询，免息期计算，信用卡还款等。此外，挖财信用卡管家因采用了国际高端的VeriSign安全认证方案，还拥有独特的防盗刷提醒功能。

2. 理财

随着互联网技术的迅猛发展，互联网金融机构服务长尾市场的边际成本大幅降低，颠覆了传统"二八法则"的商业模式，使得处于长尾市场的小微企业和低收入百姓得到有效的金融服务覆盖。

挖财宝是挖财旗下的综合理财平台，定位于为普通大众提供高质量的投资理财服务，开发低购买起点、高流动性的互联网便民理财产品，降低理财业务门槛，扩大金融服务覆盖面，让农村、城乡低收入人群也能通过购买挖财提供的理财产品实现财产保值、增值。挖财宝主要产品标的覆盖银行资产、保理、信托计划、车辆抵押贷、权益类产品等,通过提供多样性的金融资产产品,满足不同风险偏好的投资者需求。

具体来说,挖财宝通过以下途径有效促进了普惠金融的发展。

1)降低门槛,提高金融服务覆盖率

与传统银行理财产品 5 万元的认购起点,以及传统开放式基金 1000 元的认购起点相比,互联网理财相对来说几乎没有门槛限制。随着互联网理财交易方式的不断普及,挖财宝在满足不同地区、不同年龄阶段的老百姓理财需求方面的覆盖率进一步提升。2015 年挖财宝理财运营年报显示,在经济相对落后的中西部地区,投资人数增长速度已经超过沿海地区;此外,在 2015 年使用挖财宝的理财投资用户中,50 岁以上用户数增长最快。

2)移动互联,提高金融服务可得性

国内外投资者可以通过挖财网站及移动端 APP 直接注册,在实名认证保障个人账号安全后,即可投资购买理财产品,方便快捷,操作简单。同时,投资者可以随时随地操作,脱离了实体营业厅的束缚,充分利用碎片化的时间进行理财。据 2015 年挖财宝理财运营年报显示,全年挖财宝共为用户提供 36 038 573 次在线金融服务,相当于 670 家银行,6 个人工服务窗口,每周提供 7×8 小时柜台服务,累计折合为老百姓节省银行排队时间超过 4000 年。

3)注重体验,提高金融服务满意度

挖财宝通过产品体验、客服沟通、风控把关三个维度全面提升客户满意度。2015 年累计进行了约 500 次产品优化,如推出个性化推荐功能等,并累计提供超过78 万次理财咨询服务。

3. 借贷

普惠金融业务的高风险本质上来源于信息不对称。由于小微企业和低收入人群缺乏有效的抵质押物,难以进行风险识别和定价,从而导致服务缺失。而运用云计算和大数据技术,挖财可以显著提高风险识别和定价能力,这为小微企业和低收入人群的有效金融服务提供了可能。

目前快贷产品主要分两种:1000~3000 元以内的"极速借款"与最高 20 万元的"大额借款"。基于纯线上申请、零人工干预的模式,快贷的贷款流程十分快速,贷款申请过程只需 5~7 分钟,其中极速贷款的审核在 10 分钟以内,最快 3 小时到账。针对部分人群的特殊需求,快贷提供特色贷款,争取做到让每一位用户在有金融需求时都能以合适的价格,享受到及时的、有尊严的、方便的、高质量的金融服务。

1）特色贷款之证书贷

目前，教师平均工资偏低的现象依然存在，尤其对于工作初期的教师来说，晋升机会缺少，绩效有待突破。据相关调查显示，高校年轻教师年龄基本在 25 周岁以上，因为承受着家庭长期投入高教育成本和周围亲人高期待的"双高"，工作后短期生活压力剧增，存在较大的融资需求且具有稳定的经济来源和强烈的还款意愿。挖财及时推出证书贷就是希望能快速解决青年教师成家立业的融资难题。

证书贷业务精准定位高校年轻教师群体，仅需提供身份证和高校教师证书，即可获得贷款利息优惠。此外，拥有注册会计师及建造师等其他证书也可申请证书贷，充分发挥互联网金融的核心价值——普惠和快捷。证书贷的创新就是精准服务有贷款需求特殊人群的典型案例。

2）特色贷款之天天向上助学计划

针对经济状况困难家庭学生的入学问题，挖财快贷推出针对学生学费零息零费的学费分期付计划，即"天天向上助学计划"。原本一次性缴纳一两万元的压力被拆解为每月 1000～2000 元的费用，同时节省了一般分期带来的高昂费用，是一种可持续的公益项目。

作为践行普惠金融的互联网金融机构，用小额信用放款，让低收入人群积累信用，给他们改变自己命运的机会，是挖财的社会责任。

4. 财商教育

在互联网金融爆发式增长的当下，成长于互联网之中的年轻人，对于理财有着与父辈不一样的态度和做法，更加具有个性化和针对性。挖财把这批用户通过互联网聚集起来，为其打造集交流、讲座、社交等于一体的中国最大的综合性理财社区。

在挖财社区的用户被称为"财主"，社区针对不同理财产品设置了专门的板块，除了基金、保险、股票、债券等，还包括新兴的网贷等各种投资攻略。为了达到人人会理财、提高财商普及率的目的，挖财社区进行了一系列的线上及线下活动。

1）专家入住，提供个性化解决方案

投资理财除了需要掌握理财信息，还需要较多的金融专业知识，而现实中多数人并不具备选择最适合自己的产品的能力，从而导致整个理财规划的节奏无法把控。为了解决这些问题，挖财社区引进了一批专业理财师，通过和专业人士进行面对面的交流，为老百姓答疑解惑。除了理财师，一些自媒体达人如知名互联网金融评论员"江南愤青"也入住挖财社区交流互联网金融话题，丰富挖财社区的交流层次。

2）财友聚会，财商教育走进群众

在挖财社区除了可以学到理财知识，还可以结识志同道合的财友。挖财社区发起各地的财友聚会已在杭州、上海、广州等地举办过多场线下活动。线下的交流，让老百姓能更直观地了解理财动态和趋势，而鲜活的理财例子也让从未参与理财的新手有着更为直观的感受。

新颖的活动形式、广泛的话题范围、深度的热点讨论，有序分层各式理财人群，形成了具有高凝聚力的理财社区氛围。挖财社区聚集了有着"财务自由"梦想的普罗大众，为了实现自己的理财梦想而一起努力。作为"老百姓资产管家"的重要一环，挖财社区为普及大众的财商教育而持续努力着。

7.6.3 挖财践行普惠金融的驱动力

普惠金融的需求是挖掘、触及更多的人群，希望通过海量的数据，包括传统数据和互联网数据来挖掘和刻画一个人或一家企业的信用状况，帮助机构更好地了解每一个个体，同时也服务于这些个体，让他们获得更多的服务。

挖财依托自身系列 APP 上亿的下载量、千万级的月活跃用户，已初步建立起一套完整的用户档案，数据范围由原来单一几类扩展到十几类，维度达 1000 多个。大数据结合云计算推进的产品、业务创新，可以在客户画像和管理、产品研发和运营、市场推广和营销、风控体系和分层等方面提供有效指导，为挖财业务的发展拓展了广阔空间，是挖财的核心竞争力。

挖财大数据具有以下三个特点：(1) 全面性，以人为本，按照个人用户意愿，不仅有消费数据、金融数据，同时包含买房、古董、林矿等固定资产数据；(2) 准确性，挖财记账中产生的数据，再结合其他平台汇集的数据，准确性高；(3) 专业性，用不带情绪的数据描绘出比客户还了解自己的用户画像。

1. 大数据实现精细风控

在互联网时代下，互联网金融公司利用大数据技术改善风控体系，在风险可控的前提下，实现简化流程、系统自助、批量操作，大大降低了运营成本，从而为小额信贷提供了业务基础。

挖财自主研发了一套完整的个人信用评级系统（见图 7-6），可精准判断用户在信贷各阶段的风险程度,多维度完善用户信用的评估体系,让更多无法及时贷到款的老百姓享受到快速、便捷的服务。主要采用的模型包括申请评分卡(AR Score Card)、逾期行为评分卡(KGB Score Card)、反欺诈行为模型(Anti-Fraud Behavior Score)、风险等级模型(Risk Level Model)等。

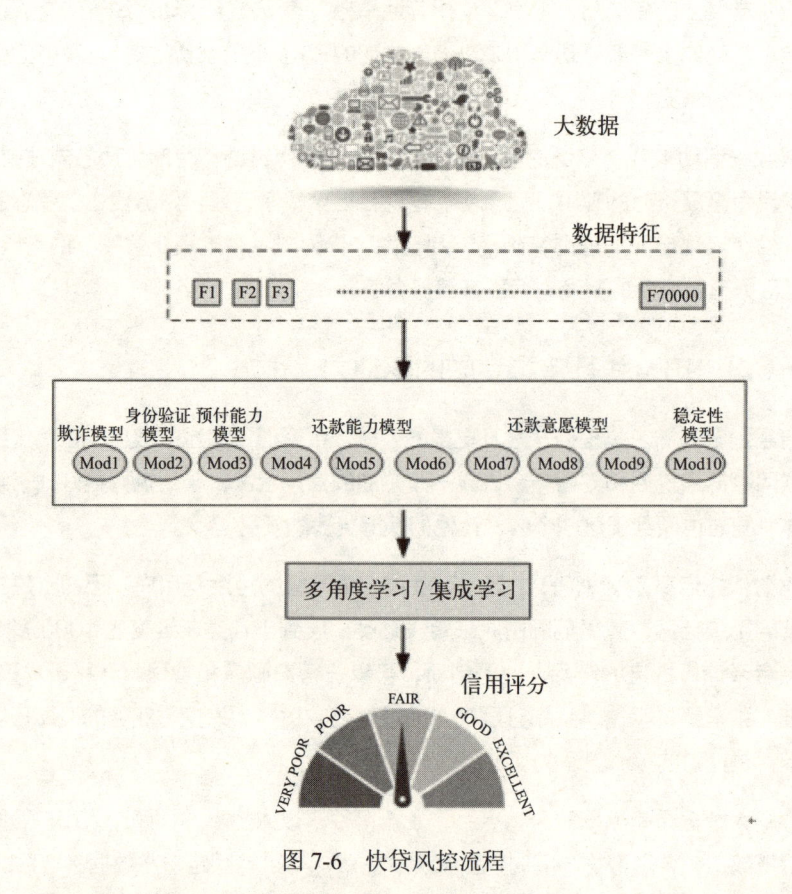

图 7-6 快贷风控流程

2. 大数据驱动产品优化

挖财通过及时的大数据监控体系,360°观察产品的优化空间,不断为产品的改进提供数据化的洞察。

(1) 360°的漏斗模型:通过监测用户每个环节的漏斗转化,数据化地指出产品优化的方向,为客户提供更优的用户体验。

(2) 全面的路径分析:通过观察用户从进入APP到退出APP所经历的路径及

停留各页面的时长，对产品里的每个按钮进行排兵布阵，从而让用户享受到最人性化的产品体验。

3. 大数据挖掘理财现状

自 2015 年 7 月以来，挖财根据用户消费大数据，通过深度挖掘和分析记账人群的消费记录，公布了一系列数据，内容涉及节日消费、股市、早餐、人情、双十一、中国大妈、运动等方面，从而展现不同地区的消费生活偏好和特色。挖财大数据的挖掘和分析能力为老百姓了解理财投资现状、更好地管钱及投资提供了专业的指导。目前，大数据正持续激发挖财商业模式创新，不断催生新产品，已成为促进业务创新增值、提升核心价值的重要驱动力。

7.7 金贝塔："互联网+聪明的贝塔"创新普惠亿万投资者

思想创造财富，是金贝塔的创业理念，是金贝塔"互联网+"的创新要旨，也是金贝塔践行普惠金融的灵感源泉。"互联网+"行动计划给予了金融行业融合创新的重大机遇，让更多的市场参与者能够享受到融资与投资的便利。

而金贝塔立足的证券市场，有其独特的运行特点。历史经验表明，在证券市场上能够取得成功并获得较好回报的，往往是具备专业投资思想的人群。如果仅仅从"术"的层面创新，给投资者提供便捷、高效的工具，并不足以改变困扰了中国证券市场 20 多年，散户盲从市场追涨杀跌导致大面积落败的问题。金贝塔希望以更高层次的"道"作为创新出发点，借助互联网让专业的投资者能够凝聚在金贝塔平台之上，依据逻辑清晰的"聪明的贝塔"（Smart Beta）证券投资组合去为广大的普通投资者传递高质量的金融服务。而普通投资者通过长期使用金贝塔，也能逐步掌握专业的投资方法，形成专业的投资理念，在一定程度上提高投资胜率。

"授人以鱼不如授人以渔"，金贝塔的"互联网+"创新，金贝塔的普惠金融模式，不仅仅是要让更多的普通投资者获得高水平的专业服务、获得证券投资回报，更是希望他们能够在金贝塔平台上成为"聪明的投资者"，成为促进中国证券市场成熟发展的新生力量。

7.7.1 创新背景：普通投资者亟待专业金融服务

2016年1月29日，中国证监会公布的数据显示，中国股票市场投资者数量共计10 038.85万，正式突破1亿大关。投资者积极入市，推动中国证券市场发展固然可喜，但普通投资者炒股"1赢2平7亏"的现象如何击破，如何引导非专业投资者从投机炒作转向价值投资，如何将机构投资者享受的专业金融服务分享给更多普通投资者，始终是中国证券市场发展过程中必须思考的问题。

通过草根调研可以发现，普通投资者在参与证券投资过程中多数会出现亏损，主要原因在于市场客观环境存在的信息不对称，以及投资者主观上缺乏专业的投资经验与有效的投资策略。

信息不对称是全球证券市场数百年发展历史中始终存在的现象，如今发达国家的证券市场参与主体以机构投资者为主，故而信息不对称的负面影响相对较弱；而中国证券市场依然以散户为主导，信息不对称使得庄家、游资等投机资金能够形成优势，通过各种操盘手法让普通投资者成为接盘方，进而形成普通投资者的实际亏损。事实上，中国证券市场已经形成了人才众多、研究兼具深度与广度的分析师群体，每年发布数十万篇研究报告，对行业及个股进行专业且紧密的跟踪。但这种高质量的金融服务主要服务于机构投资者，基金经理每日能够收到数十份乃至上百份研究报告，普通投资者却难以获得这种高质量的专业服务，这种现象让中国证券市场上信息不对称的沟壑难以逾越。

就普通投资者主观角度而言，由于多数人缺乏专业投资的系统训练，难以形成有效的投资框架，在投资的过程中就更容易受到市场信息的扰动，误入市场投机的陷阱。选取优质证券及把握买卖时机，是证券投资获利的关键所在。但选取证券需要具备良好的行业发展眼光、企业盈利估算、财务数据分析等专业能力；把握买卖时机需要良好的市场经验、风险分析能力以及战胜人性的贪婪与恐惧。然而，这些条件并不是普通投资者在朝夕之间即可掌握的。普通投资者作为证券市场的弱势群体，亟待专业的普惠金融服务。

7.7.2 "聪明的贝塔"融合移动互联网

"互联网+"行动计划在2015年3月的中国政府工作报告中提出，给包括金融业在内的许多产业带来了创新融合的机会。嘉实基金作为"老十家"公募基金公司之一，已有17年的专业资产管理经验，深谙为持有人追求稳健回报之道。2014年年底，嘉实基金通过下设的金贝塔网络金融科技（深圳）有限公司，开发了国内首个基于"聪明的贝塔"（Smart Beta）策略的互联网证券平台。通过金融工具与移动互联网的融合创新，金贝塔致力于打破市场信息不对称的格局，给上亿的投资者传递专业有效的普惠金融服务。

1. "聪明的贝塔"是什么

"聪明的贝塔"在美国等发达国家市场中已有多年的发展历程。据晨星（Morningstar）数据统计，截至2015年中期，全球"聪明的贝塔"交易产品总规模已经超过4973亿美元，仅美国市场就达到了4500亿美元左右的规模。最大的单只产品iShares Russell 1000 Growth ETF的规模就超过294亿美元，以近乎侵略性的趋势冲击着传统金融产品（见图7-7）。

	2015资产规模（十亿美元）	全球市场占比	2014资产规模（十亿美元）	一年变动（百分比）	2014/6-2015/6资金流入	新增流入资金的占比	2015/6产品只数	2014/6产品只数	一年变动（百分比）
美国	450	90.5	359	25.4	84.3	23.5	153	374	16.3
欧洲	32.1	6.5	27.1	18.6	7.3	27	183	139	31.7
加拿大	7.9	1.6	7.4	6.1	1.8	24.2	124	88	40.9
亚太地区	6.9	1.4	3.4	103	3.5	102	90	71	34.3
新兴市场	0.3	0.1	0.3	-24.9	-	-	12	10	20
合计	497.3	100	397.3	25.2	96.9	19.6	844	768	25.4

数据来源：Morningstar Direct, Morningstar Research. Data as of 6/30/15.

图7-7 "聪明的贝塔"全球市场规模

"聪明的贝塔"简而言之就是基于确定规则的主动化投资。它是一种源于传统指数基金，但理念上超越前者的新型投资策略。该策略既可以通过简明有效的投资逻辑追求超额收益，又具有传统贝塔产品公开透明、纪律严谨的特点。业绩能够战胜传统指数基金、实现投资多样化和降低波动性，是"聪明的贝塔"产品得以高速发展的重要原因。

在证券投资领域中，阿尔法（α）是通过捕捉市场遗漏的信息所获得的超额收益，而贝塔（β）则是资产组合相对于整个市场暴露所获得的收益。以传统的基金领域为例，管理贝塔（β）产品的指数型基金经理如同工程师，基金的好坏源于跟踪指数的准确性；管理阿尔法（α）产品的主动型基金经理更像艺术家，有强烈的个人投资风格。由于基金产品长期围绕主动管理与被动管理两大方向开发，这两大类产品之间就存在着一个断层。选择主动管理的基金产品，其本质是选择基金管理人，因为基金管理人投研能力的发挥对产品的超额收益起到了决定性的作用；选择被动管理的基金产品，则是选择一类风格资产的波动方向，产品只能跟随指数涨跌而并没有制造超额收益的策略。

在这种格局下，投资者追求超额收益阿尔法（α）和跟随市场风格资产价格波动贝塔（β）的需求无法同时满足，形成了断层。

而"聪明的贝塔"策略则能够填补这一断层。在"聪明的贝塔"产品追求超额收益的过程中，投资者需要选择的是已经被规范化的投资策略的因子，而不是选择基金经理，排除了人性弱点的干扰；在"聪明的贝塔"产品跟随市场波动的过程中，投资者不仅能够投资到能够反映相关市场风格的证券组合，还可以借助策略因子提升收益的预期，不再是随波逐流的纯被动投资。"聪明的贝塔"将创造超额收益的阿尔法（α）策略以规范化的贝塔（β）形式"打包"，兼具了主动管理与被动管理的优点，填补了传统主动投资产品与被动投资产品之间的空缺。

正是由于"聪明的贝塔"兼备被动投资与主动投资的优势，在 2008 年金融危机之后，就成为美国投资者最为追捧的投资工具。由于市场风险偏好及固定资产收益率的降低，美国投资者希望在投资中减少人为因素的影响，于是更偏向于选择透明度高、原理简单的投资产品。这样的市场背景为"聪明的贝塔"策略兴起提供了重要的基础，并成为养老基金、保险公司等机构资金获取超额回报的来源。

截至 2015 年中期，在中国市场"聪明的贝塔"产品规模仅有 5.2 亿美元，尚处于起步阶段。在海外市场，由于市场的有效性更强，"聪明的贝塔"主要是基于因子创立，通过不同加权方式获取增强传统市场指数的风险收益比。根据晨星的统计，在美国基于"聪明的贝塔"策略成立的投资产品，主要集中在基于高分红、成长、价值这三类简单策略之中，约占整个美国"聪明的贝塔"策略管理资产规模的 70%。而在中国，基于市场的弱有效性，市场遗漏的有效信息较多，投资者依靠专业的基本面、量化模型研究能够捕捉到获得阿尔法（α）的机会，"聪明的贝塔"策略也可以实践得更加丰富。每个"聪明的贝塔"策略可以基于有效的投资思想创建，而不仅仅是一些简单的因子。例如，"一带一路"是极具中国证券市场特色的政策性投资机会。在通常情况下，普通投资者往往会以单一的持股结构跟随市场炒作，这不仅无法有效分散持仓风险，还难以覆盖投资机会整体向上的波动。而采用"聪明的贝塔"策略，则可由专业投资者依据"一带一路"这个既定的投资策略，在其中选取优质标的创建成证券投资组合，并发挥专业投资者的主观能动性，根据持仓标的估值变化进行组合调整，将"一带一路"这个"聪明的贝塔"提供给普通投资者参考。

由于"聪明的贝塔"策略能够在明确的投资策略和规范化的投资框架下运行，发挥专业投资者的选股和调仓能力，便可借助专业投资者的力量打造"聪明的贝塔"策略组合，为普通投资者击破信息不对称的环境困局与缺乏专业投资能力的主观制约，推进中国证券市场普惠金融的建设。"聪明的贝塔"策略发展到足够丰富的程度，普通投资者在执行自己的投资思想时，就可以用投资"聪明的贝塔"组合取代长期以来跟风炒作个股的行为，逐渐成为拥有专业投资理念的投资者。

金贝塔的创新，汇聚了中国证券市场专业投资者的智慧，创建优质且丰富的"聪明的贝塔"策略组合，并通过移动互联网广阔、深入、快速、便捷地共享，为1亿中国投资者提供专业的普惠金融服务。

2. 金贝塔："移动互联网"+"聪明的贝塔"

近几年随着智能手机的普及、通信网络的加速建设，移动互联网呈现爆发式增长。工业和信息化部发布的《2015年10月份通信业经济运行情况》显示，移动互联网用户达到9.5亿户，IPTV用户净增超过1千万。2015年1~10月，移动互联网用户总数净增超过7639.0万户，同比增长8.9%，总数达到9.5亿户。移动互联网用巨量的用户积累，在推进普惠金融的实施上有着得天独厚的优势。

金融产品的成立需要经过产品设计、发行、成立等诸多流程，产品的运作也需要持续投入大量资源。而金贝塔将"聪明的贝塔"以手机APP的形态打造，就具有更低成本、更简单、更快捷、更透明的优势，且能快速渗透到广大的移动互联网用户之中。金贝塔初代版本在2014年年底于iOS平台上线，2015年1月于Android平台上线，时至2016年年初，用户数已经突破300万。

手机用户在下载金贝塔APP后，进行简单、快捷的免费注册，即可获得金贝塔各种功能的使用权限。打开金贝塔APP如同打开"聪明的贝塔"展示架，APP中陈列着许多由证券分析师、专业投研人士以及民间高手创建管理的证券组合，每个组合都源于一个明确的投资思想。金贝塔用户可以在这个平台上展示自己的投资逻辑，也可以学习与跟踪其他用户创建的证券组合，获取多元化的投资策略和丰富的证券组合模型。

每一个金贝塔组合的创建，都需要经过一个明确的投资逻辑分类过程，包括给金贝塔起一个能够简单、有趣地概括投资策略的名字，并对金贝塔组合的投资策略进行清晰描述。考虑到移动互联网以80后、90后年轻群体为主，金贝塔组合在创建过程中还需设置个性化的图像封面（例如插入一张米老鼠的图片去概括迪士尼乐园主题投资），让组合的理念具有视觉元素；在完成金贝塔组合的命名与描述后，还需对投资策略进行分类（根据中国证券市场现阶段的特征，金贝塔的分类主要有"主题投资"、"事件驱动"、"量化模型驱动"、"技术分析"、"基本面选股"、"其他"六大类别）；分类完成后，创建者还需选择业绩比较基准和选取至少3只证券，方能完成金贝塔组合的初步创建并申请发布（见图7-8）。金贝塔后台会对新创建并提交发布的组合进行审核，符合明确的投资逻辑等要素的组合方能公开展示。

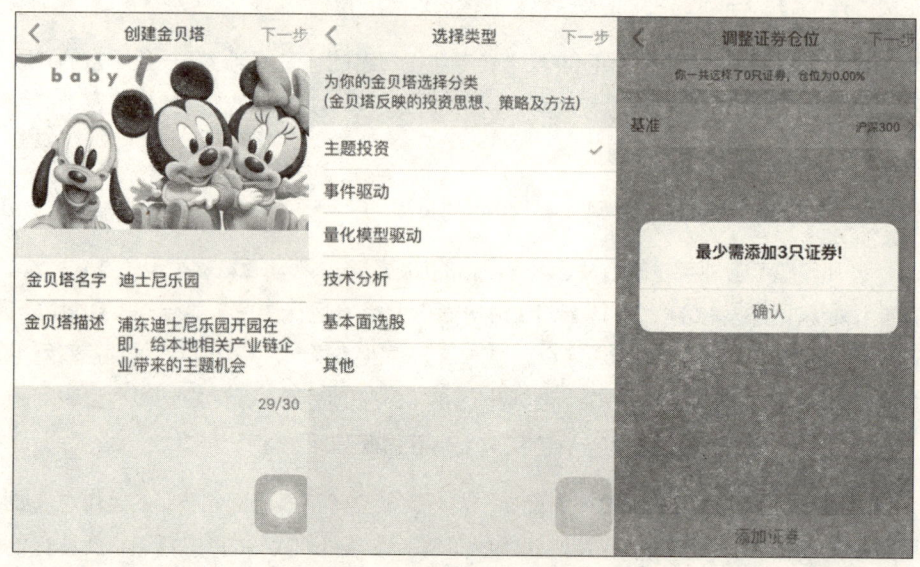

图7-8　金贝塔组合创建流程

金贝塔以严格的流程规范用户组合的创建，是为了使用户之间对"聪明的贝塔"策略的分享能够更加有效。中国证券市场有着1亿的投资者，自然有着丰富的投资策略。投资策略作为抽象的存在，在创建金贝塔组合的过程中就能够成为具体的表达。金贝塔依据投资逻辑清晰、风险收益特征鲜明的投资策略，由3～20个证券标的组成即可锁定特定领域的投资目标，以捕捉风险溢价。无论是专业的机构投资者，还是新入股市的个人投资者，只要他们有明确的投资思想，就可以以该投资思想作为产品核心理念，精选相关证券创建一个"聪明的贝塔"组合，实现投资策略的产品化。

金贝塔组合能够反映宏观经济特征和大类资产配置机会。例如，通过2015年宏观经济数据的跟踪分析，可以得出核心的投资思想是"全社会经济总量增长的相关指标在下行，对权益类资产不利"。那么，通过选取优质固定收益类证券，就能够构建一个高防御性的"聪明的贝塔"，如"杠杆债基"、"信用债（AA）"组合，将抽象的宏观经济数据转化为这些可操作的组合工具之中。金贝塔组合能够迅速捕捉证券市场政策与事件驱动性机会。以"一带一路"政策性机会为例，金贝塔在2014年年底政策发布初期，即创建了反映"一带一路"主题投资思想的"中国建造"组合，半年内捕捉到近150%的涨幅，而其时相关的"一带一路"基金产品方才发行成立；2014

年第四季度出现油价暴跌，基于看空石油的投资思想，由金贝塔用户创建了航空股组合，半年内的组合收益峰值一度超过 250%。

除了证券市场上一些常规性的投资策略，金贝塔鼓励百花齐放，让市场中所有有效的投资思想都能够充分展示与分享。金贝塔中的"大师欧奈尔"、"大师格雷厄姆"、"大师卡拉曼"等组合就是依据投资界传奇大师的核心投资思想进行量化选股构建的。"小鲜肉"、"破茧蝴蝶"组合则捕捉小市值次新股的成长性机会，在 2015 年中国证券市场的大幅波动中，都取得了数倍的涨幅表现。

在正式推出一年左右的时间，金贝塔平台上的组合数量已经突破了 2 万个，"聪明的贝塔"策略不再拘泥于金融产品的形式，而是成为一款所有投资者都能够免费使用的投资工具。伟大的作家萧伯纳曾说："如果你有一种思想，我有一种思想，彼此交换，我们每个人就有了两种思想，甚至多于两种思想。"在金贝塔平台上，在"聪明的贝塔"策略共享交流的过程中，普惠金融的实践也将以一种汇聚众智、群策群力、互利共赢的方式推进着。

7.7.3　金贝塔创新的核心价值

互联网的基因是开放、交互、平等、互助、共享的精神；证券投资的基因则是专业的投研与风险管理能力。金贝塔创新过程中致力于让这两种基因能够有效交融于一体。一方面，通过"云研究所"、"王者制造"的建设，保证平台上高度专业的证券投资水平；另一方面，结合大数据、云计算等技术进行功能创新，让用户获得前所未有的证券投资工具体验。互联网和证券投资的基因相辅相成，确保"聪明的贝塔"策略能够被更多的投资者合理运用，并提高普通投资者的投资胜率。用户能够通过金贝塔平台上"聪明的贝塔"组合逐渐吸收专业投资方法，获得顶尖证券分析师提供的服务和帮助。当中国证券市场有了更多"聪明的投资者"，市场行为会变得更加理性，优质企业能够更有效地、更稳定地获得资金并为投资者创造价值，证券市场方能够更好地为经济增长服务。

1. 云研究所：共享优质金融服务

在中国证券市场，证券分析师、私募投资精英等无疑是最为专业的群体，他们的工作主要是服务于管理百亿元以上资金的机构或是高净值客户。然而，在传统途径中，普通投资者难以得到这些专业人士的服务，或是在获取专业服务时需要付出较高的成本，而这种现象也加剧了市场的信息不对称程度。

如何让身处不同证券研究机构的投研人才能够汇聚在一起，为普通投资者提供低成本的专业服务呢？"互联网+"的创新战略，给予了金贝塔创建一个"云研究所"的机会（见图7-9）。金贝塔可以视为一座专业投资者与普通投资者进行沟通的桥梁。金贝塔以实名认证的方式引入来自各大金融机构的专业投研人士，打造成平台上的"大V"用户。将过往专业投研人员仅服务于大型资产管理机构的模式，通过移动互联网拓展到广大的普通投资者群体之中。

百名大V

来自二十余家证券公司研究所、私募公司，覆盖27个行业。
大V创建百余个组合，实现正收益组合占比72.48%，α正数占比85.32%。

万余组合

王者、大V及达人们创建了万余组合，积累了海量与投资行为相关的大数据，如组合的建立、股票调入调出、用户对组合、个股的收藏和评论等。

9位新财富第一名

共有20人上榜本届新财富，其中包括9位行业冠军。入驻大V中，曾获"新财富"、"水晶球"、"金牛奖"的分析师多达45位。

图 7-9 "云研究所"简介

事实上，在互联网去平台化的影响下，未来优秀投研人员的个人品牌价值将逐渐提升，一些优秀的研究员或民间高手越来越广泛地运用自媒体和第三方平台推广其研究成果，对市场产生了积极的意义和效果。更多具备优秀投研能力的个人和机构需要通过互联网平台去服务于市场，服务于传统渠道无法触及的长尾客户。金贝塔依托自身在金融行业的资源优势，满足了专业投研人士需要平台展示自身能力的需求，在一年的时间引入了超过100名实名认证的专业人才作为"大V"用户搭建成"云研究所"。他们来自二十几家券商研究所、优秀私募及投资咨询公司。这些认证"大V"覆盖了二级市场27个主要行业，确保在不同板块迎来市场机遇时，用户都能找到相关领域的优质组合。

这个"云研究所"中还拥有众多机构的首席分析师，更不乏"新财富"、"水晶球"、"金牛奖"最佳分析师得主。在第十三届新财富最佳分析师榜单中，在金贝塔入住的"大V"中，获得第一名的行业分析师共9位，囊括所有冠军中的1/3。通过互联网的创新，这些优秀的分析师在金贝塔通过管理自身创建的"聪明的贝塔"组合体现自身能力，不再需要通过专业冗长的研究报告形式来展现，比传统的投研服务更加透明直观，也更接地气（见图7-10）。"大V"所有的调仓都会被记录在组合之中，组合的表现直接反映成模拟收益，用户能够进行自由查阅。截至2015年11月30日，金贝塔上由"大V"建立的组合共109个，实现正收益组合占比72.48%，创建组合的绝对收益中位数达到15.65%。由"大V"创建的组合Alpha正收益占比为85.32%，超额收益的中位数为11%。

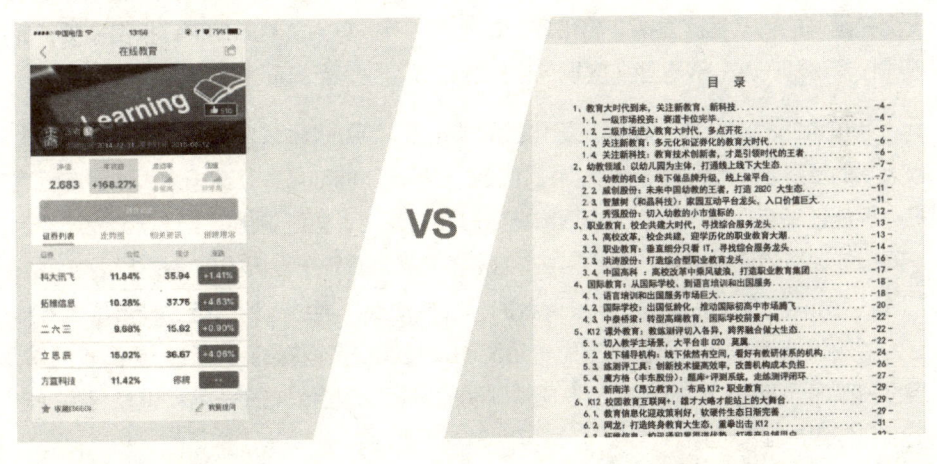

在线教育"聪明的贝塔"
简明易懂
操作性强

在线教育研究报告
专业冗长
实用性弱

图7-10 "聪明的贝塔"与"研究报告"形式对比

金贝塔团队通过分析大量用户调研数据显示，用户最喜欢的是金贝塔实名认证专业投资者构建的"聪明的贝塔"组合。这些经过严格实名认证的专业投资者，能够给用户带来信任感，这是金贝塔和其他互联网证券投资平台的本质区别所在。在这个公开、透明的平台上，专业投资者的能力一目了然，优秀的"大V"能够获得大量普通投资者的关注，提升其社会价值及市场影响力；而普通投资者也能够直接分享到专业投资者的研究成果，持续跟踪和学习，提升自身的投资水平。

2. 王者制造：量化投资的实战派

外部实名引入的"大V"可以说是金贝塔平台的强力外援，而金贝塔还有一个作为战略合作伙伴的"王者"团队。他们专注于利用量化模型创建各种领先于市场的"聪明的贝塔"组合，通过人类的智慧制定有效的投资策略，并借助量化模型筛选证券与管理持仓，使得金贝塔"王者制造"组合受到大量粉丝追捧。被视为"黑匣子"的量化投资也通过移动互联网进行普及，成为有效的实战工具。

量化投资利用大量的历史数据帮助投资者做出判断，使用电脑帮助人脑处理有效信息、分析选股、总结投资策略。量化投资最显著的优势就是高度严明的纪律性，能够克服投资过程中的人性弱点，寻找精细的投资机会。目前国内能够运用量化模型进行投资的，都是顶尖的量化专业人才。但在传统金融领域，采用量化模型进行投资的主要是对冲基金，这类产品的参与门槛多数在百万级别，并不利于投资者使用。量化投资在国内的普及程度显得曲高和寡，专业投资者以其为工具辅助进行投资决策，而普通投资者却无从驾驭这些高度规范化并能克服人性弱点的量化模型。

金贝塔的战略合作伙伴嘉实量化团队"王者"，团队领军人物是毕业于美国波士顿大学的经济学博士周静，她获得过"最佳分析师"的称号，在美国最大的资产管理机构担任过基金经理。团队会根据市场信息面的变化，通过量化模型精选出能够契合不同市场风格的证券组合，给用户丰富的投资选择。有别于业内的传统量化投资团队，"王者"团队注重灵活发挥专业投资者的主观能动性，通过人的智慧寻找市场上各种有价值的投资策略，并以量化模型进行驱动，验证投资逻辑的可行性与历史收益率。当投资策略显著有效时，将其打造成"聪明的贝塔"组合发布于王者制造栏目中，方便金贝塔用户跟踪使用。

量化投资的魅力也通过金贝塔组合进行了充分展示。"王者"团队往往能够脑洞大开地发掘一些市场从未被关注过的投资机会。以创建以来收益率最高的"破茧蝴蝶"金贝塔为例，这个通过量化模型捕捉新股上市三年后业绩爆发标的的组合，创建以来相对于中证全指的超额收益率达到了 385.70%。

截至 2015 年 11 月 30 日，"王者"团队共创建投资组合 61 个，其中 58 个股票类组合，3 个固定收益类组合。按类型划分：主题类投资组合 40 个，量化模型驱动类 14 个，事件驱动类 6 个，技术分析类 1 个。在这 61 个组合中，实现正收益组合占比 95%，组合收益平均数达到 72.89%；75% 的组合战胜比较基准，超额收益显著。其中，58 个股票类组合 2015 年平均取得 58.08% 的正收益，3 只固定收益类组合平均收益为 12.35%；75% 的组合战胜比较基准；超额收益排名前五的组合，超额收益都超过了 100%（见图 7-11）。由于"王者"团队创建的"聪明的贝塔"组合表现突出，在 2015 年中期已应客户要求，发行了以相关量化模型为投资策略的私募产品。

金贝塔	创建时间	创建以来收益	业绩基准	超额收益
破茧蝴蝶	20130104	479.60%	中证全指	385.70%
小鲜肉	20140901	270.00%	中小板综	189.80%
高管增持	20130104	270.00%	中证全指	128.10%
大数据	20141128	169.10%	中证全指	127.50%
在线教育	20141231	153.45%	中证全指	125.10%

数据来源：金贝塔；截止日期：2015年11月30日

图 7-11　王者制造收益率前五组合

3. 功能创新：满足用户需求痛点

有了优质的证券组合和专业的投研队伍，金贝塔在产品创新上不断推出能够进一步优化用户使用体验的功能。以金贝塔 iOS 版本为例，2014 年年底至 2016 年 2 月 1 日期间，共计更新了 17 次，实现了实时调仓、实盘交易、股票圈、一键买入、股票标签等多种创新功能。

个人投资者在证券投资过程中遇到的疑难，可以大致总结为：不知道如何选择证券、不知道什么时机买入与卖出证券。这恰恰也是 1 亿中国投资者的需求痛点。由于每个依据"聪明的贝塔"策略打造的金贝塔组合，都有着简明扼要的投资理念，并且投资理念还能够通过智能搜索工具进行检索，当投资者有一个初步的投资想法，却又不知道应当选择哪些证券时，就可以搜索投资想法中的关键字，找到所有契合自己思路的金贝塔组合。金贝塔组合同时具有证券投资组合策略的特性，相比于个券投资，能够起到较好的分散风险作用。这样，投资者就可以迅速获得一个能够承载自己投资理念的证券组合，不知道如何选择证券的问题也得以解决。

当投资者找到一个契合自身投资理念的证券组合后，如何选择证券买卖时机又成为一大难题。金贝塔开发了调仓实时推送功能，投资者只需点击收藏金贝塔组合，当金贝塔组合的专业管理人做出了调仓的举措时，包括调仓品种、调仓比例等重要信息都会实时通过移动互联网推送给投资者。投资者得以第一时间获得专业人士判断的证券买卖时机，解决了不知道何时买卖证券的重大困扰。金贝塔投资思想实现的流程参见图 7-12。

| 搜索思想 | 收藏组合 | 调仓推送 |

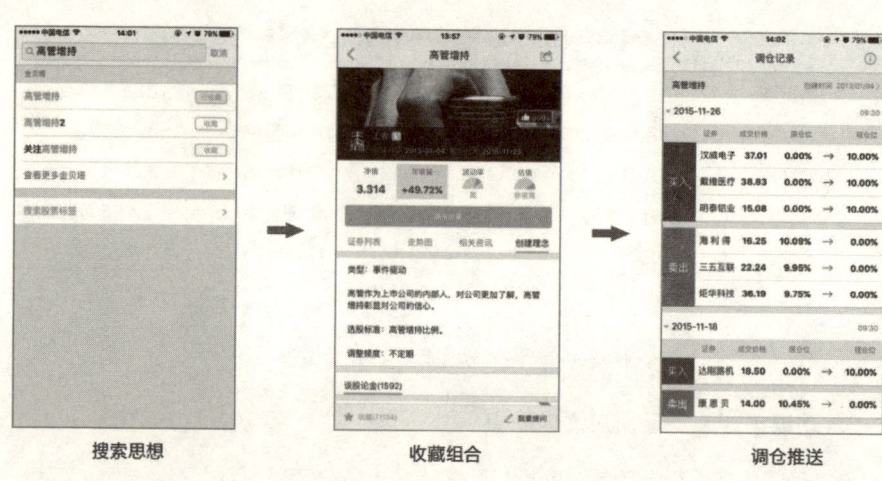

图 7-12　金贝塔投资思想实现流程

通过股票圈进行社交，专业投资者"大V"与普通用户之间就有了直接对话的渠道。平时普通投资者没有机会接触的明星分析师、私募高手，都能够在金贝塔上与其进行深入且简捷的一对一交流。金贝塔组合管理人可以随时发布自己的投资观点，金贝塔用户也可以随时提问。在这种专业的社交氛围中，投资者可以明白自己买卖组合证券的理由是什么，做到投资心中有底；也可以通过与专业投资者不断地交流学习，提升自身的投资水平。优秀的专业投资者能够打破时间、空间的限制，通过移动互联网社交服务到更多的个人投资者，将自身的研究成果分享给更多人，从而提升自身的社会价值。

与各大券商合作，开放金贝塔的实盘交易，则是将金贝塔整个"聪明的贝塔"专业服务体系落到实处。考虑到金贝塔每个"聪明的贝塔"组合均由3只以上证券构成，金贝塔开发了"一键交易"功能，投资者能够一键完成一个"聪明的贝塔"组合中所有持仓证券的调仓操作。这个功能创新，意味着投资者能够轻松完成从买卖个股到一键完成组合投资的跨越，对"聪明的贝塔"策略的践行有着重要的意义。投资者能够通过长期使用"聪明的贝塔"工具，从持有结构单一个股的传统模式中抽离出来，逐步掌握证券组合投资的专业方法。

第 8 章
Chapter Eight

"互联网+普惠金融"的技术设施

8.1 阿里金融云

8.1.1 普惠金融创新从 IT 赋能开始

1. 互联网金融和云计算

从技术层面来看，基于互联网渠道的金融业务的主要特点包括：

（1）更高的并发量。在同一时间或很短的时间段内，和基于传统渠道相比，用户请求数会增加一个或几个数量级。

（2）更大的交易量。在相同的业务处理周期内，和基于传统渠道相比，交易量会增加一个或几个数量级。

（3）更强的安全性要求。由于交易完全基于 Internet 且由用户自助完成，和基于传统渠道相比，会有更强的安全性要求。

（4）基于移动渠道的交易占比逐渐上升。随着移动互联网的发展，基于移动渠道的互联网金融交易占比会越来越高。

（5）更高的开放性。业务需要面向更广泛的人群，对接的合作方也更加多样化。

基于互联网金融业务的特点，建议其技术架构基于云计算框架。和其他行业的云计算相比，互联网金融的云计算具有以下特点：

（1）对云服务更高的可用性和可靠性要求，实现服务随时随地可用。

（2）对基础设施更好的可扩展性要求，平滑应对交易的波峰波谷。

（3）对数据全生命周期更严格的防护，确保云服务使用者数据的安全。

（4）对移动端技术的全面支持，确保和其他框架的良好集成。

2. 云服务

在互联网金融云计算场景下，云服务的模式主要包括 IaaS、PaaS、SaaS、DaaS 四种。

（1）基础设施即服务（IaaS）。IaaS 提供了最底层、最原子的云服务，用户可以通过控制台或 API 等自服务，去触达、监控、管理云服务提供者在数据中心的各种基础设施，例如虚拟机、负载均衡服务就属于典型的 IaaS。

（2）平台即服务（PaaS）。PaaS 提供应用框架、中间件及相应的部署和管控等能力，帮助用户基于这些平台服务构建高可靠、高可用、可水平扩展的应用，同时 PaaS 还提供代码管理、编译打包、发布部署、持续集成和持续交付等开发运维一体化服务。

（3）软件即服务（SaaS）。SaaS 通常是用户可直接触达的服务，一般基于 IaaS 和 PaaS 平台构建，具备一定的业务含义。SaaS 的种类非常多，通常和特定行业的特定场景相关。对于互联网金融而言，很多典型的应用场景，例如直销银行、互联网保险平台等都可以用 SaaS 的方式对外提供服务。

（4）数据即服务（DaaS）。DaaS 是一种特殊的 SaaS，为用户提供数据传输、清洗、分析等服务，从而以数据服务更好地支撑用户的业务决策。

3. 架构需求

（1）基础架构向开放弹性发展：互联网金融云计算的基础架构应该是基于标准化的、规范的开放体系，而非绑定某个特定的云服务提供者。除此之外，基础架构还应具备高效灵活的弹性能力，能基于不同的云服务提供者，做到灵活切换和混合弹性。

（2）数据驱动业务架构变革：互联网金融云计算平台应该能够以更低的成本沉淀超大规模的数据，并能进行高效的大数据分析，使大数据成为对业务具备指导价值的生产资料。DaaS 需要帮助用户以更低价格、更高效率，精准地使用大数据，从而更好地支撑金融业务的决策及架构的变革。

（3）业务向平台化发展：业务平台化的能力，也是将业务 SaaS 化的能力。SaaS 化的业务能具备更加通用、更加抽象、更易重用等特性，能够使得用户像搭积木一样地进行业务开发，以支持敏捷的业务创新。

（4）开发运维融合：对业务的快速交付及对创新的快速试错能力，也是支持业务敏捷创新的重要保障。智能高效的研发运维一体化体系，是实现业务快速交付及创新快速试错的强大助推器。

（5）业务连续性保障能力：对互联网金融来说，云计算平台的业务连续性保障能力是重中之重。从云计算平台的技术层面来看，业务连续性保障能力主要是指技术上应对各种风险的能力，包括架构层面的高可用性、应用程序的健壮性、运维层面的操作风险规避等。

（6）安全控制：在云计算平台的架构层面确保端到端的安全，同时对用户数据的全生命周期进行严格管控。

4. 阿里金融云

阿里金融云是与公有云完全独立的金融行业云，在安全性、服务可用性和数据可靠性等方面做出了大幅增强，按照中国人民银行和中国银监会的监管标准建设，服务于银行、证券、保险、基金等金融机构。

金融云建设和管理参照的行业标准有：《金融业信息系统机房动力系统测评规范》、《金融行业信息系统信息安全等级保护测评指南》、《银行业信息系统灾难恢复管理规范》、《网上银行系统信息安全通用规范》、《商业银行业务连续性监管指引》、《银行业金融机构信息科技外包风险监管指引》、《保险信息安全风险评估指标体系规范》、《保险公司信息系统安全管理指引（试行）》、《证券公司网上证券信息系统技术指引》、《证券期货业信息系统安全等级保护测评要求》等。

简单来说，金融云为用户供了如下服务：

（1）基础设施和网络，例如物理机房、供电、消防、安防、交换机、路由器、BGP网络等。目前金融云有5个物理机房，分别是租用或自建的高等级机房；BGP网络是租用各运营商骨干链路的优质网络。

（2）软件服务。在飞天基础上的弹性计算、存储、中间件、大数据和安全等几大类软件服务，每类服务又包含若干个云产品，例如ECS、SLB、RDS等。云服务是阿里自身运行多年的成熟组件和技术，已经经过长时间的、海量并发的性能和稳定性验证。随着条件成熟以及技术发展，云服务也会持续丰富和更新。

（3）基础运维，包含硬件、网络和云服务等的正常运行、故障监控和恢复、应急处理、版本升级等。阿里云有成熟的大规模运维实践技术和规程，来保证稳定和安全的云计算平台。

（4）数据服务，例如股票实时行情数据接口（由恒生电子基于阿里金融云提供）、芝麻信用、防欺诈、数据实验室等。从以上可知，云计算本质是进一步的专业化分工。传统上需要用户关注的五层架构为：基础设施、基础网络、操作系统、数据库、应用。在云上，只需要把时间、精力放到最顶层的应用系统即可，这部分才跟自己的业务相关，其他都交给阿里云。

金融云与公有云的差异细节非常多，大体来说有以下四个方面：

（1）安全和合规，例如防DDoS的免费清洗能力是20Gbps、监管合规等。

（2）高可用性和高可靠性，提供更高的服务承诺（SLA）；默认同城容灾、可选两地三中心等。金融云在杭州、青岛、深圳三个地域，共提供五个数据中心（机房），以满足服务冗余、数据同步及备份等要求。

（3）金融行业的特色服务，例如快捷支付、芝麻信用、行情源等服务。

（4）符合金融行业的多样部署模式，支持公有云、行业云、私有云、混合云四种模式。

5. 金融云为企业节省超过 70% 的创新成本

云计算把所有计算、存储能力集中在一起，大大降低了创新成本（见表8-1）。阿里研究院发布的一份报告指出，从计算成本来看，基于云计算的创新创业将降低70%成本，创新效率提升300%。

表 8-1　阿里金融云降低创新成本的途径

	人力成本	IT 成本	营销成本	办公场地成本	其他成本	成本总计
成本权重	30%	30%	20%	15%	5%	100%
降低成本	80%	73%	60%	65%	50%	70.15%
作用途径	1. 阿里云帮助企业可减少大量的用工数量（IT运维人员、管理人员）； 2. 阿里云减少了创新时间并提升了创新效率，使得创新中的人力投入时间和数量都大幅减少； 3. 企业在创新人数投入减少的情况下，可适当地增加激励，减少创新人员流失	1. 阿里云帮助企业大幅降低IT构建成本，企业无须再购买昂贵的软硬件设备； 2. 降低企业IT系统的运维成本	1. 阿里云生态为企业的新技术、新产品和新服务提供了平台资源、渠道资源和数据分析支撑等服务，减少了企业新产品大量的宣传成本、产品升级成本和用户养成成本； 2. 减少了新产品、新技术、新服务的市场投放时间和用户反馈时间，更好地提升了营销效果	1. 无须自建IT系统，减少了硬件设施用地； 2. 在线协同办公，节省了相应的办公成本； 3. 创新效率的提升和转化率的增强也使创新的周期缩短，相应的办公成本投入周期缩短；	企业通过使用阿里云上的产品和服务降低创新中资源调度、管理协调、会议沟通等成本。例如，企业使用钉钉，可免费使用钉盘、钉邮、企业通讯录、电话会议等	

（数据来源：赛迪智库 &IDC）

6. 让中小平台拥有银行级的稳健 IT

金融对云计算平台的要求非常苛刻，服务金融行业的技术应该具备相当高的可靠性，以及针对业务和数据的安全性。阿里金融云按照中国人民银行和中国银监会的监管标准建设，让中小平台也能拥有银行级的稳健IT。

1）阿里云安全吗

安全是相对的，也是动态的，所以要有专业的安全团队和强大的数据支撑，才能实现真正的安全效果。下面从互联网安全、运维安全、数据安全、安全认证四个维度进行简要分析。

（1）互联网安全：

①阿里云认为安全是云计算首先应该解决的问题，并提供全纵深的体系解决方案，这与其他云在安全定位上有根本不同。

②阿里云提供的所有安全服务统称云盾，免费服务包含防DDoS（金融云20Gbps清洗能力）、Web后门、防暴力破解、WAF、SQL注入、Web扫描、安全态势感知等；收费服务包含高防、渗透测试、专家服务、防欺诈等。

③安全不是把设备部署在自己机房就能实现的，也不能通过购买设备而获得，阿里有强大的安全团队和实时对抗/防护能力。

（2）运维安全：

阿里内部有严格的开发和运维规范、分权管理和行为审计体系，不但应用于阿里自己，也应用于云用户，从而保证内部人员看不到用户的数据。

（3）数据安全：

①客户始终是数据的拥有者和使用者，阿里无权以任何方式窥探/使用客户业务数据。窥探数据是违反商业道德和法律的行为，也是一家云计算厂商的基本底线，并在相关合同条款进行约定。

②阿里云遵循"生产数据不出生产集群"的安全策略，覆盖从数据存储、数据访问、数据传输到数据销毁等多个环节的数据安全控制要求，并有严格的防范和审计措施。

③完善的数据备份和异地容灾措施。

④云计算的核心是信任，客户数据的安全也关系到阿里云的信誉和生命。

⑤重要数据采用加密或脱敏等技术手段处理。

（4）安全认证：

阿里云获得了多项国际和国内权威机构的安全认证，例如云安全国际认证（CSA-STAR）、ISO 27001、公安部等保三级、工业和信息化部可信云认证等。

综上所述，阿里是把多年的安全积累和实时防护能力通过云计算的方式输出，来使用户具有与阿里同样的安全能力。对金融企业来讲，在阿里云上的实际安全防护效果要比自己建设更有效。

2）如何制定互联网金融云平台容灾方案

对于金融行业来说，健全的灾备模式非常重要，关乎企业的生死。在互联网金融业务中，确保核心系统业务连续性，避免传统 IT 单点故障导致业务不可用也处于至关重要的地位。任何风险不可能百分百地被消除，只能通过有效手段把它们控制在可接受范围内。

金融云的容灾方案，默认具备同城双活特性，机房级别的故障自动秒级切换，异地灾备实现分钟级切换。这套容灾方案已经过数年"双十一"的技术演练。下面简要分析金融云容灾方案。

（1）多地域/多机房是可用性和容灾的有效手段。金融云目前在 3 个地域共有 5 个高规格金融级别的物理机房。

（2）网络容灾。云机房内的所有网络设备和线路都配备冗余方案，故障或更换设备只是闪断；BGP 多线优质网络，云机房出口先接入阿里自建高容灾网络，再接入各运营商，从而做到多线路容灾。

（3）双路供电、UPS 配备和冗余制冷等设施。

由上可知，金融云在基础设施方面有完备的容灾方案，同时在云平台层面默认同城容灾，可选两地三中心，在可用性和数据灾备方面已经把风险降到最低。

7. 让 IT 成为企业的"利润中心"

很长一段时间包括现在，多数金融机构对 IT 部门的要求都只是"不出问题"。IT 团队/IT 架构是成本中心，每年支出多少钱，清楚地显示在金融机构财务报表上，而 IT 团队/IT 架构对于行业的价值难以核算。价格高昂的传统 IOE 集中式架构和设备是导致 IT 成为金融机构"成本中心"的主要原因。

但传统的 IOE 集中式架构并无"原罪"，是特定历史背景下的理性选择。但移动互联技术能够触达海量客户，分布式的 IT 架构更适应海量、小额、高频的交易特点，银行、证券、保险 IT 系统上云、引入分布式计算架构越来越成为行业共识。

互联网金融的快速发展倒逼银行等传统金融机构的 IT 必须转型，关键需求是降低使用成本、提高计算弹性。在金融云推出后的两年运作中，通过与各类型金融机构的长期接触，阿里金融云提出适合银行、证券、保险等的不同技术升级路径，帮助传统金融机构实现互联网 + 普惠金融开展所需的技术储备和升级。本文摘选部分典型架构，进一步说明如何基于金融云部署具体业务。

268 | 互联网+普惠金融：理论与实践

银行业作为信息化程度最高的行业，也是对IT系统依赖度最高的行业，所以其对IT系统的高可用性要求也最高。但互联网金融的快速发展倒逼银行IT必须转型，关键需求是降低使用成本、提高计算弹性。"双引擎驱动，混合云部署"的银行技术升级路径如图8-1所示。

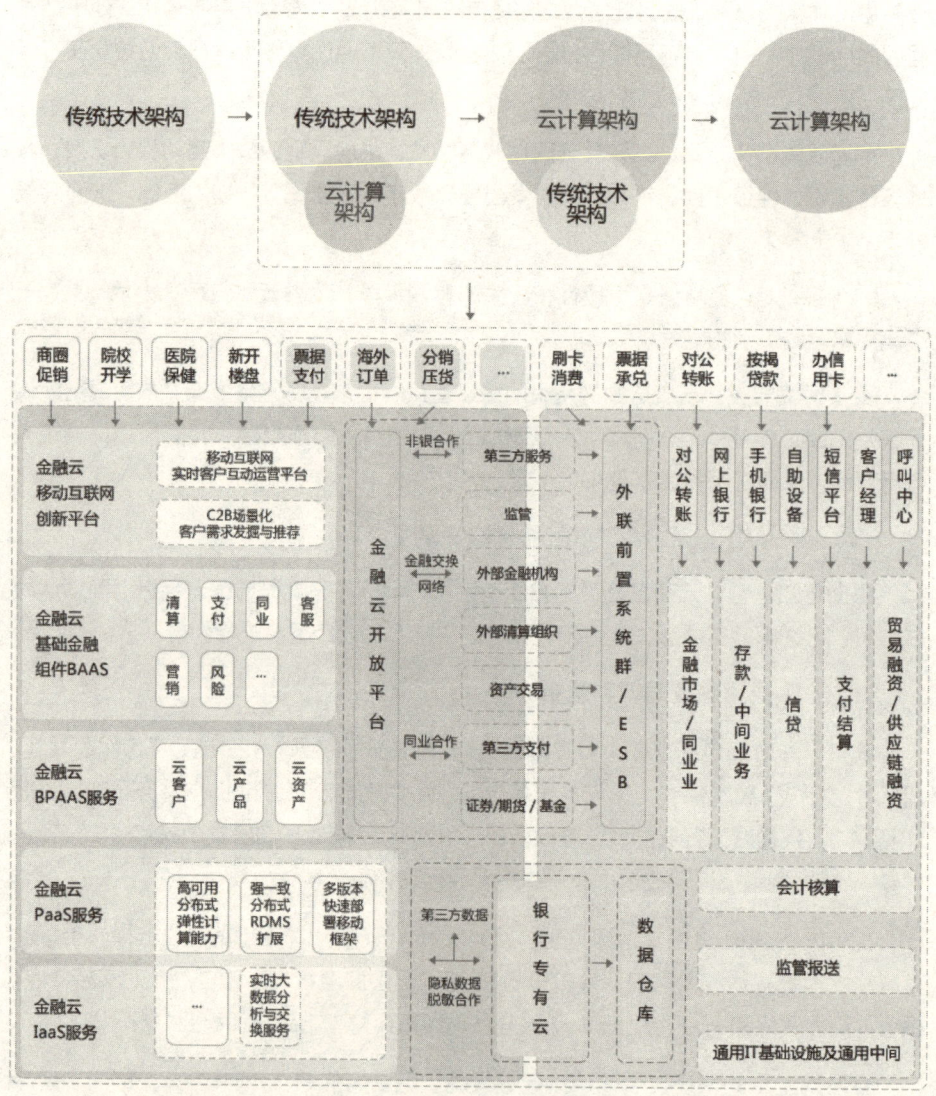

图8-1 "双引擎驱动，混合云部署"的银行技术升级路径

"双引擎驱动，混合云部署"方案的四大要点：

（1）现有业务继续按照现有模式运营，确保现有业务平稳运营。

（2）构建面向移动互联网、自动弹性扩展、持续高可用、大数据实时分析管理的直销银行核心（第2核心）支持创新业务的运营。由于云计算技术具备横向扩展的能力，所以第2核心的起始投资规模将远远低于传统技术平台的投入。随着创新业务的业务量不断增加，有序扩容第2核心的资源规模，逐步释放云计算对创新业务的强大驱动力。

（3）构建同构的混合云大数据交换枢纽，使用高效的大数据分析工具支持银行全面提升数字化运营能力（包括现有核心的业务运营）。

（4）根据整体运营情况分析，逐步减少不可持续发展业务的投入，通过3~5年的自然淘汰（现有IT设备的逐年折旧），整体IT技术平滑升级过渡到分布式云架构平台上。

由于和阿里生态的合作，阿里的场景、引流、转化成为保险公司的新的渠道，包括天猫保险旗舰店、娱乐宝、招财宝、蚂蚁车险平台、蚂蚁健康平台等。如何快速接入、如何对接已有的数据中心、如何应对爆炸式业务量、如何减少对后台核心系统的压力、如何减少耦合度，这些都将成为IT面临的问题。

流量爆炸式增长，保险旗舰店大促峰值时的实时交易并发量会超过1万，交易额分分钟上亿元，如何应对？

招财宝对接压力集中在投保文件批量入库、收益计算、期满退保付款上，集中依赖核心系统；按日收益计算有别于传统核心系统的按月收益计算，计算量、计算压力会逐日增加，如何应对？

核心系统压力大，繁杂的夜间批处理和常规运维已经负载过重，新的批量数据或者实时高并发有可能成为最后一根稻草，如何应对？

核心系统的并发能力是数百，难以支撑千计万计的高并发大流量，如何应对？

核心系统容错性较差，批量数据处理易整体出错，运维复杂，错误定位修复成本高，如何应对？

C端客户对于收益的错误和延时是零容忍，如何应对？

电子保单的生成需在合规的时间内（48小时）完成并对外提供查询，如何应对？

云上分布式架构能轻而易举地化解这些问题（见图8-2）。

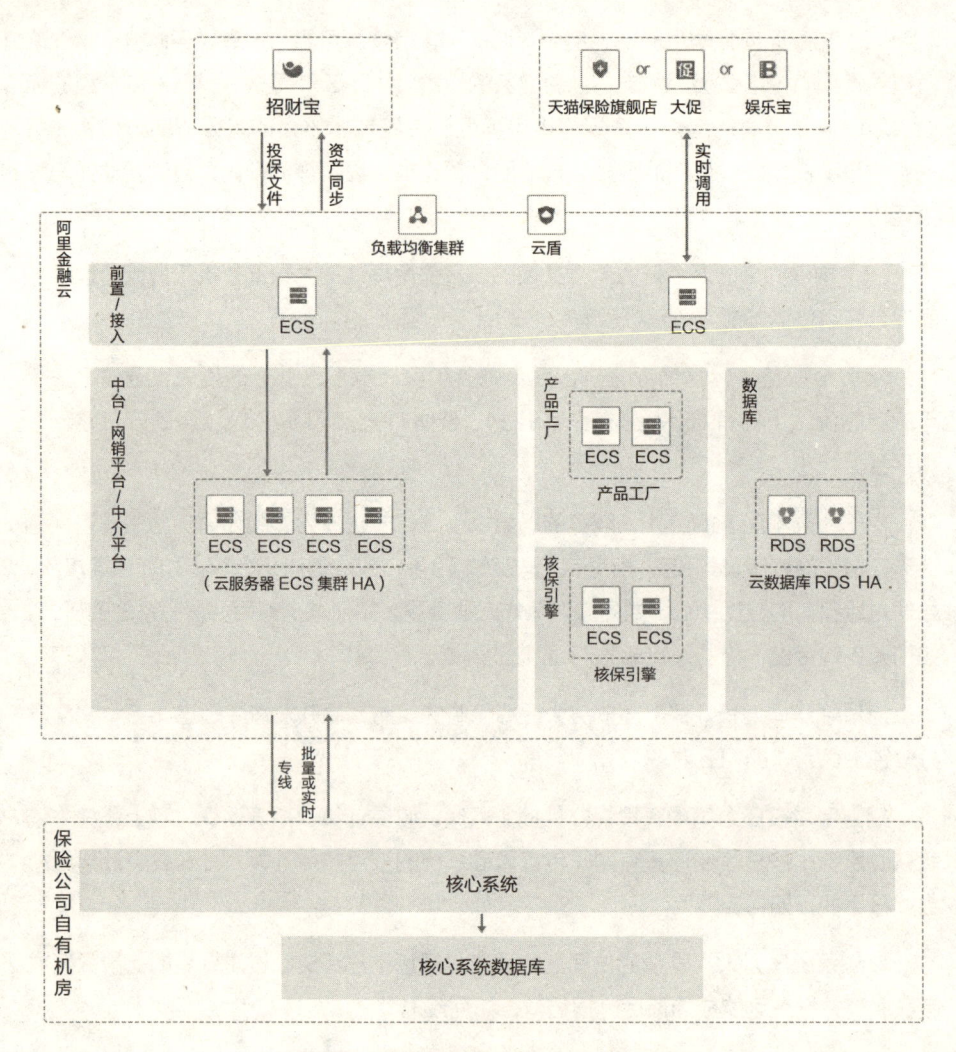

图 8-2　阿里系渠道接入云上架构部署

部署架构描述：

（1）核心功能分散在前后端，计算压力相应分散。

（2）前后耦合度较低，有效屏蔽相互影响，运维简化。

（3）前端胖后端瘦，前端扩展容易。

（4）前端部署在金融云上，可以弹性扩展。

（5）根据互联网业务特点，大促前期水平扩展金融云上的资源。

8. 普惠金融的未来在数据世界

阿里云是全球领先的云计算技术和服务提供商。目前，阿里云作为支撑阿里巴巴电商、金融、物流、移动、数娱、健康等业务高速发展的重要基石，将强大的普适计算能力开放分享给全社会，为所有拥抱创新的组织与个人赋能，计算经济独有的商业模式让梦想人人可及。当前，"互联网+"已成为各产业发展的主要趋势，产业技术、社会经济、政策环境皆从IT转向DT，数据是创新创业最重要的生产资料，在供需高效匹配、产业互联网升级、社会化降本增值、商业模式创新、跨界竞合中正在起到关键而深入的作用。要基于已有业务模式产生商业创新增值，唯有依托公共云计算，实现在线全息大数据的实时使用，跨企业、跨地域、跨行业的数据"存通用"（共存、互通、共用）是关键。阿里云的定位是"打造社会未来的商业基础设施"，在DT经济时代，大数据日趋成为必不可少又随处可见的生产要素，只有通过云计算才能实现普惠商业价值。

在金融行业，互联网和大数据打破了信息不对称和物理区域壁垒，以蚂蚁微贷为代表的电商网络贷款，以及P2P、众筹等互联网金融业态，真正将目标客群落在难以被传统金融机构覆盖的小微企业和个体工商户身上。其中，蚂蚁微贷挖掘阿里巴巴B2B、淘宝、天猫平台上网络商户的信用和行为数据，提供小额贷款服务。其部分信贷产品，如淘宝订单贷款，自动生成客户的信用评分和可授予的信用额度，贷款申请和管理全过程在互联网上完成，具有"3-1-0"特征：3分钟完成在线申请；1秒钟获贷；0人工干预，整个流程实现全自动。传统信贷模式下单笔信贷操作成本可能高达2000元，而针对淘宝卖家的信用贷款单笔成本则低至2元多。

8.1.2 普惠金融的典型实践：从金融上云到云上金融

1. 天弘基金：在"云"上缔造万亿元神话

"余额宝"是互联网金融的一个典型案例，是天弘基金与支付宝在基金支付领域的一个创新。余额宝同时也是第一个使用云计算支撑基金直销和清算系统的成功案例。

余额宝2013年6月上线之初，起初后台系统采用的是传统IOE架构，但随着余额宝用户数余飙升，交易量激增，传统架构面临更新换代的需求。余额宝在当时已经没有其他退路，只能选择往前走——上云！于是在2013年9月，余额宝团队果断地决定迁上金融云，开创性地做了直销TA功能整合的业务设计，空前地实现了基于云计算去IOE化的技术突破。上云之后的余额宝二期，相比之前的余额宝一期，支持用户数从千万级提升为亿级，每秒并发处理能力从数百笔每秒提升至数千笔每秒，支持订单峰值从不超过千万笔提升为数亿笔，清算时间从 8 小时降低至 3 小时以内。在金融云上的两次实际灾备演练丢单率为零；服务可用性达 99.99%；运行期间的数据可靠性达 100%。"余额宝"为超过 3000 万的互联网用户提供了货币基金理财服务，基于云计算的基金清算系统每天可以处理超过 3 亿笔的交易数据。"余额宝"在业务模式和技术架构上的创新，对金融行业产生了巨大反响，成为互联网金融的标杆案例。

天弘基金副总经理周晓明说，"基于阿里云平台，我们在几小时内就搭建了系统所需要的云计算生产环境。余额宝在 9 月 26 日上云后，清算效果非常好，只需 30 分钟就完成了之前要 8 小时才能完成的清算工作。如果我们自己搭建这样规模的生产环境，需要数千万元的投入，但放在阿里云只需要很少的投入就可以了"。天弘基金云上架构如图 8-3 所示。

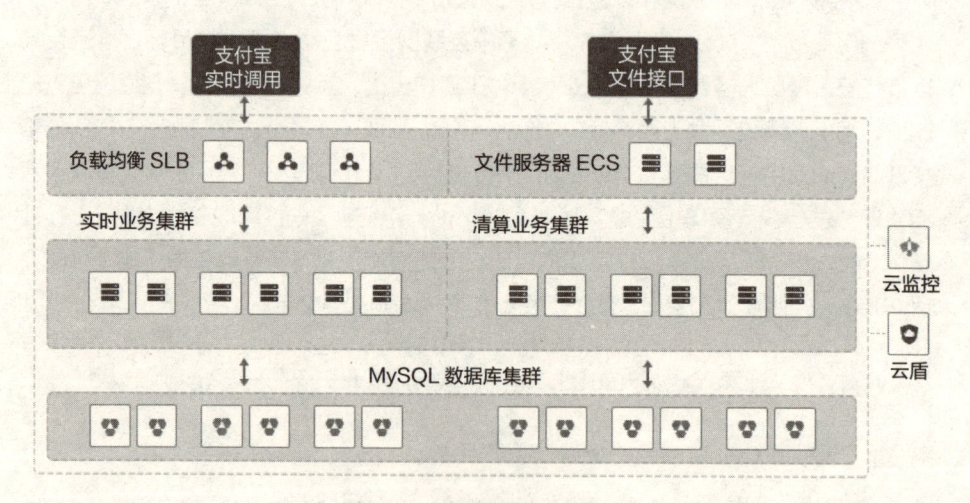

图 8-3　天弘基金云上架构

云计算为互联网金融插上翅膀。余额宝项目在阿里云计算平台的成功实践，可极大地降低当前基金行业的 IT 投入成本，高安全性、高灵活性的弹性计算为公司节省了数千万元的 IT 投入，真正实现了社会效益和经济效益的双丰收，同时可以让基金公司更专注于提高产品创新、服务创新的能力。天弘基金云直销系统与支付宝系统的无缝对接，对拓展电商入口的产品创新、服务创新提供了样本，给用户带来了更为快速便捷的体验。

2. 众安保险：先行者，国内首家运用云计算的保险公司

众安保险于 2014 年 11 月 6 日宣布开业，互联网保险的大幕正式拉开。众安保险是国内首家互联网保险公司，也是第一家将全部业务系统搬上云计算平台的金融企业。众安保险在开业前仅花了 5 个月的时间就实现了两地三中心的容灾部署。作为马云、马化腾、马明哲共同创建的"三马"保险公司，众安保险是互联网金融大潮中的标志性企业，也是互联网保险业务创新的先锋。

得益于云计算弹性可拓展的特点，众安保险能够以轻资产的 IT 模式应对业务的爆发性增长。2014 年，众安保险护航"双十一"当天保单数超过 1.5 亿，当天保费规模过 1 亿元。这意味着，平均每分钟需要处理 9.7 万个保单，这是对众安保险数据处理及服务能力的一次综合检验。众安保险完成了一次"超体式"的业务爆发性增长考验，被业内传为佳话。

众安保险创造了 2015 年"双十一"当天保单总数 2 亿张的惊人数字，其全年的保单量更是超过 10 亿单，可能占到整个保险行业的 1/3，但 IT 成本投入只有几百万元。据业内人士估算，2015 年全年其他保险公司的保单总和为 20 亿～30 亿笔，对应的 IT 投资则高达百亿元。

在通常情况下，中小型保险公司核心系统的日均支持保单量在 10 万件以内，较普遍的是 1~3 万件；大中型保险公司大约在几十万量级，不超过百万件。而"双十一"当日处理上亿件保单规模，相当于一般中小型公司的千倍以上。在传统模式下，这是难以想象的速度与量级。

而众安保险则可以像用电一样灵活增减计算资源。据介绍，众安保险核心业务系统采用的是分布式设计架构，并借鉴阿里巴巴的中间件技术，其应用、中间件、数据库均可水平扩展。理论上可以无限扩展性能，一旦实时监控到业务处理瓶颈，可以做到分钟级扩展一台新的服务器，快速投入到业务处理中。

低廉的 IT 成本使得众安保险可以承接平均金额仅为 0.5～0.6 元的退运险保单，从而保证了在保险场景碎片化、保单金额低价化、购买频率高频化的互联网保险场景下，能够自如地设计产品商业模式。

众安保险云上架构如图 8-4 所示。

众安保险

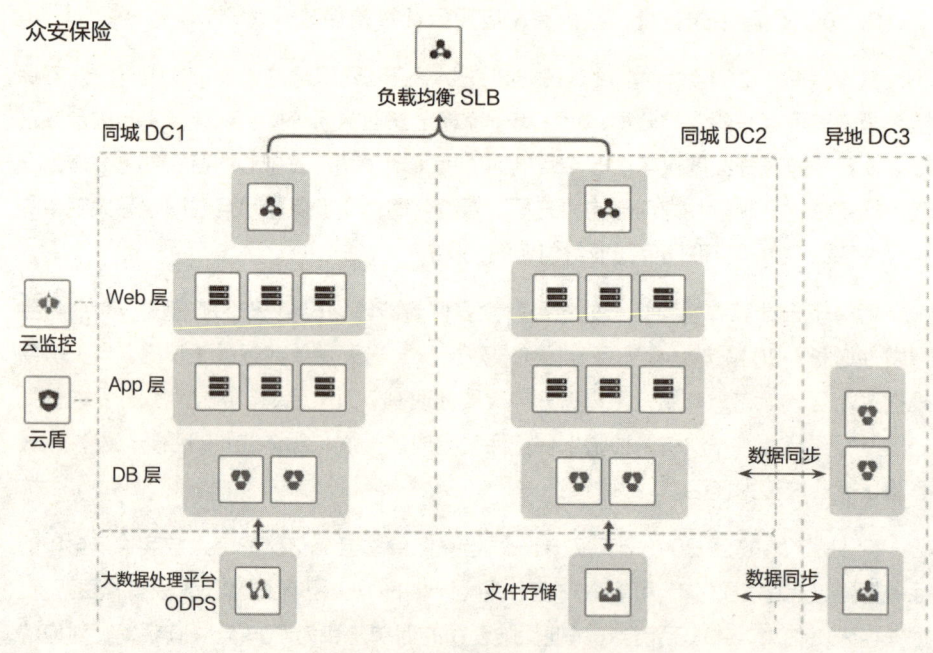

[图示: 众安保险云上架构，包含同城DC1、同城DC2、异地DC3，负载均衡SLB，Web层、App层、DB层，云监控、云盾，大数据处理平台ODPS、文件存储，数据同步]

图 8-4 众安保险云上架构

众安保险将全部核心业务系统上云，包括渠道接入平台、保单处理系统、电子保单系统、财务系统、B2C 系统、官方系统、清算结算系统、商业智能分析系统、OA 系统、IT 监控管理系统、IT 运维服务系统等各种系统，并且还在不断地进行扩展。核心系统通过两地三中心的部署实现高可用性和容灾的管理，并通过生产环境、预生产/性能测试环境、UAT 测试环境、开发和集成测试环境的部署实现全生命周期的开发和运行管理。清算结算系统及商业智能分析系统使用 ODPS 大数据处理平台实现数据驱动业务，让众安真正进入了 DT 时代。

整个架构实现了全面的安全防护和管理，通过全面的日志可以进行行为审计和追溯，通过系统的备份和容灾功能简化了数据备份和恢复的工作；通过云监控及各服务对应的管理控制台，实时地对云平台资源进行监控和管理；通过云计算的弹性部署能力，实现对业务快速增长的支持。

3. 网商银行：中国第一家完全跑在"云"上的银行

浙江网商银行是中国第一家完全跑在"云"上的银行。网商银行系统由蚂蚁金服专家团队自主研发，将最先进的核心银行系统思想与互联网金融理念相结合，采用全分布式的金融架构，完全基于蚂蚁金服和阿里云自主研发的金融云计算平台、移动互

第8章 "互联网+普惠金融"的技术设施

联平台、金融大数据平台和 OceanBase 数据库开发。在不到半年的时间内，通过蚂蚁金融云技术成功地自主研发了网商银行系统，充分证明蚂蚁金融云具备高度的业务扩展性，足以支撑银行核心级别的复杂金融级业务。

通过大量采用云计算和互联网技术，网商银行具备了技术上的优势，而这些优势则带来更好的用户价值。如因为更低的 IT 成本，网商银行的账户管理成本一年低于 1 元，远低于传统银行模式的 50 元，因此带给客户的直接好处就是免收年费。

云上银行不依赖物理网点，突破网点辐射范围限制，让偏远地区的用户也可以获得金融服务，实现普惠金融，同时大幅降低网点和人工成本。其业务特色是 7×24 小时随时在线，小额频发，促销等突发流量要求的弹性服务能力；基于数据的运营模式，利用数据模型识别和评估借款人的风险。

网商银行云上架构如图 8-5 所示。

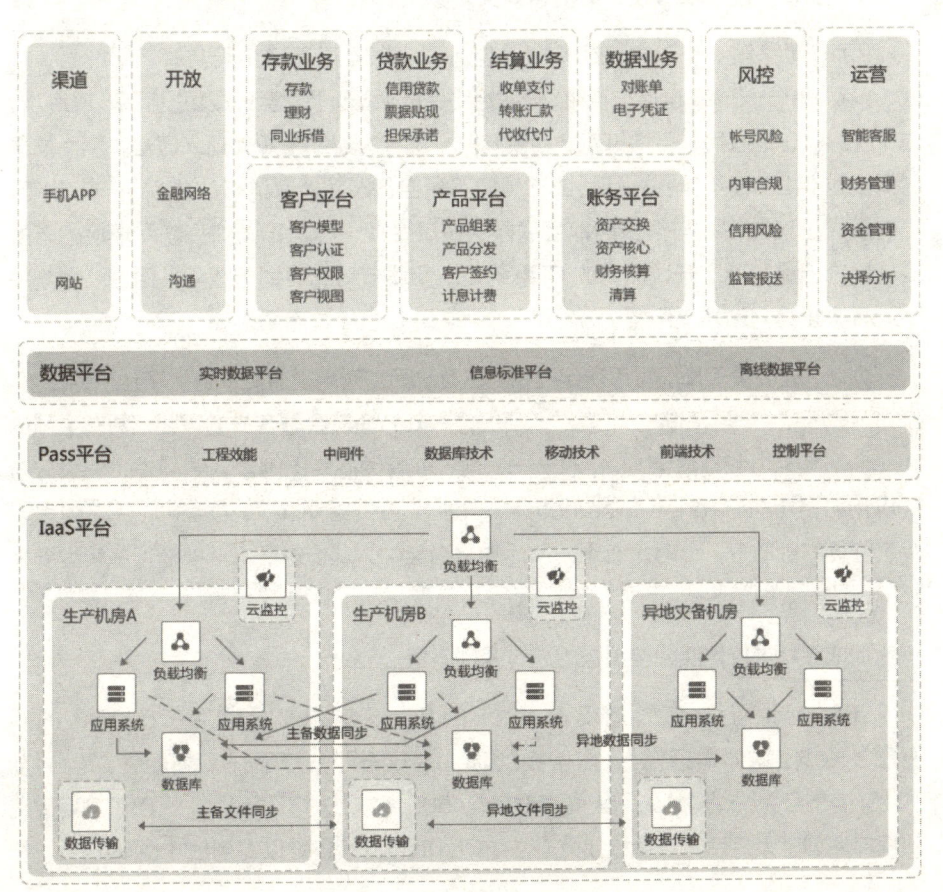

图 8-5 网商银行云上架构

部署架构描述：

云上银行核心系统由客户、产品和账务三个平台构成"瘦"核心。在平台规划上，客户和产品平台均应具有融合打通全集团范围内客户和产品的能力，同时能通过映射、集成等技术手段实现和外部金融行业客户的匹配。

整个系统架构基于分布式服务化进行应用解耦，使用柔性事务确保数据一致性，实现大平台微应用。通过开放平台接入各种场景，实时数据总线支持秒级风控、智能营销。全部批量业务实现联机化，全部实时化异步处理。

整个平台的规划具备亿级金融交易处理能力、pb级大数据处理能力、秒级风险实时管控能力、人均十万级客户处理能力，80%以上流程自动化处理；全面采用国产化自主可控技术。

4. 红岭创投：从 .NET 架构转向大规模云计算

2015 年"双十一"中，红岭创投创造了 29.34 亿元的全天交易额新纪录，超 2014 年"双十一"成绩 500% 以上，网站始终保持平稳运营。全天成功投标 96 099 次，成交 49 410 笔借款，平均每 1.7 秒就有一个满标。成绩是如此让人振奋，然而如果时间倒退至 2015 年年初，红岭或许想象不到自己能够拥有这样的"双十一"战绩。当时发展迅速的红岭与很多拥抱互联网的金融企业一样，正面临互联网环境的新挑战：用户流量急速上升，原有的 IT 系统无法承载节日式促销造成网站阻塞；大规模 DDoS 攻击让网站几次停摆……短短几个月内，危机接踵而至。

为此，红岭董事长周世平决定要进行变化，而彼时阿里金融云进入了他们的视野。作为阿里云中物理隔离的一个集群，阿里金融云为适应金融客户的需要，具有更强的 DDoS 防控能力和双活架构。"双十一"前，红岭彻底转向阿里云中间件企业级分布式应用服务（Enterprise Distributed Application Service，EDAS），并在阿里云专家驻场的协助下，针对"双十一"活动重构架构，从传统 .NET 架构彻底转型到大规模云计算架构。

促成红岭进行这次架构重构的还有两件事情：

2014 年 10 月，红岭遭受 6G 以上的 DDoS 攻击，周世平在 5000 人的朋友圈发晒微信"紧急通知"，由于受到 DDoS 攻击网站打不开（而不是"跑路"）。2015 年 3 月，红岭网站访问大面积报错，"505 系统临时不可用"，IT 部门发现传统数据库遇到了大瓶颈，直接被锁死无法访问，而且后续还难以得到根本性解决。

业务的挑战与安全事情的刺激，使得一开始就是万网客户的红岭选择了阿里金融云（注：2013年万网并入阿里云）。而在数据库问题上，红岭最终选择了架构全部重构。

阿里云很重视红岭的需求，先是帮忙做优化，如 SQL Server 调优，数据库升级到最大配置，但 SQL Server 无法实现并发式操作。最后只好临时调拨一个最大的数据库给红岭，先将压力扛过去。但后续红岭发标仍然非常密集，IT 部门评估最多也就能"抗一个月"。最后周世平直接拍板，将系统进行重构，最终目标是将红岭发展成为在创投领域像淘宝和天猫这样的可以承载高并发、高访问、高交互的平台。现在红岭采用了阿里云的 ECS、RDS、SLB 服务，以及 EDAS，包含消息队列、高防安全等。

"现在可以做分布式开发的人才还很少。传统 IT 架构转型到分布式架构，相当于在两条平行线之间的跳跃。甚至对于传统行业 20 年的资深人也需要重构知识体系，完整转型。对于'双十一'这样的高峰销售和秒杀、红包等活动，金融企业一旦尝试，往往是'一搞就宕掉了'。所以现在红岭是风控学银行，技术架构学互联网。红岭的技术团队，成长速度很快。"阿里金融云高级专家张立成表示。

8.1.3　金融云创新公式

阿里金融云跟其他云有什么区别？阿里金融云总经理徐敏对此的看法是，"阿里金融云的使命是帮助金融业提升覆盖面、降低成本，我们相信这件事对全社会都有益"。

一方面，通过互联网手段让金融机构和客户之间更容易、更方便地交互，提升金融覆盖面；另一方面，通过大数据和信息交互，让企业和金融机构之间保持透明，降低金融成本。

2015 年，在杭州云栖大会上首次提出了金融云创新公式（见图 8-6）。在这个公式中，小括号中的"云"、"端"、"数"代表着阿里金融云的核心能力，在将这些能力输出给生态合作伙伴之后，这些合作伙伴对于移动互联网环境的适应能力将迅速提高。当然，这一切对云平台的安全性要求很高，所以要乘以"安全稳定"，这样才能达到符合监管要求的"稳健创新"。基于这样的平台，金融机构的业务创新将更敏捷，当越来越多的生态合作伙伴参与进来后，一个基于互联网的新金融创新生态将由此形成。

$$阿里金融云 = \{[(云+端+数) \times 安全稳定]^{业务创新}\}^{生态}$$

图 8-6　阿里金融云创新公式

8.2 互融云

北京互融时代软件有限公司（以下简称互融云）成立于2011年，是专业从事为大中型类金融企业和集团公司提供业务管理系统、解决方案和技术服务的知名企业。

互融云拥有自有知识产权的"金融业务开发平台"，在此平台基础上开发的产品线包括"贷款业务系统、财富管理系统、互联网金融核心系统、P2P/P2C网贷平台、众筹平台、债权转让系统、典当业务系统、融资租赁系统、担保业务系统、金融监管系统"等众多类金融行业产品。

我公司与多家大中型集团公司合作，专门为集团公司打造了"集团版、门店版、加盟商版、金融业务管理系统"。

针对近几年来"互联网金融"的发展，我公司创新推出了"互联网金融核心系统+网贷平台+众筹平台"的系统模式，并且成功为一些大中型企业和集团公司实施部署和服务，并于2014年7月正式注册北京互融时代软件有限公司。

针对类金融企业开展多业务的现状，我公司成功研发实现了同一平台进行多业务系统的整合，成为国内首个把"贷款、财富管理、互联网金融、债权转让、典当、融资租赁、担保"等多款业务管理系统整合在同一平台的企业，为客户未来业务的拓展保驾护航。

公司在产品设计环节一直秉承"一切从用户实际业务出发"的理念。任何新产品的策划和设计，都是基于对现实业务实际操作的充分调研、对行业规则和环境的充分把握、对客户习惯的充分尊重而展开的。也因为如此，客户都能够非常顺畅和自然地将我公司产品应用到他们的具体业务管理中，让软件真正为客户创造价值；同时，公司全面、真诚的服务也赢得了更多客户的信任与认可。

8.2.1 产品优势

互融云通过多年运营及经验积累研发的"金融业务管理平台"支持各类"贷款、理财、财富管理、债权转让、担保、P2P/P2C网贷、互联网金融、银行贷款中介、融资租赁、典当、保理、金融监管"等金融类业务管理。量身配置，100%适用!

互融云所研发的"金融业务开发平台"不但可以将现有产品全部整合在一套平台之上，更重要的是如果企业规模扩大，业务增加新的种类，同样可以很容易地在平台上实现，不需要对整个平台进行二次开发。互融云只需对客户新增业务进行调研，单独开发最新业务的业务包，然后再以业务包的形式搭建到平台上即可。并且不会与之前所开展业务的数据以及当前所使用的功能模块产生任何冲突，平滑过渡。如此一来，将大大节省企业的时间和成本投入。

1. 公司运营产品种类多

（1）类金融 ERP 系统：小额贷款系统、融资担保系统、应收保理系统、融资租赁系统、企业典当系统。

（2）小微金融 ERP 系统：债权匹配系统、财富管理系统、银行贷款中介系统、车辆贷款管理系统。

（3）互联网金融系统：P2P 网贷系统、股权众筹系统、一元云购系统。

（4）移动端软件产品：理财移动 APP 系统、借贷移动 APP 系统、尽调移动 APP 系统、审批移动 APP 系统、展业移动 APP 系统。

2. 公司经验优势

互融云服务的大中型客户已有上百家，每个客户都有其独特的风险控制手段和收益模式，互融云自然也在为客户服务的过程中掌握了更多的业内精华。值得一提的是，互融云不是单纯某个部门或者说某些领导对行业认知达到很高的程度，其整个团队的行业经验都是十分丰富的。如此一来，在客户整个服务周期内，都相当于全程专家跟踪，服务质量、产品质量当然会更高。以需求调研环节举例，一般团队主要是以了解客户想法为主，然后完全按照客户的想法做开发实施，好一点的团队会有专家进行指导，但也是在最初环节，而后设计、开发环节不可能全程有专家在场指导；对于技术人员来说，他们对业务不了解，更不可能了解每个功能的意义，所以在系统整体考虑上只能停留在最低层面，只实现客户需求的"1"的问题。而互融时代则不同，由于整个团队对业务以及同行业操作模式的了解，可以为客户提供建议，为什么用这种模式而不是另一种模式，其中的差别是什么，团队中的每个人都可以一一展开详述。互融云所提供的不只是一个产品，一个完全按照客户需求来定制的产品，更多的是结合自身对行业的认识，提出更优质、更合理的建议，双方通过交流，共同优化项目方案。

3. 公司技术团队优势

互融云通过多年的经营和积累，拥有了一批专业、高效、经验丰富、有创造性的团队。公司管理团队均毕业于著名高校，拥有多年的外企工作经验及业内知名企业高管管理经验；团队骨干成员均具有 5 年以上 IT 行业从业经验，其中系统设计与项目管理人员具有 10 年以上大型项目及行业经验；技术团队多名成员具有国内 IT 界名企工作经验，并且大多数成员获得 Oracle、Microsoft、Sun 等认证。

4. 服务质量优势

互融云一直视"服务"为长期发展、合作共赢的根本，为此公司历时多年在实践中打造了专业化、标准化的服务体系，长期为客户提供全方位、立体式的服务来最终赢得客户的信任和长期合作。互融云服务流程示意图如图 8-7 所示。

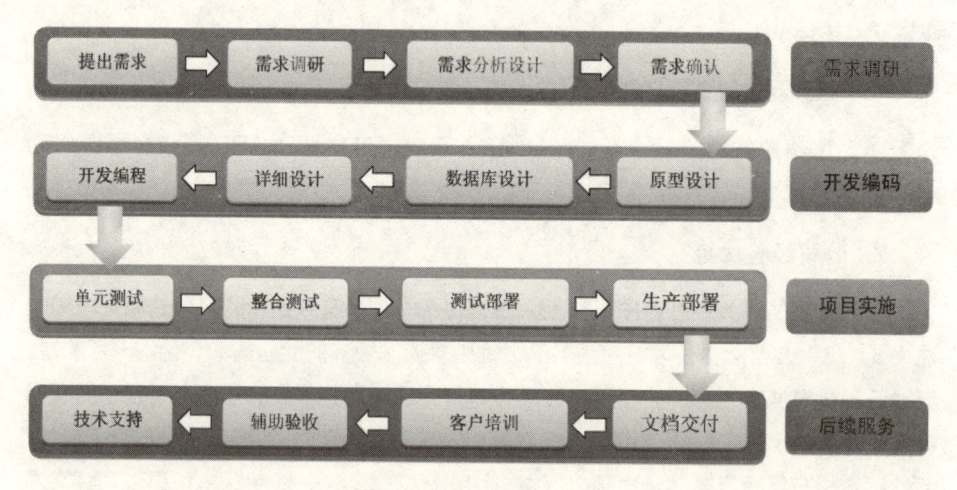

图 8-7 服务流程示意图

5. 价格优势

互融云凭借多年来的项目经验，技术水平不断进步，使项目的整个流转过程得到了优化，更加完善，能够在最短的时间实现更高的效率，如此一来直接降低了项目的开发成本。同时由于产品线的不断丰富、公司业务的不断拓展，将产品推向了更多的客户群体，为互融云赢得了更多的合作伙伴。公司产品、客户的良性循环，为公司在行业内打造高性价比产品奠定了基础，进而大大提升了公司的竞争实力。

目前，互融云研发的所有项目都是在现有成熟的平台、产品上二次开发而成的，因此在研发成本和研发经验上相比其他软件公司更具有优势，在项目报价方面会给予客户最大的优惠。

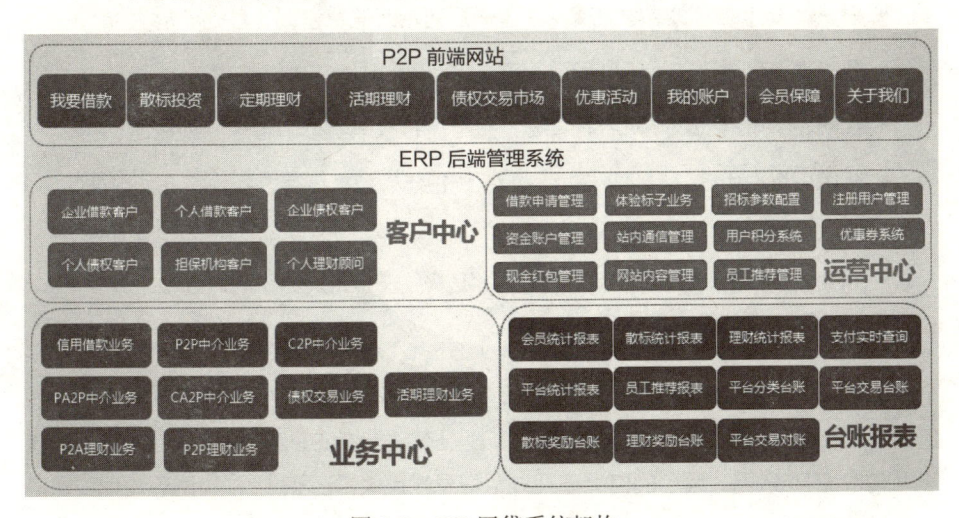

8.2.2 特色产品——P2P 网贷系统

互融云 P2P 网贷系统是互融云软件历时 3 年，随着互联网金融的持续发展而不断优化升级的最新一代网贷系统，该系统包含 12 个子系统，性价比极高。

系统功能包含从线下金融业务的管理至线上业务、业务运营、客户营销、业务风险控制等涵盖所有金融业务需求的功能模块，一套系统即可担负起全金融业务运营需要。

其目标是为中国互联网金融提供最全能（all-round）、安全（safety）、性价比最高（cheap and fine）的网贷运营平台系统。

开发过程秉承"一就是全，全就是一"的理念，将把互联网金融所涵盖的所有功能全部收入系统内，让每一个进入互联网金融的运营者只需一套 P2P 网贷系统，便能永久无忧，无须二次开发，无须另外购买系统整合系统。

1. 系统架构

P2P 网贷系统架构如图 8-8 所示。

图 8-8 P2P 网贷系统架构

1）前端 P2P 平台架构

P2P 端主要是指网贷平台，集产品、会员、交易于一体的平台，支撑着整个线上业务开展。融资客户在系统平台上面发布申请，平台运营方负责审核提交借款信息，并与投资人对接，进行交易。通过与 ERP 端的整合对接，使交易数据自动导入企业内部管理系统,实现了数据的共享;同时由于 P2P 端与 ERP 端进行整合,降低了企业的投入成本。

前端 P2P 平台以 Spring Framework 为核心、Spring MVC 作为模型视图控制器、Spring Data JPA + Hibernate 作为数据库操作层,并利用 Freemarker 静态化技术实现系统静态化,配合 Ehcache 缓存技术分别实现页面和数据缓存到客户端,提高对系统的访问速度。

前端 P2P 平台在页面布局设计和页面效果处理方面仍将利用目前业内最优的 DIV+CSS+jQuery 模式,基于 W3C 标准来对页面进行布局来保证系统对各种浏览器的兼容,为搜索引擎的收录奠定基础。

架构优势:

- 使用 Apache License 2.0 协议,源代码完全开源。
- 使用目前最主流的 J2EE 开发框架。
- 数据库无限制,支持 Oracle、SQL Server、MySQL 等数据库。
- 模块化设计,层次结构清晰,内置一系列企业信息管理的基础功能。
- 系统静态化提高访问速度和系统安全。
- 权限控制精密细致,对所有管理链接都进行权限验证,可控制到按钮。
- 常用工具采用独立封装形式,例如系统日志、数据缓存、系统验证、数据字典、账号体系等。
- 完美兼容目前的主流浏览器(IE 6、IE 7+、Firefox、Chrome)。

2)后端 ERP 平台架构

ERP 端可以帮助优化配置企业资源,实现统一管理,让线下处理手法灵活,加快企业对市场的反应速度,提高企业的管理效率。与传统 P2P 网贷平台相比,除能够完成传统 P2P 网站后台的信息管理外,信息量巨大。ERP 除作为信息管理、账户管理、平台维护的系统外,更重要的是,ERP 可以提供更强大的风险管理包括客户资信、担保措施等功能。在保证线上业务正常开展的同时,拓展线下业务。为了能够服务好全国客户,必然要全国铺设网点。互融时代目前已经成功开发集团版系统,公司数据之间相互分离、互不影响,但总公司可以实现业务、数据的整体管理,通过集团版 ERP 实现全国范围管理。

后端 ERP 平台采用的是目前较流行的 Web 应用程序开源框架 SSH 框架,SSH

框架的系统从职责上分为四层：表示层、业务逻辑层、数据持久层和域模块层，以帮助开发人员在短期内搭建结构清晰、可复用性好、维护方便的 Web 应用程序。其中使用 Struts 作为系统的整体基础架构，负责 MVC 的分离，在 Struts 框架的模型部分，控制业务跳转，利用 Hibernate 框架对持久层提供支持，Spring 做管理，管理 Struts 和 Hibernate。该框架具有卓越的通用性、高效性、平台移植性和安全性。

后端 ERP 平台在页面展示上采用了目前主流的 EXTJS 框架，该框架基于纯 HTML/CSS+JS 技术，提供丰富的跨浏览器 UI 组件，灵活采用 JSON/XML 数据源开发，使得服务器端表示层的负荷真正减轻，从而达到客户端的 MVC 应用，并支持多平台下的主流浏览器。EXTJS 的运用使得互联网金融核心业务系统成为真正的 RIA，即富客户端的 AJAX 应用。

架构优势：

- 使用目前主流的 SSH 开发框架，具有卓越的通用性、高效性、平台移植性和安全性。
- 通过后端 ERP 平台进行第三方支付对接，安全性能大大提升。
- 通过接入 VPN 提高后端 ERP 平台的访问安全。
- 数据库无限制，支持 Oracle、SQL Server、MySQL 等数据库。
- EXTJS 富客户端的应用。
- JBPM 工作流引擎的应用，高效的任务流程处理机制。
- 权限控制精密细致，对所有管理链接都进行权限验证，可控制到按钮。
- 常用工具采用独立封装形式，例如系统日志、数据缓存、系统验证、数据字典、账号体系等。
- 完美兼容目前主流浏览器（IE 6、IE 7+、Firefox、Chrome）。

P2P 与 ERP 的结合，使得运营方可以及时、准确地掌握客户的贷款方案，并及时对客户进行认证、考察，快速获得与投资人资金匹配的机会，并且经过对投资人投资数据的加工处理和分析，可帮助对市场前景和产品需求做出预测；同时，把产品需求结果反馈给计划部门，以便合理调整产品，适应投资人的需求，为融资人获得资金提供更好的保障。

2. 后台管理结构介绍

P2P 网贷系统后台管理结构如图 8-9 所示。

图 8-9 P2P 网贷系统后台管理结构

1）业务中心介绍

（1）信用借款业务：信贷产品设置、信贷业务管理、用户档案处理、信贷项目查询、招标方案管理、招标预售清单、标的投标管理、标的放款管理、标的贷后管理、标的代偿管理、标的台账查询、标的状态查询、提前还款查询。

（2）中介类业务：信贷项目登记、招标方案管理、招标预售清单、标的投标管理、标的放款管理、标的贷后管理、标的代偿管理、标的台账查询、标的状态查询、提前还款查询。

（3）定期理财业务：理财计划管理、理财计划预售、招投标管理、提前赎回管理、派息还款管理、理财计划查询、理财计划台账、理财投向管理。

（4）债权交易业务：债权交易查询、债权交易管理、交易服务费记录。

（5）活期理财业务：活期业务管理、活期账户管理、平台交易台账、派息查询。

2）客户中心介绍

- 客户中心实现了 6 类客户的管理：
- 企业借款客户管理——P2C 业务。
- 个人借款客户管理——P2P 业务。
- 企业债权客户管理——CA2P 业务。
- 个人债权客户管理——PA2P 业务。

- 担保机构客户管理——担保机构代偿。

- 个人理财顾问管理——定期理财业务。

3）运营中心介绍

运营中心结构如图 8-10 所示。

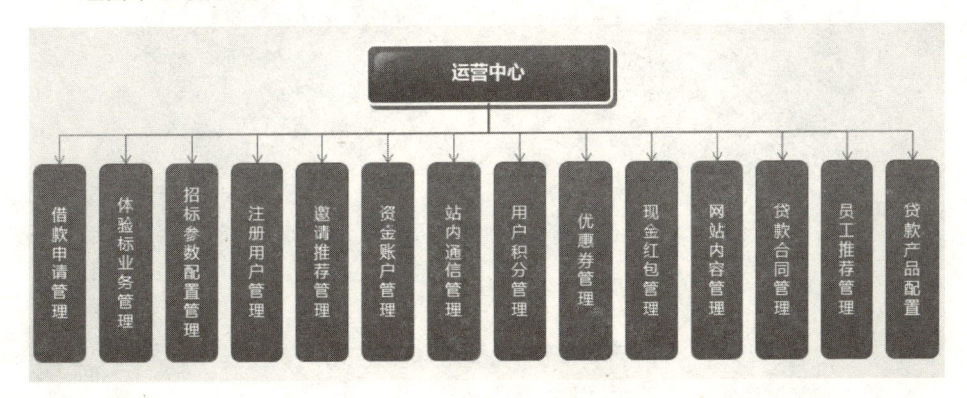

图 8-10 运营中心结构图

重点功能：

- 积分、优惠券及红包三大运营模块全部实现自定义设置管理，可灵活调整运营策略（见图 8-11）。

- 优惠券可组合设置使用，多达 20 种组合效果，为平台营销提供多种手段、工具。

- 积分体系可扩展性强，未来可选择对接积分云购及众筹云购系统。

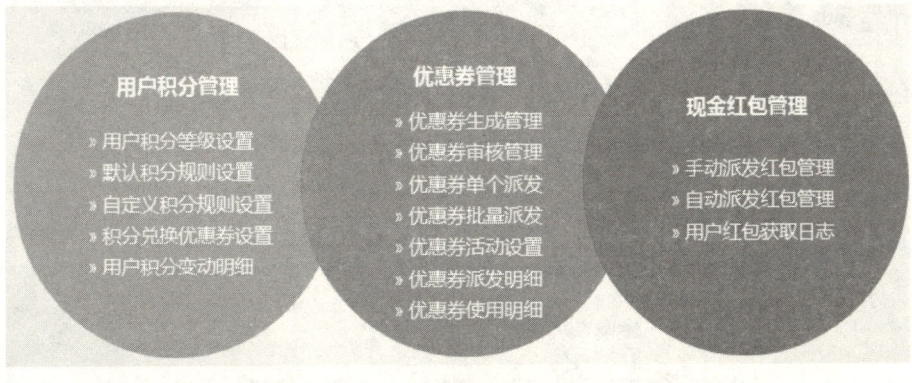

图 8-11 积分、优惠券、红包三大运营模块

- 外部在线开发推荐机制以及内部员工/合作机构推荐机制（见图 8-12）。

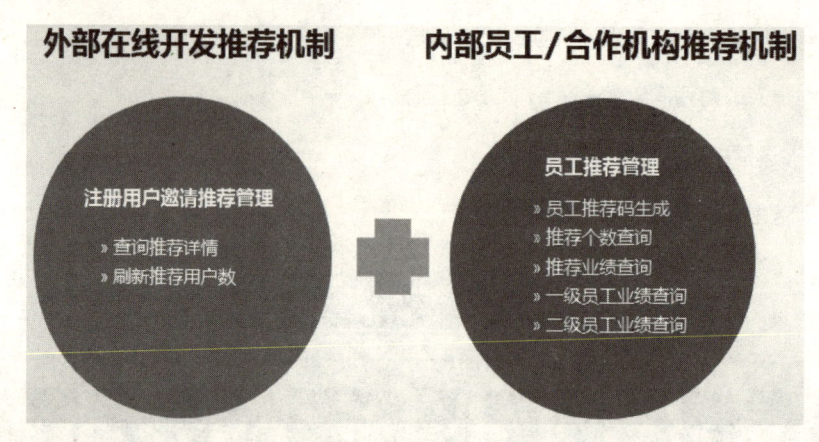

图 8-12　外部在线开发及内部员工/合作机构推荐机制

- 多种多变的优惠券奖励方式（见图 8-13）。

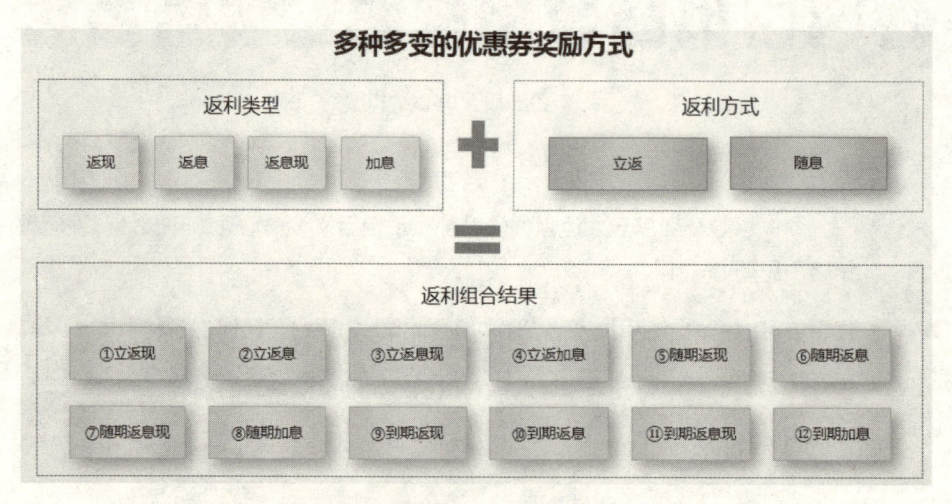

图 8-13　多种多变的优惠券奖励方式

4）台账、报表介绍

台账、报表结构如图 8-14 所示。

3. 系统特色功能

1）"宝宝"类站岗资金解决方案——活期理财

"宝宝"类站岗资金应用于投资人已经充入平台账户的资金暂时还未找到合适的项目，还没有成功投标，但是倘若提现又要收取一定手续费，可以将闲置的资金存入这样的"宝宝"类产品，这样可以获得一定的闲置资金的收益，提高平台营销优势及卖点。

- "宝宝"类产品支持随时转入零存整取。
- 建立"宝宝"类产品专用账户管理，显示账户余额及收益情况。
- 起息日支持自由配置起息模式，包括 T+0、T+1、T+2、T+3、T+4、T+5 等。
- 支持随时转出（转出当天没有收益），实时到账可用于投标，不耽误商机。
- 仿"宝宝"类产品设计独立的宣传页面、独立的账户管理页面、七日年化收益率趋势图等。

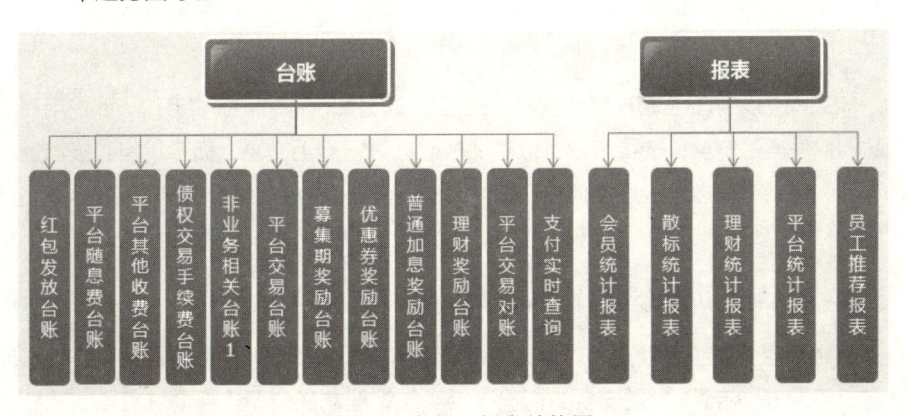

图 8-14　台账、报表结构图

2）支持微信、APP 多种移动营销手段

- 微信营销：集分享推广、产品推送、销售服务、购买支付、订单查询五大功能于一体的投资理财微信营销平台。网贷、理财平台可申请公众平台服务号，理财客户通过"关注"平台服务号注册、绑定账户与网贷平台实现一对一联通关系，实现线上快速推广服务的营销渠道，支持微信端各类应用接口开发：分享接口、带参数的二维码接口、支付接口、客服接口。

- 手机 APP 营销：随着智能手机和 iPad 等移动终端设备的普及，人们逐渐习惯了使用 APP 客户端上网的方式，而且各大平台均拥有自己的 APP 客户端且将 APP 作为销售的主战场之一。手机 APP 不但能给主站网站带来流量，更重要的是由于手机移动终端的便捷，为平台积累了更多的用户。

3）支持线上线下多种营销手段

- 支持实物类营销线下活动，可以利用实物的诱惑力打动处于投资初级的投资用户。
- 支持线上活动期间自动发送优惠券，进入注册用户的账户，并给予站内信、短信提示。

- 支持推荐好友奖励机制，推荐好友奖励、推荐好友第一次投标奖励、推荐好友累计阶梯形奖励。
- 支持线下多种营销手段，优惠券批量生成激活码，并支持导出制成卡片，线下发送，线上激活并使用。
- 公司内部员工可以根据推广码进行线下推广。

4. 系统安全性

1) 基于 SSL 证书（HTTPS）安全传输模块

SSL 证书采用安全套接字层技术（SSL），通过加密信息和提供鉴权，保护用户与网站间数据通信安全，使得客户可以更加放心地进行网上交易，而不用担心被钓鱼网站等非法网站套获自己的账户信息。同时 SSL 证书包含企业身份信息，可确认网站真实性。

2) 实现前台用户端、后台管理端独立部署

互融云软件系统可以实现对平台进行前台用户端与管理端的独立部署，实现不同域名、不同 IP 的部署，更安全的情况可以实现管理端在公司内部局域网部署（要求公司有专线），这样就可以对管理后台网址暴露、管理后台人为暴力猜码等黑客行为进行防范。同时，这样的部署方式也使前后台对数据库的读/写压力分离，提高数据库的稳定性和数据安全性。

3) 数据库安全灾备

系统采用多机部署方式实现数据库系统的负载均衡、故障转移和高可用，使数据库系统的可用性达到 99.9%，保证数据安全性和一致性。同时这种部署方式也实现了数据的热备份。另外，系统在数据库、灾备方案上还结合异地备份的方式对网站重要数据进行异地备份异地存储，实现异地容灾。

4) 专业黑客流量攻击入侵检测

互融云一元夺宝平台经过严格的安全检测，消除了一切可检测和已知的系统漏洞。同时通过互融独有的一套安全规则对恶意访问进行自动识别、拦截、报警。同时，系统支持多机部署的方式，可将 Web 层、APP 层、DB 层分别部署在不同服务器上，做到层层隔离，提高系统整体安全性和稳定性。

大流量网络攻击（DDoS 攻击）是目前互联网金融平台面临的最大威胁。互融云

软件通过近 3 年的经历总结出一套防御大流量网络攻击的方案，帮助客户成功应对一次次大流量网络攻击，得到客户的充分认可。

8.2.3 技术路线

兼并考虑系统运行的稳定性、高效性、数据的安全性，后期维护的方便性，各子系统之间工作的协调性、同步性和高端性，以及系统在未来升级方面的扩充性和实施的高效性等各方面的综合因素，经我技术部专家讨论，本系统的建设将采取如下总体技术思路（见图 8-15）：

（1）操作系统建议采用 Window Server 2008，支持 Window Server 2003、Linux。

（2）数据库服务器采用 Oracle 数据库，支持 SQL Server 2008、DB2、MySQL。

（3）开发语言采用 J2EE 高级编程语言，程序设计思想采用面向对象的思想，采用接口标准为 Web Service 接口，全浏览器 B/S 模式。有如下特点：

- 扩展性和可升级性原则，安全性和可靠性原则，开放性和标准化原则。

- 支持跨平台应用。

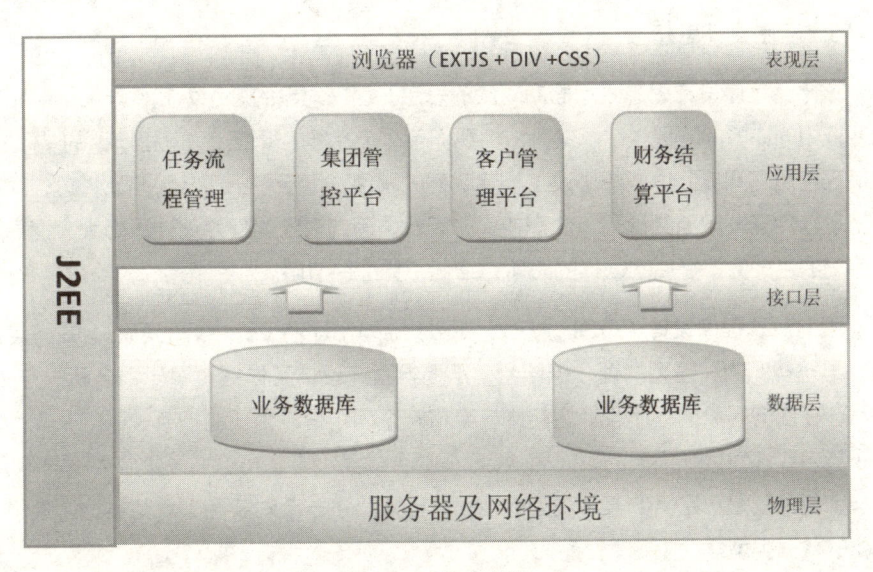

图 8-15 技术架构

1. 操作系统

该平台操作系统建议采用 Windows Server 2008。Windows Server 2008 是微软最新服务器操作系统的名称，它继承自 Windows Server 2003。Microsoft Windows Server 2008 用于在虚拟化工作负载、支持应用程序和保护网络方面向组织提供最高效的平台。它为开发和可靠地承载 Web 应用程序和服务提供了一个安全、易于管理的平台。从工作组到数据中心，Windows Server 2008 都提供了令人兴奋且很有价值的新功能，对基本操作系统做出了重大改进，Microsoft Windows Server 2008 代表了下一代 Windows Server。Windows Server 2008 完全基于 64 位技术，具有更强的控制能力，在性能和管理等方面系统的整体优势相当明显；Windows Server 2008 提供了一系列新的和改进的安全技术，这些技术增强了对操作系统的保护，为企业的运营和发展奠定了坚实的基础。

2. 程序语言

该平台采用的系统开发语言是 J2EE 高级编程语言。J2EE 平台提供了一个多层应用程序模型，这意味着应用程序的不同部分可以运行在不同的设备上。J2EE 的客户机层提供了多种客户类型的支持，可以在企业防火墙之内和之外。运行在任何操作系统上的几乎所有的程序都可以很容易地访问它。同时 J2EE 标准还定义了一系列相关规范，方便系统未来的扩展和与其他相关系统的整合。

3. 程序设计思想

该平台程序设计思想采用面向对象的思想。面向对象的思想为软件产品扩展和质量保证中的许多问题提供了解决办法。我们可以在标准的模块上（这里所谓的"标准"是指程序员之间彼此达成的协议）构建我们的程序，而不必一切从头开始，这样就减少了是软件开发周期并提高了生产效率。因此，面向对象的程序设计思想大大提高了程序员的生产力，提高了软件的质量，降低了其维护费用。

面向对象程序设计（OOP）技术汲取了结构化程序设计中好的思想，并将这些思想与一些新的、强大的理念相结合，从而给程序设计工作提供了一种全新的方法。通常，在面向对象的程序设计风格中，会将一个问题分解为一些相互关联的子集，每个子集内部都包含了相关的数据和函数。同时会以某种方式将这些子集分为不同等级，而一个对象就是已定义的某个类型的变量。当定义了一个对象后，就隐含地创建了一个新的数据类型。

面向对象的思想具有许多优点，无论是对于程序设计者还是用户来说都是如此。

其主要优点陈列于下：

- 通过继承，可以大幅减少多余的代码，并扩展现有代码的用途。
- 可以在标准的模块上（这里所谓的"标准"是指程序员之间彼此达成的协议）构建我们的程序，而不必一切从头开始，这样可以减少软件开发时间并提高生产效率。
- 数据隐藏的概念帮助程序员保护程序免受外部代码的侵袭。
- 允许一个对象的多个实例同时存在，而且彼此之间不会相互干扰。
- 允许将问题空间中的对象直接映射到程序中。
- 基于对象的工程可以很容易地分割为独立的部分。
- 以数据为中心的设计方法允许我们抓住可实现模型的更多细节。
- 面向对象的系统很容易从小到大逐步升级。
- 对象间通信所使用的消息传递技术与外部系统接口部分的描述更简单；
- 更便于控制软件复杂度。

4. 系统对外接口标准

该平台采用 Web Service 技术接口标准。Web Service 是由企业发布的完成其特定商务需求的在线应用服务，其他公司或应用软件能够通过 Internet 来访问并使用这项在线服务。它是一种构建应用程序的普遍模型，可以在任何支持网络通信的操作系统中实施运行；它是一种新的 Web Service 应用程序分支，是自包含、自描述、模块化的应用，可以发布、定位、通过 Web 调用。Web Service 是一个应用组件，它逻辑性地为其他应用程序提供数据与服务。各应用程序通过网络协议和规定的一些标准数据格式（HTTP、XML、SOAP）来访问 Web Service，通过 Web Service 内部执行得到所需结果。Web Service 可以执行从简单的请求到复杂商务处理的任何功能。一旦部署以后，其他 Web Service 应用程序可以发现并调用它部署的服务。

5. 全浏览器 B/S 模式

零客户端维护，集成化管理，降低维护成本。

6. 接口设计原则

为了保证系统的完整性和健壮性，系统接口应满足下列基本要求：

- 接口实现对外部系统的接入提供企业级的支持，在系统高并发和大容量的基础上提供安全可靠的接入。

- 提供完善的信息安全机制，以实现对信息的全面保护，保证系统的正常运行，防止大量访问及大量占用资源的情况发生，保证系统的健壮性。

- 提供有效的系统可监控机制，使得接口的运行情况可监控，便于及时发现错误及排除故障。

- 保证在充分利用系统资源的前提下，实现系统的平滑移植和扩展，同时在系统并发增加时提供系统资源的动态扩展，以保证系统的稳定性。

- 在进行扩容、新业务扩展时，能提供快速、方便和准确的实现方式。

7. 接口安全原则

为了保证系统的安全运行，接口方式保证接入的安全性。

- 接口的安全是系统安全的一个重要组成部分。保证接口的自身安全，通过接口实现技术上的安全控制，做到对安全事件的"可知、可控、可预测"，是实现系统安全的一个重要基础。

- 根据接口连接特点与业务特色，制定专门的安全技术实施策略，保证接口的数据传输和数据处理的安全性。

- 系统在接入点的网络边界实施接口安全控制。

- 接口的安全控制在逻辑上包括安全评估、访问控制、入侵检测、口令认证、安全审计、防恶意代码、加密等内容。

8. 数据库

该平台数据库建议采用 Oracle 数据库，Oracle 数据库是目前世界上使用最为广泛的数据库管理系统。作为一个通用的数据库系统，它具有完整的数据管理功能；作为一个关系数据库，它是一个完备关系的产品；作为分布式数据库，它实现了分布式处理功能。

- 自 Oracle 7.X 以来引入了共享 SQL 和多线索服务器体系结构，减少了 Oracle 的资源占用，并增强了 Oracle 的能力，使之在低档软硬件平台上用较少的资源就可以支持更多的用户，而在高档平台上可以支持成百上千个用户。

- 提供了基于角色（ROLE）分工的安全保密管理，在数据库管理功能、完整性检查、安全性、一致性方面都有良好的表现。

- 支持大量多媒体数据，如二进制图形、声音、动画及多维数据结构等。

- 坚不可摧的安全性：锁定并保护私密信息，防止未经授权的访问，并在保密的情况下管理用户身份。

- 高可用性、高性能：能够比同类产品更快地处理数据并为客户提供服务，同时减少了停机时间以实现不间断的性能。

9. 通信设计原则

采用同步请求/应答方式、异步请求/应答方式，客户端向服务器端发送服务请求。与同步方式不同的是，在此方式下，当服务器端处理请求时，客户端继续运行；当服务器端处理结束时，返回处理结果。

10. 传输控制要求

- 传输控制利用高速数据通道技术实现把前端的大数据量并发请求分发到后端，从而保证应用系统在大量客户端同时请求服务时，能够保持快速、稳定的工作状态。

- 系统采用传输控制手段降低接口网络负担，提高接口吞吐能力，保证系统的整体处理能力。具体手段包括负载均衡、伸缩性与动态配置管理、网络调度等功能。

- 负载均衡：为了确保接口服务吞吐量最大，接口自动在系统中完成动态负载均衡调度。

- 伸缩性与动态配置管理：由系统自动伸缩管理方式或动态配置管理方式实现队列管理、存取资源管理，以及接口应用的恢复处理等。

- 网络调度：在双方接口之间设置多个网络通道，实现接口的多数据通道和容错性，保证当有一个网络通道通信失败时，进行自动切换，实现接口连接的自动恢复。

11. 性能要求

- 高效性：要求系统能快速响应操作人员下达的操作指令，并保证所获取数据的完整性和准确性。

- 安全性：要求数据在传送过程中不会出现丢失或者损坏的现象，不会受到外来因素的干扰。

- 方便性：要求系统安装简单，操作容易上手，并且在数据备份方面不需要专门的数据库知识即可完成。

12. 系统安全管理

系统采用成熟的 Spring 安全框架体系架构，并进行封装，实现了：

- 基于角色统一授权。

- 功能粒度的权限管理。

- 单点登录（SSO）。

- 数据级别管理。

- 用户密码 SHA-256 加密。

- 用户授权访问系统功能。

- 验证码技术。

- 恶意访问 10 次锁定 IP。

8.2.4 总结

随着企业的不断发展，互融云携手更多的客户朋友共同发展，提高企业管理水平，降低业务风险，用稳定、安全、细致的技术与服务为其未来业务的扩展保驾护航。

附 录
Appendix

相关法规

附录A　国务院关于积极推进"互联网+"行动的指导意见

各省、自治区、直辖市人民政府，国务院各部委、各直属机构：

"互联网+"是把互联网的创新成果与经济社会各领域深度融合，推动技术进步、效率提升和组织变革，提升实体经济创新力和生产力，形成更广泛的以互联网为基础设施和创新要素的经济社会发展新形态。在全球新一轮科技革命和产业变革中，互联网与各领域的融合发展具有广阔前景和无限潜力，已成为不可阻挡的时代潮流，正对各国经济社会发展产生着战略性和全局性的影响。积极发挥我国互联网已经形成的比较优势，把握机遇，增强信心，加快推进"互联网+"发展，有利于重塑创新体系、激发创新活力、培育新兴业态和创新公共服务模式，对打造大众创业、万众创新和增加公共产品、公共服务"双引擎"，主动适应和引领经济发展新常态，形成经济发展新动能，实现中国经济提质增效升级具有重要意义。

近年来，我国在互联网技术、产业、应用以及跨界融合等方面取得了积极进展，已具备加快推进"互联网+"发展的坚实基础，但也存在传统企业运用互联网的意识和能力不足、互联网企业对传统产业理解不够深入、新业态发展面临体制机制障碍、跨界融合型人才严重匮乏等问题，亟待加以解决。为加快推动互联网与各领域深入融合和创新发展，充分发挥"互联网+"对稳增长、促改革、调结构、惠民生、防风险的重要作用，现就积极推进"互联网+"行动提出以下意见。

一、行动要求

（一）总体思路

顺应世界"互联网+"发展趋势，充分发挥我国互联网的规模优势和应用优势，推动互联网由消费领域向生产领域拓展，加速提升产业发展水平，增强各行业创新能力，构筑经济社会发展新优势和新动能。坚持改革创新和市场需求导向，突出企业的主体作用，大力拓展互联网与经济社会各领域融合的广度和深度。着力深化体制机制改革，释放发展潜力和活力；着力做优存量，推动经济提质增效和转型升级；着力做大增量，培育新兴业态，打造新的增长点；着力创新政府服务模式，夯实网络发展基础，营造安全网络环境，提升公共服务水平。

（二）基本原则

（1）坚持开放共享。营造开放包容的发展环境，将互联网作为生产生活要素共享的重要平台，最大限度优化资源配置，加快形成以开放、共享为特征的经济社会运行新模式。

（2）坚持融合创新。鼓励传统产业树立互联网思维，积极与"互联网+"相结合。推动互联网向经济社会各领域加速渗透，以融合促创新，最大限度汇聚各类市场要素的创新力量，推动融合性新兴产业成为经济发展新动力和新支柱。

（3）坚持变革转型。充分发挥互联网在促进产业升级以及信息化和工业化深度融合中的平台作用，引导要素资源向实体经济集聚，推动生产方式和发展模式变革。创新网络化公共服务模式，大幅提升公共服务能力。

（4）坚持引领跨越。巩固提升我国互联网发展优势，加强重点领域前瞻性布局，以互联网融合创新为突破口，培育壮大新兴产业，引领新一轮科技革命和产业变革，实现跨越式发展。

（5）坚持安全有序。完善互联网融合标准规范和法律法规，增强安全意识，强化安全管理和防护，保障网络安全。建立科学有效的市场监管方式，促进市场有序发展，保护公平竞争，防止形成行业垄断和市场壁垒。

（三）发展目标

到2018年，互联网与经济社会各领域的融合发展进一步深化，基于互联网的新业态成为新的经济增长动力，互联网支撑大众创业、万众创新的作用进一步增强，互联网成为提供公共服务的重要手段，网络经济与实体经济协同互动的发展格局基本形成。

（1）经济发展进一步提质增效。互联网在促进制造业、农业、能源、环保等产业转型升级方面取得积极成效，劳动生产率进一步提高。基于互联网的新兴业态不断涌现，电子商务、互联网金融快速发展，对经济提质增效的促进作用更加凸显。

（2）社会服务进一步便捷普惠。健康医疗、教育、交通等民生领域互联网应用更加丰富，公共服务更加多元，线上线下结合更加紧密。社会服务资源配置不断优化，公众享受到更加公平、高效、优质、便捷的服务。

（3）基础支撑进一步夯实提升。网络设施和产业基础得到有效巩固加强，应用支撑和安全保障能力明显增强。固定宽带网络、新一代移动通信网和下一代互联网加快发展，物联网、云计算等新型基础设施更加完备。人工智能等技术及其产业化能力显著增强。

（4）发展环境进一步开放包容。全社会对互联网融合创新的认识不断深入，互联网融合发展面临的体制机制障碍有效破除，公共数据资源开放取得实质性进展，相关标准规范、信用体系和法律法规逐步完善。

到 2025 年，网络化、智能化、服务化、协同化的"互联网＋"产业生态体系基本完善，"互联网＋"新经济形态初步形成，"互联网＋"成为经济社会创新发展的重要驱动力量。

二、重点行动

（一）"互联网＋"创业创新

充分发挥互联网的创新驱动作用，以促进创业创新为重点，推动各类要素资源聚集、开放和共享，大力发展众创空间、开放式创新等，引导和推动全社会形成大众创业、万众创新的浓厚氛围，打造经济发展新引擎。（发展改革委、科技部、工业和信息化部、人力资源社会保障部、商务部等负责，列第一位者为牵头部门，下同）

（1）强化创业创新支撑。鼓励大型互联网企业和基础电信企业利用技术优势和产业整合能力，向小微企业和创业团队开放平台入口、数据信息、计算能力等资源，提供研发工具、经营管理和市场营销等方面的支持和服务，提高小微企业信息化应用水平，培育和孵化具有良好商业模式的创业企业。充分利用互联网基础条件，完善小微企业公共服务平台网络，集聚创业创新资源，为小微企业提供找得着、用得起、有保障的服务。

（2）积极发展众创空间。充分发挥互联网开放创新优势，调动全社会力量，支持创新工场、创客空间、社会实验室、智慧小企业创业基地等新型众创空间发展。充分利用国家自主创新示范区、科技企业孵化器、大学科技园、商贸企业集聚区、小微企业创业示范基地等现有条件，通过市场化方式构建一批创新与创业相结合、线上与线下相结合、孵化与投资相结合的众创空间，为创业者提供低成本、便利化、全要素的工作空间、网络空间、社交空间和资源共享空间。实施新兴产业"双创"行动，建立一批新兴产业"双创"示范基地，加快发展"互联网＋"创业网络体系。

（3）发展开放式创新。鼓励各类创新主体充分利用互联网，把握市场需求导向，加强创新资源共享与合作，促进前沿技术和创新成果及时转化，构建开放式创新体系。推动各类创业创新扶持政策与互联网开放平台联动协作，为创业团队和个人开发者提供绿色通道服务。加快发展创业服务业，积极推广众包、用户参与设计、云设计等新型研发组织模式，引导建立社会各界交流合作的平台，推动跨区域、跨领域的技术成果转移和协同创新。

（二）"互联网＋"协同制造

推动互联网与制造业融合，提升制造业数字化、网络化、智能化水平，加强产业链协作，发展基于互联网的协同制造新模式。在重点领域推进智能制造、大规模个性化定制、网络化协同制造和服务型制造，打造一批网络化协同制造公共服务平台，加快形成制造业网络化产业生态体系。（工业和信息化部、发展改革委、科技部共同牵头）

（1）大力发展智能制造。以智能工厂为发展方向，开展智能制造试点示范，加快推动云计算、物联网、智能工业机器人、增材制造等技术在生产过程中的应用，推进生产装备智能化升级、工艺流程改造和基础数据共享。着力在工控系统、智能感知元器件、工业云平台、操作系统和工业软件等核心环节取得突破，加强工业大数据的开发与利用，有效支撑制造业智能化转型，构建开放、共享、协作的智能制造产业生态。

（2）发展大规模个性化定制。支持企业利用互联网采集并对接用户个性化需求，推进设计研发、生产制造和供应链管理等关键环节的柔性化改造，开展基于个性化产品的服务模式和商业模式创新。鼓励互联网企业整合市场信息，挖掘细分市场需求与发展趋势，为制造企业开展个性化定制提供决策支撑。

（3）提升网络化协同制造水平。鼓励制造业骨干企业通过互联网与产业链各环节紧密协同，促进生产、质量控制和运营管理系统全面互联，推行众包设计研发和网络化制造等新模式。鼓励有实力的互联网企业构建网络化协同制造公共服务平台，面向细分行业提供云制造服务，促进创新资源、生产能力、市场需求的集聚与对接，提升服务中小微企业能力，加快全社会多元化制造资源的有效协同，提高产业链资源整合能力。

（4）加速制造业服务化转型。鼓励制造企业利用物联网、云计算、大数据等技术，整合产品全生命周期数据，形成面向生产组织全过程的决策服务信息，为产品优化升级提供数据支撑。鼓励企业基于互联网开展故障预警、远程维护、质量诊断、远程过程优化等在线增值服务，拓展产品价值空间，实现从制造向"制造+服务"的转型升级。

（三）"互联网+"现代农业

利用互联网提升农业生产、经营、管理和服务水平，培育一批网络化、智能化、精细化的现代"种养加"生态农业新模式，形成示范带动效应，加快完善新型农业生产经营体系，培育多样化农业互联网管理服务模式，逐步建立农副产品、农资质量安全追溯体系，促进农业现代化水平明显提升。（农业部、发展改革委、科技部、商务部、质检总局、食品药品监管总局、林业局等负责）

（1）构建新型农业生产经营体系。鼓励互联网企业建立农业服务平台，支撑专业大户、家庭农场、农民合作社、农业产业化龙头企业等新型农业生产经营主体，加强产销衔接，实现农业生产由生产导向向消费导向转变。提高农业生产经营的科技化、组织化和精细化水平，推进农业生产流通销售方式变革和农业发展方式转变，提升农业生产效率和增值空间。规范用好农村土地流转公共服务平台，提升土地流转透明度，保障农民权益。

（2）发展精准化生产方式。推广成熟可复制的农业物联网应用模式。在基础较好的领域和地区，普及基于环境感知、实时监测、自动控制的网络化农业环境监测系统。在大宗农产品规模生产区域，构建天地一体的农业物联网测控体系，实施智能节水灌溉、测土配方施肥、农机定位耕种等精准化作业。在畜禽标准化规模养殖基地和水产健康养殖示范基地，推动饲料精准投放、疾病自动诊断、废弃物自动回收等智能设备的应用普及和互联互通。

（3）提升网络化服务水平。深入推进信息进村入户试点，鼓励通过移动互联网为农民提供政策、市场、科技、保险等生产生活信息服务。支持互联网企业与农业生产经营主体合作，综合利用大数据、云计算等技术，建立农业信息监测体系，为灾害预警、耕地质量监测、重大动植物疫情防控、市场波动预测、经营科学决策等提供服务。

（4）完善农副产品质量安全追溯体系。充分利用现有互联网资源，构建农副产品质量安全追溯公共服务平台，推进制度标准建设，建立产地准出与市场准入衔接机制。支持新型农业生产经营主体利用互联网技术，对生产经营过程进行精细化、信息化管理，加快推动移动互联网、物联网、二维码、无线射频识别等信息技术在生产加工和流通销售各环节的推广应用，强化上下游追溯体系对接和信息互通共享，不断扩大追溯体系覆盖面，实现农副产品"从农田到餐桌"全过程可追溯，保障"舌尖上的安全"。

（四）"互联网＋"智慧能源

通过互联网促进能源系统扁平化，推进能源生产与消费模式革命，提高能源利用效率，推动节能减排。加强分布式能源网络建设，提高可再生能源占比，促进能源利用结构优化。加快发电设施、用电设施和电网智能化改造，提高电力系统的安全性、稳定性和可靠性。（能源局、发展改革委、工业和信息化部等负责）

（1）推进能源生产智能化。建立能源生产运行的监测、管理和调度信息公共服务网络，加强能源产业链上下游企业的信息对接和生产消费智能化，支撑电厂和电网协调运行，促进非化石能源与化石能源协同发电。鼓励能源企业运用大数据技术对设备状态、电能负载等数据进行分析挖掘与预测，开展精准调度、故障判断和预测性维护，提高能源利用效率和安全稳定运行水平。

（2）建设分布式能源网络。建设以太阳能、风能等可再生能源为主体的多能源协调互补的能源互联网。突破分布式发电、储能、智能微网、主动配电网等关键技术，构建智能化电力运行监测、管理技术平台，使电力设备和用电终端基于互联网进行双向通信和智能调控，实现分布式电源的及时有效接入，逐步建成开放共享的能源网络。

（3）探索能源消费新模式。开展绿色电力交易服务区域试点，推进以智能电网为配送平台，以电子商务为交易平台，融合储能设施、物联网、智能用电设施等硬件以及碳交易、互联网金融等衍生服务于一体的绿色能源网络发展，实现绿色电力的点到点交易及实时配送和补贴结算。进一步加强能源生产和消费协调匹配，推进电动汽车、港口岸电等电能替代技术的应用，推广电力需求侧管理，提高能源利用效率。基于分布式能源网络，发展用户端智能化用能、能源共享经济和能源自由交易，促进能源消费生态体系建设。

（4）发展基于电网的通信设施和新型业务。推进电力光纤到户工程，完善能源互联网信息通信系统。统筹部署电网和通信网深度融合的网络基础设施，实现同缆传输、共建共享，避免重复建设。鼓励依托智能电网发展家庭能效管理等新型业务。

（五）"互联网＋"普惠金融

促进互联网金融健康发展，全面提升互联网金融服务能力和普惠水平，鼓励互联网与银行、证券、保险、基金的融合创新，为大众提供丰富、安全、便捷的金融产品和服务，更好地满足不同层次实体经济的投融资需求，培育一批具有行业影响力的互联网金融创新型企业。（中国人民银行、银监会、证监会、保监会、发展改革委、工业和信息化部、网信办等负责）

（1）探索推进互联网金融云服务平台建设。探索互联网企业构建互联网金融云服务平台。在保证技术成熟和业务安全的基础上，支持金融企业与云计算技术提供商合作开展金融公共云服务，提供多样化、个性化、精准化的金融产品。支持银行、证券、保险企业稳妥实施系统架构转型，鼓励探索利用云服务平台开展金融核心业务，提供基于金融云服务平台的信用、认证、接口等公共服务。

（2）鼓励金融机构利用互联网拓宽服务覆盖面。鼓励各金融机构利用云计算、移动互联网、大数据等技术手段，加快金融产品和服务创新，在更广泛地区提供便利的存贷款、支付结算、信用中介平台等金融服务，拓宽普惠金融服务范围，为实体经济发展提供有效支撑。支持金融机构和互联网企业依法合规开展网络借贷、网络证券、网络保险、互联网基金销售等业务。扩大专业互联网保险公司试点，充分发挥保险业在防范互联网金融风险中的作用。推动金融集成电路卡（IC卡）全面应用，提升电子现金的使用率和便捷性。发挥移动金融安全可信公共服务平台（MTPS）的作用，积极推动商业银行开展移动金融创新应用，促进移动金融在电子商务、公共服务等领域的规模应用。支持银行业金融机构借助互联网技术发展消费信贷业务，支持金融租赁公司利用互联网技术开展金融租赁业务。

（3）积极拓展互联网金融服务创新的深度和广度。鼓励互联网企业依法合规提供创新金融产品和服务，更好地满足中小微企业、创新型企业和个人的投融资需求。规范发展网络借贷和互联网消费信贷业务，探索互联网金融服务创新。积极引导风险投资基金、私募股权投资基金和产业投资基金投资于互联网金融企业。利用大数据发展市场化个人征信业务，加快网络征信和信用评价体系建设。加强互联网金融消费权益保护和投资者保护，建立多元化金融消费纠纷解决机制。改进和完善互联网金融监管，提高金融服务安全性，有效防范互联网金融风险及其外溢效应。

（六）"互联网+"益民服务

充分发挥互联网的高效、便捷优势，提高资源利用效率，降低服务消费成本。大力发展以互联网为载体、线上线下互动的新兴消费，加快发展基于互联网的医疗、健康、养老、教育、旅游、社会保障等新兴服务，创新政府服务模式，提升政府科学决策能力和管理水平。（发展改革委、教育部、工业和信息化部、民政部、人力资源和社会保障部、商务部、卫生计生委、质检总局、食品药品监管总局、林业局、旅游局、网信办、信访局等负责）

（1）创新政府网络化管理和服务。加快互联网与政府公共服务体系的深度融合，推动公共数据资源开放，促进公共服务创新供给和服务资源整合，构建面向公众的一体化在线公共服务体系。积极探索公众参与的网络化社会管理服务新模式，充分利用互联网、移动互联网应用平台等，加快推进政务新媒体发展建设，加强政府与公众的沟通交流，提高政府公共管理、公共服务和公共政策制定的响应速度，提升政府科学决策能力和社会治理水平，促进政府职能转变和简政放权。深入推进网上信访，提高信访工作质量、效率和公信力。鼓励政府和互联网企业合作建立信用信息共享平台，探索开展一批社会治理互联网应用试点，打通政府部门、企事业单位之间的数据壁垒，利用大数据分析手段，提升各级政府的社会治理能力。加强对"互联网+"行动的宣传，提高公众参与度。

（2）发展便民服务新业态。发展体验经济，支持实体零售商综合利用网上商店、移动支付、智能试衣等新技术，打造体验式购物模式。发展社区经济，在餐饮、娱乐、家政等领域培育线上线下结合的社区服务新模式。发展共享经济,规范发展网络约租车,积极推广在线租房等新业态,着力破除准入门槛高、服务规范难、个人征信缺失等瓶颈制约。发展基于互联网的文化、媒体和旅游等服务,培育形式多样的新型业态。积极推广基于移动互联网入口的城市服务,开展网上社保办理、个人社保权益查询、跨地区医保结算等互联网应用,让老百姓足不出户享受便捷、高效的服务。

（3）推广在线医疗卫生新模式。发展基于互联网的医疗卫生服务,支持第三方机构构建医学影像、健康档案、检验报告、电子病历等医疗信息共享服务平台,逐步建立跨医院的医疗数据共享交换标准体系。积极利用移动互联网提供在线预约诊疗、候诊提醒、划价缴费、诊疗报告查询、药品配送等便捷服务。引导医疗机构面向中小城市和农村地区开展基层检查、上级诊断等远程医疗服务。鼓励互联网企业与医疗机构合作建立医疗网络信息平台,加强区域医疗卫生服务资源整合,充分利用互联网、大数据等手段,提高重大疾病和突发公共卫生事件防控能力。积极探索互联网延伸医嘱、电子处方等网络医疗健康服务应用。鼓励有资质的医学检验机构、医疗服务机构联合互联网企业,发展基因检测、疾病预防等健康服务模式。

（4）促进智慧健康养老产业发展。支持智能健康产品创新和应用,推广全面量化健康生活新方式。鼓励健康服务机构利用云计算、大数据等技术搭建公共信息平台,提供长期跟踪、预测预警的个性化健康管理服务。发展第三方在线健康市场调查、咨询评价、预防管理等应用服务,提升规范化和专业化运营水平。依托现有互联网资源和社会力量,以社区为基础,搭建养老信息服务网络平台,提供护理看护、健康管理、康复照料等居家养老服务。鼓励养老服务机构应用基于移动互联网的便携式体检、紧急呼叫监控等设备,提高养老服务水平。

（5）探索新型教育服务供给方式。鼓励互联网企业与社会教育机构根据市场需求开发数字教育资源,提供网络化教育服务。鼓励学校利用数字教育资源及教育服务平台,逐步探索网络化教育新模式,扩大优质教育资源覆盖面,促进教育公平。鼓励学校通过与互联网企业合作等方式,对接线上线下教育资源,探索基础教育、职业教育等教育公共服务提供新方式。推动开展学历教育在线课程资源共享,推广大规模在线开放课程等网络学习模式,探索建立网络学习学分认定与学分转换等制度,加快推动高等教育服务模式变革。

（七）"互联网+"高效物流

加快建设跨行业、跨区域的物流信息服务平台,提高物流供需信息对接和使用效率。鼓励大数据、云计算在物流领域的应用,建设智能仓储体系,优化物流运作流程,

提升物流仓储的自动化、智能化水平和运转效率，降低物流成本。（发展改革委、商务部、交通运输部、网信办等负责）

（1）构建物流信息共享互通体系。发挥互联网信息集聚优势，聚合各类物流信息资源，鼓励骨干物流企业和第三方机构搭建面向社会的物流信息服务平台，整合仓储、运输和配送信息，开展物流全程监测、预警，提高物流安全、环保和诚信水平，统筹优化社会物流资源配置。构建互通省际、下达市县、兼顾乡村的物流信息互联网络，建立各类可开放数据的对接机制，加快完善物流信息交换开放标准体系，在更广范围促进物流信息充分共享与互联互通。

（2）建设深度感知智能仓储系统。在各级仓储单元积极推广应用二维码、无线射频识别等物联网感知技术和大数据技术，实现仓储设施与货物的实时跟踪、网络化管理以及库存信息的高度共享，提高货物调度效率。鼓励应用智能化物流装备提升仓储、运输、分拣、包装等作业效率，提高各类复杂订单的出货处理能力，缓解货物囤积停滞瓶颈制约，提升仓储运管水平和效率。

（3）完善智能物流配送调配体系。加快推进货运车联网与物流园区、仓储设施、配送网点等信息互联，促进人员、货源、车源等信息高效匹配，有效降低货车空驶率，提高配送效率。鼓励发展社区自提柜、冷链储藏柜、代收服务点等新型社区化配送模式，结合构建物流信息互联网络，加快推进县到村的物流配送网络和村级配送网点建设，解决物流配送"最后一公里"问题。

（八）"互联网＋"电子商务

巩固和增强我国电子商务发展领先优势，大力发展农村电商、行业电商和跨境电商，进一步扩大电子商务发展空间。电子商务与其他产业的融合不断深化，网络化生产、流通、消费更加普及，标准规范、公共服务等支撑环境基本完善。（发展改革委、商务部、工业和信息化部、交通运输部、农业部、海关总署、税务总局、质检总局、网信办等负责）

（1）积极发展农村电子商务。开展电子商务进农村综合示范，支持新型农业经营主体和农产品、农资批发市场对接电商平台，积极发展以销定产模式。完善农村电子商务配送及综合服务网络，着力解决农副产品标准化、物流标准化、冷链仓储建设等关键问题，发展农产品个性化定制服务。开展生鲜农产品和农业生产资料电子商务试点，促进农业大宗商品电子商务发展。

（2）大力发展行业电子商务。鼓励能源、化工、钢铁、电子、轻纺、医药等行业企业，积极利用电子商务平台优化采购、分销体系，提升企业经营效率。推动各类专业市场线上转型，引导传统商贸流通企业与电子商务企业整合资源，积极向供应链协同平台转型。鼓励生产制造企业面向个性化、定制化消费需求深化电子商务应用，支持设备制造企业利用电子商务平台开展融资租赁服务，鼓励中小微企业扩大电子商务应用。按照市场化、专业化方向，大力推广电子招标投标。

（3）推动电子商务应用创新。鼓励企业利用电子商务平台的大数据资源，提升企业精准营销能力，激发市场消费需求。建立电子商务产品质量追溯机制，建设电子商务售后服务质量检测云平台，完善互联网质量信息公共服务体系，解决消费者维权难、退货难、产品责任追溯难等问题。加强互联网食品药品市场监测监管体系建设，积极探索处方药电子商务销售和监管模式创新。鼓励企业利用移动社交、新媒体等新渠道，发展社交电商、"粉丝"经济等网络营销新模式。

（4）加强电子商务国际合作。鼓励各类跨境电子商务服务商发展，完善跨境物流体系，拓展全球经贸合作。推进跨境电子商务通关、检验检疫、结汇等关键环节单一窗口综合服务体系建设。创新跨境权益保障机制，利用合格评定手段，推进国际互认。创新跨境电子商务管理，促进信息网络畅通、跨境物流便捷、支付及结汇无障碍、税收规范便利、市场及贸易规则互认互通。

（九）"互联网+"便捷交通

加快互联网与交通运输领域的深度融合，通过基础设施、运输工具、运行信息等互联网化，推进基于互联网平台的便捷化交通运输服务发展，显著提高交通运输资源利用效率和管理精细化水平，全面提升交通运输行业服务品质和科学治理能力。（发展改革委、交通运输部共同牵头）

（1）提升交通运输服务品质。推动交通运输主管部门和企业将服务性数据资源向社会开放，鼓励互联网平台为社会公众提供实时交通运行状态查询、出行路线规划、网上购票、智能停车等服务，推进基于互联网平台的多种出行方式信息服务对接和一站式服务。加快完善汽车健康档案、维修诊断和服务质量信息服务平台建设。

（2）推进交通运输资源在线集成。利用物联网、移动互联网等技术，进一步加强对公路、铁路、民航、港口等交通运输网络关键设施运行状态与通行信息的采集。推动跨地域、跨类型交通运输信息互联互通，推广船联网、车联网等智能化技术应用，形成更加完善的交通运输感知体系，提高基础设施、运输工具、运行信息等要素资源的在线化水平，全面支撑故障预警、运行维护以及调度智能化。

（3）增强交通运输科学治理能力。强化交通运输信息共享，利用大数据平台挖掘分析人口迁徙规律、公众出行需求、枢纽客流规模、车辆船舶行驶特征等，为优化交通运输设施规划与建设、安全运行控制、交通运输管理决策提供支撑。利用互联网加强对交通运输违章违规行为的智能化监管，不断提高交通运输治理能力。

（十）"互联网+"绿色生态

推动互联网与生态文明建设深度融合，完善污染物监测及信息发布系统，形成覆盖主要生态要素的资源环境承载能力动态监测网络，实现生态环境数据互联互通和开放共享。充分发挥互联网在逆向物流回收体系中的平台作用，促进再生资源交易利用便捷化、互动化、透明化，促进生产生活方式绿色化。（发展改革委、环境保护部、商务部、林业局等负责）

（1）加强资源环境动态监测。针对能源、矿产资源、水、大气、森林、草原、湿地、海洋等各类生态要素，充分利用多维地理信息系统、智慧地图等技术，结合互联网大数据分析，优化监测站点布局，扩大动态监控范围，构建资源环境承载能力立体监控系统。依托现有互联网、云计算平台，逐步实现各级政府资源环境动态监测信息互联共享。加强重点用能单位能耗在线监测和大数据分析。

（2）大力发展智慧环保。利用智能监测设备和移动互联网，完善污染物排放在线监测系统，增加监测污染物种类，扩大监测范围，形成全天候、多层次的智能多源感知体系。建立环境信息数据共享机制，统一数据交换标准，推进区域污染物排放、空气环境质量、水环境质量等信息公开，通过互联网实现面向公众的在线查询和定制推送。加强对企业环保信用数据的采集整理，将企业环保信用记录纳入全国统一的信用信息共享交换平台。完善环境预警和风险监测信息网络，提升重金属、危险废物、危险化学品等重点风险防范水平和应急处理能力。

（3）完善废旧资源回收利用体系。利用物联网、大数据开展信息采集、数据分析、流向监测，优化逆向物流网点布局。支持利用电子标签、二维码等物联网技术跟踪电子废物流向，鼓励互联网企业参与搭建城市废弃物回收平台，创新再生资源回收模式。加快推进汽车保险信息系统、"以旧换再"管理系统和报废车管理系统的标准化、规范化和互联互通，加强废旧汽车及零部件的回收利用信息管理，为互联网企业开展业务创新和便民服务提供数据支撑。

（4）建立废弃物在线交易系统。鼓励互联网企业积极参与各类产业园区废弃物信息平台建设，推动现有骨干再生资源交易市场向线上线下结合转型升级，逐步形成行业性、区域性、全国性的产业废弃物和再生资源在线交易系统，完善线上信用评价和供应链融资体系，开展在线竞价，发布价格交易指数，提高稳定供给能力，增强主要再生资源品种的定价权。

（十一）"互联网+"人工智能

依托互联网平台提供人工智能公共创新服务，加快人工智能核心技术突破，促进人工智能在智能家居、智能终端、智能汽车、机器人等领域的推广应用，培育若干引领全球人工智能发展的骨干企业和创新团队，形成创新活跃、开放合作、协同发展的产业生态。（发展改革委、科技部、工业和信息化部、网信办等负责）

（1）培育发展人工智能新兴产业。建设支撑超大规模深度学习的新型计算集群，构建包括语音、图像、视频、地图等数据的海量训练资源库，加强人工智能基础资源和公共服务等创新平台建设。进一步推进计算机视觉、智能语音处理、生物特征识别、自然语言理解、智能决策控制以及新型人机交互等关键技术的研发和产业化，推动人工智能在智能产品、工业制造等领域规模商用，为产业智能化升级夯实基础。

（2）推进重点领域智能产品创新。鼓励传统家居企业与互联网企业开展集成创新，不断提升家居产品的智能化水平和服务能力，创造新的消费市场空间。推动汽车企业与互联网企业设立跨界交叉的创新平台，加快智能辅助驾驶、复杂环境感知、车载智能设备等技术产品的研发与应用。支持安防企业与互联网企业开展合作，发展和推广图像精准识别等大数据分析技术，提升安防产品的智能化服务水平。

（3）提升终端产品智能化水平。着力做大高端移动智能终端产品和服务的市场规模，提高移动智能终端核心技术研发及产业化能力。鼓励企业积极开展差异化细分市场需求分析，大力丰富可穿戴设备的应用服务，提升用户体验。推动互联网技术以及智能感知、模式识别、智能分析、智能控制等智能技术在机器人领域的深入应用，大力提升机器人产品在传感、交互、控制等方面的性能和智能化水平，提高核心竞争力。

三、保障支撑

（一）夯实发展基础

（1）巩固网络基础。加快实施"宽带中国"战略，组织实施国家新一代信息基础设施建设工程，推进宽带网络光纤化改造，加快提升移动通信网络服务能力，促进网间互联互通，大幅提高网络访问速率，有效降低网络资费，完善电信普遍服务补偿机制，支持农村及偏远地区宽带建设和运行维护，使互联网下沉为各行业、各领域、各区域都能使用，人、机、物泛在互联的基础设施。增强北斗卫星全球服务能力，构建天地一体化互联网络。加快下一代互联网商用部署，加强互联网协议第6版（IPv6）地址管理、标识管理与解析，构建未来网络创新试验平台。研究工业互联网网络架构体系，

构建开放式国家创新试验验证平台。(发展改革委、工业和信息化部、财政部、国资委、网信办等负责)

（2）强化应用基础。适应重点行业融合创新发展需求，完善无线传感网、行业云及大数据平台等新型应用基础设施。实施云计算工程，大力提升公共云服务能力，引导行业信息化应用向云计算平台迁移，加快内容分发网络建设，优化数据中心布局。加强物联网网络架构研究，组织开展国家物联网重大应用示范，鼓励具备条件的企业建设跨行业物联网运营和支撑平台。(发展改革委、工业和信息化部等负责)

（3）做实产业基础。着力突破核心芯片、高端服务器、高端存储设备、数据库和中间件等产业薄弱环节的技术瓶颈，加快推进云操作系统、工业控制实时操作系统、智能终端操作系统的研发和应用。大力发展云计算、大数据等解决方案以及高端传感器、工控系统、人机交互等软硬件基础产品。运用互联网理念，构建以骨干企业为核心、产学研用高效整合的技术产业集群，打造国际先进、自主可控的产业体系。(工业和信息化部、发展改革委、科技部、网信办等负责)

（4）保障安全基础。制定国家信息领域核心技术设备发展时间表和路线图，提升互联网安全管理、态势感知和风险防范能力，加强信息网络基础设施安全防护和用户个人信息保护。实施国家信息安全专项，开展网络安全应用示范，提高"互联网＋"安全核心技术和产品水平。按照信息安全等级保护等制度和网络安全国家标准的要求，加强"互联网＋"关键领域重要信息系统的安全保障。建设完善网络安全监测评估、监督管理、标准认证和创新能力体系。重视融合带来的安全风险，完善网络数据共享、利用等的安全管理和技术措施，探索建立以行政评议和第三方评估为基础的数据安全流动认证体系，完善数据跨境流动管理制度，确保数据安全。(网信办、发展改革委、科技部、工业和信息化部、公安部、安全部、质检总局等负责)

（二）强化创新驱动

（1）加强创新能力建设。鼓励构建以企业为主导，产学研用合作的"互联网＋"产业创新网络或产业技术创新联盟。支持以龙头企业为主体，建设跨界交叉领域的创新平台，并逐步形成创新网络。鼓励国家创新平台向企业特别是中小企业在线开放，加大国家重大科研基础设施和大型科研仪器等网络化开放力度。(发展改革委、科技部、工业和信息化部、网信办等负责)

（2）加快制定融合标准。按照共性先立、急用先行的原则，引导工业互联网、智能电网、智慧城市等领域基础共性标准、关键技术标准的研制及推广。加快与互联网融合应用的工控系统、智能专用装备、智能仪表、智能家居、车联网等细分领域的标准化工作。不断完善"互联网+"融合标准体系，同步推进国际国内标准化工作，增强在国际标准化组织（ISO）、国际电工委员会（IEC）和国际电信联盟（ITU）等国际组织中的话语权。（质检总局、工业和信息化部、网信办、能源局等负责）

（3）强化知识产权战略。加强融合领域关键环节专利导航，引导企业加强知识产权战略储备与布局。加快推进专利基础信息资源开放共享，支持在线知识产权服务平台建设，鼓励服务模式创新，提升知识产权服务附加值，支持中小微企业知识产权创造和运用。加强网络知识产权和专利执法维权工作，严厉打击各种网络侵权假冒行为。增强全社会对网络知识产权的保护意识，推动建立"互联网+"知识产权保护联盟，加大对新业态、新模式等创新成果的保护力度。（知识产权局牵头）

（4）大力发展开源社区。鼓励企业自主研发和国家科技计划（专项、基金等）支持形成的软件成果通过互联网向社会开源。引导教育机构、社会团体、企业或个人发起开源项目，积极参加国际开源项目，支持组建开源社区和开源基金会。鼓励企业依托互联网开源模式构建新型生态，促进互联网开源社区与标准规范、知识产权等机构的对接与合作。（科技部、工业和信息化部、质检总局、知识产权局等负责）

（三）营造宽松环境

（1）构建开放包容环境。贯彻落实《中共中央 国务院关于深化体制机制改革加快实施创新驱动发展战略的若干意见》，放宽融合性产品和服务的市场准入限制，制定实施各行业互联网准入负面清单，允许各类主体依法平等进入未纳入负面清单管理的领域。破除行业壁垒，推动各行业、各领域在技术、标准、监管等方面充分对接，最大限度减少事前准入限制，加强事中事后监管。继续深化电信体制改革，有序开放电信市场，加快民营资本进入基础电信业务。加快深化商事制度改革，推进投资贸易便利化。（发展改革委、网信办、教育部、科技部、工业和信息化部、民政部、商务部、卫生计生委、工商总局、质检总局等负责）

（2）完善信用支撑体系。加快社会征信体系建设，推进各类信用信息平台无缝对接，打破信息孤岛。加强信用记录、风险预警、违法失信行为等信息资源在线披露和共享，为经营者提供信用信息查询、企业网上身份认证等服务。充分利用互联网积累的信用数据，对现有征信体系和评测体系进行补充和完善，为经济调节、市场监管、社会管理和公共服务提供有力支撑。（发展改革委、中国人民银行、工商总局、质检总局、网信办等负责）

（3）推动数据资源开放。研究出台国家大数据战略，显著提升国家大数据掌控能力。建立国家政府信息开放统一平台和基础数据资源库，开展公共数据开放利用改革试点，出台政府机构数据开放管理规定。按照重要性和敏感程度分级分类，推进政府和公共信息资源开放共享，支持公众和小微企业充分挖掘信息资源的商业价值，促进互联网应用创新。（发展改革委、工业和信息化部、国务院办公厅、网信办等负责）

（4）加强法律法规建设。针对互联网与各行业融合发展的新特点，加快"互联网＋"相关立法工作，研究调整完善不适应"互联网＋"发展和管理的现行法规及政策规定。落实加强网络信息保护和信息公开有关规定，加快推动制定网络安全、电子商务、个人信息保护、互联网信息服务管理等法律法规。完善反垄断法配套规则，进一步加大反垄断法执行力度，严格查处信息领域企业垄断行为，营造互联网公平竞争环境。（法制办、网信办、发展改革委、工业和信息化部、公安部、安全部、商务部、工商总局等负责）

（四）拓展海外合作

（1）鼓励企业抱团出海。结合"一带一路"等国家重大战略，支持和鼓励具有竞争优势的互联网企业联合制造、金融、信息通信等领域企业率先走出去，通过海外并购、联合经营、设立分支机构等方式，相互借力，共同开拓国际市场，推进国际产能合作，构建跨境产业链体系，增强全球竞争力。（发展改革委、外交部、工业和信息化部、商务部、网信办等负责）

（2）发展全球市场应用。鼓励"互联网＋"企业整合国内外资源，面向全球提供工业云、供应链管理、大数据分析等网络服务，培育具有全球影响力的"互联网＋"应用平台。鼓励互联网企业积极拓展海外用户，推出适合不同市场文化的产品和服务。（商务部、发展改革委、工业和信息化部、网信办等负责）

（3）增强走出去服务能力。充分发挥政府、产业联盟、行业协会及相关中介机构作用，形成支持"互联网＋"企业走出去的合力。鼓励中介机构为企业拓展海外市场提供信息咨询、法律援助、税务中介等服务。支持行业协会、产业联盟与企业共同推广中国技术和中国标准，以技术标准走出去带动产品和服务在海外推广应用。（商务部、外交部、发展改革委、工业和信息化部、税务总局、质检总局、网信办等负责）

（五）加强智力建设

（1）加强应用能力培训。鼓励地方各级政府采用购买服务的方式，向社会提供互联网知识技能培训，支持相关研究机构和专家开展"互联网＋"基础知识和应用培训。

鼓励传统企业与互联网企业建立信息咨询、人才交流等合作机制，促进双方深入交流合作。加强制造业、农业等领域人才特别是企业高层管理人员的互联网技能培训，鼓励互联网人才与传统行业人才双向流动。（科技部、工业和信息化部、人力资源和社会保障部、网信办等负责）

（2）加快复合型人才培养。面向"互联网＋"融合发展需求，鼓励高校根据发展需要和学校办学能力设置相关专业，注重将国内外前沿研究成果尽快引入相关专业教学中。鼓励各类学校聘请互联网领域高级人才作为兼职教师，加强"互联网＋"领域实验教学。（教育部、发展改革委、科技部、工业和信息化部、人力资源和社会保障部、网信办等负责）

（3）鼓励联合培养培训。实施产学合作专业综合改革项目，鼓励校企、院企合作办学，推进"互联网＋"专业技术人才培训。深化互联网领域产教融合，依托高校、科研机构、企业的智力资源和研究平台，建立一批联合实训基地。建立企业技术中心和院校对接机制，鼓励企业在院校建立"互联网＋"研发机构和实验中心。（教育部、发展改革委、科技部、工业和信息化部、人力资源和社会保障部、网信办等负责）

（4）利用全球智力资源。充分利用现有人才引进计划和鼓励企业设立海外研发中心等多种方式，引进和培养一批"互联网＋"领域高端人才。完善移民、签证等制度，形成有利于吸引人才的分配、激励和保障机制，为引进海外人才提供有利条件。支持通过任务外包、产业合作、学术交流等方式，充分利用全球互联网人才资源。吸引互联网领域领军人才、特殊人才、紧缺人才在我国创业创新和从事教学科研等活动。（人力资源和社会保障部、发展改革委、教育部、科技部、网信办等负责）

（六）加强引导支持

（1）实施重大工程包。选择重点领域，加大中央预算内资金投入力度，引导更多社会资本进入，分步骤组织实施"互联网＋"重大工程，重点促进以移动互联网、云计算、大数据、物联网为代表的新一代信息技术与制造、能源、服务、农业等领域的融合创新，发展壮大新兴业态，打造新的产业增长点。（发展改革委牵头）

（2）加大财税支持。充分发挥国家科技计划作用，积极投向符合条件的"互联网＋"融合创新关键技术研发及应用示范。统筹利用现有财政专项资金，支持"互联网＋"相关平台建设和应用示范等。加大政府部门采购云计算服务的力度，探索基于云计算的政务信息化建设运营新机制。鼓励地方政府创新风险补偿机制，探索"互联网＋"发展的新模式。（财政部、税务总局、发展改革委、科技部、网信办等负责）

（3）完善融资服务。积极发挥天使投资、风险投资基金等对"互联网+"的投资引领作用。开展股权众筹等互联网金融创新试点，支持小微企业发展。支持国家出资设立的有关基金投向"互联网+"，鼓励社会资本加大对相关创新型企业的投资。积极发展知识产权质押融资、信用保险保单融资增信等服务，鼓励通过债券融资方式支持"互联网+"发展，支持符合条件的"互联网+"企业发行公司债券。开展产融结合创新试点，探索股权和债权相结合的融资服务。降低创新型、成长型互联网企业的上市准入门槛，结合证券法修订和股票发行注册制改革，支持处于特定成长阶段、发展前景好但尚未盈利的互联网企业在创业板上市。推动银行业金融机构创新信贷产品与金融服务，加大贷款投放力度。鼓励开发性金融机构为"互联网+"重点项目建设提供有效融资支持。（中国人民银行、发展改革委、银监会、证监会、保监会、网信办、开发银行等负责）

（七）做好组织实施

（1）加强组织领导。建立"互联网+"行动实施部际联席会议制度，统筹协调解决重大问题，切实推动行动的贯彻落实。联席会议设办公室，负责具体工作的组织推进。建立跨领域、跨行业的"互联网+"行动专家咨询委员会，为政府决策提供重要支撑。（发展改革委牵头）

（2）开展试点示范。鼓励开展"互联网+"试点示范，推进"互联网+"区域化、链条化发展。支持全面创新改革试验区、中关村等国家自主创新示范区、国家现代农业示范区先行先试，积极开展"互联网+"创新政策试点，破除新兴产业行业准入、数据开放、市场监管等方面政策障碍，研究适应新兴业态特点的税收、保险政策，打造"互联网+"生态体系。（各部门、各地方政府负责）

（3）有序推进实施。各地区、各部门要主动作为，完善服务，加强引导，以动态发展的眼光看待"互联网+"，在实践中大胆探索拓展，相互借鉴"互联网+"融合应用成功经验，促进"互联网+"新业态、新经济发展。有关部门要加强统筹规划，提高服务和管理能力。各地区要结合实际，研究制定适合本地的"互联网+"行动落实方案，因地制宜，合理定位，科学组织实施，杜绝盲目建设和重复投资，务实有序推进"互联网+"行动。（各部门、各地方政府负责）

中华人民共和国国务院

2015年7月1日

附录B 关于促进互联网金融健康发展的指导意见

近年来，互联网技术、信息通信技术不断取得突破，推动互联网与金融快速融合，促进了金融创新，提高了金融资源配置效率，但也存在一些问题和风险隐患。为全面贯彻落实党的十八大和十八届二中、三中、四中全会精神，按照党中央、国务院决策部署，遵循"鼓励创新、防范风险、趋利避害、健康发展"的总体要求，从金融业健康发展全局出发，进一步推进金融改革创新和对外开放，促进互联网金融健康发展，经党中央、国务院同意，现提出以下意见。

一、鼓励创新，支持互联网金融稳步发展

互联网金融是传统金融机构与互联网企业（以下统称从业机构）利用互联网技术和信息通信技术实现资金融通、支付、投资和信息中介服务的新型金融业务模式。互联网与金融深度融合是大势所趋，将对金融产品、业务、组织和服务等方面产生更加深刻的影响。互联网金融对促进小微企业发展和扩大就业发挥了现有金融机构难以替代的积极作用，为大众创业、万众创新打开了大门。促进互联网金融健康发展，有利于提升金融服务质量和效率，深化金融改革，促进金融创新发展，扩大金融业对内对外开放，构建多层次金融体系。作为新生事物，互联网金融既需要市场驱动，鼓励创新，也需要政策助力，促进发展。

（一）积极鼓励互联网金融平台、产品和服务创新，激发市场活力。鼓励银行、证券、保险、基金、信托和消费金融等金融机构依托互联网技术，实现传统金融业务与服务转型升级，积极开发基于互联网技术的新产品和新服务。支持有条件的金融机构建设创新型互联网平台开展网络银行、网络证券、网络保险、网络基金销售和网络消费金融等业务。支持互联网企业依法合规设立互联网支付机构、网络借贷平台、股权众筹融资平台、网络金融产品销售平台，建立服务实体经济的多层次金融服务体系，更好地满足中小微企业和个人投融资需求，进一步拓展普惠金融的广度和深度。鼓励电子商务企业在符合金融法律法规规定的条件下自建和完善线上金融服务体系，有效拓展电商供应链业务。鼓励从业机构积极开展产品、服务、技术和管理创新，提升从业机构核心竞争力。

（二）鼓励从业机构相互合作，实现优势互补。支持各类金融机构与互联网企业开展合作，建立良好的互联网金融生态环境和产业链。鼓励银行业金融机构开展业务创新，为第三方支付机构和网络贷款平台等提供资金存管、支付清算等配套服务。支持小微金融服务机构与互联网企业开展业务合作，实现商业模式创新。支持证券、

基金、信托、消费金融、期货机构与互联网企业开展合作，拓宽金融产品销售渠道，创新财富管理模式。鼓励保险公司与互联网企业合作，提升互联网金融企业风险抵御能力。

（三）拓宽从业机构融资渠道，改善融资环境。支持社会资本发起设立互联网金融产业投资基金，推动从业机构与创业投资机构、产业投资基金深度合作。鼓励符合条件的优质从业机构在主板、创业板等境内资本市场上市融资。鼓励银行业金融机构按照支持小微企业发展的各项金融政策，对处于初创期的从业机构予以支持。针对互联网企业特点，创新金融产品和服务。

（四）坚持简政放权，提供优质服务。各金融监管部门要积极支持金融机构开展互联网金融业务。按照法律法规规定，对符合条件的互联网企业开展相关金融业务实施高效管理。工商行政管理部门要支持互联网企业依法办理工商注册登记。电信主管部门、国家互联网信息管理部门要积极支持互联网金融业务，电信主管部门对互联网金融业务涉及的电信业务进行监管，国家互联网信息管理部门负责对金融信息服务、互联网信息内容等业务进行监管。积极开展互联网金融领域立法研究，适时出台相关管理规章，营造有利于互联网金融发展的良好制度环境。加大对从业机构专利、商标等知识产权的保护力度。鼓励省级人民政府加大对互联网金融的政策支持。支持设立专业化互联网金融研究机构，鼓励建设互联网金融信息交流平台，积极开展互联网金融研究。

（五）落实和完善有关财税政策。按照税收公平原则，对于业务规模较小、处于初创期的从业机构，符合我国现行对中小企业特别是小微企业税收政策条件的，可按规定享受税收优惠政策。结合金融业营业税改征增值税改革，统筹完善互联网金融税收政策。落实从业机构新技术、新产品研发费用税前加计扣除政策。

（六）推动信用基础设施建设，培育互联网金融配套服务体系。支持大数据存储、网络与信息安全维护等技术领域基础设施建设。鼓励从业机构依法建立信用信息共享平台。推动符合条件的相关从业机构接入金融信用信息基础数据库。允许有条件的从业机构依法申请征信业务许可。支持具备资质的信用中介组织开展互联网企业信用评级，增强市场信息透明度。鼓励会计、审计、法律、咨询等中介服务机构为互联网企业提供相关专业服务。

二、分类指导，明确互联网金融监管责任

互联网金融本质仍属于金融，没有改变金融风险隐蔽性、传染性、广泛性和突发性的特点。加强互联网金融监管，是促进互联网金融健康发展的内在要求。同时，互

联网金融是新生事物和新兴业态，要制定适度宽松的监管政策，为互联网金融创新留有余地和空间。通过鼓励创新和加强监管相互支撑，促进互联网金融健康发展，更好地服务实体经济。互联网金融监管应遵循"依法监管、适度监管、分类监管、协同监管、创新监管"的原则，科学合理界定各业态的业务边界及准入条件，落实监管责任，明确风险底线，保护合法经营，坚决打击违法和违规行为。

（七）互联网支付。互联网支付是指通过计算机、手机等设备，依托互联网发起支付指令、转移货币资金的服务。互联网支付应始终坚持服务电子商务发展和为社会提供小额、快捷、便民小微支付服务的宗旨。银行业金融机构和第三方支付机构从事互联网支付，应遵守现行法律法规和监管规定。第三方支付机构与其他机构开展合作的，应清晰界定各方的权利义务关系，建立有效的风险隔离机制和客户权益保障机制。要向客户充分披露服务信息，清晰地提示业务风险，不得夸大支付服务中介的性质和职能。互联网支付业务由中国人民银行负责监管。

（八）网络借贷。网络借贷包括个体网络借贷（即 P2P 网络借贷）和网络小额贷款。个体网络借贷是指个体和个体之间通过互联网平台实现的直接借贷。在个体网络借贷平台上发生的直接借贷行为属于民间借贷范畴，受合同法、民法通则等法律法规以及最高人民法院相关司法解释规范。个体网络借贷要坚持平台功能，为投资方和融资方提供信息交互、撮合、资信评估等中介服务。个体网络借贷机构要明确信息中介性质，主要为借贷双方的直接借贷提供信息服务，不得提供增信服务，不得非法集资。网络小额贷款是指互联网企业通过其控制的小额贷款公司，利用互联网向客户提供的小额贷款。网络小额贷款应遵守现有小额贷款公司监管规定，发挥网络贷款优势，努力降低客户融资成本。网络借贷业务由中国银监会负责监管。

（九）股权众筹融资。股权众筹融资主要是指通过互联网形式进行公开小额股权融资的活动。股权众筹融资必须通过股权众筹融资中介机构平台（互联网网站或其他类似的电子媒介）进行。股权众筹融资中介机构可以在符合法律法规规定的前提下，对业务模式进行创新探索，发挥股权众筹融资作为多层次资本市场有机组成部分的作用，更好地服务创新创业企业。股权众筹融资方应为小微企业，应通过股权众筹融资中介机构向投资人如实披露企业的商业模式、经营管理、财务、资金使用等关键信息，不得误导或欺诈投资者。投资者应当充分了解股权众筹融资活动风险，具备相应风险承受能力，进行小额投资。股权众筹融资业务由中国证监会负责监管。

（十）互联网基金销售。基金销售机构与其他机构通过互联网合作销售基金等理财产品的，要切实履行风险披露义务，不得通过违规承诺收益方式吸引客户；基金管理人应当采取有效措施防范资产配置中的期限错配和流动性风险；基金销售机构及其合作机构通过其他活动为投资人提供收益的，应当对收益构成、先决条件、适用情形等进行全面、真实、准确的表述和列示，不得与基金产品收益混同。第三方支付机构在开展基金互联网销售支付服务过程中，应当遵守中国人民银行、证监会关于客户备付金及基金销售结算资金的相关监管要求。第三方支付机构的客户备付金只能用于办理客户委托的支付业务，不得用于垫付基金和其他理财产品的资金赎回。互联网基金销售业务由中国证监会负责监管。

（十一）互联网保险。保险公司开展互联网保险业务，应遵循安全性、保密性和稳定性原则，加强风险管理，完善内控系统，确保交易安全、信息安全和资金安全。专业互联网保险公司应当坚持服务互联网经济活动的基本定位，提供有针对性的保险服务。保险公司应建立对所属电子商务公司等非保险类子公司的管理制度，建立必要的防火墙。保险公司通过互联网销售保险产品，不得进行不实陈述、片面或夸大宣传过往业绩、违规承诺收益或者承担损失等误导性描述。互联网保险业务由中国保监会负责监管。

（十二）互联网信托和互联网消费金融。信托公司、消费金融公司通过互联网开展业务的，要严格遵循监管规定，加强风险管理，确保交易合法合规，并保守客户信息。信托公司通过互联网进行产品销售及开展其他信托业务的，要遵守合格投资者等监管规定，审慎甄别客户身份和评估客户风险承受能力，不能将产品销售给与风险承受能力不相匹配的客户。信托公司与消费金融公司要制定完善产品文件签署制度，保证交易过程合法合规、安全规范。互联网信托业务、互联网消费金融业务由中国银监会负责监管。

三、健全制度，规范互联网金融市场秩序

发展互联网金融要以市场为导向，遵循服务实体经济、服从宏观调控和维护金融稳定的总体目标，切实保障消费者合法权益，维护公平竞争的市场秩序。要细化管理制度，为互联网金融健康发展营造良好环境。

（十三）互联网行业管理。任何组织和个人开设网站从事互联网金融业务的，除应按规定履行相关金融监管程序外，还应依法向电信主管部门履行网站备案手续，否则不得开展互联网金融业务。工业和信息化部负责对互联网金融业务涉及的电信业务进行监管，国家互联网信息办公室负责对金融信息服务、互联网信息内容等业务进行监管，两部门按职责制定相关监管细则。

（十四）客户资金第三方存管制度。除另有规定外，从业机构应当选择符合条件的银行业金融机构作为资金存管机构，对客户资金进行管理和监督，实现客户资金与从业机构自身资金分账管理。客户资金存管账户应接受独立审计并向客户公开审计结果。中国人民银行会同金融监管部门按照职责分工实施监管，并制定相关监管细则。

（十五）信息披露、风险提示和合格投资者制度。从业机构应当对客户进行充分的信息披露，及时向投资者公布其经营活动和财务状况的相关信息，以便投资者充分了解从业机构运作状况，促使从业机构稳健经营和控制风险。从业机构应当向各参与方详细说明交易模式、参与方的权利和义务，并进行充分的风险提示。要研究建立互联网金融的合格投资者制度，提升投资者保护水平。有关部门按照职责分工负责监管。

（十六）消费者权益保护。研究制定互联网金融消费者教育规划，及时发布维权提示。加强互联网金融产品合同内容、免责条款规定等与消费者利益相关的信息披露工作，依法监督处理经营者利用合同格式条款侵害消费者合法权益的违法、违规行为。构建在线争议解决、现场接待受理、监管部门受理投诉、第三方调解以及仲裁、诉讼等多元化纠纷解决机制。细化完善互联网金融个人信息保护的原则、标准和操作流程。严禁网络销售金融产品过程中的不实宣传、强制捆绑销售。中国人民银行、银监会、证监会、保监会会同有关行政执法部门，根据职责分工依法开展互联网金融领域消费者和投资者权益保护工作。

（十七）网络与信息安全。从业机构应当切实提升技术安全水平，妥善保管客户资料和交易信息，不得非法买卖、泄露客户个人信息。中国人民银行、银监会、证监会、保监会、工业和信息化部、公安部、国家互联网信息办公室分别负责对相关从业机构的网络与信息安全保障进行监管，并制定相关监管细则和技术安全标准。

（十八）反洗钱和防范金融犯罪。从业机构应当采取有效措施识别客户身份，主动监测并报告可疑交易，妥善保存客户资料和交易记录。从业机构有义务按照有关规定，建立健全有关协助查询、冻结的规章制度，协助公安机关和司法机关依法、及时查询、冻结涉案财产，配合公安机关和司法机关做好取证和执行工作。坚决打击涉及非法集资等互联网金融犯罪，防范金融风险，维护金融秩序。金融机构在和互联网企业开展合作、代理时应根据有关法律和规定签订包括反洗钱和防范金融犯罪要求的合作、代理协议，并确保不因合作、代理关系而降低反洗钱和金融犯罪执行标准。中国人民银行牵头负责对从业机构履行反洗钱义务进行监管，并制定相关监管细则。打击互联网金融犯罪工作由公安部牵头负责。

（十九）加强互联网金融行业自律。充分发挥行业自律机制在规范从业机构市场行为和保护行业合法权益等方面的积极作用。中国人民银行会同有关部门，组建中国互联网金融协会。协会要按业务类型，制订经营管理规则和行业标准，推动机构之间的业务交流和信息共享。协会要明确自律惩戒机制，提高行业规则和标准的约束力。强化守法、诚信、自律意识，树立从业机构服务经济社会发展的正面形象，营造诚信规范发展的良好氛围。

（二十）监管协调与数据统计监测。各监管部门要相互协作、形成合力，充分发挥金融监管协调部际联席会议制度的作用。中国人民银行、银监会、证监会、保监会应当密切关注互联网金融业务发展及相关风险，对监管政策进行跟踪评估，适时提出调整建议，不断总结监管经验。财政部负责互联网金融从业机构财务监管政策。中国人民银行会同有关部门，负责建立和完善互联网金融数据统计监测体系，相关部门按照监管职责分工负责相关互联网金融数据统计和监测工作，并实现统计数据和信息共享。

中国人民银行 工业和信息化部 公安部 财政部 工商总局 法制办 银监会
证监会 保监会 国家互联网信息办公室
2015年7月18日

附录C 推进普惠金融发展规划（2016—2020年）

国务院关于印发推进普惠金融发展规划（2016—2020年）的通知

国发〔2015〕74号

各省、自治区、直辖市人民政府，国务院各部委、各直属机构：

《推进普惠金融发展规划（2016—2020年）》已经党中央、国务院同意，现印发给你们，请认真贯彻执行。

普惠金融是指立足机会平等要求和商业可持续原则，以可负担的成本为有金融服务需求的社会各阶层和群体提供适当、有效的金融服务。小微企业、农民、城镇低收入人群、贫困人群和残疾人、老年人等特殊群体是当前我国普惠金融重点服务对象。大力发展普惠金融，是我国全面建成小康社会的必然要求，有利于促进金融业可持续均衡发展，推动大众创业、万众创新，助推经济发展方式转型升级，增进社会公平和社会和谐。

党中央、国务院高度重视发展普惠金融。党的十八届三中全会明确提出发展普惠金融。2015年《政府工作报告》提出，要大力发展普惠金融，让所有市场主体都能分享金融服务的雨露甘霖。为推进普惠金融发展，提高金融服务的覆盖率、可得性和满意度，增强所有市场主体和广大人民群众对金融服务的获得感，特制订本规划。

一、总体思路

（一）发展现状

近年来，我国普惠金融发展呈现出服务主体多元、服务覆盖面较广、移动互联网支付使用率较高的特点，人均持有银行账户数量、银行网点密度等基础金融服务水平已达到国际中上游水平，但仍面临诸多问题与挑战：普惠金融服务不均衡，普惠金融体系不健全，法律法规体系不完善，金融基础设施建设有待加强，商业可持续性有待提升。

（二）指导思想

全面贯彻党的十八大和十八届三中、四中、五中全会精神，按照党中央、国务院决策部署，坚持借鉴国际经验与体现中国特色相结合、政府引导与市场主导相结合、完善基础金融服务与改进重点领域金融服务相结合，不断提高金融服务的覆盖率、可得性和满意度，使最广大人民群众公平分享金融改革发展的成果。

(三)基本原则

(1)健全机制,持续发展。建立有利于普惠金融发展的体制机制,进一步加大对薄弱环节金融服务的政策支持,提高精准性与有效性,调节市场失灵,确保普惠金融业务持续发展和服务持续改善,实现社会效益与经济效益的有机统一。

(2)机会平等,惠及民生。以增进民生福祉为目的,让所有阶层和群体能够以平等的机会、合理的价格享受到符合自身需求特点的金融服务。

(3)市场主导,政府引导。正确处理政府与市场的关系,尊重市场规律,使市场在金融资源配置中发挥决定性作用。更好地发挥政府在统筹规划、组织协调、均衡布局、政策扶持等方面的引导作用。

(4)防范风险,推进创新。加强风险监管,保障金融安全,维护金融稳定。坚持监管和创新并行,加快建立适应普惠金融发展要求的法制规范和监管体系,提高金融监管有效性。在有效防范风险的基础上,鼓励金融机构推进金融产品和服务方式创新,适度降低服务成本。对难点问题要坚持先试点,试点成熟后再推广。

(5)统筹规划,因地制宜。从促进我国经济社会发展、城乡和区域平衡出发,加强顶层设计、统筹协调,优先解决欠发达地区、薄弱环节和特殊群体的金融服务问题,鼓励各部门、各地区结合实际,积极探索,先行先试,扎实推进,做到服水土、接地气、益大众。

(四)总体目标

到2020年,建立与全面建成小康社会相适应的普惠金融服务和保障体系,有效提高金融服务可得性,明显增强人民群众对金融服务的获得感,显著提升金融服务满意度,满足人民群众日益增长的金融服务需求,特别是要让小微企业、农民、城镇低收入人群、贫困人群和残疾人、老年人等及时获取价格合理、便捷安全的金融服务,使我国普惠金融发展水平居于国际中上游水平。

(1)提高金融服务覆盖率。要基本实现乡乡有机构、村村有服务,乡镇一级基本实现银行物理网点和保险服务全覆盖,巩固助农取款服务村级覆盖网络,提高利用效率,推动行政村一级实现更多基础金融服务全覆盖。拓展城市社区金融服务广度和深度,显著改善城镇企业和居民金融服务的便利性。

(2)提高金融服务可得性。大幅改善对城镇低收入人群、困难人群以及农村贫困人口、创业农民、创业大中专学生、残疾劳动者等初始创业者的金融支持,完善对特殊群体的无障碍金融服务。加大对新业态、新模式、新主体的金融支持。提高小微企业和农户贷款覆盖率。提高小微企业信用保险和贷款保证保险覆盖率，力争使农业保险参保农户覆盖率提升至 95% 以上。

（3）提高金融服务满意度。有效提高各类金融工具的使用效率。进一步提高小微企业和农户申贷获得率和贷款满意度。提高小微企业、农户信用档案建档率。明显降低金融服务投诉率。

二、健全多元化广覆盖的机构体系

充分调动、发挥传统金融机构和新型业态主体的积极性、能动性，引导各类型机构和组织结合自身特点，找准市场定位，完善机制建设，发挥各自优势，为所有市场主体和广大人民群众提供多层次、全覆盖的金融服务。

（一）发挥各类银行机构的作用

鼓励开发性、政策性银行以批发资金转贷形式与其他银行业金融机构合作，降低小微企业贷款成本。强化农业发展银行政策性功能定位，加大对农业开发和水利、贫困地区公路等农业农村基础设施建设的贷款力度。

鼓励大型银行加快建设小微企业专营机构。继续完善农业银行"三农金融事业部"管理体制和运行机制，进一步提升"三农"金融服务水平。引导邮政储蓄银行稳步发展小额涉农贷款业务，逐步扩大涉农业务范围。鼓励全国性股份制商业银行、城市商业银行和民营银行扎根基层、服务社区，为小微企业、"三农"和城镇居民提供更有针对性、更加便利的金融服务。

推动省联社加快职能转换，提高农村商业银行、农村合作银行、农村信用联社服务小微企业和"三农"的能力。加快在县（市、旗）集约化发起设立村镇银行步伐，重点布局中西部和老少边穷地区、粮食主产区、小微企业聚集地区。

（二）规范发展各类新型机构

拓宽小额贷款公司和典当行融资渠道，加快接入征信系统，研究建立风险补偿机制和激励机制，努力提升小微企业融资服务水平。鼓励金融租赁公司和融资租赁公司更好地满足小微企业和涉农企业设备投入与技术改造的融资需求。促进消费金融公司和汽车金融公司发展，激发消费潜力，促进消费升级。

积极探索新型农村合作金融发展的有效途径,稳妥开展农民合作社内部资金互助试点。注重建立风险损失吸收机制,加强与业务开展相适应的资本约束,规范发展新型农村合作金融。支持农村小额信贷组织发展,持续向农村贫困人群提供融资服务。

大力发展一批以政府出资为主的融资担保机构或基金,推进建立重点支持小微企业和"三农"的省级再担保机构,研究论证设立国家融资担保基金。

促进互联网金融组织规范健康发展,加快制定行业准入标准和从业行为规范,建立信息披露制度,提高普惠金融服务水平,降低市场风险和道德风险。

(三)积极发挥保险公司保障优势

保持县域内农业保险经营主体的相对稳定,引导保险机构持续加大对农村保险服务网点的资金、人力和技术投入。支持保险机构与基层农林技术推广机构、银行业金融机构、各类农业服务组织和农民合作社合作,促进农业技术推广、生产管理、森林保护、动物保护、防灾防损、家庭经济安全等与农业保险、农村小额人身保险相结合。发挥农村集体组织、农民合作社、农业社会化服务组织等基层机构的作用,组织开展农业保险和农村小额人身保险业务。完善农业保险协办机制。

三、创新金融产品和服务手段

积极引导各类普惠金融服务主体借助互联网等现代信息技术手段,降低金融交易成本,延伸服务半径,拓展普惠金融服务的广度和深度。

(一)鼓励金融机构创新产品和服务方式

推广创新针对小微企业、高校毕业生、农户、特殊群体以及精准扶贫对象的小额贷款。开展动产质押贷款业务,建立以互联网为基础的集中统一的自助式动产、权利抵质押登记平台。研究创新对社会办医的金融支持方式。开发适合残疾人特点的金融产品。加强对网上银行、手机银行的开发和推广,完善电子支付手段。引导有条件的银行业金融机构设立无障碍银行服务网点,完善电子服务渠道,为残疾人和老年人等特殊群体提供无障碍金融服务。

在全国中小企业股份转让系统增加适合小微企业的融资品种。进一步扩大中小企业债券融资规模,逐步扩大小微企业增信集合债券发行规模。发展并购投资基金、私募股权投资基金、创业投资基金。支持符合条件的涉农企业在多层次资本市场融资。支持农产品期货市场发展,丰富农产品期货品种,拓展农产品期货及期权市场服务范围。完善期货交易机制,为规避农产品价格波动风险提供有效手段。

鼓励地方各级人民政府建立小微企业信用保证保险基金,用于小微企业信用保证保险的保费补贴和贷款本金损失补偿。引导银行业金融机构对购买信用保险和贷款保证保险的小微企业给予贷款优惠政策。鼓励保险公司投资符合条件的小微企业专项债券。扩大农业保险覆盖面,发展农作物保险、主要畜产品保险、重要"菜篮子"品种保险和森林保险,推广农房、农机具、设施农业、渔业、制种保险等业务。支持保险公司开发适合低收入人群、残疾人等特殊群体的小额人身保险及相关产品。

(二)提升金融机构科技运用水平

鼓励金融机构运用大数据、云计算等新兴信息技术,打造互联网金融服务平台,为客户提供信息、资金、产品等全方位金融服务。鼓励银行业金融机构成立互联网金融专营事业部或独立法人机构。引导金融机构积极发展电子支付手段,逐步构筑电子支付渠道与固定网点相互补充的业务渠道体系,加快以电子银行和自助设备补充、替代固定网点的进度。推广保险移动展业,提高特殊群体金融服务可得性。

(三)发挥互联网促进普惠金融发展的有益作用

积极鼓励网络支付机构服务电子商务发展,为社会提供小额、快捷、便民支付服务,提升支付效率。发挥网络借贷平台融资便捷、对象广泛的特点,引导其缓解小微企业、农户和各类低收入人群的融资难问题。发挥股权众筹融资平台对大众创业、万众创新的支持作用。发挥网络金融产品销售平台门槛低、变现快的特点,满足各消费群体多层次的投资理财需求。

四、加快推进金融基础设施建设

金融基础设施是提高金融机构运行效率和服务质量的重要支柱和平台,有助于改善普惠金融发展环境,促进金融资源均衡分布,引导各类金融服务主体开展普惠金融服务。

(一)推进农村支付环境建设

鼓励银行机构和非银行支付机构面向农村地区提供安全、可靠的网上支付、手机支付等服务,拓展银行卡助农取款服务广度和深度。支持有关银行机构在乡村布放POS机、自动柜员机等各类机具,进一步向乡村延伸银行卡受理网络。支持农村金融服务机构和网点采取灵活、便捷的方式接入中国人民银行支付系统或其他专业化支付清算系统。鼓励商业银行代理农村地区金融服务机构支付结算业务。支持农村支付服务市场主体多元化发展。鼓励各地人民政府和国务院有关部门通过财政补贴、降低电信资费等方式扶持偏远、特困地区的支付服务网络建设。

（二）建立健全普惠金融信用信息体系

加快建立多层级的小微企业和农民信用档案平台，实现企业主个人、农户家庭等多维度信用数据可应用。扩充金融信用信息基础数据库接入机构，降低普惠金融服务对象征信成本。积极培育从事小微企业和农民征信业务的征信机构，构建多元化信用信息收集渠道。依法采集户籍所在地、违法犯罪记录、工商登记、税收登记、出入境、扶贫人口、农业土地、居住状况等政务信息，采集对象覆盖全部农民、城镇低收入人群及小微企业，通过全国统一的信用信息共享交换平台及地方各级信用信息共享平台，推动政务信息与金融信息互联互通。

（三）建立普惠金融统计体系

建立健全普惠金融指标体系。在整合、甄选目前有关部门涉及普惠金融管理数据基础上，设计形成包括普惠金融可得情况、使用情况、服务质量的统计指标体系，用于统计、分析和反映各地区、各机构普惠金融发展状况。建立跨部门工作组，开展普惠金融专项调查和统计，全面掌握普惠金融服务基础数据和信息。建立评估考核体系，形成动态评估机制。从区域和机构两个维度，对普惠金融发展情况进行评价，督促各地区、各金融机构根据评价情况改进服务工作。

五、完善普惠金融法律法规体系

逐步制定和完善普惠金融相关法律法规，形成系统性的法律框架，明确普惠金融服务供给、需求主体的权利义务，确保普惠金融服务有法可依、有章可循。

（一）加快建立发展普惠金融基本制度

在健全完善现有"三农"金融政策基础上，研究论证相关综合性法律制度，满足"三农"金融服务诉求。对土地经营权、宅基地使用权、技术专利权、设备财产使用权和场地使用权等财产权益，积极开展确权、登记、颁证、流转等方面的规章制度建设。研究完善推进普惠金融工作相关制度，明确对各类新型机构的管理责任。

（二）确立各类普惠金融服务主体法律规范

研究探索规范民间借贷行为的有关制度。推动制定非存款类放贷组织条例、典当业管理条例等法规。配套出台小额贷款公司管理办法、网络借贷管理办法等规定。通过法律法规明确从事扶贫小额信贷业务的组织或机构的定位。加快出台融资担保公司管理条例。推动修订农民专业合作社法，明确将农民合作社信用合作纳入法律调整范围。推动修订证券法，夯实股权众筹的法律基础。

（三）健全普惠金融消费者权益保护法律体系

修订完善现有法律法规和部门规章制度，建立健全普惠金融消费者权益保护制度体系，明确金融机构在客户权益保护方面的义务与责任。制定针对农民和城镇低收入人群的金融服务最低标准，制定贫困、低收入人口金融服务费用减免办法，保障并改善特殊消费者群体金融服务权益。完善普惠金融消费者权益保护监管工作体系，进一步明确监管部门相关执法权限与责任标准。

六、发挥政策引导和激励作用

根据薄弱领域、特殊群体金融服务需求变化趋势，调整完善管理政策，促进金融资源向普惠金融倾斜。

（一）完善货币信贷政策

积极运用差别化存款准备金等货币政策工具，鼓励和引导金融机构更多地将新增或者盘活的信贷资源配置到小微企业和"三农"等领域。进一步增强支农支小再贷款、再贴现支持力度，引导金融机构扩大涉农、小微企业信贷投放，降低社会融资成本。

（二）健全金融监管差异化激励机制

以正向激励为导向，从业务和机构两方面采取差异化监管政策，引导银行业金融机构将信贷资源更多投向小微企业、"三农"、特殊群体等普惠金融薄弱群体和领域。推进小微企业专营机构和网点建设。有序开展小微企业金融债券、"三农"金融债券的申报和发行工作。进一步研究加强对小微企业和"三农"贷款服务、考核和核销方式的创新。推进落实有关提升小微企业和"三农"不良贷款容忍度的监管要求，完善尽职免责相关制度。

积极发挥全国中小企业股份转让系统、区域性股权市场、债券市场和期货市场的作用，引导证券投资基金、私募股权投资基金、创业投资基金增加有效供给，进一步丰富中小企业和"三农"的融资方式。

加强农业保险统筹规划，完善农业保险管理制度，建立全国农业保险管理信息平台，进一步完善中国农业保险再保险共同体运行机制。扶持小额人身保险发展，支持保险公司开拓县域市场，对其在中西部设立省级分公司和各类分支机构适度放宽条件、优先审批。

（三）发挥财税政策作用

立足公共财政职能，完善、用好普惠金融发展专项资金，重点针对普惠金融服务市场失灵的领域，遵循保基本、有重点、可持续的原则，对普惠金融相关业务或机构给予适度支持。发挥财政资金杠杆作用，支持和引导地方各级人民政府、金融机构及社会资本支持普惠金融发展，更好地保障困难人群的基础金融服务可得性和适用性。落实小微企业和"三农"贷款的相关税收扶持政策。推动落实支持农民合作社和小微企业发展的各项税收优惠政策。

（四）强化地方配套支持

地方各级人民政府要加强政策衔接与配合，共筑政策支撑合力。鼓励地方财政通过贴息、补贴、奖励等政策措施，激励和引导各类机构加大对小微企业、"三农"和民生尤其是精准扶贫等领域的支持力度。对金融机构注册登记、房产确权评估等给予政策支持。省级人民政府要切实承担起防范和处置非法集资第一责任人的责任。排查和化解各类风险隐患，提高地方金融监管有效性，严守不发生系统性、区域性金融风险的底线。

七、加强普惠金融教育与金融消费者权益保护

结合国情深入推进金融知识普及教育，培育公众的金融风险意识，提高金融消费者维权意识和能力，引导公众关心、支持、参与普惠金融实践活动。

（一）加强金融知识普及教育

广泛利用电视广播、书刊杂志、数字媒体等渠道，多层面、广角度长期有效普及金融基础知识。针对城镇低收入人群、困难人群，以及农村贫困人口、创业农民、创业大中专学生、残疾劳动者等初始创业者开展专项教育活动，使其掌握符合其需求的

金融知识。注重培养社会公众的信用意识和契约精神。建立金融知识教育发展长效机制，推动部分大中小学积极开展金融知识普及教育，鼓励有条件的高校开设金融基础知识相关公共课。

（二）培育公众金融风险意识

以金融创新业务为重点，针对金融案件高发领域，运用各种新闻信息媒介开展金融风险宣传教育，促进公众强化金融风险防范意识，树立"收益自享、风险自担"观念。重点加强与金融消费者权益有关的信息披露和风险提示，引导金融消费者根据自身风险承受能力和金融产品风险特征理性投资与消费。

（三）加大金融消费者权益保护力度

加强金融消费者权益保护监督检查，及时查处侵害金融消费者合法权益行为，维护金融市场有序运行。金融机构要担负起受理、处理金融消费纠纷的主要责任，不断完善工作机制，改进服务质量。畅通金融机构、行业协会、监管部门、仲裁、诉讼等金融消费争议解决渠道，试点建立非诉第三方纠纷解决机制，逐步建立适合我国国情的多元化金融消费纠纷解决机制。

（四）强化普惠金融宣传

加大对普惠金融的宣传力度。建立普惠金融发展信息公开机制，定期发布中国普惠金融指数和普惠金融白皮书。

八、组织保障和推进实施

（一）加强组织保障

由银监会、中国人民银行牵头，发展改革委、工业和信息化部、民政部、财政部、农业部、商务部、林业局、证监会、保监会、中国残联等部门和单位参加，建立推进普惠金融发展工作协调机制，加强人员保障和理论研究，制订促进普惠金融发展的重大政策措施，协调解决重大问题，推进规划实施和相关政策落实，切实防范金融风险。国务院各有关部门要加强沟通，密切配合，根据职责分工完善各项配套政策措施。地方各级人民政府要加强组织领导，完善协调机制，结合本地实际抓紧制定具体落实方案，及时将实施过程中出现的新情况、新问题报送银监会、中国人民银行等有关部门。

（二）开展试点示范

规划实施应全面推进、突出重点、分步开展、防范风险。对需要深入研究解决的难点问题，可在小范围内分类开展试点示范，待试点成熟后，再加以总结推广。各地区要在风险可控、依法合规的条件下，开展推进普惠金融发展试点，推动改革创新，加强实践验证。积极探索发挥基层组织在推进普惠金融发展中的作用。

（三）加强国际交流

深化与其他国家和地区以及世界银行、全球普惠金融合作伙伴组织等国际组织的交流，开展多形式、多领域的务实合作，探索双边、多边的示范性项目合作，提升我国普惠金融国际化水平。

（四）实施专项工程

围绕普惠金融发展重点领域、重点人群，集合资源，大力推进金融知识扫盲工程、移动金融工程、就业创业金融服务工程、扶贫信贷工程、大学生助学贷款工程等专项工程，促进实现规划目标。

（五）健全监测评估

加快建立推进普惠金融发展监测评估体系，实施动态监测与跟踪分析，开展规划中期评估和专项监测，注重金融风险的监测与评估，及时发现问题并提出改进措施。引导和规范互联网金融有序发展，有效防范和处置互联网金融风险。要切实落实监督管理部门对非法集资的防范、监测和预警等职责。加强督查，强化考核，把推进普惠金融发展工作作为目标责任考核和政绩考核的重要内容。

中华人民共和国国务院
2015 年 12 月 31 日